Das

Google Drive-Buch

Office-Tools & Teamarbeit

Thomas Raukamp

O'REILLY®

Beijing · Cambridge · Farnham · Köln · Sebastopol · Tokyo

Kommentare und Fragen können Sie gerne an uns richten:
O'Reilly Verlag
Balthasarstr. 81
50670 Köln
E-Mail: kommentar@oreilly.de

1. Auflage 2014

Bibliografische Information der Deutschen Nationalbibliothek
Die Deutsche Nationalbibliothek verzeichnet diese Publikation in der Deutschen Nationalbibliografie; detaillierte bibliografische Daten sind im Internet über *http://dnb.de* abrufbar.

Lektorat: Imke Hirschmann, Köln
Korrektorat: Sibylle Feldmann, Düsseldorf
Satz: Ulrich Borstelmann, Dortmund
Umschlaggestaltung: Michael Oreal, Köln
Produktion: Andrea Miß und Karin Driesen, Köln
Belichtung, Druck und buchbinderische Verarbeitung: Media-Print, Paderborn

ISBN 978-3-95561-824-7

Dieses Buch ist auf 100% chlorfrei gebleichtem Papier gedruckt.

Inhaltsverzeichnis

Thomas Raukamp arbeitet seit über 18 Jahren als freiberuflicher Journalist und Autor in den Bereichen IT, Musik, Lifestyle und Sport. Er stand in dieser Zeit mehreren Fachzeitschriften in leitender Position vor – darunter der Apple-Zeitschrift Mac Life sowie dem Recording-Magazin Beat. In Workshops und Vorträgen erarbeitet Thomas Raukamp zusammen mit Ideengebern und Verantwortungsträgern in Unternehmen und Medien neue Ansätze für Produktivität und Kollaboration und informiert Kreative zum Thema Rechtemanagement im digitalen Zeitalter. Passend zum vorliegenden Buch unterhält er ein Blog unter der Webadresse **www.dasgoogledrivebu.ch**. Sein Arbeitsmotto entspricht seinem Lebensmittelpunkt in Schleswig-Holstein: »rüm hart, klåår kiming« – »weites Herz, klarer Horizont«.

Updates, Tipps, Tricks, Blumen oder Fragen?

Schon Heraklit von Ephesos wusste: »Nichts ist so beständig wie der Wandel.« Und auch Google erweitert und optimiert seine Dienste ständig – nicht zuletzt den Onlinespeicherdienst Google Drive und die enthaltenen Office-Applikationen. Neue Web-Apps unzähliger Entwickler machen die Suite zudem immer leistungsfähiger. Stets up to date hält sie daher das kostenlose Blog des Autors unter **www.dasgoogledrivebu.ch**. Hier finden Sie alles über Neuheiten und Veränderungen sowie Tipps und Kniffe, um Google Drive noch besser im Webbrowser, auf dem Desktop oder mobil auf Tablet und Smartphone einzusetzen.

Alle Texte und Screenshots in diesem Buch beziehen sich auf das »neue« Google Drive, das Google im Sommer 2014 auf der hauseigenen Entwicklerkonferenz Google I/O ankündigte und mittlerweile auch deutschen Nutzern flächendeckend verfügbar machte. Die sogenannte »klassische« Variante des Diensts findet keine Erwähnung mehr, da damit zu rechnen ist, dass Google sie schon bald abschaltet – wenn das mit Erscheinen dieses Buchs nicht bereits geschehen ist. Eindrücke und Screenshots der Google-Drive-Applikationen für Mobilgeräte entstammen vornehmlich den Tablet-Versionen für Android und iOS – Smartphone-Umsetzungen können geringfügig im Aussehen sowie in der Bedienung variieren.

Google Docs

Google Tabellen

Google Formulare

Google Präsentationen

Google Zeichnungen

Einleitung

Mit diesem Buch lernen Sie Googles Speicherdienst von Grund auf kennen und werden zum Profi in der Nutzung der Online-Office-Suite Google Docs unter dem Dach von Google Drive. Von der einfachen Synchronisation Ihrer Daten bis zum Erstellen und Bearbeiten von Texten, Tabellen, Zeichnungen, Formularen und Präsentationen erlernen Sie Schritt für Schritt die verschiedenen Aspekte von Googles leistungsfähiger Synchronisations- und Kollaborationslösung. Und damit nicht genug: Durch das Integrieren von Web-Apps holen Sie noch mehr aus Ihrem persönlichen Google Drive heraus, und die Arbeit im Team wird durch das Teilen von Dokumenten und Dateien effektiver, leichter und angenehmer. Denn Google Drive macht nicht nur Sie selbst leistungsfähiger, es hebt auch die Zusammenarbeit mit Kollegen, Auftraggebern und Freunden buchstäblich auf eine ganz neue Ebene – auf die der Cloud. Ob Sie oder Ihr Team dabei einen Windows-PC, einen Mac oder einen Linux-Rechner einsetzen oder sich unterwegs schnell und unkompliziert per Android-, Apple- oder Windows-Tablet und -Smartphone on- oder offline auf dem Laufenden halten, spielt keine Rolle: Dieses Buch steht Ihnen zur Seite.

Unter dem Namen **Google Docs** werden heute folgende Anwendungen innerhalb von Google Drive zusammengefasst:

- **Google Docs**: Was generell als Name für die gesamte Office-Suite dient, bezeichnet spezifisch die ebenso schlanke wie leistungsstarke Textverarbeitung.
- **Google Tabellen**: Auch die Tabellenkalkulation war schon in Googles erstem Office-Tandem enthalten und hat sich mittlerweile zu einer äußerst leistungsfähigen Universallösung für die On- und Offlinebearbeitung von Tabellen gemausert. Eng mit dem Tabellenmodul verzahnt agiert **Google Formulare**, mit dem Onlineformulare und -umfragen im Web veröffentlicht und per E-Mail verschickt werden können.
- **Google Präsentationen**: Die Präsentations-App kombiniert Texte, Tabellen, Grafiken und Videos zu Vorträgen, Workshops und Präsentationen, die praktisch auf jedem Desktoprechner, Smartphone und Tablet darstellbar sind.
- **Google Zeichnungen**: Das Zeichenprogramm eignet sich besonders für die Erstellung von Diagrammen.

iOS

Mac

Windows 8

Google Drive – die offiziellen Voraussetzungen

Es sind nur wenige Schritte für die Nutzung von Google Drive nötig, und Google hat die Zugangsvoraussetzungen so niedrig gehalten wie irgend möglich. Grob zusammengefasst, lässt sich sagen, dass sich Google Drive grundsätzlich auf jedem **Windows-PC** und **Mac** sowie auf **Tablets** und **Smartphones** mit **Android**- und **iOS-Betriebssystem** (also **iPhone**, **iPad**, **iPod touch**) einsetzen lässt. Nutzern von Linux und Windows Phone stehen inoffizielle, also nicht direkt von Google entwickelte Anbindungen bereit. Auf einem Desktop-PC erfolgt der Zugriff mit einem Webbrowser beziehungsweise einem installierten Google-Drive-Client, auf Mobilgeräten mit der jeweiligen App.

Für die Anmeldung und die Nutzung der Office-Suite von Google Drive sowie für die Arbeit mit Dateien ohne spezielle App ist ein Webbrowser erforderlich. Google unterstützt offiziell die Browser **Google Chrome** beziehungsweise seine quelloffene Alternative **Chromium**, **Firefox**, **Internet Explorer** und **Safari** (nur auf dem Mac).

Unabhängig vom verwendeten Webbrowser sollten Sie **JavaScript** aktivieren und **Cookies** zulassen.

Die Desktopeinbindung ist derzeit unter den **Windows**-Versionen **XP**, **Vista**, **7** und **8** möglich.

Auf dem Mac steht der Client für die **OS-X**-Revisionen **Snow Leopard (10.6)**, **Lion (10.7)**, **Mountain Lion (10.8)**, **Mavericks (10.9)** und höher bereit.

Nutzen Sie ein Android-Tablet oder -Smartphone, lässt sich die Google-Drive-App ab **Android**-Version **4.0 (Ice Cream Sandwich)** installieren, auf iPhone, iPad und iPod touch ab **iOS 7**. Nutzer älterer mobiler Betriebssysteme können ihre Dateien zwar ansehen, aber nicht bearbeiten. Besteht die Möglichkeit, sollten Sie also stets die aktuelle Version von Android beziehungsweise iOS installieren.

OPERA™
software

Windows Phone

Google Drive für Linux, Opera und Windows Phone

Die Computer- und Mobilwelt ist so bunt wie ein Frühjahrskleid von Desigual und hält sich ungern an Konventionen. Was auf den Desktop kommt, bestimmt immer noch jeder Anwender selbst, Betriebssystem- und Hardwarehersteller köcheln vielfach ihr eigenes Süppchen. Und so fallen einige Nutzer durch Google Drives Kompatibilitätsraster.

So zum Beispiel **Linux**-Anwender, von jeher etwas anders gestrickt. Anfang 2013 hat Google zwar versprochen, den inzwischen durch populäre Distributionen wie Ubuntu nicht unerheblichen Desktopmarkt nicht aus den Augen zu verlieren, und einen Synchronisationsclient in Aussicht gestellt. Den blumigen Worten folgten aber bisher keine Taten – was umso verwunderlicher ist, als Konkurrent Dropbox schon eine komplette Palette an Umsetzungen für Ubuntu, Debian und Fedora im Sortiment hat. Zudem unterschrieben bis zum Frühjahr 2014 bereits über 25.000 Nutzer eine Petition für eine native Google-Drive-Anwendung für Linux. Es darf also weiter gehofft werden. Bis sich Google selbst zu einer Umsetzung bequemt, müssen Linux-Anwender jedoch nicht in die Röhre schauen. Neben der uneingeschränkten Nutzung mit einem Webbrowser wie Chrome, Chromium oder Firefox füllen inoffizielle Applikationen wie **Insync** und **Grive** die Lücke einer Desktopeinbindung.

Wer Google Drive und die enthaltene Office-Suite vornehmlich mit dem Webbrowser benutzt, vermisst in Googles Kompatibilitätsliste eventuell einen guten alten Bekannten aus Norwegen: Spätestens seit dem Umstieg auf die verbreitete WebKit-Rendering-Engine ist jedoch auch **Opera** für die meisten Google-Drive-Anwendungen einsetzbar.

Im Mobilmarkt wächst hingegen die Verbreitung von **Windows Phone** langsam, aber stetig. Und auch diese Anwenderschaft muss nicht in die Röhre schauen, auch wenn Google sie traditionell verschmäht: **Google Drive on WP** verschafft Windows-Phone-8-Nutzern den mobilen Zugang zu Googles Onlinespeicherdienst.

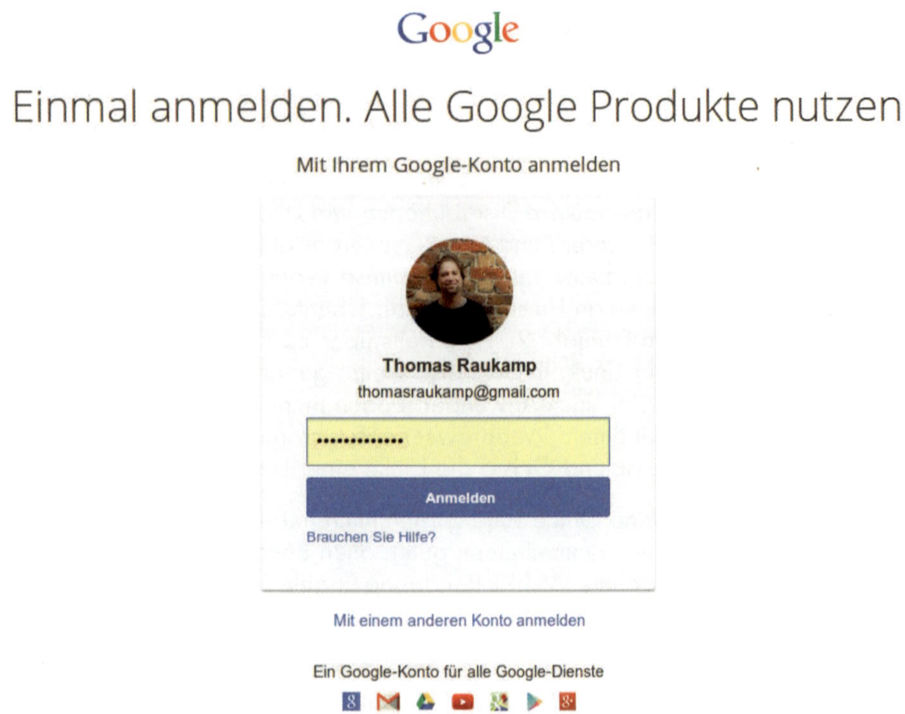
Google
Einmal anmelden. Alle Google Produkte nutzen
Mit Ihrem Google-Konto anmelden
Thomas Raukamp
thomasraukamp@gmail.com
Anmelden
Brauchen Sie Hilfe?
Mit einem anderen Konto anmelden
Ein Google-Konto für alle Google-Dienste

Das Google-Benutzerkonto

Google bietet im Internet vielfältige Dienstleistungen an. Viele sind ohne Registrierung nutzbar, so zum Beispiel die klassische Suchmaschine. Andere setzen die Einrichtung eines Benutzerkontos voraus, das die verschiedenen Dienste erschließt und deren Nutzung individualisiert, so zum Beispiel Google+ und Google Drive.

Wer ein Android-Smartphone oder -Tablet benutzt, kommt in der Regel kaum um ein Google-Konto herum, hat dieses wahrscheinlich bereits bei der Einrichtung des Geräts angelegt und kann es auch für Google Drive verwenden – er sollte es sogar, wenn er abgelegte Daten zwischen seinem Mobilgerät und einem Desktop-PC synchronisieren will. Wird primär kein »Androide« genutzt, kann die Einrichtung eines Google-Kontos bequem mit einem Webbrowser erfolgen (dazu mehr auf der nächsten Seite).

Verfügen Sie als Android-Nutzer bereits über Kontodaten, nutzen Sie bei der Anmeldung für einen der Google-Dienste einfach Ihre übliche **E-Mail-Adresse** und Ihr **Passwort**. Möchten Sie diese Informationen auf einem privaten Rechner nicht immer wieder von Neuem eingeben, setzen Sie ein Häkchen neben den Eintrag **Angemeldet bleiben**. Aber Vorsicht: Nutzen Sie einen Computer, auf den auch andere zugreifen dürfen, oder gar ein öffentliches Internet-Terminal, sollten Sie den Haken in keinem Fall setzen – schließlich möchten Sie nicht, dass der nächste Benutzer ohne Umwege auf Ihr Benutzerkonto zugreifen kann.

Google
Anmelden
Google-Konto erstellen
Sie brauchen nur ein Konto
Ein einziger Nutzername und ein Passwort reichen für alle Google-Dienste.
Alle Google-Dienst
Richten Sie Ihr Profil und Ihre Einstellunge
Sophia Wright
Passwortstärke Stark
Verwenden Sie mindestens 8 Zeichen. Verwenden Sie kein Passwort für eine andere Website oder leicht zu erratende Wörter wie den Namen Ihres Haustiers. Warum?
Immer verfügbar
Sie können zwischen Geräten hin- und herwechseln und direkt dort weitermachen, wo Sie aufgehört haben.
Name
Thomas
Mustermann
1
Nutzernamen wählen
ggldrve
@gmail.com
2
Ich möchte lieber meine aktuelle E-Mail-Adresse verwenden
Passwort erstellen
3
Passwort bestätigen
Geburtsdatum
17
September
1969
4
Geschlecht
Männlich
Mobiltelefon
5
Aktuelle E-Mail-Adresse
thomas@thomasraukamp.cc
6
Können Sie das lesen?
Bestätigung überspringen (in diesem Fall ist eventuell die telefonische Bestätigung erforderlich)
6353288
Geben Sie die beiden Wörter ein:
Standort
Deutschland
7
Ich stimme den Nutzungsbedingungen von Google zu und habe die Datenschutzerklärung gelesen.
8
Nächster Schritt
Erfahren Sie mehr darüber, warum wir diese Informationen benötigen
Google
Datenschutz & Nutzungsbedingungen
Hilfe
Deutsch

Ein Google-Benutzerkonto anlegen

Aufgeräumt und gewohnt minimalistisch kommt Googles Kontoerstellungsseite daher. Neben einer Übersicht der nach der Anmeldung vollständig nutzbaren Dienste nimmt der eigentliche Eingabebereich für Ihre Kontodaten naturgemäß den größten Teil des Bildschirms ein.

Gleich zu Beginn sollte man einige Überlegungen anstellen. Denn der von Ihnen für Ihr Google-Konto ausgewählte **Name** ❶ bürgt für Sie transparent in allen Google-Diensten, also zum Beispiel im sozialen Netzwerk Google+. Sie sollten somit auf Authentizität und eine klare Identifizierung achtgeben, auch wenn Sie sich entschließen, nicht Ihren wirklichen Namen zu verwenden. Nun steht die Auswahl eines **Nutzernamens** ❷ an, der gleichzeitig für Ihre zukünftige Adresse bei Googles eigenem E-Mail-Service Gmail Verwendung findet. Google gestattet die Eingabe und Kombination von Buchstaben, Zahlen sowie Punkten und unterscheidet nicht zwischen Groß- und Kleinschreibung. Alternativ können Sie auch eine bestehende E-Mail-Adresse für Ihre Anmeldung nutzen. Ein Gmail-Konto bietet sich allerdings gerade in Verbindung mit Google Drive an, da der E-Mail-Dienst eng mit dem Google-Onlinespeicher verzahnt ist – so können Sie etwa E-Mail-Anhänge ohne Umwege in Google Drive ablegen. Ihr **Passwort** ❸ muss aus mindestens acht Zeichen bestehen und darf – und sollte aus Sicherheitsgründen – auch Sonderzeichen enthalten.

Weiter geht es mit der Angabe des **Geburtsdatums** ❹. Etwas stolpern werden Sie vermutlich über die notwendige Angabe Ihrer **Mobiltelefonnummer** ❺. Die Gründe dafür sind sicherheitstechnischer Natur: Google möchte damit die Möglichkeit des Missbrauchs von Google-Konten einschränken, indem man ihnen identifizierbare Handynummern zuordnet. Die Angabe einer bestehenden **E-Mail-Adresse** ❻ hat ähnliche Gründe: Google verschickt Informationen zur Wiederherstellung eines vergessenen Passworts an diese Adresse. Nach der Angabe des **Landes** ❼, in dem Sie Ihren Wohnsitz haben, sowie dem Zustimmen der **Nutzungsbedingungen und Datenschutzbestimmungen** ❽ sind alle grundlegenden Informationen komplett, und Sie können Ihr Google-Konto weiter individualisieren.

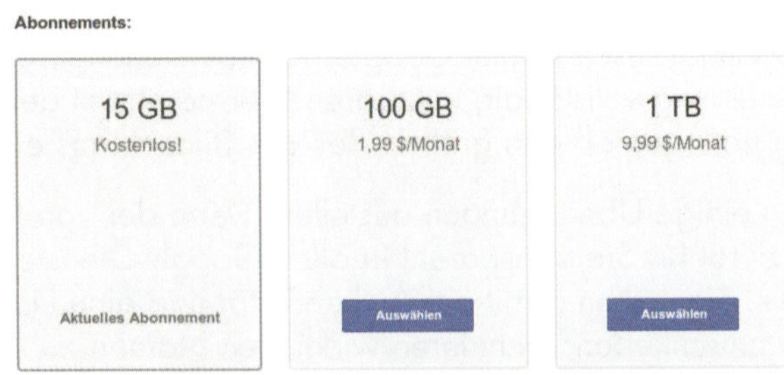
Abonnements:
15 GB
Kostenlos!
Aktuelles Abonnement
100 GB
1,99 $/Monat
Auswählen
1 TB
9,99 $/Monat
Auswählen

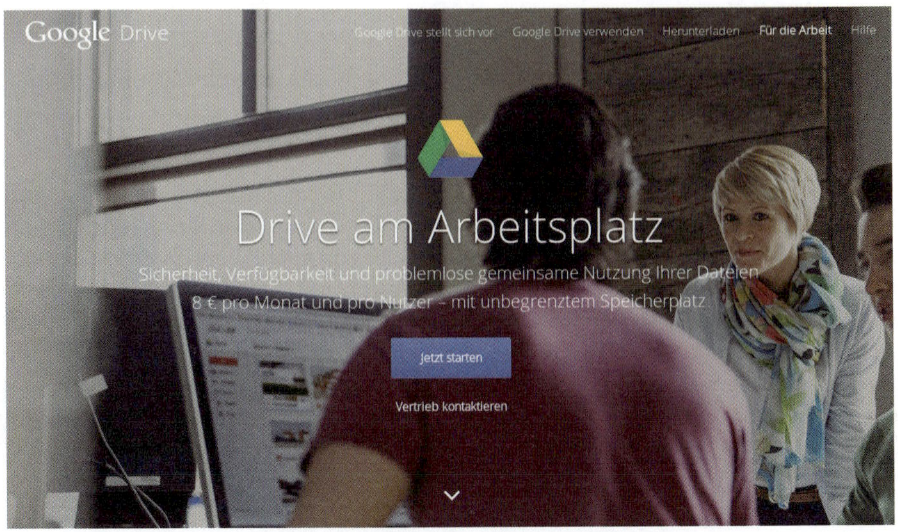
Google Drive
Google Drive stellt sich vor
Google Drive verwenden
Herunterladen
Für die Arbeit
Hilfe
Drive am Arbeitsplatz
Sicherheit, Verfügbarkeit und problemlose gemeinsame Nutzung Ihrer Dateien
8 € pro Monat und pro Nutzer – mit unbegrenztem Speicherplatz
Jetzt starten
Vertrieb kontaktieren

Welches Abomodell ist das richtige für Sie?

Das mit einem Google-Konto angelegte Google Drive bringt einen kostenlosen Speicherplatz von **15 GB** gleich mit. Sollten Sie mehr Kapazität benötigen, bietet Google verschiedene kostenpflichtige Abomodelle zwischen **100 GB** und derzeit **30 TB** (also 3×10^{13} Bytes, 32.212.254.720 KB, 31.457.280 MB oder 30.720 GB) an. Über die aktuellen Preise informiert Sie die Seite **Drive-Speicherplatz** (*http://bit.ly/gdrivebuch_speicherplatz*), die übrigens auch die Auslastung Ihres Abonnements anzeigt.

Welches Abomodell ist aber das richtige für Sie? Zur Beantwortung dieser Frage sollten Sie ein paar Vorüberlegungen über die geplante Anwendung anstellen. Google Drive teilt sich seinen Speicherplatz mit dem E-Mail-Dienst Gmail und der Bilderverwaltung Google+ Fotos, die ihrerseits Daten für Anhänge beziehungsweise Grafiken in Google Drive ablegen und verfügbar machen. Senden und empfangen Sie häufig große Anhänge? Speichern Sie viele Fotos im Rohdatenformat oder als speicherhungrige TIFF-Datei? Planen Sie gar, große Videodateien in Ihrem Google Drive zu »parken« oder als Musiker Audiodaten im WAV- oder AIFF-Format abzulegen? Dann könnten die zunächst endlos erscheinenden 15 GB des kostenlosen Standardangebots schnell erschöpft sein.

Unternehmen bietet Google seine Premium-Lösung **Google Drive for Work** (*http://bit.ly/gdrivebuch_gdrivework*) an. Der Unterschied zum privaten Dienst liegt in erster Linie im praktisch unbegrenzten Speicherplatz, der jedem Mitarbeiter bereitsteht. Einzige Einschränkung: Die abgelegten Dateien dürfen jeweils nicht größer als 5 TB sein. Dafür kostet der Dienst 8 Euro pro Anwender und Monat. Konten mit weniger als fünf Nutzern verfügen über »nur« 1 TB Speicherplatz pro Anwender. Die Firmenlösung bietet Administratoren zudem diverse Werkzeuge zur Nutzer- und Geräteverwaltung sowie erweiterte Suchvorgänge für E-Discovery-Zwecke. Für Branchen und Regionen mit entsprechenden Vorschriften unterstützt Google Drive for Work diverse Sicherheitszertifizierungen und verschlüsselt Dateien bei der Datenübertragung von oder zu einem stationären beziehungsweise mobilen Gerät. Hinzu kommt ein Tag und Nacht erreichbarer telefonischer Kundendienst sowie eine garantierte Verfügbarkeit von 99,9 Prozent.

3 GB belegt
Drive
2 GB
Gmail
1 GB
Google+ Fotos
0 Byte
1
3 GB (18 %) von 15 GB
belegt –Verwalten
Bild 0

So verwaltet Google Drive Ihren Speicherplatz

Einer für alle: Während in der Vergangenheit der E-Mail-Dienst Gmail mit 10 GB protzen konnte und sich ausgerechnet Google Drive und die Bilderverwaltung Google+ Fotos in vergleichsweise engen 5 GB gemeinsam einrichten mussten, führte Google im Mai 2013 alle drei Dienste unter einem gemeinsamen Dach von mindestens 15 GB Speicherplatz zusammen. Trotzdem verbraucht eine Datei nicht automatisch kostenlos oder im Abonnement zur Verfügung gestellte Kapazität, denn Google teilt den Speicherverbrauch der einzelnen Dienste nach festgelegten Regeln ein.

Google Drive: Alle von Ihnen oder anderen Nutzern in Ihr Google Drive hochgeladenen Dateien werden auf den verfügbaren Speicherplatz angerechnet. Dabei macht es keinen Unterschied, in welchem Format Sie diese Daten abspeichern – das Verwaltungslimit pro Datei beträgt sagenhafte **5 Terabyte**.

Google Docs: Alle mit der Textverarbeitung Google Docs, der Tabellenkalkulation Google Tabellen oder der Präsentationssoftware Google Präsentationen erstellten Dateien werden generell nicht auf die Speicherkapazität Ihres Google Drive angerechnet. Ein Textdokument darf bis zu **1.024.000 Zeichen**, eine Tabelle **400.000 Zellen** bei einem Maximum von **256 Spalten** pro Blatt umfassen. Eine hochgeladene Präsentation darf bis zu **50 MB** groß sein, was etwa **200 Folien** entspricht.

Gmail: Alle mit Gmail erstellten und empfangenen E-Mail-Nachrichten beanspruchen Platz in der zur Verfügung gestellten Speicherkapazität Ihres Google-Benutzerkontos. Dazu gehören besonders die von Ihnen verschickten und erhaltenen Anhänge, die Sie konsequenterweise in nur einem Arbeitsschritt direkt in Ihr Google Drive verschieben können, um sie dort dauerhaft zu speichern oder mit Freunden und Kollegen zu teilen. Haben Sie Ihr Speicherkontingent überschritten, sendet Gmail erhaltene Nachrichten an ihre Absender zurück.

Google+: Fotos in hoher Auflösung ab **2.048 × 2.048 Pixeln** sowie Videos ab einer Länge von **15 Minuten** nehmen Speicherplatz in Anspruch, während kleinere Bilder und kürzere Videos nicht auf Ihr Kontingent zugreifen.

Jeder der genannten Google-Dienste hält Informationen über die aktuelle Speicherauslastung bereit. Google Drive zeigt die Aufteilung am linken unteren Rand des Arbeitsfensters im Webbrowser an ❶.

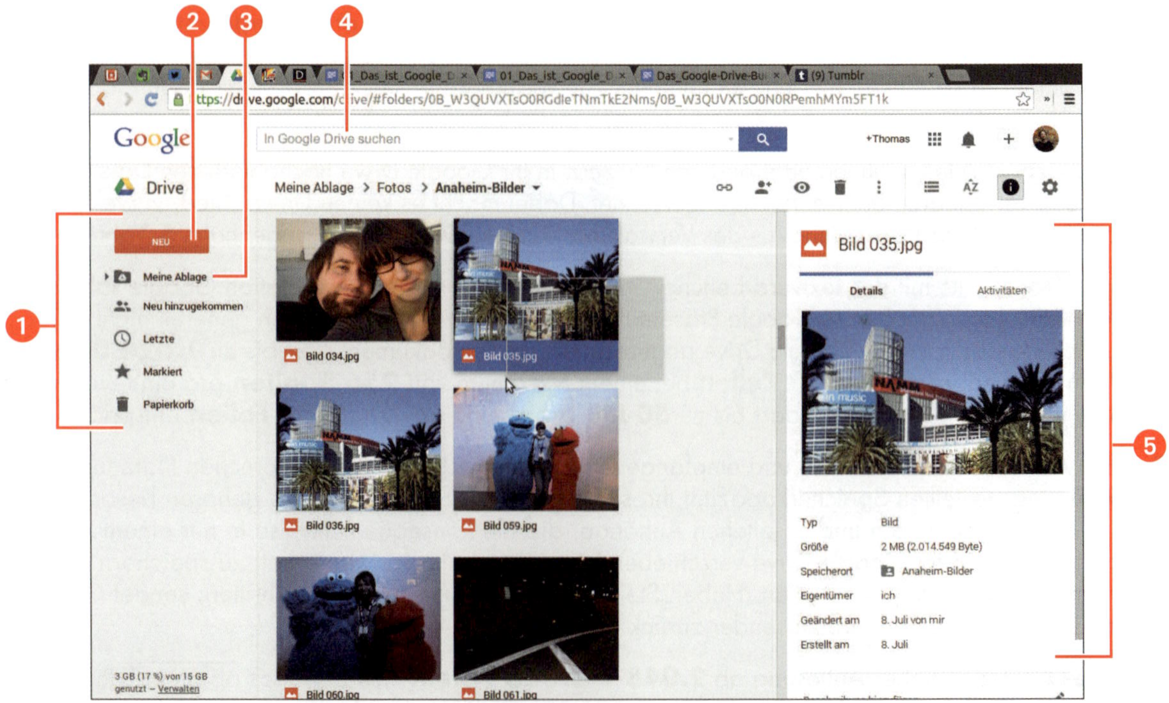

1
2
3
4
5
https://drive.google.com/drive/#folders/0B_W3QUVXTsO0RGdleTNmTkE2Nms/0B_W3QUVXTsO0N0RPemhMYm5FT1k
Google
In Google Drive suchen
+Thomas
Drive
Meine Ablage > Fotos > Anaheim-Bilder
NEU
Meine Ablage
Neu hinzugekommen
Letzte
Markiert
Papierkorb
3 GB (17 %) von 15 GB genutzt – Verwalten
Bild 034.jpg
Bild 035.jpg
Bild 036.jpg
Bild 059.jpg
Bild 060.jpg
Bild 061.jpg
Bild 035.jpg
Details
Aktivitäten
Typ Bild
Größe 2 MB (2.014.549 Byte)
Speicherort Anaheim-Bilder
Eigentümer ich
Geändert am 8. Juli von mir
Erstellt am 8. Juli

Kapitel 1 | Google Drive im Webbrowser

Das Gute gleich vorweg: Egal ob Sie Google Drive in einem Webbrowser oder mobil auf Ihrem Smartphone beziehungsweise Tablet nutzen, Sie werden immer die gleiche grundlegende Benutzerphilosophie vorfinden. Diese umfasst nicht nur die intuitive Herangehensweise bei der Arbeit mit Dateien und Dokumenten, sondern auch das bewusst minimal gehaltene Oberflächenkonzept. Dieses besteht in erster Linie aus fünf wiederkehrenden Teilen:

- Die **linke Seitenleiste** ❶ dient der Navigation innerhalb der Dateiübersicht.
- Die **Neu**-Schaltfläche ❷ erzeugt einen neuen Ordner beziehungsweise ein neues Text-, Tabellen- oder Präsentationsdokument, dient aber auch dem Hochladen einzelner Dateien oder ganzer Ordner.
- Dreh- und Angelpunkt der Aktivitäten ist Ihre Ablage. Diese enthält alle von Ihnen erzeugten oder hochgeladenen Dateien und Dokumente, aber auch diejenigen Daten, die andere Google-Drive-Nutzer für Sie freigegeben und die Sie in Ihren Bestand aufgenommen haben. Der Ordner **Meine Ablage** ❸ synchronisiert sich automatisch mit den Desktopclients für Windows und Mac OS X.
- Das **Suchfeld** ❹ lässt das gezielte Stöbern nach Dateien in Google Drive, aber auch die Suche in Text- und sogar Bildinhalten zu.
- Die **rechte Seitenleiste** ❺ listet Informationen zu einem ausgewählten Ordner oder Dokument auf, enthält aber auch den bei der Arbeit mit mehreren Mitarbeitern wichtigen Aktivitätenverlauf.

Die Arbeit im Google-Drive-Fenster Ihres Webbrowsers geht ganz ähnlich vonstatten wie auf Ihrem Windows-, Mac- oder Linux-Desktop: Ein Doppelklick auf einen Ordner öffnet diesen, ein Doppelklick auf eine Datei oder ein Dokument startet das dazugehörige Anzeige- beziehungsweise Bearbeitungsprogramm. Einzelne oder auch mehrere Dateien oder Verzeichnisse wählen Sie ebenfalls wie auf dem Desktop bei gedrückter Maustaste und dem Aufziehen des Mauszeigers aus. Die Google-Drive-Oberfläche agiert kontextsensitiv und offenbart dateibezogene Funktionen nach der Auswahl von Dateien und Ordnern.

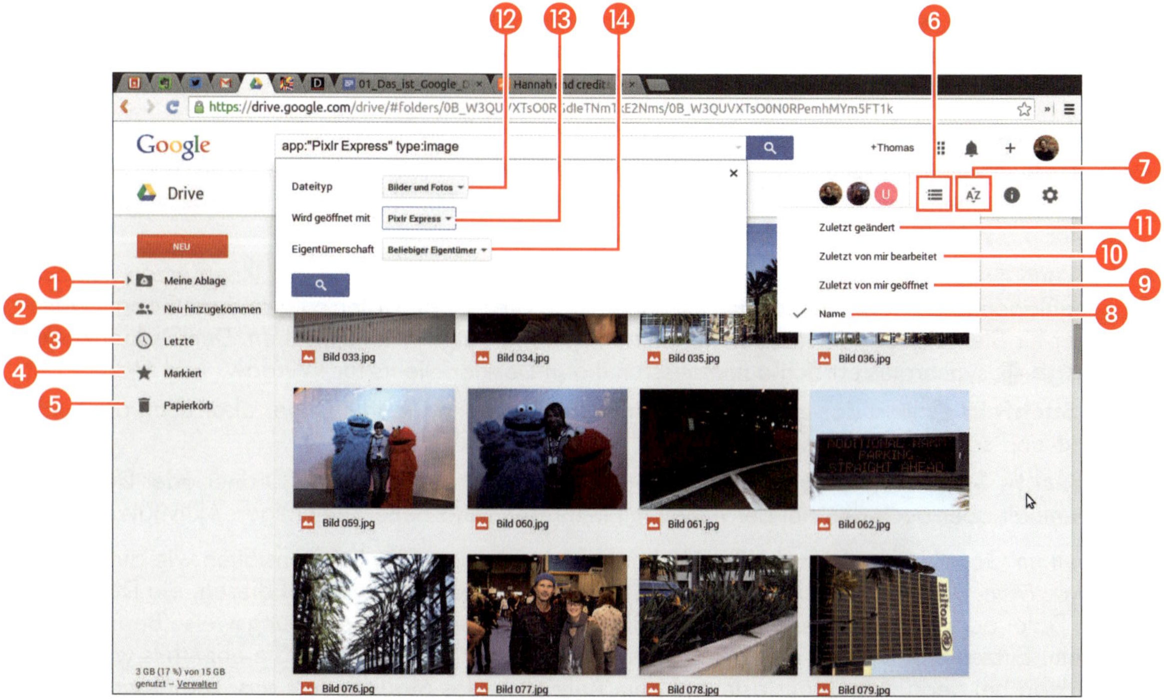

https://drive.google.com/drive/#folders/0B_W3QUVXTsO0R...
Google
Drive
app:"Pixlr Express" type:image
+Thomas
Dateityp
Bilder und Fotos
Wird geöffnet mit
Pixlr Express
Eigentümerschaft
Beliebiger Eigentümer
NEU
Meine Ablage
Neu hinzugekommen
Letzte
Markiert
Papierkorb
Zuletzt geändert
Zuletzt von mir bearbeitet
Zuletzt von mir geöffnet
Name
Bild 033.jpg
Bild 034.jpg
Bild 035.jpg
Bild 036.jpg
Bild 059.jpg
Bild 060.jpg
Bild 061.jpg
Bild 062.jpg
Bild 076.jpg
Bild 077.jpg
Bild 078.jpg
Bild 079.jpg
3 GB (17 %) von 15 GB genutzt – Verwalten
1
2
3
4
5
6
7
8
9
10
11
12
13
14

Sortieren und Suchen

Die **Navigationsleiste** auf der linken Seite des Google-Drive-Fensters im Webbrowser offeriert Schnellzugriffe auf Ihre **Ablage** ❶, die für Sie **freigegebenen Daten** ❷, die **zuletzt angelegten, hochgeladenen beziehungsweise bearbeiteten Dateien** ❸ sowie die von Ihnen **markierten Dokumente** ❹. Ihren Ablageordner können Sie aufklappen, um mittels des Verzeichnisbaums noch leichter auf enthaltene Daten zuzugreifen. Der **Papierkorb** ❺ enthält die in der Weboberfläche gelöschten sowie die aus dem Ordner des Desktopclients entfernten Dateien. Leeren Sie ihn, sind die enthaltenen Daten verloren, bis Sie sie bei Bedarf neu synchronisieren.

Die Verzeichnis- beziehungsweise Dateiübersicht von Google Drive verwaltet Ihre Inhalte wahlweise in einer **Kachel-** oder **Listenansicht**, zwischen denen Sie mit der entsprechenden Schaltfläche ❻ in der Funktionsleiste wechseln. Die standardmäßige Kachelansicht eignet sich besonders für Verzeichnisse mit Bilddateien, da sie eine erste Vorschau bietet. Gleich daneben befindet sich die Auswahl der **Sortierreihenfolge** ❼, die die Anordnung nach dem Datei- oder Ordnernamen ❽, dem letzten Öffnungs- ❾ oder Bearbeitungsdatum ❿ sowie dem Zeitpunkt der Änderung ⓫ eines Dokuments ermöglicht – letztere Variante beinhaltet auch die Veränderungen, die andere Personen an den für sie freigegebenen Dateien vorgenommen haben.

Das **Sucheingabefeld** thront als »Königsfunktion« über Ihrem Google Drive und wartet auf Suchwörter und -phrasen. Um die Suche einzugrenzen, erlaubt es die Spezifizierung nach dem **Dateityp** ⓬, der verknüpften **Web-App** zur Öffnung beziehungsweise Bearbeitung ⓭ sowie nach den **Eigentumsrechten** ⓮. Diese Kriterien sind beliebig miteinander kombinierbar: So ist zum Beispiel die gezielte Suche nach einem mit Google Docs erstellten Textdokument möglich, von dem eine andere Person der Eigentümer ist. Die echten Datenbankkönner unter Ihnen können die Möglichkeiten der Suchfunktion mit der Nutzung von Suchoperatoren weiter ausschöpfen. Dabei können Sie die gleichen Funktionen verwenden, die Sie auch beim »großen« Suchdienst Google.de einsetzen. Eine Übersicht aller in Google Drive nutzbaren Suchoperatoren inklusive ihrer Definitionen finden Sie im Web unter der Adresse *http://bit.ly/gdrivebuch_suchoperatoren*.

1
Bild 114.jpg
Bild 115.jpg
Bild 116.jpg

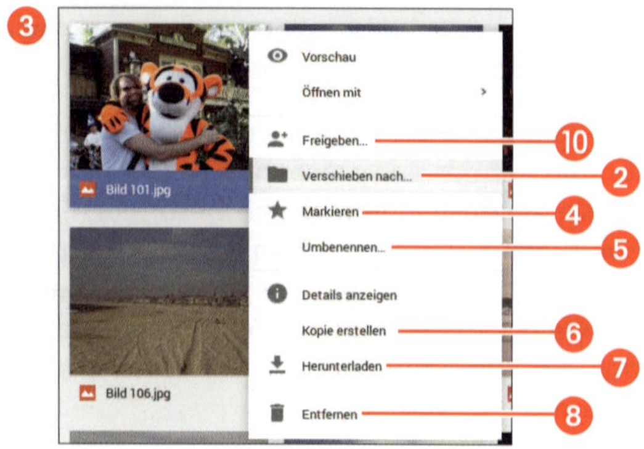
3
Vorschau
Öffnen mit
Freigeben...
Verschieben nach...
Markieren
Umbenennen...
Details anzeigen
Kopie erstellen
Herunterladen
Entfernen
Bild 101.jpg
Bild 106.jpg
10
2
4
5
6
7
8

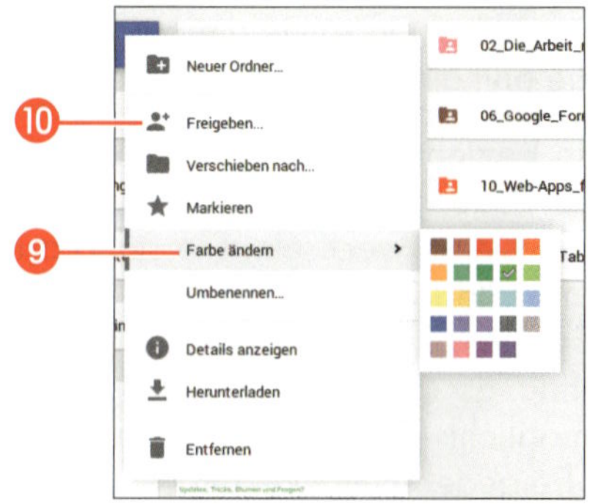
Neuer Ordner...
Freigeben...
Verschieben nach...
Markieren
Farbe ändern
Umbenennen...
Details anzeigen
Herunterladen
Entfernen
02_Die_Arbeit_
06_Google_For
10_Web-Apps_
10
9

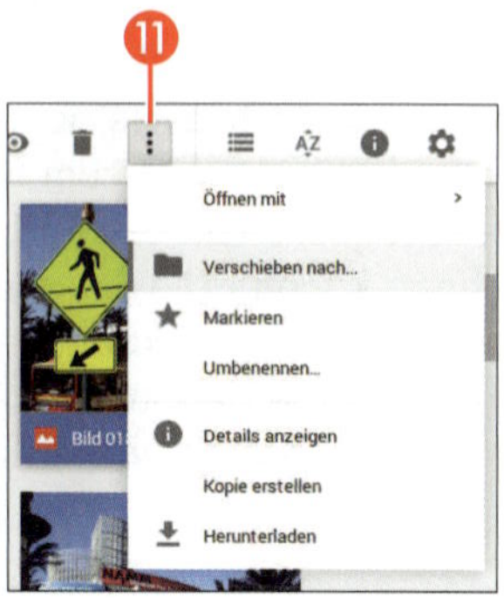
11
Öffnen mit
Verschieben nach...
Markieren
Umbenennen...
Details anzeigen
Kopie erstellen
Herunterladen

12
Details anzeigen

13
chvrches_1_eliot_hazel.tiff
Details
Aktivitäten
14

Mit Dateien arbeiten

Die Arbeitsoberfläche von Google Drive ist bewusst minimalistisch gehalten und agiert kontextsensitiv: Wählen Sie einen Ordner oder eine Datei mit einem Einfachklick aus, offeriert die Funktionsleiste weitere Möglichkeiten zu deren Bearbeitung. Um eine Datei oder einen Ordner zu **verschieben**, packen Sie den Eintrag einfach wie vom Desktop gewohnt mit der Maus an, um ihn in das gewünschte Zielverzeichnis zu ziehen. Mehrere Objekte wählen Sie aus, indem Sie den Mauszeiger über ihnen aufziehen ❶. Sobald Sie die gewählten Daten zum Verschieben über den Ablageordner ziehen, klappt dieser auf, um Ihnen ein Zielverzeichnis anzubieten. Möchten Sie gezielter vorgehen, rufen Sie aus dem Kontextmenü der rechten Maustaste den Eintrag **Verschieben nach …** ❷ aus, um ein Ziel in einer tieferen Verzeichnisebene auszuwählen.

Überhaupt – das Kontextmenü ❸: Es fasst die Aufgaben der Funktionsleiste intelligent zusammen, um die gebotenen Optionen noch greifbarer zu machen, so zum Beispiel das **Markieren** ❹, **Umbenennen** ❺, **Kopieren** ❻, **Herunterladen** ❼ und **Entfernen** ❽ einer Datei oder eines Verzeichnisses. Ordnern können Sie mithilfe des Kontextmenüs zur leichteren Identifizierung eine **Farbe** ❾ zuweisen. Auch die **Freigabeeinstellungen** ❿ für ein Dokument sind mit dem Kontextmenü am schnellsten zu erreichen, das Mac-Nutzer durch das gleichzeitige Halten der [Cmd]-Taste »aufklicken«. Das Kontextmenü spiegelt sich im **Google-Drive-Menü** ⓫ wider, das die Funktionsleiste ergänzt und erfreulich aufgeräumt hält.

Mit dem **Info**-Symbol ⓬ in der Funktionsleiste oder dem **Info**-Eintrag aus dem Kontextmenü rufen Sie die Informationen zu einer ausgewählten Datei oder zum aktuellen Verzeichnis auf. Die **Seitenleiste** ⓭ bietet nicht nur eine **Vorschau** und die wichtigsten **statistischen Werte** in der Übersicht an, sondern auch die Möglichkeit, zusätzliche **Bemerkungen** zu hinterlassen und andere **Betrachter am Herunterladen zu hindern** – eine besonders bei rechtlich geschützten Dokumenten wichtige Option. Der ebenfalls in der Seitenleiste zu findende Karteireiter **Aktivitäten** ⓮ listet hingegen alle Veränderungen am Dokument selbst und seinen Freigabeeinstellungen auf – eine Funktion, die Sie besonders bei der Arbeit im Team sicher schnell zu schätzen wissen.

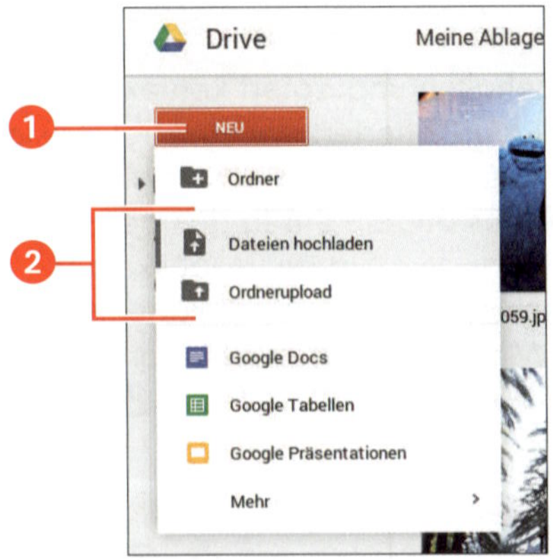
1
2
Drive
Meine Ablage
NEU
Ordner
Dateien hochladen
Ordnerupload
Google Docs
Google Tabellen
Google Präsentationen
Mehr

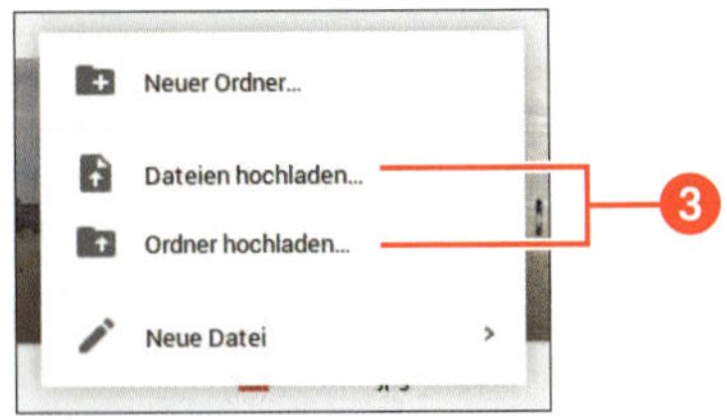
3
Neuer Ordner...
Dateien hochladen...
Ordner hochladen...
Neue Datei

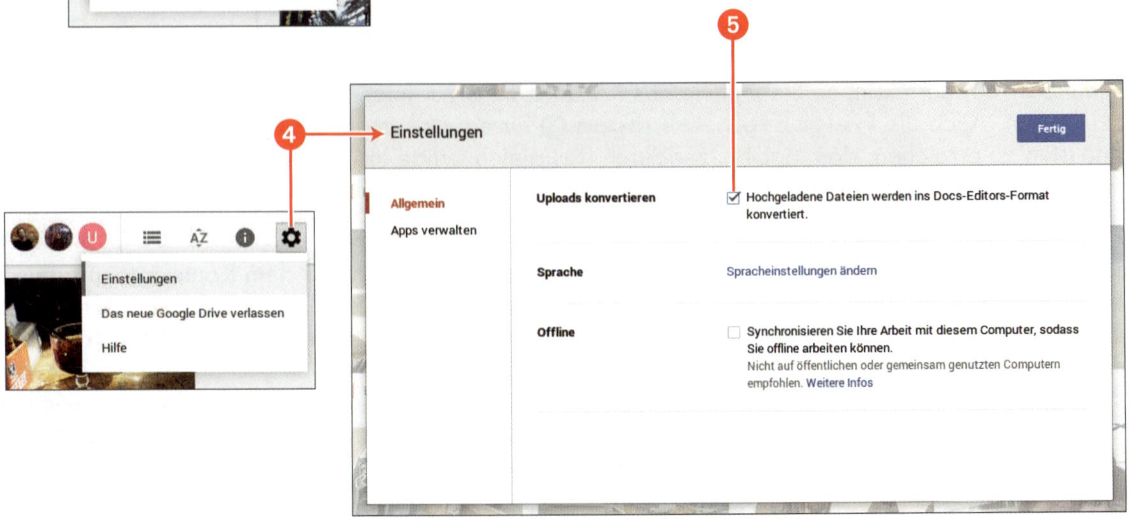
4
5
Einstellungen
Das neue Google Drive verlassen
Hilfe
Einstellungen
Fertig
Allgemein
Apps verwalten
Uploads konvertieren
Hochgeladene Dateien werden ins Docs-Editors-Format konvertiert.
Sprache
Spracheinstellungen ändern
Offline
Synchronisieren Sie Ihre Arbeit mit diesem Computer, sodass Sie offline arbeiten können.
Nicht auf öffentlichen oder gemeinsam genutzten Computern empfohlen. Weitere Infos

Dateien und Ordner hochladen

Die **Neu**-Schaltfläche ❶ leuchtet rot in der Navigationsleiste von Google Drive und füllt Ihren Onlinespeicher mit Leben. Ein Klick darauf offenbart ein Menü zum Hochladen weiterer Dateien und kompletter Ordner von Ihrem Desktoprechner ❷. Alternativ öffnen Sie das Zielverzeichnis, um mit der rechten Maustaste (Mac-Nutzer halten beim Klick die Cmd-Taste gedrückt) das Kontextmenü zu öffnen und den Eintrag **Dateien hochladen** beziehungsweise **Ordner hochladen** ❸ aufzurufen. Mausakrobaten ziehen hingegen die gewünschten Daten per Drag-and-drop in das im Webbrowser geöffnete Verzeichnis. Das Hochladen ganzer Verzeichnisse ist standardmäßig nur mit Googles eigenem Webbrowser Chrome oder der quelloffenen Variante Chromium möglich. Nutzen Sie ein anderes Programm, müssen Sie in diesem vorher Java aktivieren. Mit Firefox funktioniert das Ziehen von Ordnern vom Desktop auf das Browserfenster ebenfalls.

Das Einstellungsfenster, das Sie mithilfe des **Zahnrad**-Symbols ❹ in der Funktionsleiste aufrufen, beinhaltet unter anderem die Upload-Einstellungen. Kreuzen Sie die Auswahlbox **Hochgeladene Dateien werden ins Docs-Editors-Format konvertiert** ❺ an, wandelt Google Drive Dateien beim Hochladen automatisch in das für die jeweilige Bearbeitung in einem der Programme der Google-Office-Suite benötigte Format um. Dies erspart besonders beim Upload sehr vieler Dokumente eine Menge Arbeit. Gleichzeitig sollten Sie jedoch bedenken, dass Sie damit auch die native Unterstützung von Microsoft-Office-Dateien umgehen, die ein Laden, Bearbeiten und Speichern von mit Word, Excel oder PowerPoint erzeugten Dokumenten, Tabellen und Präsentationen ohne eine zusätzliche Wandlung gestattet.

Die folgenden Dateitypen wandelt Google Drive in ein von Google Docs editierbares Format um:

- **Dokumente:** DOC, DOCX, HTML, Nur-Text (TXT), RTF
- **Tabellen:** XLS, XLSX, ODS, CSV, TSV, TXT, TAB
- **Präsentationen:** PPT, PPS, PPTX
- **Zeichnungen:** WMF

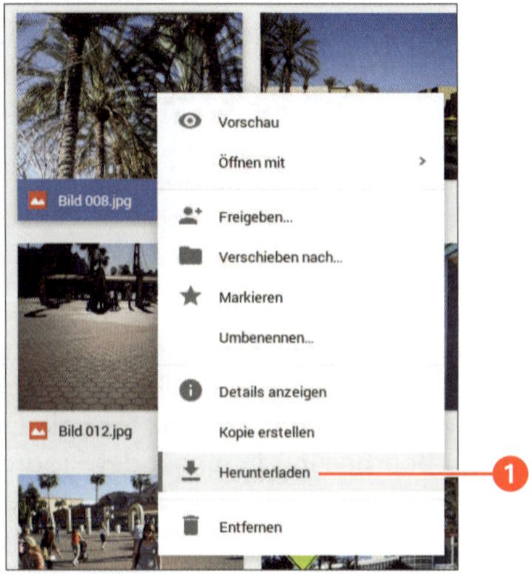
Bild 008.jpg
Vorschau
Öffnen mit
Freigeben...
Verschieben nach...
Markieren
Umbenennen...
Details anzeigen
Kopie erstellen
Herunterladen
Bild 012.jpg
Entfernen
1

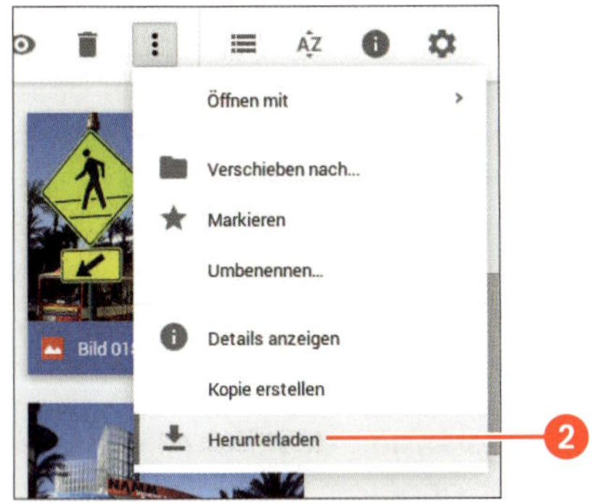
Öffnen mit
Verschieben nach...
Markieren
Umbenennen...
Details anzeigen
Kopie erstellen
Herunterladen
2

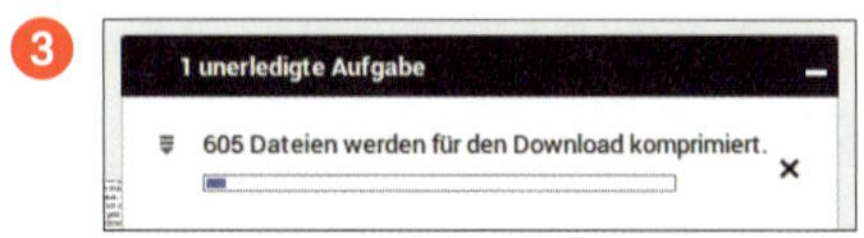
3
1 unerledigte Aufgabe
605 Dateien werden für den Download komprimiert.

-14.04-
amd64.iso
Das_Google-Drive-
Buch-2014-07-11.zip
4

Dateien und Ordner herunterladen

So perfekt das »Leben in der Cloud« auch scheinen mag, manchmal geht es einfach nicht ohne das Herunterladen von Dokumenten auf die heimische Festplatte, um zum Beispiel sensible Daten auf dem eigenen Rechner in aller Abgeschiedenheit weiterzubearbeiten. Um eine Datei oder einen Ordner herunterzuladen, klicken Sie mit der rechten Maustaste auf ihren Eintrag und wählen aus dem Kontextmenü die Anweisung **Herunterladen** ❶ aus. Diese findet sich selbstverständlich auch im Google-Drive-Menü ❷ in der Funktionsleiste.

Haben Sie eine oder mehrere Dateien beliebiger Art ausgewählt, führt Google Drive vor dem eigentlichen Download eine Virenprüfung durch und schützt so Ihren Desktoprechner – das ist besonders hilfreich, wenn Sie Daten anderer Personen speichern möchten, die lediglich für Sie freigegeben sind und über deren Güte Sie nichts wissen. Äußerst praxisorientiert ist auch die Behandlung von mit den Google-Docs-Apps erzeugten Text-, Tabellen- und Präsentationsdokumenten: Diese wandelt Google Drive automatisch in das für Microsoft Word (***.docx**), Excel (***.xlsx**) beziehungsweise PowerPoint (***.pptx**) passende Format um, das Sie zum Beispiel auch mit OpenOffice und LibreOffice öffnen und weiterverarbeiten können.

Möchten Sie einen kompletten Ordner oder mehrere Dateien auf Ihren Rechner herunterladen, erzeugt Google Drive aus den ausgewählten Daten eine gepackte ZIP-Datei ❸. Das spart Platz und macht auch den Download schneller. Auf diese Weise können Sie zudem unkompliziert eine Sicherheitskopie wichtiger Ordner erstellen – die gepackte Zieldatei enthält im Namen unter anderem das Datum des Herunterladens, was eine übersichtliche Archivierung ermöglicht ❹. In Ordnern enthaltene Formate aus den Google-Docs-Programmen finden sich auch in diesem Fall in ein für die Weiterbearbeitung passendes Microsoft-Office-Format gewandelt in Ihren Ordnern.

Das manuelle Herunterladen einer oder mehrerer Dateien ist indes nicht zu verwechseln mit der automatischen Synchronisation, die ein entsprechender Desktopclient mit Ihrem Google-Drive-Ordner durchführt.

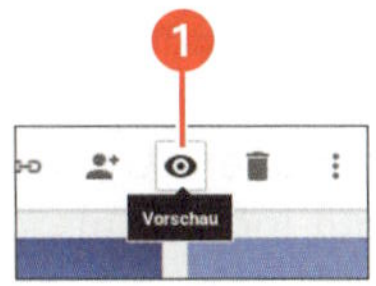
1
Vorschau

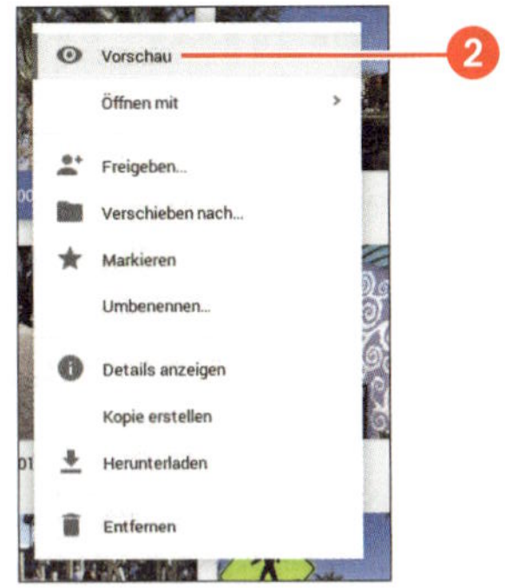
2
Vorschau
Öffnen mit
Freigeben...
Verschieben nach...
Markieren
Umbenennen...
Details anzeigen
Kopie erstellen
Herunterladen
Entfernen

3
4
5
6
8
7
https://drive.google.com/drive/#folders/0B_W3QUVXTsOONORPemhMYm5FT1k
Bild 021.jpg
Öffnen
Umbenennen
Missbrauch melden
18 von 106 Dokumenten

Die Dateivorschau

Damit Ihre Dateien nicht nur hübsch säuberlich archiviert in Ihrem Google Drive vor sich hin schlummern, ist der Onlinespeicherdienst mit einer mächtigen Vorschauroutine versehen. Diese eignet sich nicht nur für Fotos, sondern für Grafiken aller Art in den Formaten mit den Dateiendungen ***.jpeg**, ***.png**, ***.gif**, ***.tiff**, ***.bmp** und ***.psd**. Für Fotografen interessant ist die direkte Anzeige von **Fotorohdaten**. Illustratoren werden sich hingegen über die Unterstützung von Vektorgrafiken zum Beispiel aus Adobe Illustrator in den Formaten ***.ai**, ***.svg**, ***.dxf**, ***.eps** und ***.ps** freuen. Auch zum Anschauen von Videos mit einer Auflösung **bis 1.920 x 1.080 Bildpunkten** eignet sich die Vorschau. Sie spielt Dateien mit den Endungen ***.mpeg4**, ***mpegps**, ***.mov**, ***.avi**, ***.wmv**, ***.flv**, ***.3gpp**, ***.mts**, ***.webm** und ***.ogg** ab. Und wer Google Drive als Speicher für die eigene Musiksammlung nutzen möchte, kann auch dies tun: Die Abspielroutinen verstehen sich auf die Audiodateitypen ***.mp3**, ***.ogg**, ***.wav** und ***.mpeg**. Doch damit immer noch nicht genug: Die Google-Drive-Vorschau dient der Voransicht von Texten, Tabellen und Präsentationsfolien, die Sie mit einem der Programme von Google Docs erstellt haben, aber auch für Dokumente aus Microsoft Word, Excel und PowerPoint (***.doc**, ***.docx**, ***.xls**, ***.xlsx**, ***.ppt**, ***pptx**) sowie Apple Pages. Natürlich bietet sich Google Drive auch zur Ansicht von **PDF**-Dokumenten, reinen **Textdateien** und sogar **TrueType**-Schriften an.

Haben Sie keine externe Web-App als Standard für die Anzeige von Multimedia-Dateien festgelegt, reicht ein Doppelklick auf ihren Eintrag, um die Vorschau zu starten. Alternativ wählen Sie die **Vorschau**-Schaltfläche ❶ aus der Funktionsleiste von Google Drive oder den entsprechenden Eintrag im Kontextmenü der rechten Maustaste ❷. Darüber starten Sie auch die Vorschau von mit einem der Google-Docs-Apps angelegten beziehungsweise in den Microsoft-Office-Formaten gespeicherten Dokumenten, da diese bei einem Doppelklick ansonsten in den Bearbeitungsmodus wechseln. Die Vorschau selbst gestattet neben der reinen Anzeige auch das nachträgliche Öffnen mit einem passenden externen Bearbeitungsprogramm ❸, das Ausdrucken ❹, Freigeben ❺, Herunterladen ❻ und Umbenennen ❼ der aktuell angezeigten Datei sowie deren Darstellung und Kommentierung in einem eigenen Karteireiter ❽.

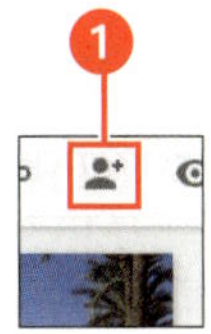
1

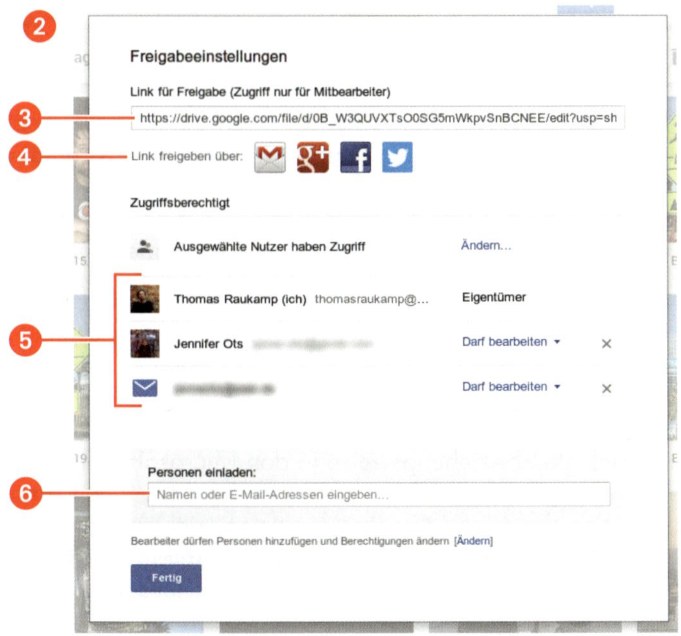
2
Freigabeeinstellungen
Link für Freigabe (Zugriff nur für Mitbearbeiter)
3
https://drive.google.com/file/d/0B_W3QUVXTsO0SG5mWkpvSnBCNEE/edit?usp=sh
4
Link freigeben über:
Zugriffsberechtigt
Ausgewählte Nutzer haben Zugriff
Ändern…
5
Thomas Raukamp (ich) thomasraukamp@…
Eigentümer
Jennifer Ots
Darf bearbeiten
Darf bearbeiten
Personen einladen:
6
Namen oder E-Mail-Adressen eingeben…
Bearbeiter dürfen Personen hinzufügen und Berechtigungen ändern [Ändern]
Fertig

Kapitel 2 | Teamwork in Google Drive

Google Drive ist keine Burg. Wenn Sie möchten, stehen die zunächst so trutzig wirkenden digitalen Mauern des Cloud-Speichers für genau die Menschen weit offen, mit denen Sie Daten, Fotos, Musik und natürlich Ihre Arbeit teilen möchten und denen Sie dazu den »Schlüssel« gegeben haben.

Dieser Schlüssel zur gewissenhaften Freigabe von Dateien ist ein sorgsamer Umgang mit den **Berechtigungseinstellungen**. Um sich mit diesen vertraut zu machen, wählen Sie eine beliebige Datei, ein Dokument oder einen Ordner aus Ihrer Ablage aus. In der Funktionsleiste taucht nun die **Freigeben**-Schaltfläche ❶ auf. Das sich nach Ihrer Auswahl öffnende **Freigabefenster** ❷ erreichen Sie alternativ auch im Kontextmenü nach einem Rechtsklick auf ein Objekt. Und auch in Google-Docs-Dokumenten sowie in der Dateivorschau beziehungsweise dem Google Drive Viewer finden Sie immer wieder Piktogramme zum Aufruf der Berechtigungseinstellungen – das Thema der Kollaboration ist tief in die »DNS« von Google Drive eingewoben.

Von wo aus in Google Drive Sie es auch aufrufen, das Freigabefenster ist immer identisch aufgebaut: Es präsentiert den Dateiverweis ❸ für das manuelle Teilen unter Mitarbeitern sowie Möglichkeiten zum Teilen des Links mit dem E-Mail-Service Gmail, dem Nachrichtendienst Twitter beziehungsweise den sozialen Netzwerken Google+ und Facebook ❹. Darunter befindet sich die Liste der Einzelpersonen oder Gruppen ❺, die Zugriff auf die Datei haben, gefolgt von einem Eingabefeld ❻ für Namen, E-Mail-Adressen und Gruppen, die Sie zur Kollaboration einladen möchten.

Natürlich können Sie mehrere Dateien und Ordner auswählen, um sie »in einem Rutsch« freizugeben. Sinnvoller ist es jedoch, sie vorher in ein neues Verzeichnis zu verschieben und dieses dann einmalig für die gewünschten Mitarbeiter zu öffnen. Nachträglich in diesen Ordner verschobene oder hochgeladene Dateien sind dann automatisch für alle Teilnehmer sichtbar, ohne dass Sie sie immer wieder neu freigeben müssen.

Zugriffsberechtigt
Privat – nur ich habe Zugriff
Ändern...
Thomas Raukamp (ich) thomasraukamp@...
Eigentümer
1
2

3
Freigabeeinstellungen
Sichtbarkeitsoptionen:
Öffentlich im Web
Jeder im Internet ist zur Suche und zum Zugriff berechtigt.
Jeder, der über den Link verfügt
Alle Nutzer, die über den Link verfügen, sind zum Zugriff berechtigt. Es ist keine Anmeldung erforderlich.
Bestimmte Personen
Für bestimmte Personen freigegeben
Hinweis: Die gewählte Sichtbarkeitsoption wirkt sich nicht darauf aus, ob das Dokument im Web veröffentlicht werden kann. Weitere Informationen
Speichern
Abbrechen
Weitere Informationen zur Sichtbarkeit
4
5
6

Die Sichtbarkeitsoptionen festlegen

Um zu verhindern, dass eine Datei oder gar der Inhalt eines ganzen Ordners in falsche Hände gerät, ermöglicht Google Drive die Festlegung von **Sichtbarkeitsoptionen** für alle gespeicherten Inhalte. Diese steuern den Zugriff Dritter auf freigegebene Daten und legen fest, ob sie nur für einige Auserwählte oder für einen größeren Personenkreis zugänglich sind.

Grundsätzlich gilt, dass alle von Ihnen hochgeladenen Dateien oder angelegten Ordner und Dokumente zunächst streng vertraulich behandelt werden. Das heißt, dass nur Sie selbst darauf zugreifen dürfen. Rufen Sie also das Freigabefenster (siehe vorherige Seite) für eine selbst angelegte Datei auf, lautet die Sichtbarkeitsoption **Privat – nur ich habe Zugriff** ❶. Folgerichtig taucht auch nur Ihr Name in der darunterstehenden Liste der zugangsberechtigten Personen auf. Klicken Sie auf den Eintrag **Ändern** ❷, öffnet sich ein Fenster ❸ zur Verwaltung der Sichtbarkeitseinstellungen einer Datei. Folgende Optionen bietet es an:

- **Öffentlich im Web** ❹: Jede Person, die über den Verweis zu Ihrer freigegebenen Datei verfügt, darf diese aufrufen. Das bietet sich zum Beispiel an, wenn Sie ein Bild in einem sozialen Netzwerk oder in Ihrem Blog veröffentlichen möchten. Der Link darf unendlich geteilt werden und taucht auch in Suchmaschinen wie Google und Bing auf.
- **Jeder, der über den Link verfügt** ❺: Google selbst vergleicht diese Sichtbarkeitsoption mit einer Telefonnummer, die nicht im Telefonbuch steht. Eine Person muss über die direkte URL eines Ordners oder einer Datei verfügen, um darauf zugreifen zu können. Diese Option kommt am besten zum Einsatz, wenn man mehreren Personen den einfachen Zugang zu nicht sensiblen Daten gewähren möchte. Ein Unternehmen könnte so eine Telefonliste der zuständigen Ansprechpartner veröffentlichen und ihren Kunden den Verweis per E-Mail zusenden.
- **Bestimmte Personen** ❻: Für alle sensiblen Daten, die nicht weiterverteilt werden sollen, ist diese Einstellung unabdingbar. Sie öffnet eine Datei oder einen Ordner nur den Personen, die Sie selbst einladen. Diese müssen sich mit einem Google-Benutzerkonto anmelden, sodass Sie stets die Übersicht über die zugangsberechtigten Kollegen und Freunde behalten.

Zugriffsberechtigt
Ausgewählte Nutzer haben Zugriff
Ändern...
Thomas Raukamp (ich) thomasraukamp@...
Eigentümer
Jennifer Ots
Darf bearbeiten
Personen einladen:
"Imke Hirschmann" <imke@oreilly.de>,
Darf bearbeiten
Personen per E-Mail benachrichtigen - Nachricht löschen
Hier sind die Urlaubsfotos!
Viele Grüße,
Thomas
Senden
Abbrechen
Kopie an mich senden
1
2
3

4
Ich habe etwas für Sie freigegeben
Hallo Imke,
hier nun die Formatvorlage für das Kapitel über die mobile Google-Docs-App für das Korrektorat.
--
rüm hart, klåår kimming.
thomas l. raukamp.
journalist.
thomasraukamp.tumblr.com
+49 (0)4331 4397763.
skype | twitter | tumblr | facebook | google+: thomasraukamp.
if you reply, please start with something nice like 'hello'.
Formatvorlage_Kapitel_10_Google_Docs_unterwegs.doc
Google Drive: Alle Ihre Inhalte an einem Ort erstellen, freigeben und speichern

Personen zur Mitarbeit einladen

Nach der Festlegung der Sichtbarkeitsoptionen sind wir bereit, die ersten Mitarbeiter ans Google-Drive-Büfett einzuladen. Das wollen wir geradezu verschwörerisch tun: Geben Sie für eine Datei oder einen Ordner also die Sichtbarkeitsoption **Bestimmte Personen** (siehe ❻ auf der vorherigen Seite) an, damit Sie mit den einzuladenden Kollegen oder Freunden unter sich bleiben. In das Eingabefeld **Personen einladen** ❶ geben Sie dann den Namen oder die E-Mail-Adresse des Menschen ein, für den Sie zum Beispiel ein Dokument öffnen möchten. Befindet sich der Name bereits im Adressbuch von Google Kontakte, ergänzt Google Drive ihn automatisch. Sie können so viele Namen und Adressen wie nötig angeben, sofern Sie sie mit einem Leerschritt voneinander trennen.

Unter dem Eingabefeld sehen Sie die standardmäßig bereits festgelegte Option zum automatischen Versenden einer E-Mail-Einladung ❷ an die Personen, die Sie als neue Mitarbeiter mit an Bord geholt haben. Mithilfe des Textfelds **Nachricht hinzufügen** ❸ können Sie auf Wunsch noch ein paar persönliche Zeilen verfassen.

Haben Sie die Option der automatischen Einladung gewählt, erhält der Mitarbeiter eine E-Mail ❹, die einen Verweis auf den für ihn geöffneten Ordner oder die Datei enthält. Ist die entsprechend rigide Sichtbarkeitsoption gewählt, muss er sich beim ersten Aufruf mit seinem Google-Benutzerkonto anmelden. Besitzt er keins, muss er es anlegen. Sind die Sichtbarkeitsoptionen niedriger gesetzt, entfällt dieser Zwang zur Authentifizierung. Die eingeladenen Personen erscheinen nun in der Mitarbeiterliste, in der Sie die Zugriffsbestimmungen (siehe nächste Seite) verändern oder wieder entfernen können.

Möchten Sie Dateien sehr vielen Mitarbeitern gleichzeitig öffnen, können Sie auch eine mit dem Onlinedienst Google Groups (*http://groups.google.com/*) angelegte Gruppe einladen. Jedes Gruppenmitglied erhält Zugang zu den freigegebenen Ordnern und Dateien – auch die, die erst nach der Öffnung der Gruppe beitreten. Vertrauliche Daten sollten Sie auf diesem Weg also keinesfalls teilen.

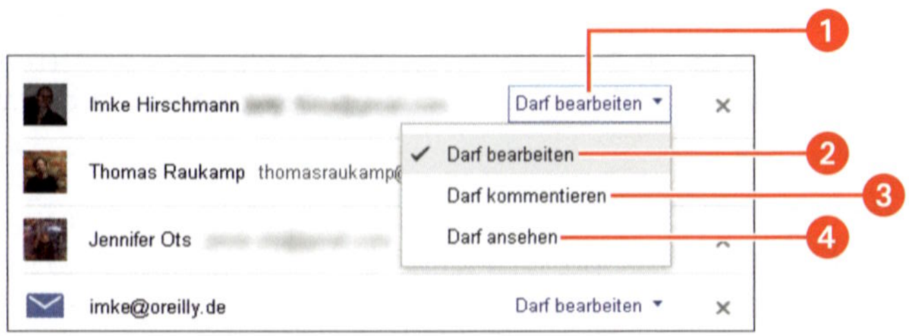
Imke Hirschmann
Darf bearbeiten
Thomas Raukamp thomasraukamp
Darf bearbeiten
Darf kommentieren
Darf ansehen
Jennifer Ots
imke@oreilly.de
Darf bearbeiten
1
2
3
4

Die Zugriffsbestimmungen regeln

Zur optimalen Kontrolle der Zugriffsbedingungen für eingeladene Personen verfügt Google Drive neben den Sichtbarkeitsoptionen über eine weitere Einstellung. Achten Sie auf das Aufklappmenü ❶ neben der Adresseingabe: Hier legen Sie die äußerst wichtige **Zugriffsebene** für den beziehungsweise die zukünftigen Mitarbeiter fest. Diese bestimmt, welche Rechte eine Person konkret in einer Datei oder einem Ordner hat:

- **Darf bearbeiten** ❷: Die eingeladene Person darf die Datei ansehen, kommentieren und selbstständig verändern, Inhalte zu Ordnern hinzufügen oder aus ihnen löschen, Dateien in freigegebene Ordner hochladen oder in den Papierkorb verschieben (aber nicht dauerhaft löschen). Sie kann Elemente kopieren und mit anderen Geräten synchronisieren. Ferner darf sie die Liste der Mitarbeiter erweitern, sofern Sie als Eigentümer sie dazu berechtigt haben – was standardmäßig der Fall ist. Die Bearbeiterrolle vergeben Sie am besten nur an Kollegen, die an freigegebenen Dokumenten direkt mitgestalten sollen.
- **Darf kommentieren** ❸: Der Mitarbeiter darf Dokumenten Kommentare hinzufügen, er kann sie ansehen und herunterladen sowie in seiner Ablage speichern. Kommentatoren dürfen jedoch keine Veränderungen vornehmen oder neue Mitarbeiter einladen. Sie schützen mit dieser Einstellung also Ihre Dokumente vor Veränderungen, öffnen sie aber gleichzeitig für Anmerkungen.
- **Darf ansehen** ❹: Der reine Betrachter verfügt über die wenigsten Zugriffsrechte. Er darf Dateien, Dokumente und Ordner lediglich darstellen, sie herunterladen oder in die eigene Ablage verschieben. Andere Mitarbeiter oder Betrachter kann er nicht einladen. Diese Einstellung eignet sich zum Beispiel für Kunden, denen ein Blick auf eine Arbeit vorab gewährt werden soll.

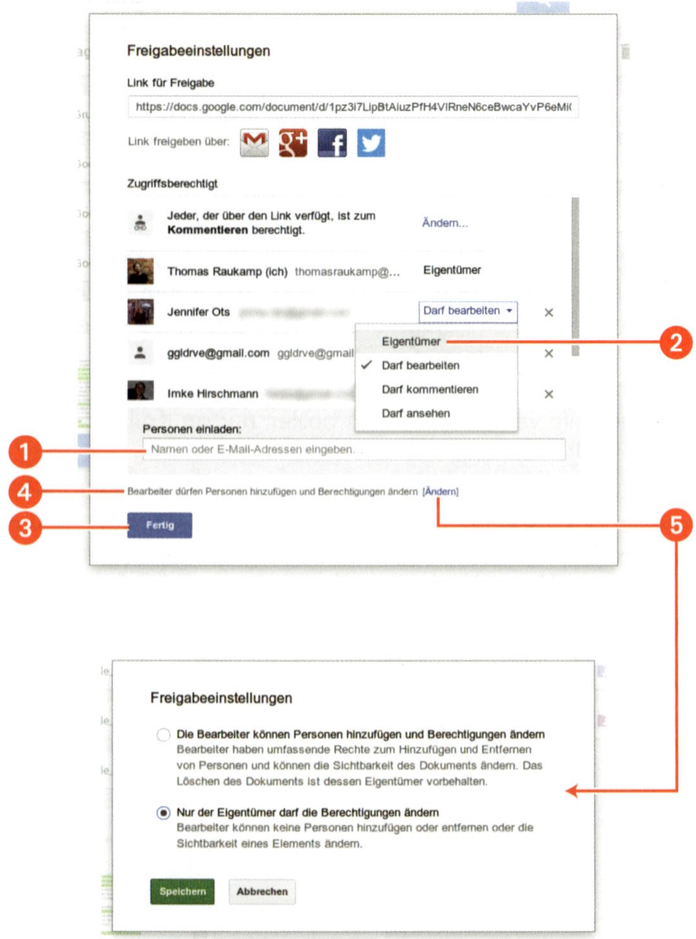

Freigabeeinstellungen
Link für Freigabe
https://docs.google.com/document/d/1pz3i7LipBtAiuzPfH4VIRneN6ceBwcaYvP6eMi(
Link freigeben über:
Zugriffsberechtigt
Jeder, der über den Link verfügt, ist zum Kommentieren berechtigt.
Ändern...
Thomas Raukamp (ich) thomasraukamp@...
Eigentümer
Jennifer Ots
Darf bearbeiten
Eigentümer
Darf bearbeiten
Darf kommentieren
Darf ansehen
ggldrve@gmail.com ggldrve@gmail
Imke Hirschmann
Personen einladen:
Namen oder E-Mail-Adressen eingeben...
Bearbeiter dürfen Personen hinzufügen und Berechtigungen ändern [Ändern]
Fertig
1
2
3
4
5
Freigabeeinstellungen
Die Bearbeiter können Personen hinzufügen und Berechtigungen ändern
Bearbeiter haben umfassende Rechte zum Hinzufügen und Entfernen von Personen und können die Sichtbarkeit des Dokuments ändern. Das Löschen des Dokuments ist dessen Eigentümer vorbehalten.
Nur der Eigentümer darf die Berechtigungen ändern
Bearbeiter können keine Personen hinzufügen oder entfernen oder die Sichtbarkeit eines Elements ändern.
Speichern
Abbrechen

Die Eigentümer- und Mitarbeiterberechtigungen

Als Eigentümer stehen Ihnen selbstverständlich die meisten Rechte an den in Google Drive angelegten Daten zu. Sie gelten als Eigentümer, wenn Sie eine Datei, einen Ordner oder ein Dokument erstellt, hochgeladen oder mit Ihrem Desktopclient synchronisiert haben. Sie können Ihre eigenen Daten nun beliebig bearbeiten, verschieben, herunterladen, neu synchronisieren und vorübergehend oder dauerhaft löschen. Und noch ein Privileg gebührt Ihnen: Um all diese Rechte an einem Ordner oder einem Dokument an eine andere Person zu übertragen, können Sie sie sogar zum neuen Eigentümer erklären. Dies ist zum Beispiel dann praktisch, wenn ein Arbeitsprojekt einen neuen Leiter erhält. Wieder einmal müssen wir dazu das Freigabefenster bemühen. Hier ergänzen Sie im Einladungsfeld ❶ den Namen oder die E-Mail-Adresse des Mitarbeiters, dem Sie die Eigentumsrechte übertragen möchten, und fügen ihn hinzu. Verfügt dieser bereits über einen Dateizugriff, enthält die Mitarbeiterliste seinen Namen bereits. Öffnen Sie nun das Aufklappmenü neben seinem Eintrag und ändern Sie die Zugriffsbestimmungen auf **Eigentümer** ❷. Bestätigen Sie dann mit der Schaltfläche **Fertig** ❸ Ihre Auswahl, ist die Rechteübertragung komplett.

Haben Sie einem Mitarbeiter Bearbeitungsrechte eingeräumt, gewähren Sie diesem nicht nur die Erlaubnis zur Veränderung und Kommentierung eines Ordners oder einer Datei, er darf sogar neue Personen einladen und Zugriffsbestimmungen regeln. Erscheinen Ihnen diese Rechte als zu umfangreich, können Sie Bearbeitern das Freigaberecht entziehen. Die Möglichkeit dazu hat Google etwas unscheinbar im Freigabefenster untergebracht. Der letzte, recht klein geschriebene Eintrag vor der Bestätigungsschaltfläche lautet: **Die Bearbeiter dürfen Personen hinzufügen und Berechtigungen ändern** ❹. Ein Klick auf den **Ändern**-Verweis ❺ öffnet ein neues Fenster, das die erweiterten Berechtigungseinstellungen offeriert. Mit dem zweiten Eintrag übertragen Sie das exklusive Recht zum Hinzufügen fremder Personen und dem Editieren der Zugriffsoptionen auf Sie selbst als Eigentümer.

NEU
Meine Ablage
Neu hinzugekommen
Zuletzt verwendet
Markiert
Papierkorb
1

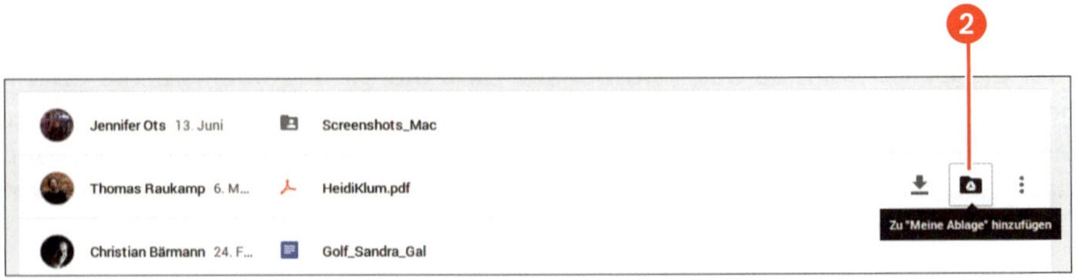
Jennifer Ots 13. Juni
Screenshots_Mac
Thomas Raukamp 6. M...
HeidiKlum.pdf
Christian Bärmann 24. F...
Golf_Sandra_Gal
Zu "Meine Ablage" hinzufügen
2

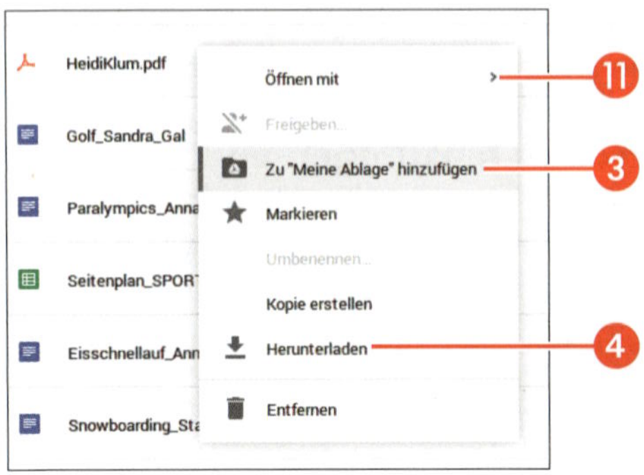
HeidiKlum.pdf
Golf_Sandra_Gal
Paralympics_Anna
Seitenplan_SPORT
Eisschnellauf_Ann
Snowboarding_Sta
Öffnen mit
Freigeben...
Zu "Meine Ablage" hinzufügen
Markieren
Umbenennen...
Kopie erstellen
Herunterladen
Entfernen
11
3
4

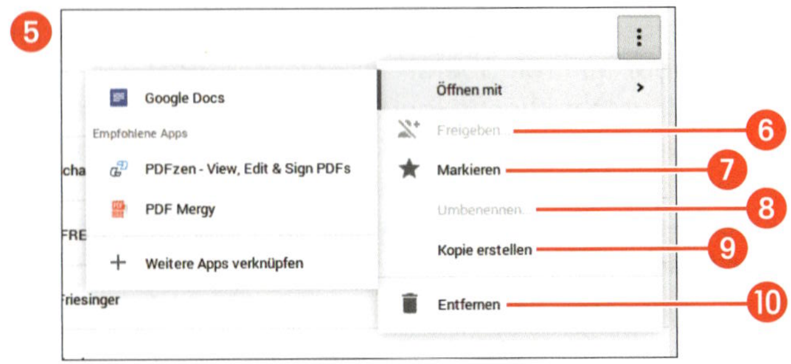
5
Google Docs
Empfohlene Apps
PDFzen - View, Edit & Sign PDFs
PDF Mergy
Weitere Apps verknüpfen
Öffnen mit
Freigeben...
Markieren
Umbenennen...
Kopie erstellen
Entfernen
6
7
8
9
10

Für mich freigegebene Dateien und Ordner

Der zentrale Ort für alle Dateien, die Freunde und Kollegen mit Ihnen teilen, findet sich in der linken Seitenleiste unter dem Eintrag **Neu hinzugekommen** ❶. Öffnen Sie diesen, listet Google Drive in seiner Verzeichnisliste alle freigegebenen Ordner und Dateien auf. Anders als in Ihrer persönlichen Ablage schert sich der Dienst hier leider nicht sonderlich um eine Unterteilung der unterschiedlichen Einträge, sondern listet Ordner und Dateien bunt gemischt in der Reihenfolge ihrer Freigabe auf. Neben dem Freigabedatum findet sich der Eigentümer mit seinem Foto, wenn er denn eines hinterlegt hat. Auf die eingetragenen Dateien und Dokumente können Sie wie gewohnt zugreifen, sie darstellen, kommentieren und bearbeiten – je nachdem, welche Zugriffsrechte Ihnen zugestanden wurden. Anders als in Ihrer Ablage genügt bei freigegebenen Dateien ein einfacher Klick auf ihren Eintrag, um sie mit der Vorschau anzusehen oder mit einer verbundenen Web-App zu editieren.

Verwenden Sie einen Desktopclient, erscheinen freigegebene Daten jedoch so lange nicht in Ihrem Google-Drive-Ordner, bis Sie diese in Ihre Ablage verschoben haben – nur diese synchronisiert sich automatisch. Fahren Sie mit der Maus über einen Eintrag, erscheint an seinem rechten Rand die Schaltfläche ❷ zum Hinzufügen des Ordners oder der Datei zu Ihrer Ablage. Alternativ können Sie auch wie gewohnt das Kontextmenü der rechten Maustaste bemühen ❸. Die Daten landen stets im Wurzelverzeichnis Ihrer Ablage. Nach der erfolgreichen Überführung synchronisiert Google Drive Ihre Ablage automatisch mit dem Desktopordner. Mit derselben Piktogrammleiste dürfen Sie einen Ordner oder eine Datei auch herunterladen ❹ beziehungsweise mithilfe des zusätzlichen Untermenüs ❺ abhängig von Ihren Zugriffsrechten freigeben ❻, markieren ❼, umbenennen ❽, kopieren ❾ oder löschen ❿. Eine Datei können Sie ebenfalls mit einer externen Web-App zur Weiterbearbeitung öffnen ⓫, sofern sie mit Ihrem Google-Drive-Konto verknüpft ist.

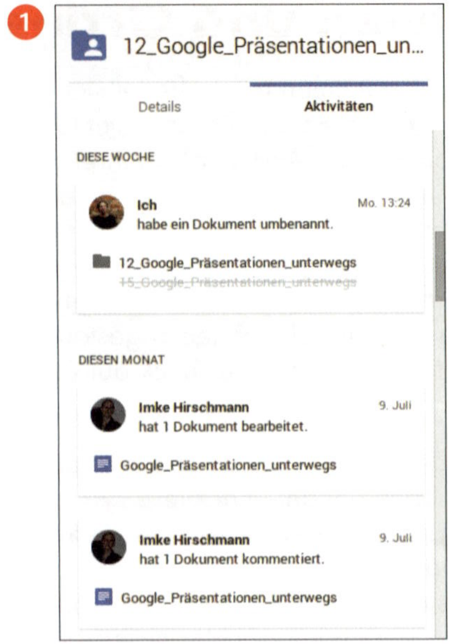
1
12_Google_Präsentationen_un...
Details
Aktivitäten
DIESE WOCHE
Ich
habe ein Dokument umbenannt.
Mo. 13:24
12_Google_Präsentationen_unterwegs
15_Google_Präsentationen_unterwegs
DIESEN MONAT
Imke Hirschmann
hat 1 Dokument bearbeitet.
9. Juli
Google_Präsentationen_unterwegs
Imke Hirschmann
hat 1 Dokument kommentiert.
9. Juli
Google_Präsentationen_unterwegs

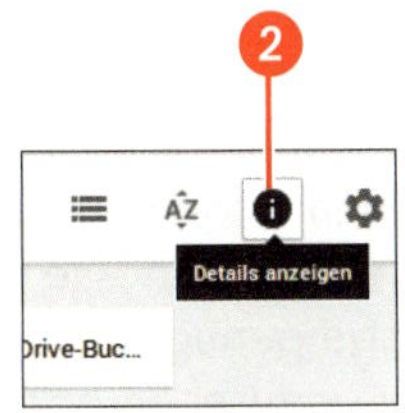
2
Details anzeigen
Drive-Buc...

Das_Google-Drive-Buc...
Neuer Ordner...
Freigeben...
Verschieben nach...
Markieren
Farbe ändern
Umbenennen...
Details anzeigen
Herunterladen
Entfernen
WeVideo
3

Alle Veränderungen im Blick dank Aktivitäten-Stream

Je mehr die Runde der Mitarbeiter an verschiedenen Projekten und innerhalb unterschiedlicher Ordner wächst, umso schwerer wird es, die Übersicht über mögliche Dateiveränderungen zu behalten. Warten zum Beispiel neue Kommentare in meinen Dokumenten? Wurde die Datei, die ich nicht mehr finde, von meinem Kollegen umbenannt? Und hat der Fotograf endlich die fehlende Bilddatei hochgeladen?

Um Veränderungen besser im Blick zu haben, verfügt Google Drive über eine **Aktivitätenanzeige** ❶. Google selbst spricht von einem **Aktivitäten-Stream** – und das ganz bewusst: Die Ordner- und Dateimodifikationen werden ähnlich wie in einem sozialen Netzwerk in einem Zeitfluss aufgezeichnet. Grundsätzlich können Sie die Aktivitätenanzeige für alle Ordner, Dateien und Dokumente innerhalb Ihres Google Drive abrufen. Möchten Sie sich über sämtliche Aktivitäten innerhalb Ihrer Ablage informieren, klicken Sie dieses Wurzelverzeichnis in der Seitenleiste an und wählen die **Info**-Schaltfläche ❷ in der Funktionsleiste aus. Um den Informationsbedarf auf einen speziellen Ordner oder gar eine einzelne Datei zu beschränken, wählen Sie das Gewünschte aus der Verzeichnisliste aus oder klicken mit der rechten Maustaste auf den Eintrag, um im Kontextmenü den Eintrag **Details anzeigen** ❸ aufzurufen.

Der Aktivitäten-Stream teilt sich ein Fenster mit den Dateiinformationen und bildet die Änderungen von oben nach unten mit ihren Verantwortlichen und deren Profilbildern chronologisch ab. Er informiert über Bearbeitungen und gesetzte Kommentare, Freigaben und das Aufheben von Berechtigungen, Uploads sowie das Umbenennen, Verschieben und Entfernen von Dateien, Dokumenten und Ordnern. Wählen Sie eine Datei bei geöffnetem Fenster wieder ab, wechselt die Anzeige zum nächsthöheren Verzeichnis. Nehmen Ihre Kollegen weitere Veränderungen vor, während Sie sich den Stream anschauen, ist die Aktualisierung mit einem Verweis nachladbar.

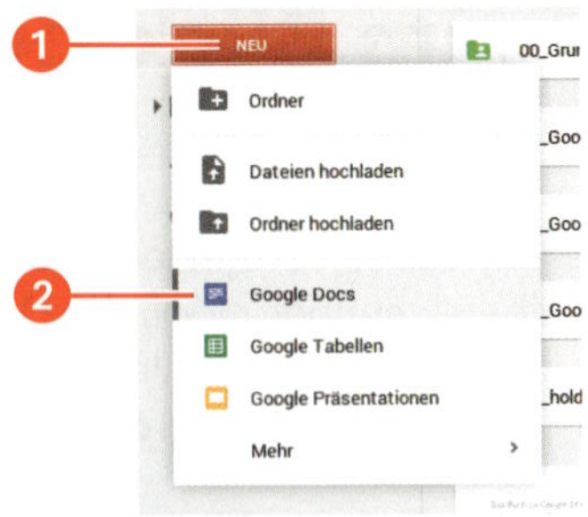
1
2
NEU
Ordner
Dateien hochladen
Ordner hochladen
Google Docs
Google Tabellen
Google Präsentationen
Mehr

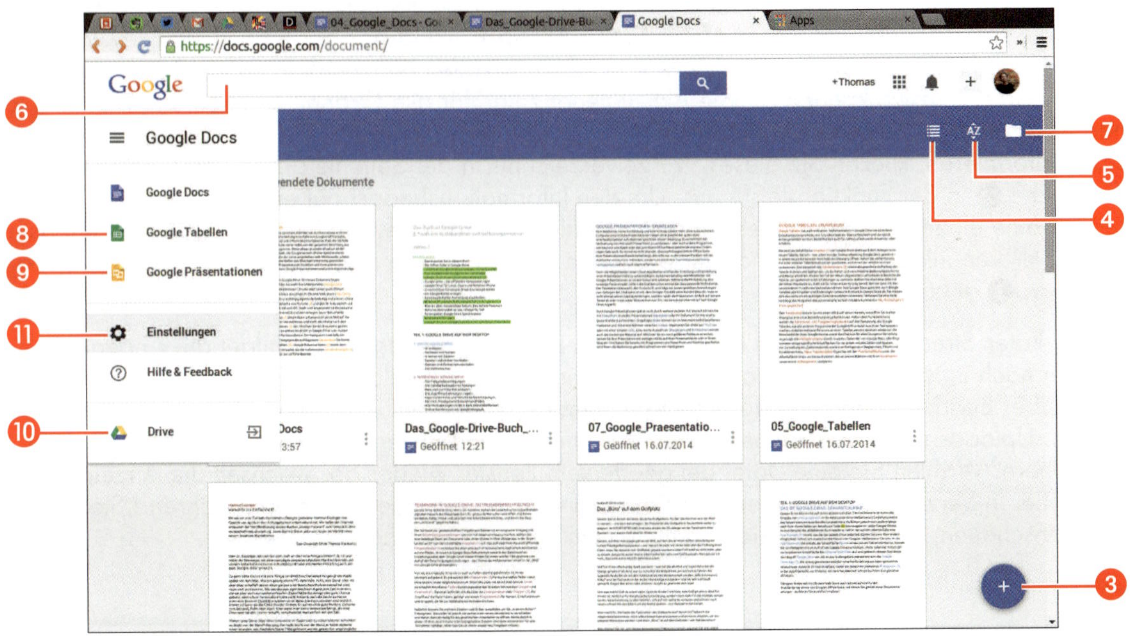
https://docs.google.com/document/
Google
+Thomas
Google Docs
Google Tabellen
Google Präsentationen
Einstellungen
Hilfe & Feedback
Drive
Das_Google-Drive-Buch_...
Geöffnet 12:21
07_Google_Praesentatio...
Geöffnet 16.07.2014
05_Google_Tabellen
Geöffnet 16.07.2014
3
4
5
6
7
8
9
10
11

Kapitel 3 | Google Docs

»Google Docs« bezeichnet in Googles Sprachgebrauch zwar allgemein das gesamte Office-Paket innerhalb von Google Drive, meint im Speziellen aber auch die fest damit »verdrahtete« Textverarbeitung. Ein Dokument legen Sie also mit der **Neu**-Schaltfläche ❶ und der Auswahl des Unterpunkts **Google Docs** ❷ an. Google Drive öffnet daraufhin ein Bearbeitungsfenster in einem neuen Karteireiter Ihres Browsers.

Unabhängig vom eigentlichen Onlinespeicher steht Google Docs unter der Adresse *docs.google.com* auch als dedizierte Web-App bereit. Nutzer von Googles hauseigenem Webbrowser Chrome erwartet im Chrome Web Store unter der Adresse *http://bit.ly/gdrivebuch_gdocs* ein Schnellzugriff auf Google Docs in Form einer proprietären Chrome-Anwendung, die sich in die App-Übersicht des Programms einträgt. Kenner der mobilen Programme können sich indes auf ein Déjà-vu-Erlebnis vorbereiten: Die Oberfläche der Google-Docs-Web-App gleicht in Aussehen und Bedienung weitestgehend den Apps für Android und iOS.

Dreh- und Angelpunkt ist die plakative **Plus**-Schaltfläche ❸, die den aus Google Drive gewohnten **Neu**-Button ersetzt und dem Anlegen neuer Dokumente dient. Ein weiterer Unterschied zur Web- und Mobiloberfläche des Onlinespeichers: Die im Listen- oder Kachelmodus ❹ darstellbare Ansicht verzichtet auf die Verwaltung der Inhalte innerhalb ihrer Verzeichnisse und stellt die im Google-Docs- oder Microsoft-Word-Format gespeicherten Dokumente nach den von Ihnen definierten Sortierungsoptionen ❺ dar. Möglich ist die Ordnung nach dem Zeitpunkt der letzten Öffnung oder Bearbeitung durch Sie selbst, der Änderung durch Sie oder einen berechtigten Mitarbeiter sowie nach dem Dateinamen. Möchten Sie ein Dokument hingegen gezielt aus einem Ordner fischen, suchen Sie es entweder direkt in Google Drive ❻ oder nutzen die **Verzeichnis**-Schaltfläche ❼ in der Funktionsleiste.

Der Navigation innerhalb der Google-Drive-Programmvielfalt dient hingegen die aufklappbare Seitenleiste: Sie bietet Links zu Google Tabellen ❽, Google Präsentationen ❾ sowie dem Onlinespeicher ❿ selbst. Außerdem verwaltet sie die rudimentären Voreinstellungen ⓫.

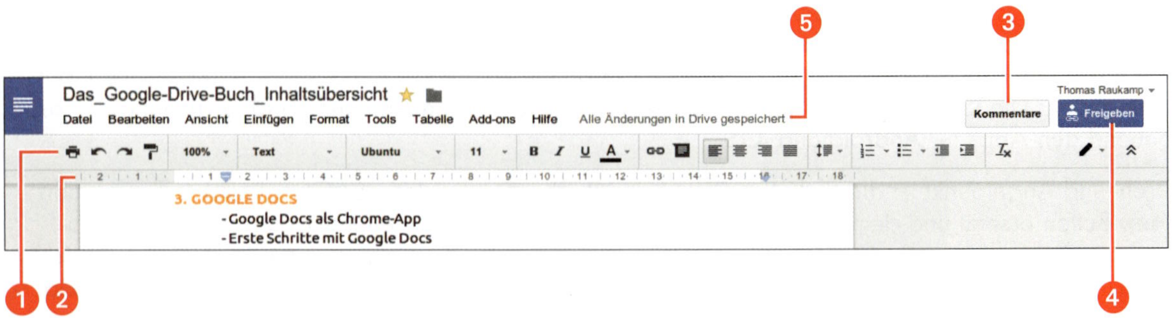
5
3
Das_Google-Drive-Buch_Inhaltsübersicht
Datei Bearbeiten Ansicht Einfügen Format Tools Tabelle Add-ons Hilfe
Alle Änderungen in Drive gespeichert
Thomas Raukamp
Kommentare
Freigeben
100%
Text
Ubuntu
11
3. GOOGLE DOCS
- Google Docs als Chrome-App
- Erste Schritte mit Google Docs
1
2
4

Erste Schritte mit Google Docs

Egal ob Sie ein neues Dokument mit dem **Neu**-Menü von Google Drive oder der **Plus**-Schaltfläche der Google-Docs-Web-App für Chrome und Chromium anlegen: Die Datei öffnet grundsätzlich einen Editor in einem neuen Karteireiter Ihres Webbrowsers und steht hier für Eingaben durch Sie oder dazu berechtigte Mitarbeiter bereit.

Den Hauptarbeitsbereich nimmt die Seite selbst ein, darüber sind ein allgemeines sowie ein **Funktionsmenü** ❶ inklusive einer Piktogrammleiste angeordnet. Direkt über der Seite befindet sich standardmäßig ein **Lineal** ❷, während die rechts oben angebrachten Schaltflächen für das **Kommentieren** ❸ und **Freigeben** ❹ des aktuellen Dokuments einen ersten Hinweis auf die Teamfähigkeiten von Googles Office-Paket geben. Klicken Sie ruhig einmal mit der Maus auf eines der Menüs und Piktogramme – die Google-Drive-Apps verhalten sich ganz genau so, wie Sie es von Ihren bisherigen Desktopanwendungen gewohnt sind. Der einzige Unterschied ist, dass sie innerhalb Ihres Browsers laufen.

Nun wollen wir den Cloud-Speicher zum ersten Mal in einer gemeinsamen Aktion mit Google Docs erleben: Tippen Sie auf der Seite einige beliebige Wörter ein. Rechts neben den Menüs erscheint ein Hinweis auf das Speichern aller Veränderungen innerhalb des Dokuments. Hören Sie zu tippen auf, ändert sich die Anzeige in **Alle Änderungen in Drive gespeichert** ❺. Google Drive speichert Ihre Eingaben und Veränderungen also nicht in festen Abständen, sondern in Echtzeit. Datenverluste, wie man sie etwa durch das Versagen des Laptopakkus oder eine defekte Festplatte bei noch ungespeicherten Daten kennt, entfallen somit. Und sollte Google Drive einmal nicht erreichbar sein, weil zum Beispiel Ihr Internet oder ein Cloudserver ausfällt, blockiert das gegenwärtig laufende Programm seine weitere Ausführung, um den Datenverlust möglichst minimal zu halten.

Kommentare
Freigeben
Bearbeiten
Dokument direkt bearbeiten
Vorschlagen
Änderungen vorschlagen
Dokumentvorschau
Endgültiges Dokument lesen oder drucken
1
2
3
4
8

https://docs.goog
Menüs durchsuchen (Alt /)
7

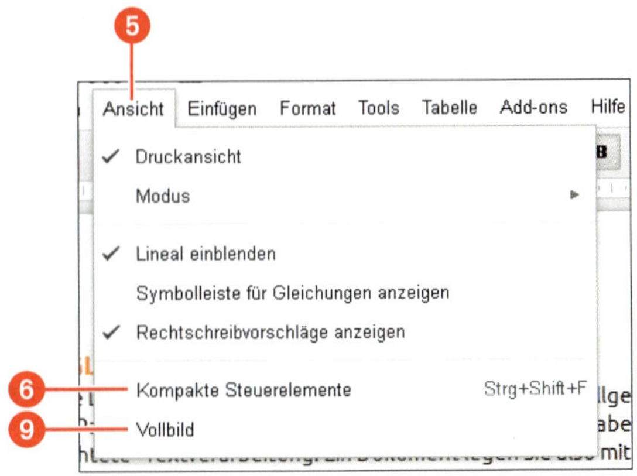
Ansicht
Einfügen
Format
Tools
Tabelle
Add-ons
Hilfe
Druckansicht
Modus
Lineal einblenden
Symbolleiste für Gleichungen anzeigen
Rechtschreibvorschläge anzeigen
Kompakte Steuerelemente
Strg+Shift+F
Vollbild
5
6
9

Eine App, drei Arbeitsmodi

Google Docs teilt sich in drei verschiedene Arbeits- beziehungsweise Darstellungsmodi auf, die nicht nur die individuelle, sondern auch die Arbeit im Team betreffen:

- Der **Bearbeitungsmodus** ❶ lässt Sie wie gewohnt in einem Dokument arbeiten. Alle Änderungen, die Sie oder ein Mitarbeiter vornehmen, speichert Google Drive unmittelbar und stellt sie im Überarbeitungsverlauf des Dokuments dar, den Sie per Datei-Menü aufrufen.
- Im **Vorschlagsmodus** ❷ eingegebene Änderungen speichert Google Drive erst dann, wenn der Eigentümer des Dokuments sie annimmt. Jeder Mitarbeiter mit Kommentarrechten darf Vorschläge einreichen. Wir lernen diesen Modus auf Seite 97 genauer kennen.
- Die **Dokumentvorschau** ❸ erlaubt die Voransicht auf das aktuelle Dokument, wie es im Druck oder Export erscheint.

Zwischen den verschiedenen Arbeitsmodi schalten Sie mit der **Modus**-Schaltfläche ❹ in der Funktionsleiste um.

Google Docs bietet zudem verschiedene Ansichtseinstellungen, damit Sie die Arbeit an Dokumenten an Ihre persönlichen Vorstellungen anpassen können. Sie verbergen sich im Menü **Ansicht** ❺. Der Modus **Kompakte Steuerelemente** ❻ blendet die Menüs aus und fügt der Piktogrammleiste ein **Suchfeld** ❼ zum Finden von Menüeinträgen hinzu. Alternativ findet sich in der Funktionsleiste auch eine **Schaltfläche** ❽ zum Ausblenden der Menüanzeige. Ebenfalls unter den Ansichtsoptionen findet sich ein **Vollbildmodus** ❾, der nicht mit dem des Webbrowsers zu verwechseln ist. Er lässt die Menüs und die Piktogrammleiste vollständig verschwinden. Blenden Sie zusätzlich das Lineal aus, beschränkt sich die Ansicht auf das Dokument selbst. Sie beenden die Vollbildansicht mit der Esc-Taste.

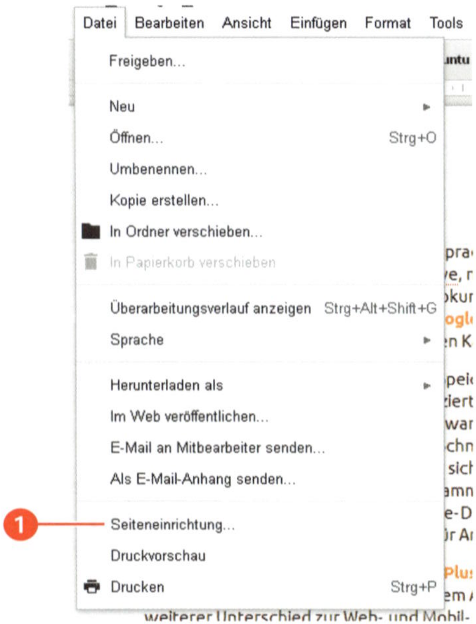
Datei
Bearbeiten
Ansicht
Einfügen
Format
Tools
Freigeben…
Neu
Öffnen… Strg+O
Umbenennen…
Kopie erstellen…
In Ordner verschieben…
In Papierkorb verschieben
Überarbeitungsverlauf anzeigen Strg+Alt+Shift+G
Sprache
Herunterladen als
Im Web veröffentlichen…
E-Mail an Mitbearbeiter senden…
Als E-Mail-Anhang senden…
Seiteneinrichtung…
Druckvorschau
Drucken Strg+P
1

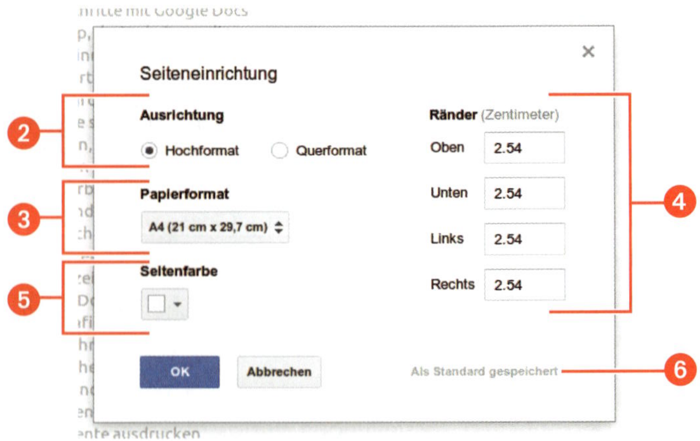
Seiteneinrichtung
Ausrichtung
Hochformat
Querformat
Papierformat
A4 (21 cm x 29,7 cm)
Seitenfarbe
Ränder (Zentimeter)
Oben 2.54
Unten 2.54
Links 2.54
Rechts 2.54
OK
Abbrechen
Als Standard gespeichert
2
3
4
5
6

7
1
2

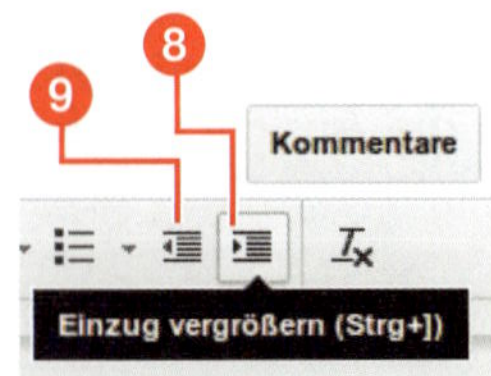
8
9
Kommentare
Einzug vergrößern (Strg+])

Die Seiteneinrichtung

Vor dem Anlegen eines Dokuments sollten Sie sich mit seinen grundlegenden Seiteninformationen befassen. Google Docs verbirgt die **Seiteneinrichtung** ❶ hinter dem gleichnamigen Eintrag im **Datei**-Menü. Das sich nach der Auswahl öffnende **Dialogfenster** bietet Einstellungsmöglichkeiten für die **Seitenausrichtung** ❷ und das **Papierformat** ❸, das selbstverständlich identisch sein muss mit dem des genutzten Druckers. Die vordefinierten Einstellungen für die **Ränder** ❹ und die **Seitenfarbe** ❺ lassen sich ebenfalls individuell festlegen. Haben Sie das Seitenformat und die Ränder an Ihre Wünsche angepasst, können Sie Ihre neuen Einstellungen als **Standard** ❻ festlegen.

Die Einstellungen für den Texteinzug legen Sie nicht etwa in der Seiteneinrichtung, sondern direkt im Dokument fest. Um dies in der Praxis auszuprobieren, öffnen Sie ein neues Dokument, um hier einen Blindtext zu platzieren. Wählen Sie nun einen Absatz aus. Im Lineal über der aktuellen Seite befindet sich gemäß Ihren Randeinstellungen ein **Piktogramm** ❼, das bei genauerem Hinsehen aus einem kleinen **Rechteck** sowie einem nach unten zeigenden **Dreieck** besteht. Ziehen Sie nun das Rechteck nur etwas nach rechts, sehen Sie, wie die erste Zeile im gewählten Absatz ebenfalls um die gewählte Distanz einrückt. Verschieben Sie das kleine Dreieck, zieht der gesamte Absatz nach. Haben Sie vorher den Einzug der ersten Zeile verändert, bleibt der Abstand zum Gesamteinzug gleich, der Zeileneinzug rückt also mit dem Absatzeinzug nach rechts. Auf die gleiche Weise verändern Sie den rechten Einzug eines Absatzes, obwohl hier natürlich bei rechtsläufigen Texten der Einzug der ersten Zeile nicht festgelegt werden kann.

Die Piktogrammleiste von Google Docs bietet eine weitere Möglichkeit zum schnellen Verändern kompletter Absatzeinzüge. Wählen Sie den oder die Absätze aus, die Sie weiter einrücken möchten, und klicken Sie auf das entsprechende **Icon** ❽. Sie sehen, wie Ihre Auswahl in festen Schritten von 1,3 Millimetern einrückt. Um den Einzug wieder zu verringern, nutzen Sie die danebenliegende **Schaltfläche** ❾. Einzüge sind nicht mit Tabstopps zu verwechseln.

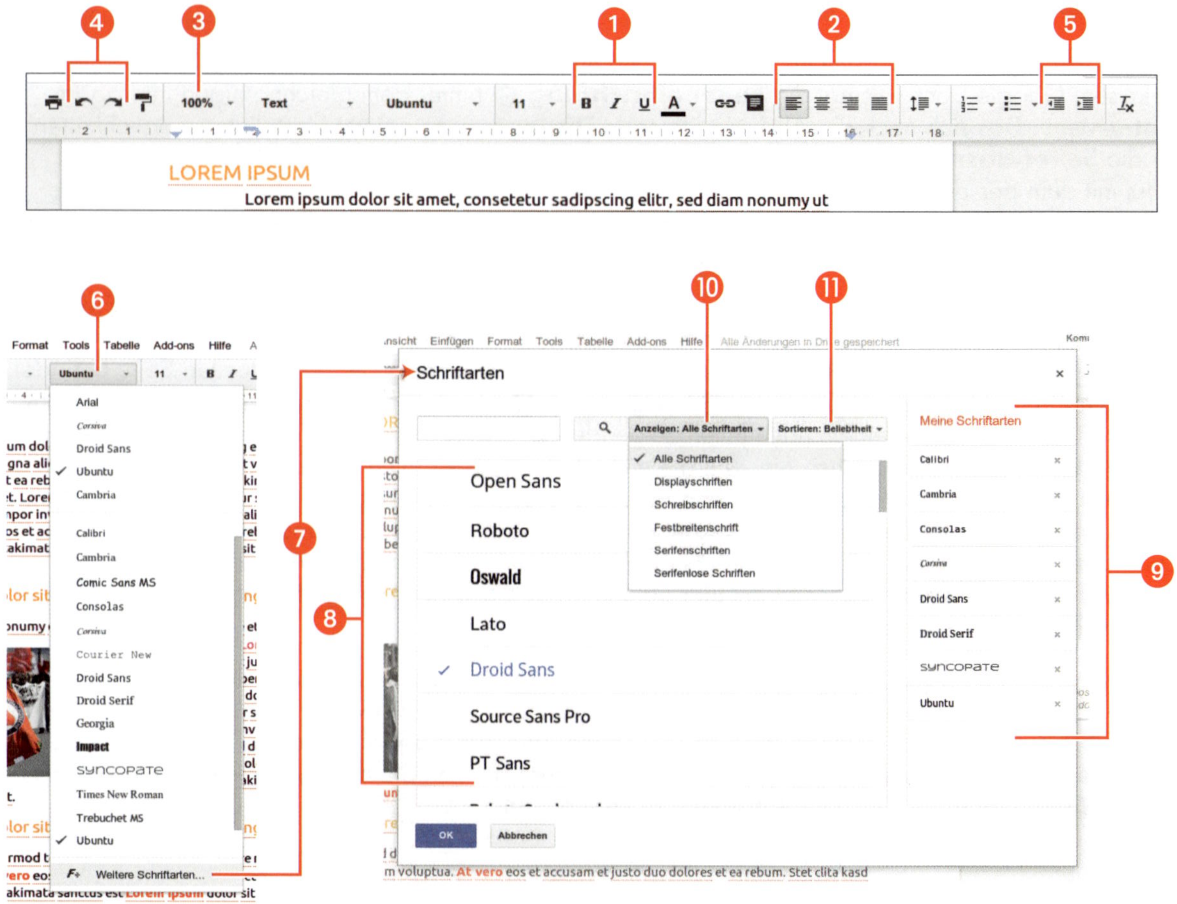

1
2
3
4
5
6
7
8
9
10
11
100%
Text
Ubuntu
11
LOREM IPSUM
Lorem ipsum dolor sit amet, consetetur sadipscing elitr, sed diam nonumy ut
Format Tools Tabelle Add-ons Hilfe
Arial
Corsiva
Droid Sans
Ubuntu
Cambria
Calibri
Cambria
Comic Sans MS
Consolas
Corsiva
Courier New
Droid Sans
Droid Serif
Georgia
Impact
Syncopate
Times New Roman
Trebuchet MS
Ubuntu
Weitere Schriftarten...
Schriftarten
Anzeigen: Alle Schriftarten
Sortieren: Beliebtheit
Alle Schriftarten
Displayschriften
Schreibschriften
Festbreitenschrift
Serifenschriften
Serifenlose Schriften
Open Sans
Roboto
Oswald
Lato
Droid Sans
Source Sans Pro
PT Sans
Meine Schriftarten
Calibri
Cambria
Consolas
Corsiva
Droid Sans
Droid Serif
Syncopate
Ubuntu
OK
Abbrechen

Schriftarten auswählen und ergänzen

Vielleicht haben Sie schon ein paar Zeilen in die ansonsten gähnend leere Textseite von Google Docs eingegeben. Wenn nicht, sollten Sie für einige Übungen einen Blindtext einfügen, den Sie zum Beispiel mit einem Lorem-ipsum-Generator (*www.loremipsum.de*) erzeugen.

Wählen Sie nun eine Phrase oder einen gesamten Absatz in Ihrem Dokument aus. Arbeiten Sie nicht im Vollbildmodus, stehen Ihnen in der **Piktogrammleiste** verschiedene Funktionen zum Verändern des Texts zur Verfügung, die Sie sicher bereits aus anderen Textverarbeitungen und sogar einfachen E-Mail- und Texteditoren kennen. Dazu gehören zum Beispiel der **Schriftschnitt** ❶ und die **Ausrichtung** ❷ von Absätzen. Im **Format**-Menü finden sich zusätzliche Möglichkeiten zum Durchstreichen sowie Höher- und Tieferstellen von Texten. Die **Zoom-Funktion** ❸ gestaltet die für Sie angenehme Darstellungsgröße des Dokuments. Links in der Piktogrammleiste finden Sie auch die Schaltflächen zum chronologischen **Wiederholen** und **Rückgängigmachen** ❹ Ihrer Arbeitsschritte. Die in der rechten Hälfte der Funktionsleiste angebrachten Icons zum Verringern und Vergrößern des **Einzugs** ❺ haben Sie bereits auf der vorhergehenden Seite kennengelernt.

Etwas mehr Erklärung bedürfen die weiteren Funktionen innerhalb der Piktogrammleiste. Die **Schriftart** ❻ ist für einen ausgewählten Abschnitt schnell festgelegt. Sie können die verfügbare Zeichensatzliste jedoch erweitern, indem Sie in der Schriftartauswahl den Menüeintrag **Weitere Schriftarten** ❼ anklicken. Google Docs öffnet nun eine recht komfortable Zeichensatzauswahl, mit der Sie Schriften aus der mittlerweile aus über 600 Einträgen bestehenden freien Google-Fonts-Bibliothek (*www.google.com/fonts*) auswählen. Das Fenster zeigt die Schriften in einer **Vorschau** ❽ an, mit einem Klick auf einen Eintrag ergänzen Sie einen Font oder wählen ihn ab. Eine **Übersicht** ❾ Ihrer aktuell in Google Docs fest installierten Schriften erhalten Sie auf der rechten Seite des Auswahlfensters. Die Aufklappmenüs über den Schriftdarstellungen erlauben die Anzeige der Fonts nach **Stilen** ❿ sowie ihre **Sortierung** ⓫ nach verschiedenen Faktoren. Ein Suchfeld lässt Sie schließlich gezielt nach einem bestimmten Zeichensatz in Googles Open-Source-Bibliothek stöbern.

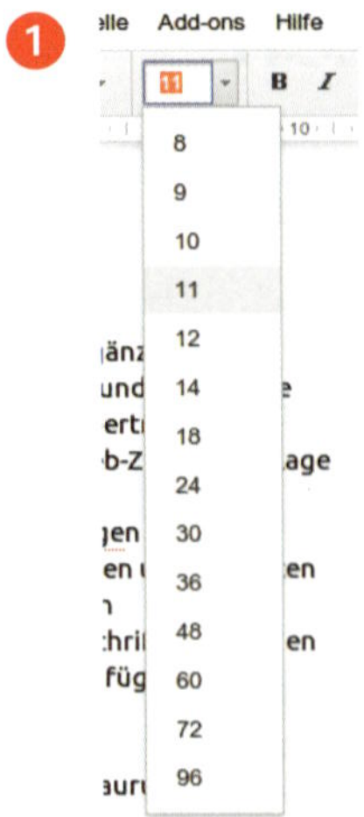
1
Add-ons
Hilfe
8
9
10
11
12
14
18
24
30
36
48
60
72
96

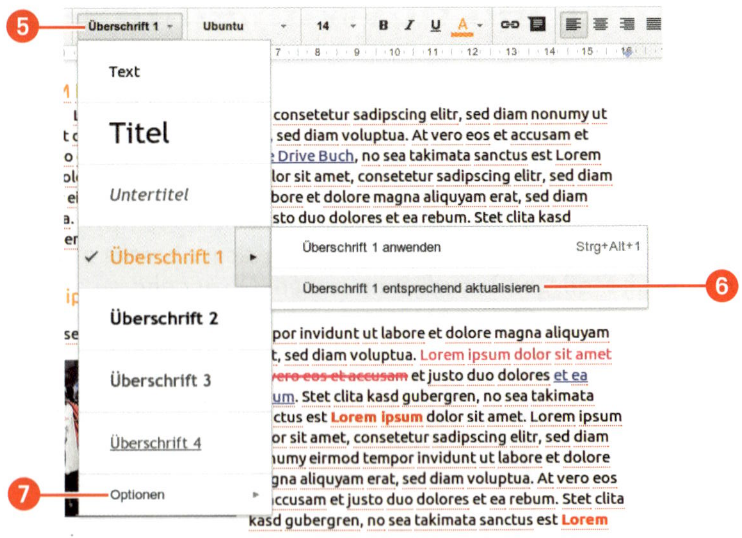
5
Überschrift 1
Ubuntu
14
Text
Titel
Untertitel
Überschrift 1
Überschrift 2
Überschrift 3
Überschrift 4
Optionen
7
Überschrift 1 anwenden
Strg+Alt+1
Überschrift 1 entsprechend aktualisieren
6

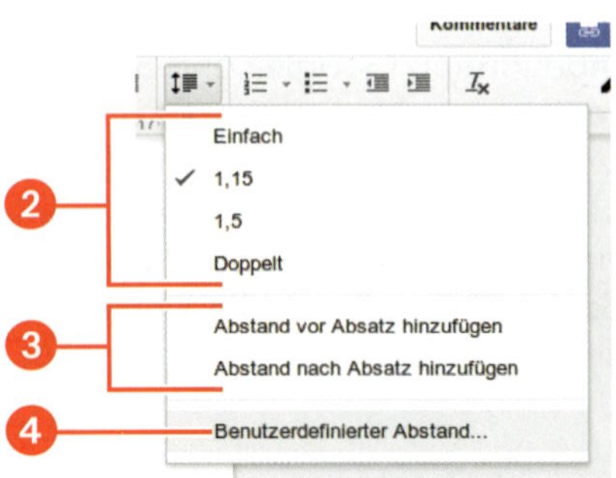
Einfach
1,15
1,5
Doppelt
Abstand vor Absatz hinzufügen
Abstand nach Absatz hinzufügen
Benutzerdefinierter Abstand...
2
3
4

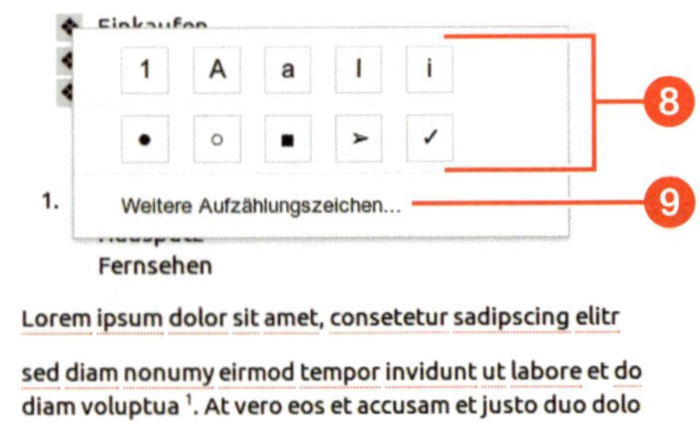
1
A
a
I
i
Weitere Aufzählungszeichen...
8
9
Fernsehen

Schriftgrößen, Zeilenabstände und Absatzstile

Haben Sie einen für Ihr Dokument passenden Schriftsatz gefunden, legen Sie im Aufklappmenü neben dem Zeichensatzmenü die **Schriftgröße** ❶ für die aktuelle Textauswahl fest. Die Einstellungen für den **Zeilenabstand** ❷ haben sich in der Funktionsleiste gleich neben den Absatzausrichtungen versteckt – die Werte für die Abstände beziehen sich immer auf den gesamten Absatz, in dem sich der Cursor befindet. Apropos Absatz: Ebenfalls im Aufklappmenü für den Zeilenabstand sind thematisch naheliegend die Standardeinstellungen für das Absatzverhalten ❸ untergebracht. Eigene Zeilen- und Absatzabstände können Sie ebenfalls definieren ❹.

Um die Attribute von Überschriften und Absätzen nicht bei jedem Auftreten der entsprechenden Textteile wieder von Neuem bestimmen zu müssen, empfiehlt sich die Arbeit mit **Textstilen** ❺, die Sie auf Absätze und Überschriften anwenden. Um eigene Stile festzulegen, wählen Sie zum Beispiel eine nach Schriftart, -schnitt, -größe und -farbe formatierte Überschrift an und öffnen im Untermenü von Überschrift 1 den Eintrag **Überschrift 1 entsprechend aktualisieren** ❻. Nun wird der Eintrag als Vorschau ins Menü übernommen und steht so für eine Schnellauswahl bereit. Im Untermenü **Optionen** ❼ können Sie Ihre Absatzstile als Standard abspeichern und nachladen, um sie auch in anderen Dokumenten zu verwenden.

Ist Ihnen die Liste der von Google Docs angebotenen Aufzählungszeichen noch nicht umfangreich genug, oder wollen Sie sie nachträglich ändern? Dann klicken Sie mit der rechten Maustaste auf ein Listenzeichen, um im sich öffnenden **Kontextmenü** ❽ ein anderes Zeichen für die gesamte Liste auszuwählen. Ein Doppelklick auf ein Listenzeichen erlaubt hingegen dessen individuelle Anpassung. Befindet sich das gewünschte Zeichen nicht in der Kontextauswahl, ruft der Eintrag **Weitere Aufzählungszeichen** ❾ ein Auswahlfenster mit wortwörtlich Tausenden Exemplaren auf, darunter Symbole, Emojis und japanische Schriftzeichen.

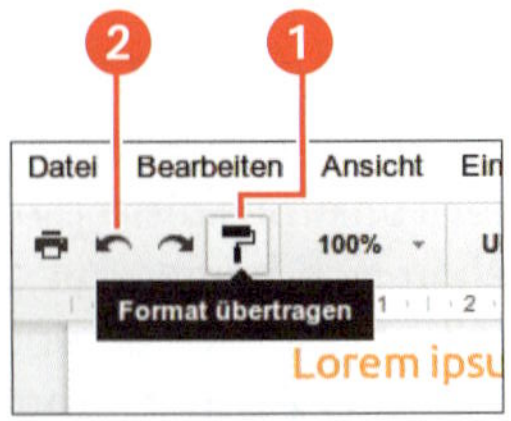
2
1
Datei
Bearbeiten
Ansicht
Ein
100%
Format übertragen
Lorem ipsu

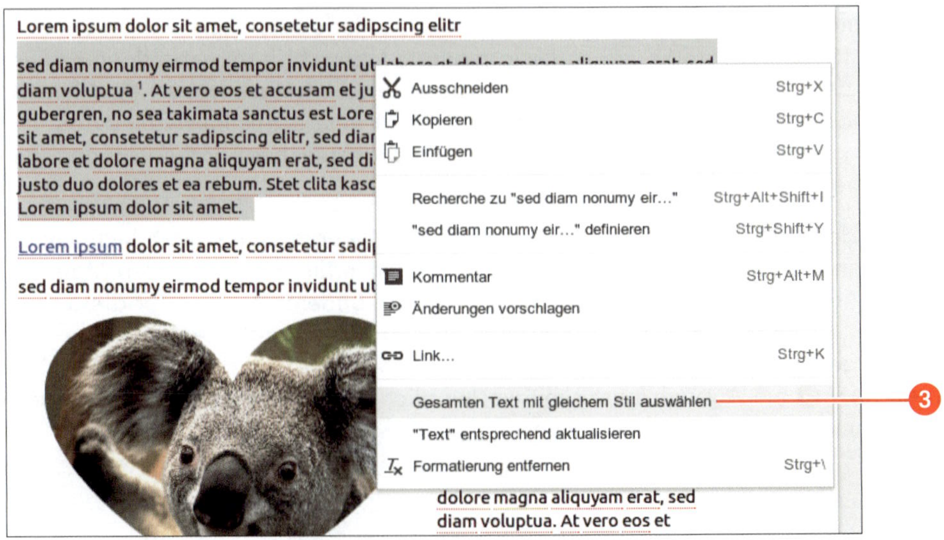
Lorem ipsum dolor sit amet, consetetur sadipscing elitr
sed diam nonumy eirmod tempor invidunt ut
diam voluptua. At vero eos et accusam et ju
gubergren, no sea takimata sanctus est Lore
sit amet, consetetur sadipscing elitr, sed diar
labore et dolore magna aliquyam erat, sed di
justo duo dolores et ea rebum. Stet clita kasc
Lorem ipsum dolor sit amet.
Lorem ipsum dolor sit amet, consetetur sadi
sed diam nonumy eirmod tempor invidunt ut
Ausschneiden Strg+X
Kopieren Strg+C
Einfügen Strg+V
Recherche zu "sed diam nonumy eir..." Strg+Alt+Shift+I
"sed diam nonumy eir..." definieren Strg+Shift+Y
Kommentar Strg+Alt+M
Änderungen vorschlagen
Link... Strg+K
Gesamten Text mit gleichem Stil auswählen
"Text" entsprechend aktualisieren
Formatierung entfernen Strg+\
3
dolore magna aliquyam erat, sed
diam voluptua. At vero eos et

Textstile schnell und einfach übertragen

Stilvorlagen vereinfachen die Arbeit besonders mit langen Texten spürbar. Doch Google Docs hält noch weitere Funktionen bereit, die dafür sorgen, dass Ihr Dokument identische Formate für Überschriften und Absätze verwendet und somit durchgehend ästhetisch aufbereitet ist.

Möchten Sie zum Beispiel die Schrifteinstellungen eines Textabschnitts gezielt auf einen anderen übertragen, ohne den gesamten Absatzstil zu verändern? Dann markieren Sie ihn zunächst, um danach in der linken Hälfte der Piktogrammleiste den **Textroller** ❶ auszuwählen. Dieser kopiert den ausgewählten Textstil in eine Zwischenablage. Markieren Sie nun den Textabschnitt, auf den Sie die Schrifteinstellungen übertragen möchten – Google Docs nimmt die Änderungen unverzüglich vor. Wie immer können Sie diesen Vorgang mit dem **Undo**-Eintrag ❷ in der Funktionsleiste rückgängig machen. Möchten Sie den Textroller nicht immer wieder von Neuem »befüllen«, erlaubt ein Doppelklick auf sein Icon, dass Sie ihn so lange für das Setzen von Stilen nutzen können, bis Sie ihn mit einem Einfachklick wieder deaktivieren. Die Arbeit mit dem Textroller bietet sich zum Beispiel bei Dokumenten an, in denen bestimmte Schlüsselwörter hervorgehoben werden sollen.

Manchmal reicht jedoch das partielle Verändern einzelner Textabschnitte nicht aus. Haben Sie zum Beispiel ganze Dokumentteile in einem bestimmten Stil angelegt, ist es recht mühselig, diese Stück für Stück anzuwählen und zu verändern, wenn sich Ihre ästhetischen Vorstellungen geändert haben. Google Docs nimmt Ihnen diese Arbeit jedoch auf Wunsch ab: Wählen Sie einen Textabschnitt aus, dessen Einstellungen Sie transparent im gesamten Dokument ändern möchten, und klicken Sie mit der rechten Maustaste auf Ihre Auswahl. Das sich nun öffnende Kontextmenü bietet den Eintrag **Gesamten Text im gleichen Stil auswählen** ❸ an. Daraufhin wird sämtlicher Text im Dokument, der über denselben Stil verfügt wie Ihre Auswahl, hervorgehoben, damit Sie die gewünschten Veränderungen darauf anwenden können. Damit jedoch Ihre Formatierungen erhalten bleiben, beziehen sich die Änderungen nicht auf Schriftschnitte und Absatzstile.

1
Meinten Sie:
achtsam
achtsamem
achtsamen
Immer korrigieren in
Zum persönlichen Wörterbuch hinzufügen
Alle ignorieren
Ausschneiden Strg+X
Kopieren Strg+C
Einfügen Strg+V
Recherche zu "accusam" Strg+Alt+Shift+I
"accusam" definieren Strg+Shift+Y
Kommentar Strg+Alt+M
Änderungen vorschlagen
Link... Strg+K
Gesamten Text mit gleichem Stil auswählen
"Text" entsprechend aktualisieren
Formatierung entfernen Strg+\

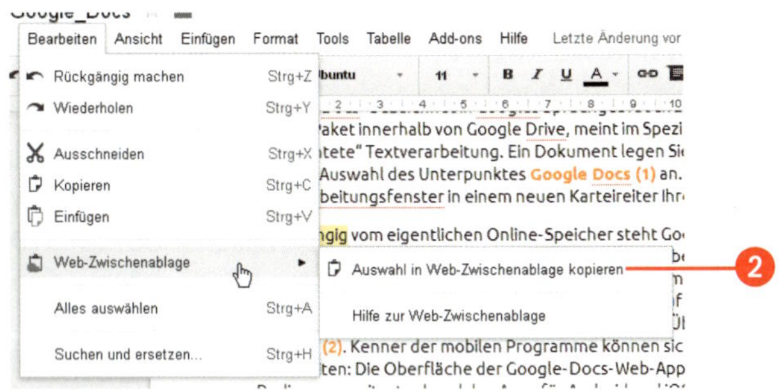
Bearbeiten Ansicht Einfügen Format Tools Tabelle Add-ons Hilfe Letzte Änderung vor
Rückgängig machen Strg+Z
Wiederholen Strg+Y
Ausschneiden Strg+X
Kopieren Strg+C
Einfügen Strg+V
Web-Zwischenablage
Alles auswählen Strg+A
Suchen und ersetzen... Strg+H
Auswahl in Web-Zwischenablage kopieren
Hilfe zur Web-Zwischenablage
2

Web-Zwischenablage
Alles auswählen Strg+A
Suchen und ersetzen... Strg+H
Nichts zu kopieren
"Lorem ipsum dolor sit amet, ...
Alle Dokumente löschen
Hilfe zur Web-Zwischenablage
Als RTF einfügen
Als HTML einfügen
Lorem ipsum dolor sit amet, consetetur sadipscing elitr sed diam nonumy eirmod tempor invidunt ut labore et dolore magna aliquyam erat, sed diam voluptua.
Dies wird ein Lesezeichen
Die wird auch ein Lesezeiche
[1] Hier ist die Fußnote
3
4
5
6

Kopieren, Einsetzen und die Webzwischenablage

Das Kopieren und Einsetzen von Texten, Daten und Bildern gehört sicherlich zu den am häufigsten genutzten Anwendungen innerhalb einer Office-Suite. Die entsprechenden Tastaturkürzel zum schnellen Ausführen dieser Funktionen sind Ihnen wahrscheinlich bekannt: `Strg`+`C` kopiert eine Auswahl oder ein Objekt, `Strg`+`X` schneidet es aus, und `Strg`+`V` setzt es wieder ein – auf dem Mac nutzen Sie statt der `Strg`- die `Cmd`-Taste, auf einigen PC-Tastaturen die `Ctrl`-Taste. Halten Sie, wenn Sie einen vorformatierten Text zum Beispiel aus einer Webseite oder einer Desktopanwendung kopiert haben, beim Einsetzen gleichzeitig die `⇧`-Taste gedrückt, setzt Google Docs die Zeichen in der Formatierung des aktuellen Absatzstils ein. Natürlich können Sie auf diesem Weg auch Daten zwischen den Applikationen der Google-Office-Suite und verschiedenen Dokumenten hin und her kopieren und dabei alternativ mit den entsprechenden Funktionen aus dem **Bearbeiten**- oder dem **Kontextmenü** ❶ arbeiten.

Die Webzwischenablage ist ungleich mächtiger als die Standardkopierfunktion: Sie nimmt mehr als eine Auswahl auf, speichert Einträge 30 Tage ab dem Zeitpunkt ihrer letztmaligen Nutzung und ermöglicht sogar den Austausch von Inhalten innerhalb eines Google-Benutzerkontos zwischen verschiedenen Computern. Dabei ist sie in der Nutzung ähnlich unkompliziert: Markieren Sie einen Text, um ihn dann im entsprechenden Untermenü des **Bearbeitungsmenüs** in die Webzwischenablage zu kopieren ❷. Rufen Sie das Menü nun erneut auf, finden Sie den kopierten Inhalt zur Auswahl ❸. Fahren Sie mit der Maus über einen Eintrag, öffnet sich eine Vorschau ❹. Sie können Texte als RTF- oder HTML-Inhalt ❺ einsetzen, sodass eventuell mit abgespeicherte Formatierungen erhalten bleiben. Mit der Webzwischenablage ist auf demselben Weg auch das Kopieren von Diagrammen aus einer Tabelle sowie von Formen und Zeichnungen möglich.

Wie bereits erwähnt, speichert Google Inhalte der Webzwischenablage 30 Tage lang – das gilt auch dann, wenn Sie das Dokument, in dem ein Inhalt erstmals genutzt wurde, zwischenzeitlich löschen. Sie leeren die Webzwischenablage durch den Eintrag **Alle Dokumente löschen** ❻ in ihrem Menü. Das Löschen einzelner Inhalte ist leider nicht möglich.

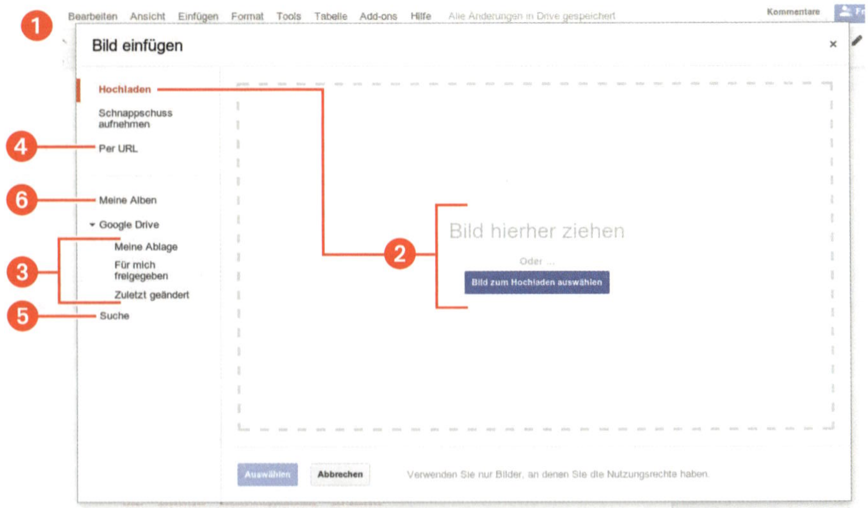
1
Bearbeiten Ansicht Einfügen Format Tools Tabelle Add-ons Hilfe Alle Änderungen in Drive gespeichert
Kommentare
Bild einfügen
Hochladen
Schnappschuss aufnehmen
4
Per URL
6
Meine Alben
Google Drive
3
Meine Ablage
Für mich freigegeben
Zuletzt geändert
5
Suche
2
Bild hierher ziehen
Oder ...
Bild zum Hochladen auswählen
Auswählen
Abbrechen
Verwenden Sie nur Bilder, an denen Sie die Nutzungsrechte haben.

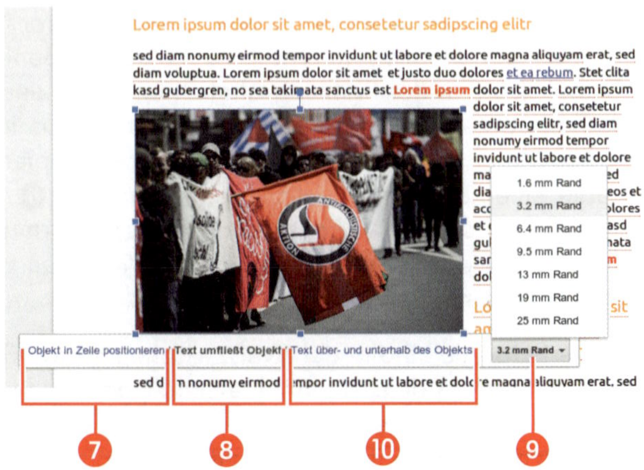
Lorem ipsum dolor sit amet, consetetur sadipscing elitr
sed diam nonumy eirmod tempor invidunt ut labore et dolore magna aliquyam erat, sed diam voluptua. Lorem ipsum dolor sit amet et justo duo dolores et ea rebum. Stet clita kasd gubergren, no sea takimata sanctus est Lorem Ipsum dolor sit amet. Lorem ipsum dolor sit amet, consetetur sadipscing elitr, sed diam nonumy eirmod tempor invidunt ut labore et dolore
1.6 mm Rand
3.2 mm Rand
6.4 mm Rand
9.5 mm Rand
13 mm Rand
19 mm Rand
25 mm Rand
Objekt in Zeile positionieren
Text umfließt Objekt
Text über- und unterhalb des Objekts
3.2 mm Rand
7
8
10
9

Bilder einfügen

Wie bereits erwähnt, ermöglicht Google Docs die Kombination von Texten mit Bildern und Tabellen innerhalb eines Dokuments. Dreh- und Angelpunkt für das Importieren zum Beispiel von Fotos ist das **Einfügen**-Menü in der Menüleiste. Wählen Sie hier den Eintrag **Bild**, legt sich ein recht großzügiges Auswahlfenster ❶ über Ihre Arbeitsfläche, das die verschiedensten Optionen zum Hinzufügen von Grafiken anbietet. Sie können etwa ein Bild von Ihrem Desktop auf das Fenster ziehen oder es mit der gleichnamigen Schaltfläche zum Hochladen ❷ auswählen. Natürlich dürfen Sie es auch direkt aus Ihrer Ablage sowie aus den für Sie freigegebenen Dateien Ihres Google Drive ❸ übernehmen. Die Eingabe einer URL ❹ gestattet hingegen den Import eines Bilds aus dem Internet. Ebenfalls aus dem Web bedienen Sie sich mittels der leistungsstarken Bildersuchfunktion ❺. Sie startet zum einen eine Suche mittels Googles eigener Bildersuchmaschine, zum anderen kann sie aber auch in lizenzfreien Stockfotos oder in der klassischen Fotodatenbank des US-amerikanischen LIFE-Magazins stöbern. Verfügen Sie über ein Benutzerkonto bei Google+ ❻, können Sie ein Bild aus Ihren hier angelegten Fotoordnern auswählen. In Google Docs platzierte Grafiken dürfen in den Formaten **JPEG**, **PNG** und **GIF** (nicht animiert) vorliegen sowie bis zu **2 MB** groß sein.

Haben Sie ein Bild ausgewählt, wird es an der Cursorposition im Dokument platziert. Klicken Sie es nun an, können Sie es mit der Maus in seiner Höhe und Breite sowie proportional verändern. Unterhalb des ausgewählten Bilds finden Sie zudem seine Umflussoptionen. Standardmäßig liegt das Objekt direkt in der aktuellen Textzeile ❼ und unterliegt deren Restriktionen. Lassen Sie es hingegen vom Text umfließen ❽, fügt es sich in das Layout ein und kann mit der Maus frei verschoben werden. Aus einem Auswahlmenü ❾ wählen Sie den Abstand zwischen dem Bild und dem umgrenzenden Text. Mit der Option **Text über- und unterhalb des Objekts** ❿ platzieren Sie ein Bild zwischen zwei Textumbrüchen. Auch in diesem Fall können Sie es mit der Maus oder den Cursortasten bewegen. Halten Sie die ⇧-Taste bei der Nutzung der Pfeiltasten gedrückt, verschiebt sich das Bild in feinen Schritten von 1 Punkt.

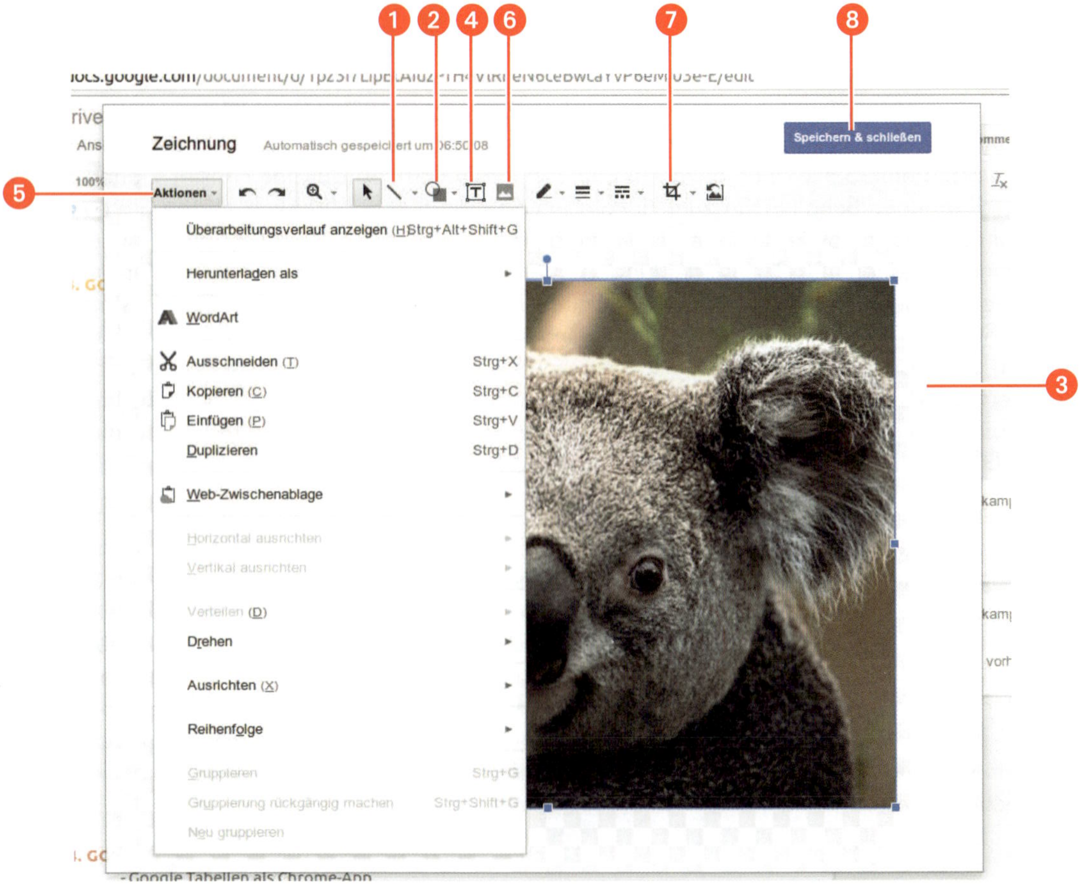
Zeichnung
Automatisch gespeichert um 06:50:08
Speichern & schließen
Aktionen
Überarbeitungsverlauf anzeigen Strg+Alt+Shift+G
Herunterladen als
WordArt
Ausschneiden (T) Strg+X
Kopieren (C) Strg+C
Einfügen (P) Strg+V
Duplizieren Strg+D
Web-Zwischenablage
Horizontal ausrichten
Vertikal ausrichten
Verteilen (D)
Drehen
Ausrichten (X)
Reihenfolge
Gruppieren Strg+G
Gruppierung rückgängig machen Strg+Shift+G
Neu gruppieren
1
2
3
4
5
6
7
8

Bildbearbeitungen und Zeichnungen

Die Zeichenfunktionen gehören zu den am meisten unterschätzten Möglichkeiten von Google Docs, handelt es sich bei ihnen doch um eine abgespeckte Version des leistungsfähigen Programms Google Zeichnungen, die im **Einfügen**-Menü vor sich hinschlummert. Seit einem umfangreichen Update bietet sie nicht nur zahlreiche Funktionen zum Kombinieren von Linien und Formen, sondern auch zum Nachbearbeiten von Bildern.

Doch der Reihe nach: Durch Anwahl des Unterpunkts **Zeichnung** aus dem Menüeintrag Einfügen öffnet Google Docs ein Bearbeitungsfenster, das seine Funktionen mittels einer Piktogrammleiste anbietet. Stöbern Sie ruhig zunächst einmal in den Aufklappmenüs zur Auswahl von **Linien** ❶ und **Formen** ❷, um sie dann auf der **Zeichenfläche** ❸ des Editors nach Herzenslust auszuprobieren. Haben Sie ein Objekt erstellt, können Sie es frei verschieben und in seiner Farbe und Linienstärke verändern. Um **Texte** ❹ direkt in einer Zeichnung zu platzieren, stehen Ihnen die schon von Google Docs bekannten Möglichkeiten zum Formatieren bereit. Das **Aktionen**-Menü ❺ hält zusätzliche Funktionen zum Beispiel zum Drehen, Ausrichten und der Stapelreihenfolge vorhandener Elemente bereit. Fertige Zeichnungen lassen sich von hier aus sogar als Vektor- oder Rastergrafik auf den Desktop exportieren.

Noch interessanter sind die Maskierungsfunktionen des Zeichenmoduls. Um sie in Aktion zu erleben, laden Sie mit der entsprechenden Schaltfläche ❻ ein Bild mit dem Importfenster (siehe Seite 67) aus Ihrem Google Drive, von der Festplatte oder aus dem Web und klicken es im Editor an. Nun wählen Sie aus dessen **Zuschneiden**-Menü ❼ eine Vorlage aus, mit der Sie das Bild maskieren möchten. Daraufhin wendet der Editor die Maske an und bildet das Ergebnis auf der Zeichenfläche ab. Das fertig bearbeitete Bild platzieren Sie mit der Schaltfläche **Speichern & schließen** ❽ an die aktuelle Cursorposition im Dokument, wo Sie es wie gewohnt verschieben, in seiner Größe verändern und von Text umfließen lassen können. Leider richtet sich der Textumfluss (noch) nicht an der Bildmaske aus.

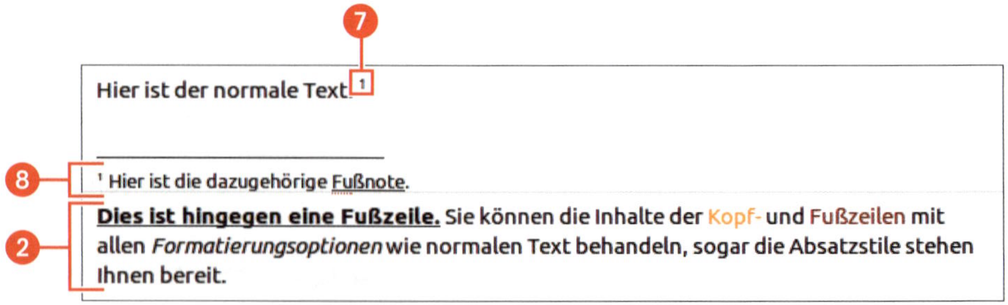
7
Hier ist der normale Text 1
8
1 Hier ist die dazugehörige Fußnote.
2
Dies ist hingegen eine Fußzeile. Sie können die Inhalte der Kopf- und Fußzeilen mit allen Formatierungsoptionen wie normalen Text behandeln, sogar die Absatzstile stehen Ihnen bereit.

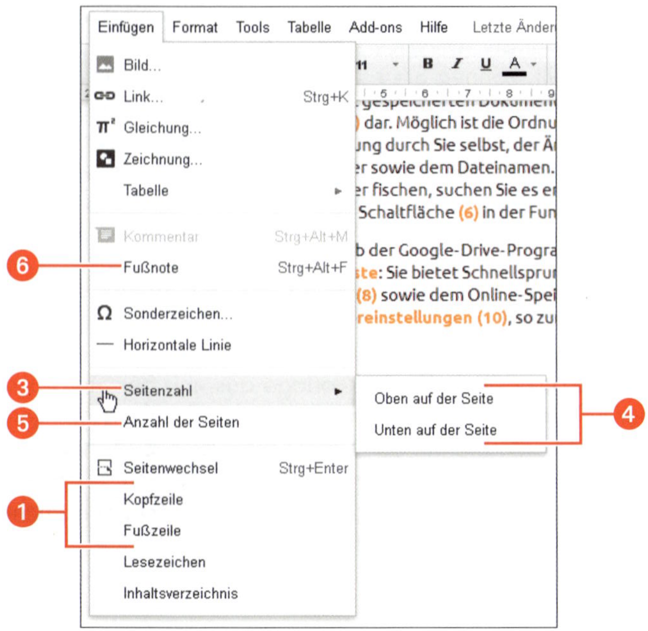
Einfügen
Format
Tools
Tabelle
Add-ons
Hilfe
Bild...
Link... Strg+K
Gleichung...
Zeichnung...
Tabelle
Kommentar Strg+Alt+M
Fußnote Strg+Alt+F
Sonderzeichen...
Horizontale Linie
Seitenzahl
Anzahl der Seiten
Seitenwechsel Strg+Enter
Kopfzeile
Fußzeile
Lesezeichen
Inhaltsverzeichnis
Oben auf der Seite
Unten auf der Seite
1
3
4
5
6

Kopf- und Fußzeilen, Seitenzahlen und Fußnoten

Um eine **Kopf**- oder **Fußzeile** einzurichten, wählen Sie den entsprechenden Eintrag im **Einfügen**-Menü aus ❶. Google Docs separiert nun den Bereich oberhalb beziehungsweise unterhalb der Texteingabefläche entsprechend Ihren Randeinstellungen ❷ und positioniert den Cursor an die erste Position der neu entstandenen Zeilen. Sie können die Inhalte der Kopf- und Fußzeilen mit allen Formatierungsoptionen wie normalen Text behandeln, sogar die Absatzstile stehen Ihnen bereit. Für die feste Platzierung zum Beispiel eines Firmenlogos dürfen Sie auch Bilder importieren.

Eng verknüpft mit den Kopf- und Fußzeilen sind die Seitenzahlen, denn Google Docs platziert sie in diesen Bereichen. Wählen Sie den Eintrag **Seitenzahlen** im **Einfügen**-Menü ❸ aus, erlaubt Ihnen ein Untermenü deren Positionierung ober- oder unterhalb der Texte ❹. Mit dem sich unmittelbar darunter befindlichen Menüeintrag ❺ fügen Sie an der aktuellen Cursorposition automatisch die Anzahl der Seiten ein – gekoppelt mit der Seitenzahl, können Sie so zum Beispiel den sich automatisch anpassenden Eintrag **1 von 10** setzen. Zum Löschen der Seitenzahlen in einem Dokument entfernen Sie sie einfach aus einer beliebigen Kopf- beziehungsweise Fußzeile.

Auch das Setzen von **Fußnoten** ist mit Google Docs denkbar einfach: Platzieren Sie den Cursor an die Position der aktuellen Seite, an der Sie die Fußnote einfügen möchten. Dann wählen Sie aus dem **Einfügen**-Menü den Eintrag **Fußnote** ❻ aus. An der Verweisstelle wird nun eine hochgestellte Ziffer ❼ gesetzt, und der Cursor springt an den unteren Rand der Seite, um unter einer horizontalen Linie auf Ihre Eingabe zu warten ❽.

Das Programm nummeriert Fußnoten innerhalb eines Dokuments durch, die Zählung fängt also nicht auf jeder Seite neu an. Sie dürfen Inhalte frei mit allen Formatierungsmöglichkeiten des Programms bearbeiten. Löschen Sie die Fußnote im Dokument, verschwinden Ihre Inhalte auch vom unteren Rand der entsprechenden Seite. Eine Fußnote setzt sich immer über eine eventuell vorhandene Fußzeile. Vergrößern Sie den Inhalt einer Fußzeile, rückt die Fußnote automatisch nach.

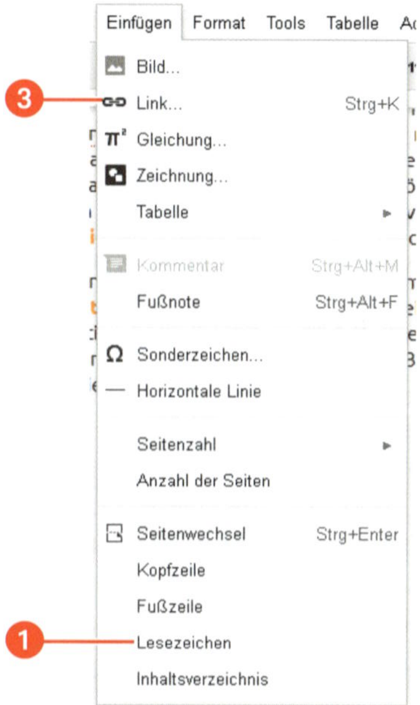

3
1
Einfügen
Format
Tools
Tabelle
Bild…
Link… Strg+K
Gleichung…
Zeichnung…
Tabelle
Kommentar Strg+Alt+M
Fußnote Strg+Alt+F
Sonderzeichen…
Horizontale Linie
Seitenzahl
Anzahl der Seiten
Seitenwechsel Strg+Enter
Kopfzeile
Fußzeile
Lesezeichen
Inhaltsverzeichnis

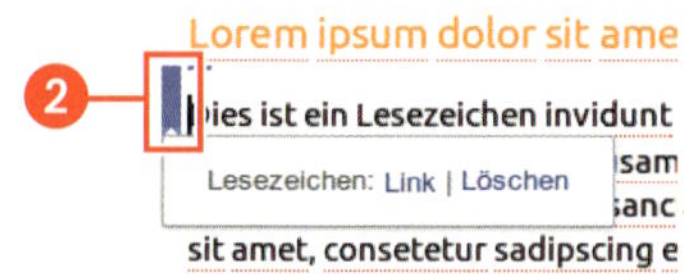

2
Lorem ipsum dolor sit ame
Dies ist ein Lesezeichen invidunt
Lesezeichen: Link | Löschen
sit amet, consetetur sadipscing e

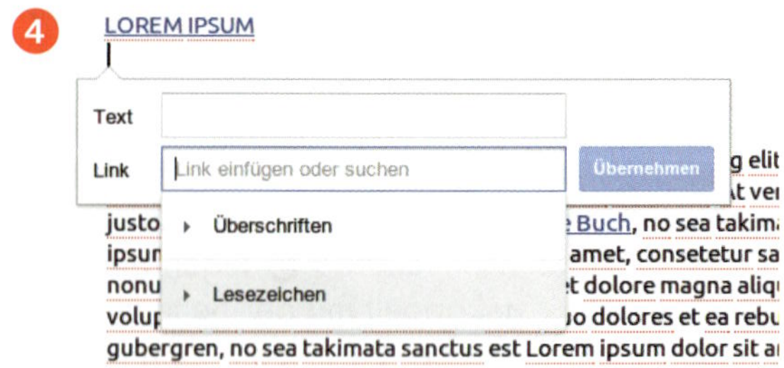

4
LOREM IPSUM
Text
Link
Link einfügen oder suchen
Übernehmen
Überschriften
Lesezeichen
gubergren, no sea takimata sanctus est Lorem ipsum dolor sit a

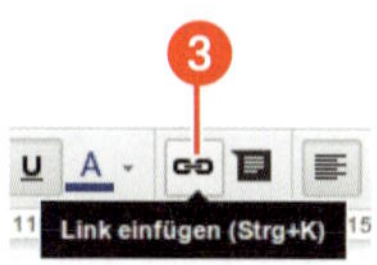

3
Link einfügen (Strg+K)

6
gubergren, no sea takimata sanctus
est Lorem ipsum dolor sit amet.
Text
Lorem ipsum
Link
Link einfügen oder suchen
Übernehmen
Überschriften
Lesezeichen
Lorem ipsum
#heading=h.hgwvs1jxgmmw
Lorem Ipsum - All the facts - Lip…
http://www.lipsum.com/

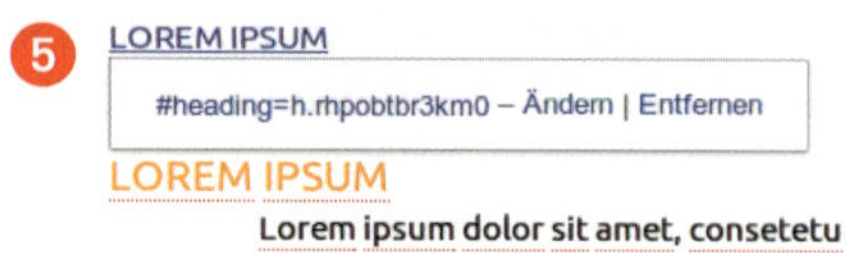

5
LOREM IPSUM
#heading=h.rhpobtbr3km0 – Ändern | Entfernen
LOREM IPSUM
Lorem ipsum dolor sit amet, consetetu

Lesezeichen und Links festlegen

Um ein Lesezeichen anzulegen, platzieren Sie den Cursor zunächst an der Position in Ihrem Dokument, zu der Sie später einen Verweis erstellen möchten. Dies ist bestenfalls eine Überschrift, es darf sich aber auch um jede andere Stelle im Textkörper handeln – einzig Fußnoten sowie Kopf- und Fußzeilen bleiben außen vor. Wählen Sie nun aus dem **Einfügen**-Menü den Eintrag **Lesezeichen** ❶ aus. Google Docs setzt daraufhin am Anfang der Zeile, in dem sich das Lesezeichen befindet, ein entsprechendes Piktogramm ❷. Platzieren Sie nun Ihren Cursor an der Stelle, an dem Sie den Verweis zum eben angelegten Lesezeichen erstellen möchten – also zum Beispiel an den Anfang des Dokuments. Jetzt wählen Sie aus der Piktogrammleiste die Schaltfläche für **Verweise** ❸ aus oder nutzen den entsprechenden Eintrag im **Einfügen**-Menü. An der Cursorposition öffnet sich nun ein kleines Dialogfenster ❹, das eine Liste der angelegten Lesezeichen bereithält. Klicken Sie auf den eingefügten Verweis, verzweigen Sie mittels seines Ziels im sich öffnenden Sprungmenü ❺ zum dazugehörigen Lesezeichen. Alternativ können Sie das Verweisziel an dieser Stelle nochmals bearbeiten oder auch gänzlich entfernen.

Die Verweisfunktion von Google Drive kann noch einiges mehr, als »nur« zu Lesemarken innerhalb eines Dokuments zu verzweigen. Ein Link kann auch auf Überschriften, Webseiten und sogar Dateien innerhalb Ihres Google Drive verweisen. Die Handhabung ist dabei stets identisch: Setzen Sie den Cursor an die Position im Dokument, an der der Verweis erscheinen soll – das kann im Textkörper, aber auch in den Kopf- und Fußzeilen und sogar in einer Fußnote der Fall sein. Nun klicken Sie auf die **Link**-Schaltfläche ❸ in der Piktogrammleiste. Haben Sie die Überschriften in Ihrem Dokument säuberlich mit dem entsprechenden Absatzstil formatiert, bietet Ihnen Google Drive deren Auswahl in einem Auswahlmenü ❻ als Sprungziel an. Wählen Sie eine Überschrift aus, bildet diese den Verweistext, der an der Cursorposition im Text erscheint. Haben Sie hingegen vorab einen Textabschnitt hervorgehoben, wird dieser als zugehöriger Verweistext im Eingabefeld offeriert.

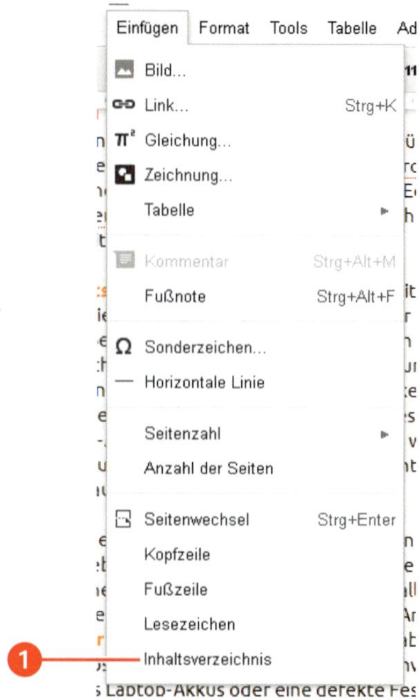
Einfügen
Format
Tools
Tabelle
Bild…
Link…
Strg+K
Gleichung…
Zeichnung…
Tabelle
Kommentar
Strg+Alt+M
Fußnote
Strg+Alt+F
Sonderzeichen…
Horizontale Linie
Seitenzahl
Anzahl der Seiten
Seitenwechsel
Strg+Enter
Kopfzeile
Fußzeile
Lesezeichen
Inhaltsverzeichnis
1

DAS GROSSE BUCH DER ÜBERSCHRIFTEN
Einleitung: Überschriften sind eine klasse Sache!
Die dämlichsten Überschriften der Pressegschichte
Mann beißt Hund
Wir sind Papst!
#heading=h.mjnrx3ye1bx4 – Ändern | Entfernen
2

Inhaltsverzeichnisse aus Überschriften erzeugen

Komplette Inhaltsverzeichnisse zum Beispiel für ein Dossier, eine Dissertation oder gar ein Buch mithilfe der Lesezeichen- und Verweisfunktionen von Google Docs anzulegen, ist zwar möglich, bei langen Dokumenten aber auch recht müßig. Deshalb beherbergt Google Docs eine Funktion zum automatischen Erstellen von Inhaltsverzeichnissen. Diese generieren sich aus den Überschriften eines Dokuments – umso wichtiger ist es, sie am besten schon bei der Erstellung mit dem entsprechenden Absatzstil zu definieren. Haben Sie dies nicht getan, ist Ihr Inhaltsverzeichnis letztlich unvollständig – das Programm kann schließlich nicht »riechen«, welche Zeilen als Überschrift dienen und welche die eigentlichen Absätze bilden.

Google Docs kennt bis zu drei Überschriftenebenen, die ein Inhaltsverzeichnis entsprechend interpretiert. Nutzen Sie dieses Angebot voll aus, können Sie eine Inhaltsübersicht zum Beispiel folgendermaßen strukturieren:

Ebene 1: Das große Buch der Überschriften
Ebene 2: Einleitung: Überschriften sind eine klasse Sache!
Ebene 2: Die dämlichsten Überschriften der Pressegeschichte
Ebene 3: Mann beißt Hund!
Ebene 3: Wir sind Papst!

Die Funktion zum Erzeugen von Inhaltsverzeichnissen findet sich – Sie ahnen es sicher schon – im **Einfügen**-Menü. Setzen Sie den Cursor an die Stelle im Dokument, an der Sie die Übersicht platzieren möchten. Nun wählen Sie den Eintrag **Inhaltsverzeichnis** ❶ aus, um dieses an der aktuellen Position zu generieren. Fügen Sie Ihrem Dokument weitere Überschriften hinzu, ergänzt Google Docs diese automatisch nach einem Klick auf die Aktualisierungsschaltfläche ❷. Beim Aktualisieren gehen alle direkt im Inhaltsverzeichnis vorgenommenen Textänderungen verloren. Sie müssen also stets die Überschriften selbst ändern, um sie in der Inhaltsübersicht aktuell zu halten.

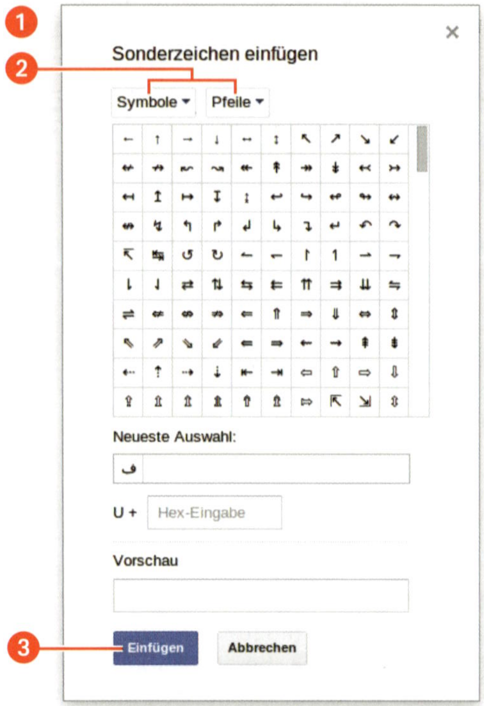
1
2
3
Sonderzeichen einfügen
Symbole
Pfeile
Neueste Auswahl:
U +
Hex-Eingabe
Vorschau
Einfügen
Abbrechen

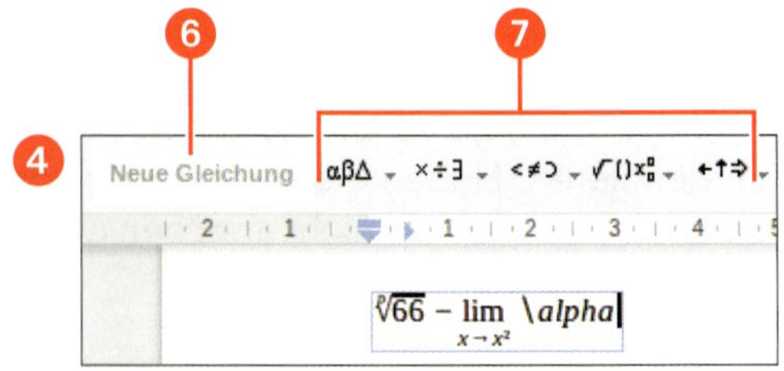
4
6
7
Neue Gleichung
αβΔ
×÷∃
<≠⊃
$\sqrt[n]{66} - \lim_{x \to x^2} \backslash alpha$

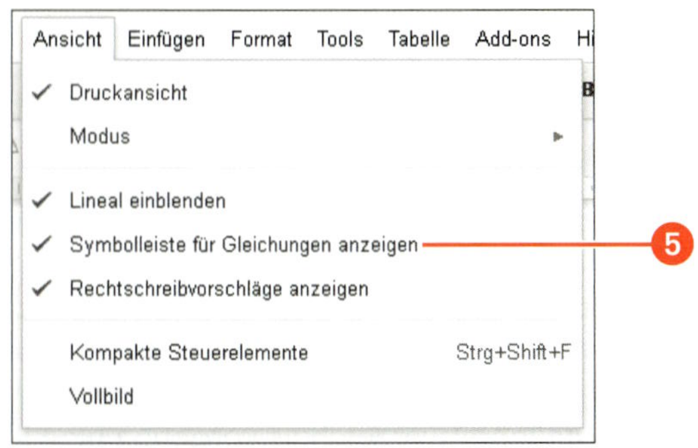
5
Ansicht
Einfügen
Format
Tools
Tabelle
Add-ons
Druckansicht
Modus
Lineal einblenden
Symbolleiste für Gleichungen anzeigen
Rechtschreibvorschläge anzeigen
Kompakte Steuerelemente
Strg+Shift+F
Vollbild

Sonderzeichen und Formeln

Man kann noch so viele Tastaturkürzel kennen und mit den ⇧- und Alt-Tasten per Du sein – dennoch gibt es einige Zeichen, die einfach nicht direkt einzugeben sind. Zu diesen gehören Sonderzeichen und Formeln. Google Docs greift Ihnen dabei jedoch mit zwei leistungsstarken Eingabehilfen unter die Arme.

Die Sonderzeichenübersicht ❶ finden Sie im **Einfügen**-Menü. Die Anzahl der zur Verfügung stehenden Zeichen umfasst den gesamten Unicode, also den internationalen Standard, in dem für jedes sinntragende Schriftzeichen oder Textelement aller bekannten Schriftkulturen und Zeichensysteme ein digitaler Code festgelegt ist. Sie können sich einen Eindruck vom Umfang der Auswahl verschaffen, wenn Sie mithilfe der zwei Aufklappmenüs ❷ in den verschiedenen Kategorien blättern. Geboten werden nicht nur Symbole und Emojis, sondern zum Beispiel auch nahöstliche und afrikanische Schriftzeichen sowie verschiedene Varianten der Han-Vereinheitlichungen. Ein Durchblättern der Liste nach Themen ist ebenfalls möglich. Kennen Sie den Unicode eines Zeichens, können Sie ihn auch direkt eingeben. Haben Sie ein Zeichen ausgewählt, übernehmen Sie es mit der Schaltfläche **Einfügen** ❸ und setzen es damit an die aktuelle Cursorposition.

Den Formeleditor ❹ rufen Sie ebenfalls aus dem **Einfügen**-Menü von Google Docs auf. Arbeiten Sie häufig mit mathematischen Gleichungen, können Sie die Symbolleiste für Gleichungen im **Ansicht**-Menü auch permanent aktivieren ❺. Nach Drücken der Schaltfläche **Neue Gleichung** ❻ gestattet der Formeleditor die Auswahl von griechischen Buchstaben, allgemeinen sowie Vergleichs- und Einschlussoperatoren, Operatoren mit Variablen sowie Pfeilen ❼. Um eine Gleichung nachträglich zu verändern, klicken Sie in ihr Feld und wählen den Formeleditor aus dem **Ansicht**-Menü erneut aus.

Wenn Sie mit dem wissenschaftlichen Textsatzsystem LaTeX vertraut sind, können Sie dessen Textkürzel auch direkt eingeben. Klicken Sie auf die Formel und geben Sie etwa **\alpha** ein, wandelt Google Drive diese Eingabe in ein α. Ganz Neugierige können sich mit **LaTeX-Lab** sogar schon die Vorabversion des browserbasierten LaTeX-Onlineeditors für Google Drive anschauen: *http://docs.latexlab.org/*.

1
Tabelle
Add-ons
Hilfe
Alle Änderungen in Dri
Tabelle einfügen
Zeile oberhalb einfügen
Zeile unterhalb einfügen
Spalte links einfügen
Spalte rechts einfügen
Zeile löschen
3 x 2

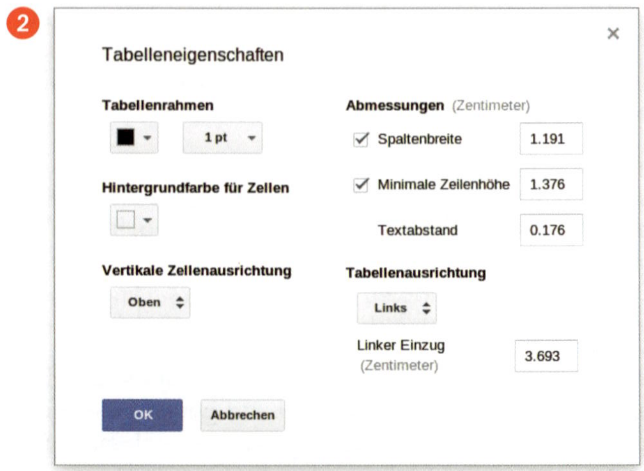
2
Tabelleneigenschaften
Tabellenrahmen
1 pt
Hintergrundfarbe für Zellen
Vertikale Zellenausrichtung
Oben
Abmessungen (Zentimeter)
Spaltenbreite
1.191
Minimale Zeilenhöhe
1.376
Textabstand
0.176
Tabellenausrichtung
Links
Linker Einzug
(Zentimeter)
3.693
OK
Abbrechen

Google Docs und Tabellen

Für die Arbeit mit Tabellen bietet die Office-Suite von Google Drive ein eigenes Programm. Mit der Kopierfunktion lassen sich mit Google Tabellen erstellte Daten auch in Google Docs übernehmen. Sie sollten jedoch darauf achten, dass das gewählte Seitenformat genügend Platz für die Tabelle bietet, ansonsten kann eine Neuformatierung recht mühselig sein. Besonders bei der Erstellung einfacher Tabellen, für die Sie keine Kalkulationsfunktionen benötigen, kann der interne Tabelleneditor von Google Docs ein schnelleres und unkomplizierteres Instrument sein. Google Docs verfügt über einen eigenen Menüeintrag für die Arbeit an Tabellen, der Funktionen für intern erstellte und für übernommene Tabellen bereithält.

Um eine neue Tabelle anzulegen, wählen Sie im **Tabellen**-Menü den Eintrag **Tabelle einfügen** ❶ oder alternativ aus dem **Einfügen**-Menü den Punkt **Tabelle**. Im sich jeweils öffnenden Untermenü legen Sie nun das geplante Raster fest – Google Docs unterstützt bis zu 20 mal 20 Zellen. Das Menü erweitert sich, wenn Sie mit der Maus darüberfahren. Nach einem Klick auf das gewünschte Raster fügt sich die Tabelle an der aktuellen Cursorposition ein und wartet in der ersten Zelle auf Ihre Eingaben.

Die Größe der einzelnen Zellen können Sie direkt im Dokument mit der Maus verändern. Um genaue Maßvorgaben zu erfüllen, können Sie die Breite auch direkt im Textlineal anpassen. Zum Einfügen beziehungsweise Löschen von Zeilen und Spalten stehen entsprechende Funktionen im Tabellen- und Kontextmenü bereit. Hier können Sie auch die gesamte Tabelle löschen.

Weitere Einstellungen, wie zum Beispiel zur Breite des Tabellenrahmens, zur Tabellen- und Zeilenausrichtung sowie zu den detaillierten Abmessungen, nehmen Sie in den Tabelleneigenschaften ❷ vor, die Sie ebenfalls per Rechtsklick auf die Tabelle aus dem Kontextmenü heraus aufrufen. Beachten Sie bei den Einstellungen, dass sich einige Eigenschaften – zum Beispiel die Hintergrundfarbe – nur auf die aktuell ausgewählte(n) Zelle(n), andere – wie die Ausrichtung inklusive eines eventuellen Einzugs – auf die gesamte Tabelle beziehen.

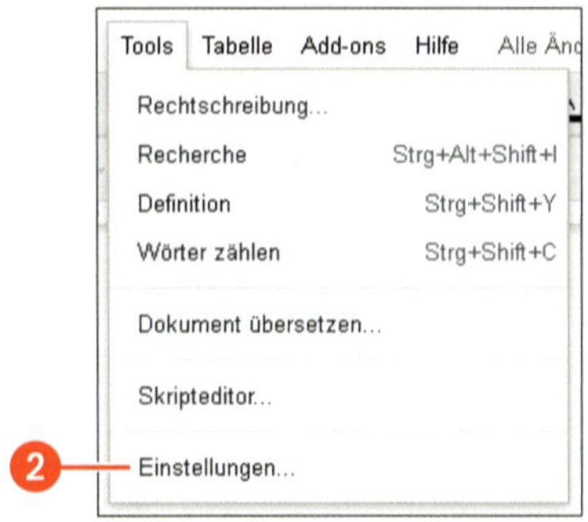
2
Tools
Tabelle
Add-ons
Hilfe
Alle Änd
Rechtschreibung...
Recherche
Strg+Alt+Shift+I
Definition
Strg+Shift+Y
Wörter zählen
Strg+Shift+C
Dokument übersetzen...
Skripteditor...
Einstellungen...

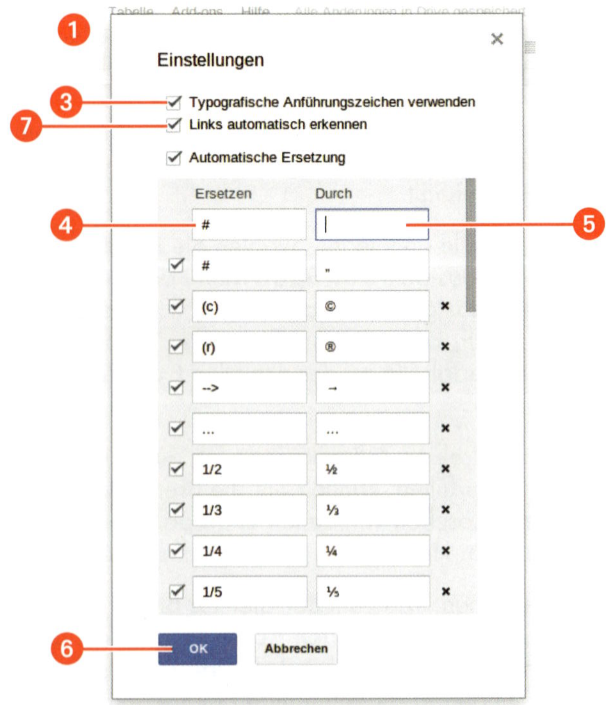
1
3
7
4
5
6
Einstellungen
Typografische Anführungszeichen verwenden
Links automatisch erkennen
Automatische Ersetzung
Ersetzen
Durch
#
(c)
©
(r)
®
-->
→
1/2
½
1/3
⅓
1/4
¼
1/5
⅕
OK
Abbrechen

Die Typografie-Einstellungen

Der Einstellungsdialog ❶ von Google Docs, den Sie über den Eintrag **Tools** in der Menüleiste aufrufen ❷, ist vielleicht etwas irreführend benannt. Denn er führt nicht etwa sämtliche Voreinstellungen für die Textverarbeitung zusammen, sondern kümmert sich um das typografische Verhalten des Programms. Die praktische Anwendung der im Einstellungsdialog veränderbaren Parameter ist jedoch umso wertvoller, sodass es sich durchaus lohnt, dem Fenster einige Aufmerksamkeit zu schenken. So können Sie hier etwa festlegen, dass Google Docs **typografische Anführungszeichen** ❸ setzt. Typografische Anführungszeichen unterscheiden sich von Land zu Land. Leider veranlasst jedoch auch die Auswahl der entsprechenden Einstellungsoption Google Docs bisher nicht zur Verwendung korrekter deutscher Anführungszeichen – das Programm platziert sowohl öffnende als auch schließende wie im Englischen grundsätzlich oben. Die ebenfalls im Einstellungsdialog konfigurierbare **automatische Ersetzung** schafft jedoch zumindest teilweise Abhilfe: Bestimmen Sie ein Zeichen auf Ihrer Tastatur, das Sie nur selten verwenden (etwa die Raute). Tragen Sie es im freien Feld unter **Ersetzen** ❹ ein, während Sie **Durch** ❺ ein unten stehendes Anführungszeichen zuweisen. Nach der Bestätigung mit **OK** ❻ steht Ihnen nun auf der [#]-Taste das korrekte öffnende deutsche Anführungszeichen im Dokument zur Verfügung. Auch andere Ersetzungen und automatische Korrekturen können Sie so in der vorhandenen Liste ergänzen.

Die zusätzliche Einstellungsoption **Links automatisch erkennen** ❼ verwandelt eingegebene Webseiten- und E-Mail-Adressen bei ihrer Eingabe auch ohne Erwähnung des vorangestellten Protokolls in anklickbare Verweise.

Für das Setzen korrekter deutscher Anführungszeichen ist die Nutzung von Sondertasten und Codepoint-Nummern vonnöten. Unter Windows erreichen Sie die Anführungsstriche unten durch die Tastenkombination [Alt]+[0147], auf dem Mac durch das gleichzeitige Drücken von [Alt]+[2], unter Linux von [AltGr]+[B]. Bei den Anführungszeichen oben sieht die Kombination so aus: Windows: [Alt]+[0132] beziehungsweise auf dem Ziffernblock [Alt]+[8222], Mac: [Alt]+[^], Linux: [AltGr]+[V].

1
2
Meinten Sie:
Google
Mogle
Vögle
Kugle
Googled
Immer korrigieren in
Zum persönlichen Wörterbuch hinzufügen
Alle ignorieren

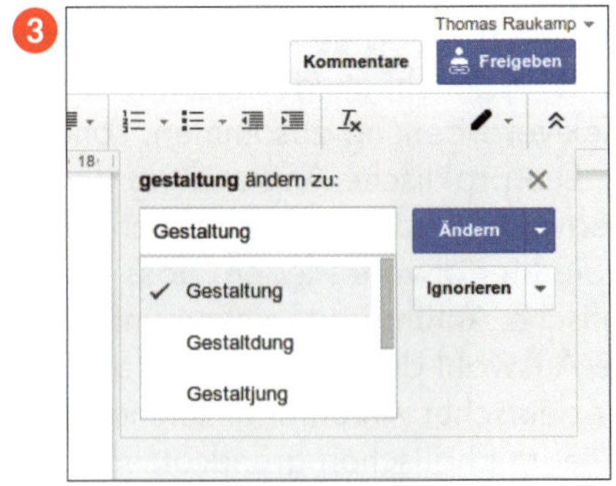
3
Thomas Raukamp
Kommentare
Freigeben
gestaltung ändern zu:
Gestaltung
Ändern
Ignorieren
Gestaltung
Gestaltdung
Gestaltjung

4
Recherche
Google
Diese Sprache verwenden:
English
goo·gle
Verb 'googəl
google verb; googles 3rd person present; googled past tense; googled past participle; googling gerund or present participle
search for information about (someone or something) on the Internet using the search engine Google.: "I recently googled my 7th grade teacher and found his current e-mail address" "she spent the afternoon googling aimlessly".

5
Recherche
Google
Diese Sprache verwenden:
German
Google
Webdefinitionen
Google ist eine Suchmaschine des US-amerikanischen Unternehmens Google Inc. Übereinstimmende Statistiken zeigen bei weltweiten Suchanfragen Google als Marktführer unter den Internet-Suchmaschinen. Der Vorläufer BackRub startete 1996, seit 27. ....
de.wikipedia.org

Rechtschreibprüfung und Thesaurus

Die automatische Rechtschreibprüfung gehört ohne Zweifel zu den angenehmsten Funktionen einer Textverarbeitung. Google Docs bietet zwei Möglichkeiten der Kontrolle von Texten an: Eine Echtzeitprüfung unterstreicht falsche – oder vielmehr dem internen Wörterbuch unbekannte – Wörter schon bei der Eingabe, ein Orthografiewerkzeug hilft bei der nachträglichen Korrektur. Damit beide Funktionen korrekt arbeiten, sollten Sie darauf achten, dass die Dokumentensprache richtig eingestellt ist: Sie verbirgt sich im **Datei**-Menü unter dem Eintrag **Sprache**. Achten Sie außerdem darauf, dass Sie Ihrem Browser die Verwendung von Cookies erlauben, falls sich Ihre Einstellungen häufig scheinbar von selbst ändern.

Bei der Echtzeitprüfung können Sie rot unterstrichene Wörter mit der rechten Maustaste anklicken, um einen kontextbezogenen Korrekturvorschlag ❶ auszuwählen. Passt keines der angezeigten Wörter, fügen Sie das Wort dem Standardwörterbuch von Google Docs hinzu ❷. Für die nachträgliche Gesamtkontrolle eines Dokuments rufen Sie die Funktion **Rechtschreibung** aus dem **Tools**-Menü auf. Das sich nun öffnende Arbeitsfenster ❸ bietet letztlich dieselben Funktionen wie das Kontextmenü bei der Echtzeiteingabe, die Sie diesmal mit den entsprechenden Schaltflächen und Aufklappmenüs neben den Korrekturvorschlägen einsetzen.

Google Docs verfügt in seiner deutschen Version über einen etwas abgespeckten Thesaurus: Während im Englischen die Recherche nach einem gesuchten Begriff zu dessen phonetischer Darstellung und seinen Deklinationen führt ❹, liefert die deutsche Variante in der Regel lediglich die Wortdefinition zurück, die das Web bereithält. Sie nutzen den »Fast-Thesaurus«, indem Sie mit dem Cursor auf einen Begriff klicken und aus dem **Tools**-Menü den Befehl **Definition** auswählen. Alternativ wählen Sie die Anweisung aus dem Kontextmenü nach einem Rechtsklick auf das Wort. Google Docs öffnet nun eine zusätzliche Seitenleiste ❺ und präsentiert darin die Erklärung des ausgewählten Begriffs. Die voreingestellte Sprache in diesem Fenster ist oft die englische – Sie ändern diese Auswahl mit dem entsprechenden Aufklappmenü über dem Suchergebnis.

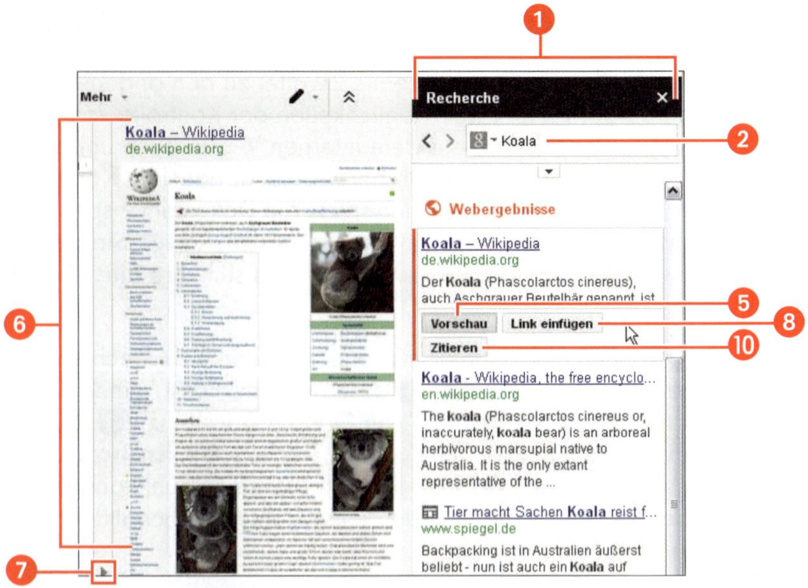
1
2
5
8
10
6
7
Mehr
Recherche
Koala
Koala – Wikipedia
de.wikipedia.org
Webergebnisse
Der Koala (Phascolarctos cinereus),
Vorschau
Link einfügen
Zitieren
Koala - Wikipedia, the free encyclo…
en.wikipedia.org
The koala (Phascolarctos cinereus or, inaccurately, koala bear) is an arboreal herbivorous marsupial native to Australia. It is the only extant representative of the ...
Tier macht Sachen Koala reist f…
www.spiegel.de
Backpacking ist in Australien äußerst beliebt - nun ist auch ein Koala auf

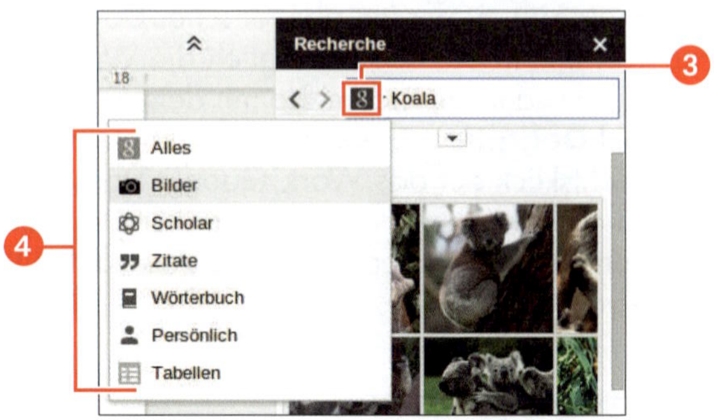
3
4
Recherche
Koala
Alles
Bilder
Scholar
Zitate
Wörterbuch
Persönlich
Tabellen

9
11
Koal
http://de.wikipedia.org/wiki/Koala – Ändern | Entfernen
1 "Koala – Wikipedia." 2003. 1 Aug. 2014 <http://de.wikipedia.org/wiki/Koala>

Das Recherchewerkzeug

Der Thesaurus ist streng genommen nur ein Teil eines ungleich leistungsfähigeren Ganzen: Google Docs beherbergt ein umfassendes Recherchewerkzeug für das Sammeln und Übernehmen von Informationen in eigene Dokumente.

Sie rufen die **Recherche** mit dem gleichlautenden Eintrag im **Tools**-Menü auf oder klicken mit der rechten Maustaste auf einen Begriff, um das Werkzeug aus dem Kontextmenü zu starten und die Auswahl automatisch als Suchbegriff zu übergeben. Google Docs öffnet nun das schon vom Thesaurus bekannte Ergebnisfenster ❶, in dem Sie sich am besten zunächst einmal mit den Möglichkeiten der Onlinerecherche vertraut machen. Über den Ergebnissen thront Google-typisch die Sucheingabe ❷. Klicken Sie nun auf das Google-Piktogramm in der Suchleiste ❸: Ein Aufklappmenü ❹ offeriert weitere Google-Dienste, mit denen Sie Ihre Suche spezifizieren auf **Bilder**, **wissenschaftliche Artikel**, **Zitate**, **Datentabellen**, **persönliche Ergebnisse** aus von Ihnen genutzten Google-Diensten (inklusive Google Drive) sowie das interne **Wörterbuch** (siehe vorherige Seite).

Besonders praktisch ist die Möglichkeit, Suchergebnisse auch direkt im Dokument zu zitieren. Geben Sie dazu einen Begriff in die reine Websuche der Recherche ein oder übergeben Sie es durch die Nutzung des Kontextmenüs. Fahren Sie hingegen mit der Maus über ein Ergebnis, offeriert es drei Behandlungsoptionen: **Vorschau** ❺ stellt die Zielwebseite in einem Übersichtsfenster ❻ dar. Mit dem Pfeil links davon ❼ schließen Sie die Anzeige wieder. Wählen Sie hingegen die Schaltfläche **Link einfügen** ❽ aus, platziert Google Docs den Suchbegriff als Verweis auf die ausgewählte Webseite an der aktuellen Cursorposition ❾. Die Option **Zitieren** ❿ eignet sich besonders für Referate, Artikel und Dissertationen: An der Cursorposition beziehungsweise hinter dem hervorgehobenen Text wird ein Hinweis auf eine Fußnote gesetzt ⓫, deren Inhalt sich wie gewohnt am Seitenende findet. Auch die Ergebnisse der Suche in weiteren Medien können Sie in Ihr Dokument übernehmen. Bilder ziehen Sie per Drag-and-drop an die gewünschte Stelle, an der Sie sie beliebig in ihrer Größe anpassen und von Text umfließen lassen können.

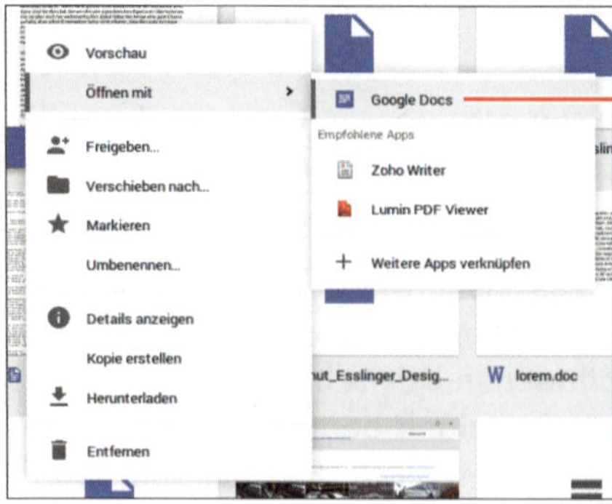
Vorschau
Öffnen mit
Freigeben...
Verschieben nach...
Markieren
Umbenennen...
Details anzeigen
Kopie erstellen
Herunterladen
Entfernen
Google Docs
Empfohlene Apps
Zoho Writer
Lumin PDF Viewer
Weitere Apps verknüpfen
lorem.doc
1

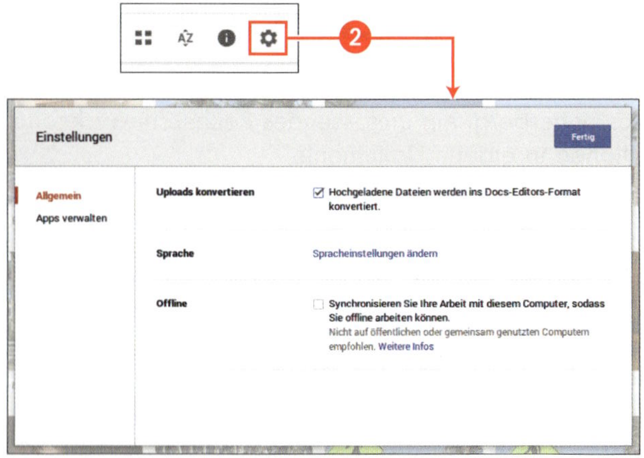
2
Einstellungen
Fertig
Allgemein
Apps verwalten
Uploads konvertieren
Hochgeladene Dateien werden ins Docs-Editors-Format konvertiert.
Sprache
Spracheinstellungen ändern
Offline
Synchronisieren Sie Ihre Arbeit mit diesem Computer, sodass Sie offline arbeiten können.
Nicht auf öffentlichen oder gemeinsam genutzten Computern empfohlen. Weitere Infos

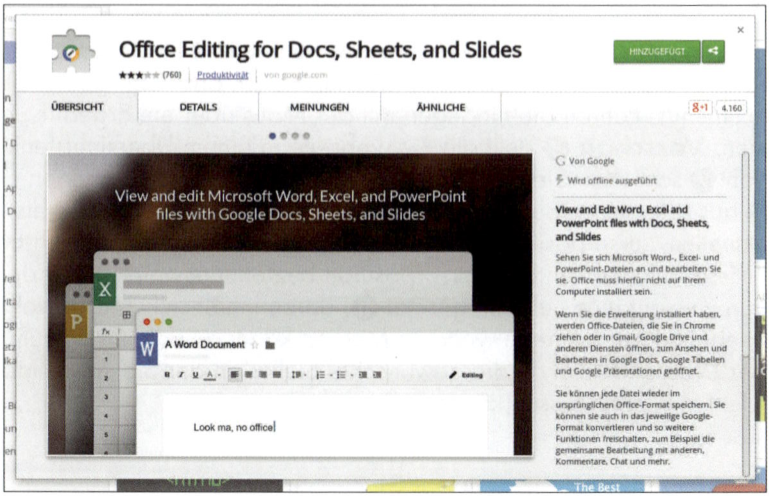
3
Office Editing for Docs, Sheets, and Slides
(760) | Produktivität | von google.com
HINZUGEFÜGT
ÜBERSICHT
DETAILS
MEINUNGEN
ÄHNLICHE
4.160
View and edit Microsoft Word, Excel, and PowerPoint files with Google Docs, Sheets, and Slides
A Word Document
Look ma, no office
Von Google
Wird offline ausgeführt
View and Edit Word, Excel and PowerPoint files with Docs, Sheets, and Slides
Sehen Sie sich Microsoft Word-, Excel- und PowerPoint-Dateien an und bearbeiten Sie sie. Office muss hierfür nicht auf Ihrem Computer installiert sein.
Wenn Sie die Erweiterung installiert haben, werden Office-Dateien, die Sie in Chrome ziehen oder in Gmail, Google Drive und anderen Diensten öffnen, zum Ansehen und Bearbeiten in Google Docs, Google Tabellen und Google Präsentationen geöffnet.
Sie können jede Datei wieder im ursprünglichen Office-Format speichern. Sie können sie auch in das jeweilige Google-Format konvertieren und so weitere Funktionen freischalten, zum Beispiel die gemeinsame Bearbeitung mit anderen, Kommentare, Chat und mehr.

Word-Dokumente importieren und nativ bearbeiten

Kein Zweifel, die Möglichkeit des Imports von Microsoft-Word-Formaten macht Google Docs zu einer ernst zu nehmenden Alternative für die tägliche Arbeit mit Texten und Dokumenten. Google Drive hält Importfilter für die Dateitypen ***.doc** beziehungsweise ***.docx** bereit, versteht sich darüber hinaus aber auch auf die allgemeineren Formate **RTF** für Texte mit Formatierungsmerkmalen, **TXT** für den Austausch reiner Textdateien und **HTML** für vorformatierte Webseitentexte. Für die Bearbeitung von Word-Dokumenten stehen zwei Arbeitsmodi zur Verfügung: Die Konvertierung in das interne Google-Docs-Format erhält einerseits weitestgehend alle Formatierungen, ermöglicht aber andererseits die Nutzung des kompletten Funktionsumfangs von Googles eigener Textverarbeitung. Um ein Word-Dokument zu wandeln, öffnen Sie das Kontextmenü mit der rechten Maustaste, um hier im Untermenü **Öffnen mit ... Google Docs** als Web-App auszuwählen ❶. Möchten Sie grundsätzlich alle Word-Dateien mit Google Docs nutzen, bietet sich die automatische Konvertierung schon beim Hochladen an: Sie aktivieren sie in den Programmeinstellungen von Google Drive ❷.

Die native Bearbeitung von Word-Dokumenten erspart hingegen die Wandlung und erlaubt so ein direktes Bearbeiten und Speichern für den unkomplizierten Dateiaustausch. Diese Option steht allerdings nur Nutzern von Googles eigenem Webbrowser Chrome beziehungsweise der quelloffenen Alternative Chromium offen. Der Grund dafür ist einfach: Das native Editieren setzt die Installation einer proprietären Erweiterung voraus, die der Chrome-Web-Store bereithält: *http://bit.ly/gdrivebuch_office* ❸. Klicken Sie nun eine Word-Datei doppelt an, öffnet sich eine etwas abgespeckte Variante des Google-Docs-Editors. Aktivieren Sie die automatische Speicherung, legt auch diese das Dokument weiterhin im Word-Format in Google Drive ab, von wo aus Sie es zum Beispiel mit Gmail verschicken können.

Apropos Gmail: Erhalten Sie eine E-Mail mit einem Word-Dokument im Anhang, können Sie es direkt zur nativen Bearbeitung öffnen, ohne es vorher in Google Drive zwischenzuspeichern.

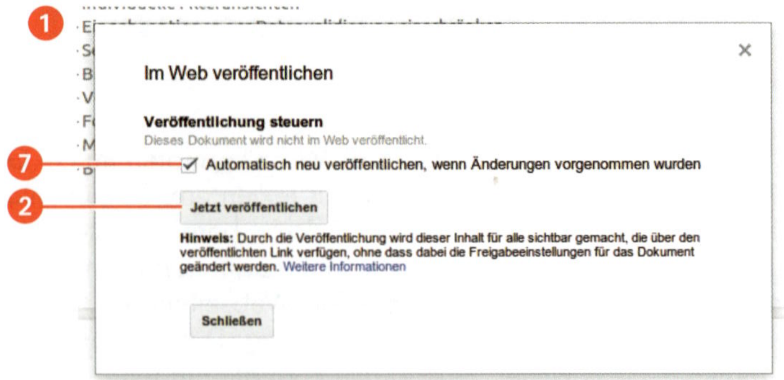
1
7
2
Im Web veröffentlichen
Veröffentlichung steuern
Dieses Dokument wird nicht im Web veröffentlicht.
Automatisch neu veröffentlichen, wenn Änderungen vorgenommen wurden
Jetzt veröffentlichen
Hinweis: Durch die Veröffentlichung wird dieser Inhalt für alle sichtbar gemacht, die über den veröffentlichten Link verfügen, ohne dass dabei die Freigabeeinstellungen für das Dokument geändert werden. Weitere Informationen
Schließen

6
3
4
5
Im Web veröffentlichen
Veröffentlichung steuern
Dieses Dokument wird im Web veröffentlicht.
Automatisch neu veröffentlichen, wenn Änderungen vorgenommen wurden
Veröffentlichung beenden
Hinweis: Durch die Veröffentlichung wird dieser Inhalt für alle sichtbar gemacht, die über den veröffentlichten Link verfügen, ohne dass dabei die Freigabeeinstellungen für das Dokument geändert werden. Weitere Informationen
Link zum veröffentlichten Dokument anfordern
Dokumentlink
Code einbetten
<iframe
Oder geben Sie diesen Link frei mithilfe von:
Schließen

Dokumente exportieren und im Web veröffentlichen

Zwar speichern die Programme von Googles Office-Suite ihre Dokumente automatisch in Google Drive, trotzdem ist ein Export oft unvermeidbar, wenn man sie etwa zur Bearbeitung an ein anderes Programm weitergeben muss und der entsprechende Mitarbeiter keinen Zugang zu Ihrem Onlinespeicher haben möchte oder soll. Google Docs unterstützt das Speichern von Dokumenten in den Formaten

- Microsoft Word (*.**docx**),
- Open Document für OpenOffice Writer beziehungsweise LibreOffice Writer (*.**odt**),
- Rich Text Format (*.**rtf**),
- Textdatei (*.**txt**)

sowie als **PDF**- oder als **HTML**-Datei. Die Kompatibilität ist erfreulich hoch und umfasst auch eingefügte Formatierungen, Bilder, Tabellen, Fußnoten und Verweise. Beim Export in das HTML-Format legt Google Docs ein ZIP-Archiv an, um eventuell im Dokument integrierte Bilder beizulegen.

Möchten Sie etwa von Ihrem Blog aus auf ein mit Google Docs erstelltes Dokument verweisen, bietet das Programm einen Schnellzugriff auf dessen Adresse an: Wählen Sie im **Datei**-Menü den Eintrag **Im Web veröffentlichen** aus, öffnet sich ein Dialogfenster ❶, in dem Sie die Veröffentlichung steuern können. Klicken Sie auf die Schaltfläche **Jetzt veröffentlichen** ❷, darf jeder, der über den Verweis verfügt, auf das Dokument zugreifen. Daraufhin hält ein weiteres Informationsfenster den Link ❸ sowie den Frame-Code ❹ für das Einbetten in einer Webseite bereit. Alternativ können Sie den Verweis auch per E-Mail oder in den sozialen Netzwerken Google+, Facebook und Twitter ❺ verbreiten. Ein Klick auf die Schaltfläche **Veröffentlichung beenden** ❻ stoppt den Zugriff.

Die Veröffentlichung eines Dokuments im Web hat keinen Einfluss auf seine Freigabeeinstellungen. Denn bei der öffentlichen Version handelt es sich nicht um den ursprünglichen Inhalt, sondern um eine extra für diesen Zweck erstellte Kopie. Auf Wunsch wird diese aktualisiert, wenn Sie das Original ändern ❼.

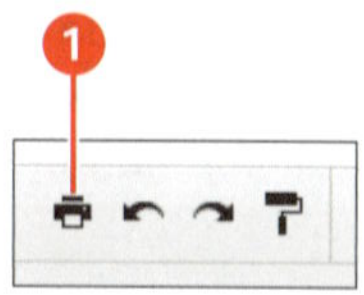
1

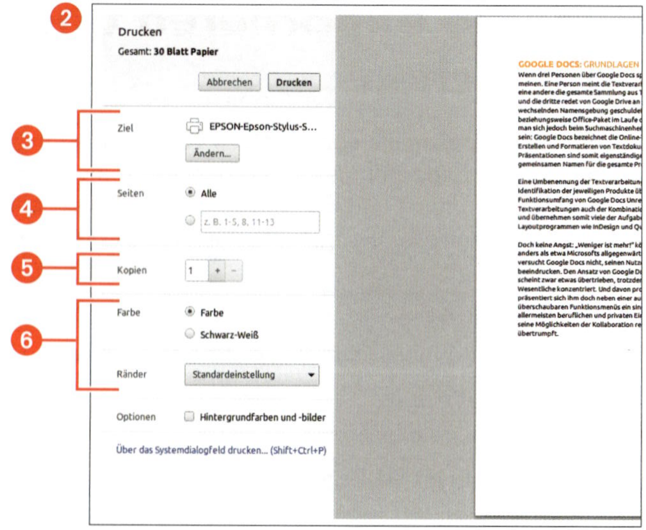
2
Drucken
Gesamt: 30 Blatt Papier
Abbrechen
Drucken
3
Ziel
EPSON-Epson-Stylus-S...
Ändern...
4
Seiten
Alle
z. B. 1-5, 8, 11-13
5
Kopien
1
6
Farbe
Farbe
Schwarz-Weiß
Ränder
Standardeinstellung
Optionen
Hintergrundfarben und -bilder
Über das Systemdialogfeld drucken... (Shift+Ctrl+P)
GOOGLE DOCS: GRUNDLAGEN

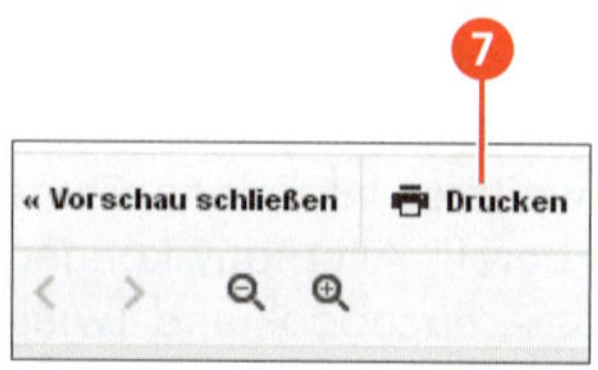
7
« Vorschau schließen
Drucken

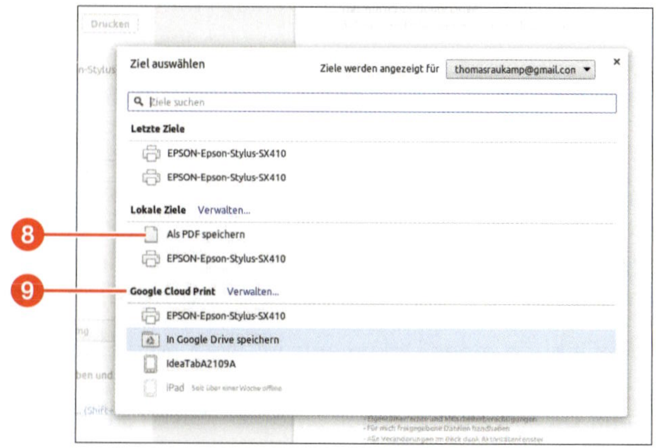
Ziel auswählen
Ziele werden angezeigt für
thomasraukamp@gmail.con
Ziele suchen
Letzte Ziele
EPSON-Epson-Stylus-SX410
EPSON-Epson-Stylus-SX410
Lokale Ziele
Verwalten...
8
Als PDF speichern
EPSON-Epson-Stylus-SX410
9
Google Cloud Print
Verwalten...
EPSON-Epson-Stylus-SX410
In Google Drive speichern
IdeaTabA2109A
iPad

Dokumente ausdrucken

Beim Ausdruck von Dokumenten aus den Programmen der Office-Suite teilt sich die Google-Drive-Welt einmal mehr in zwei Hälften: Der direkte Weg ist nur mit dem hauseigenen Chrome-Webbrowser begehbar, während Nutzer anderer Programme einen – wenn auch kurzen – Umweg wählen müssen.

Bleiben wir zunächst im Google-Universum: Haben Sie im Menü **Ansicht** die Option **Drucklayout** angewählt, gibt Google Docs Dokumente so aus, wie sie während der Bearbeitung angezeigt werden. Wählen Sie nun also den Eintrag **Drucken** aus dem **Datei**-Menü oder die entsprechende Schaltfläche ❶ aus der Piktogrammleiste, öffnet sich eine Druckvorschau ❷, die Ihr Dokument nochmals exakt so zum Durchblättern darstellt, wie es später auf Papier erscheint. Links neben dieser Voransicht können Sie aus den in Ihrem System festgelegten Geräten den gewünschten Zieldrucker ❸ auswählen und die nötigen Vorgaben wie die Anzahl der Seiten ❹ und der Kopien ❺ sowie die Farb- und Randeinstellungen ❻ festlegen.

Benutzer anderer Browser müssen einen Arbeitsschritt mehr einlegen. Im **Datei**-Menü von Google Docs findet sich ein zusätzlicher Eintrag namens **Druckvorschau**. Dieser ruft allerdings nicht die aus dem Druckdialog von Chrome gewohnte Variante auf, sondern den Google Drive Viewer, der das fertige Dokument als PDF-Datei darstellt. Durch die Betätigung der entsprechenden Schaltfläche in seiner Piktogrammleiste ❼ speichert er diese auf dem Desktop oder übergibt sie an den Standard-PDF-Betrachter Ihres Systems ❽. Von hier aus können Sie das Dokument wie gewohnt ausdrucken. Wählen Sie direkt im Dokument die Schaltfläche **Drucken**, wird der Google Drive Viewer umgangen.

Besondere Beachtung verdient die Option des Drucks per Google Cloud Print ❾, die Sie im Druckvorschaufenster als alternatives Geräteziel finden. Dieser Dienst ermöglicht die Ausgabe mit einem Cloud-fähigen Drucker und wird von Tablet- und Smartphone-Nutzern präferiert. Die Verbindung zum Drucker stellt in diesem Fall nicht wie gewohnt das USB-Kabel, sondern das Web selbst her: Das Cloud-fähige Gerät meldet sich bei Google Cloud Print an, woraufhin es von jedem Standort aus zur Verfügung steht.

1
Kommentare
Freigeben
Bearbeiten

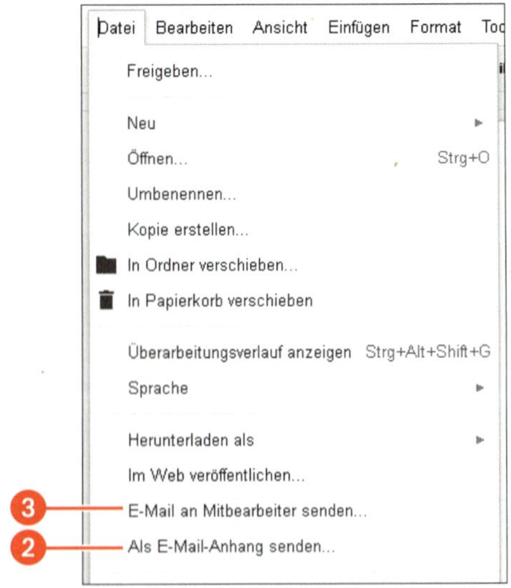
Datei
Bearbeiten
Ansicht
Einfügen
Format
Freigeben…
Neu
Öffnen… Strg+O
Umbenennen…
Kopie erstellen…
In Ordner verschieben…
In Papierkorb verschieben
Überarbeitungsverlauf anzeigen Strg+Alt+Shift+G
Sprache
Herunterladen als
Im Web veröffentlichen…
3 E-Mail an Mitbearbeiter senden…
2 Als E-Mail-Anhang senden…

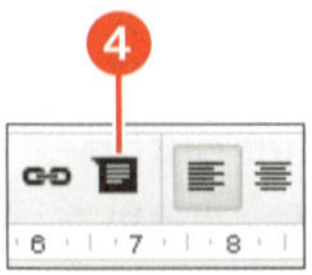
4
6 7 8

Ipsum dolor sit amet. Lorem ipsum dolor sit amet, consetetur sadipscing elitr, sed diam nonumy eirmod tempor invidunt ut labore et dolore magna aliquyam erat, sed diam voluptua. At vero eos et accusam et justo duo dolores et ea rebum. Stet clita kasd gubergren, no sea takimata sanctus est Lorem
Thomas Raukamp
5
Ich kann kein Latein!
Kommentar
Abbrechen

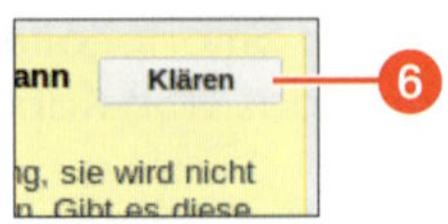
Klären
6

Teamwork: Freigaben festlegen und Kommentare setzen

Den Möglichkeiten des Teamworks und des Teilens von Dateien und Ordnern haben wir bereits ein ganzes Kapitel gewidmet (ab Seite 37). Wer mit welchen Rechten auf ein Dokument zugreifen darf, können Sie auch innerhalb der Office-Applikationen von Google Drive festlegen. In der rechten oberen Ecke eines jeden Arbeitsfensters von Google Docs, Google Tabellen und Google Präsentationen findet sich eine Schaltfläche namens **Freigeben** ❶, über die Sie das Fenster zur Vergabe von **Freigabeberechtigungen** für Freunde und Mitarbeiter sowie die **Zugriffsbestimmungen** und **Sichtbarkeitsoptionen** für das aktuell geöffnete Dokument aufrufen (siehe auch Seite 43). Weitere Möglichkeiten zum Teilen hält das **Datei**-Menü bereit: So können Sie das Dokument in einem Format Ihrer Wahl direkt **als E-Mail-Anhang verschicken** ❷. Möchten Sie mit ausgewählten oder gleich allen zugangsberechtigten Teamkollegen in Kontakt treten, steht Ihnen der Eintrag **E-Mail an Mitarbeiter senden** ❸ zur Verfügung.

Doch Google Docs wäre kein wirkliches Online-Kollaborationswerkzeug, wenn es für den Gedanken- und Ideenaustausch einfach nur das E-Mail-Aufkommen erhöhen würde. Weitaus gezielter platzieren Sie Ihre Anmerkungen in einem Dokument, indem Sie dessen Kommentarfunktion benutzen. Platzieren Sie dafür den Cursor an die Stelle im Text, an der Sie den Kommentar setzen möchten, oder heben Sie für Ihren Beitrag gleich einen ganzen Abschnitt hervor. Dann klicken Sie auf die Schaltfläche **Kommentar einfügen** ❹ in der Funktionsleiste. Google Docs setzt nun ein Post-it ❺ an den rechten Textrand, verknüpft es mit Ihrer Auswahl und wartet auf Ihre Eingaben. Möchten Sie gezielt einen Kollegen auf Ihren Kommentar hinweisen, geben Sie ein Pluszeichen ein, gefolgt von seinem Namen beziehungsweise seiner E-Mail-Adresse – Google Drive ergänzt den Eintrag automatisch, wenn er sich in Ihrer Kontaktliste befindet, und versendet eine E-Mail. Ist das Dokument noch nicht für diesen Mitarbeiter freigegeben, können Sie dies in einem Dialogfenster nachholen. Ihr Kollege darf nun auf Ihren Kommentar antworten, wovon Sie wiederum benachrichtigt werden. Sie schließen eine komplette Kommentarkette mit dem **Klären**-Button ❻.

1
Thomas Raukamp
Kommentare
Freigeben
Benachrichtigungen
Kommentar
Alle
Antworten an mich
Keine

2
Thomas Raukamp
len von Imke Hirschmann
Kommentare
Freigeben
Benachrichtigungen
Kommentar
Imke Hirschmann 15:06 16. Apr.
Erneut öffnen
Ausgewählter Text:
Offline-Modus
Kann es sein, dass der r
wird? Ich sehe ihn nur d
Antworten
Bearbeiten
Löschen
Erneut öffnen
Link zu diesem Kommentar...
3

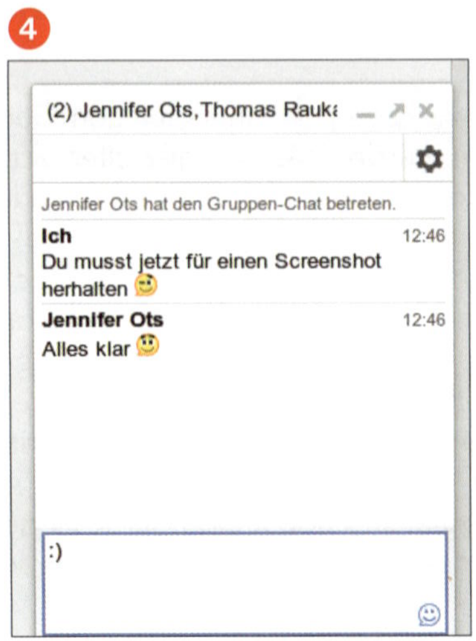

4
(2) Jennifer Ots,Thomas Rauka
Jennifer Ots hat den Gruppen-Chat betreten.
Ich 12:46
Du musst jetzt für einen Screenshot herhalten
Jennifer Ots 12:46
Alles klar
:)

5
Kommen

Kommentarverwaltung und Ideenaustausch per Chat

Je länger ein Dokument wird und je mehr Kollegen Sie zur Mitarbeit daran einladen, umso umfangreicher wird zuweilen die Anzahl der Kommentare und deren Verschachtelung. Zum Glück halten die Programme der Google-Office-Suite einige Funktionen bereit, die Ihnen helfen, die Übersicht zu bewahren.

Zunächst einmal sollten Sie sich zu diesem Zweck mit den Benachrichtigungseinstellungen eines Dokuments befassen. Diese verbergen sich hinter der Schaltfläche **Kommentare** im Aufklappmenü **Benachrichtigungen** ❶. Sie können hier festlegen, über welche Kommentare im Dokument beziehungsweise Beiträge in der Kommentarkette Sie per E-Mail informiert werden möchten.

Haben bereits mehrere Mitarbeiter Kommentare hinterlassen oder auf Einträge geantwortet, können Sie die Diskussion jederzeit wie in einem Nachrichtenstrom nachvollziehen ❷. Auch bereits geklärte und somit geschlossene Kommentarketten dürfen Sie einsehen und bei Bedarf erneut öffnen ❸, damit sich berechtigte Personen wieder an der Diskussion beteiligen können. Scrollen Sie die Liste der Einträge herunter, hilft ein Klick auf einen Eintrag, um zum Originalkommentar innerhalb des Dokuments zu verzweigen. Sie können ein Dokument auch dann mit Kommentaren und Notizen versehen, wenn Sie im Offlinemodus arbeiten. Google Drive ergänzt Ihre Beiträge, sobald Sie Ihren Rechner wieder mit dem Internet verbinden.

Für einen direkten Ideenaustausch bieten die Programme der Google-Office-Suite eine Chatfunktion ❹ an, die Sie rechts oben im Dokument mit ihrem Piktogramm ❺ neben den Mitarbeiterbildern aufrufen. Es handelt sich dabei grundsätzlich um einen internen Gruppenchat, an dem alle Personen teilnehmen dürfen, die das Dokument aktuell betrachten, sofern sie mit einem Google-Benutzerkonto angemeldet sind. Es ist also nicht möglich, Privatunterhaltungen mit einzelnen Mitarbeitern zu führen – Ihre Beiträge sind stets von allen Beteiligten einsehbar. Möchten Sie einen privaten Chat führen, laden Sie Ihr Gegenüber also lieber zu einem Google+ Hangout ein, um dann auch auf dessen Videofunktionen zurückzugreifen und andere in Google Drive gespeicherte Dateien auszutauschen.

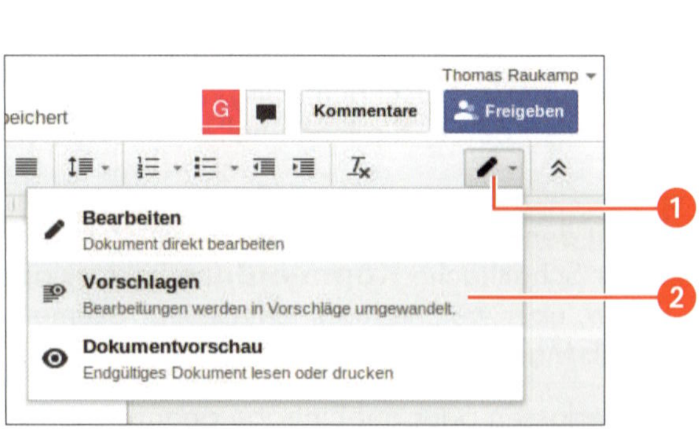
Thomas Raukamp
eichert
G
Kommentare
Freigeben
Bearbeiten
Dokument direkt bearbeiten
Vorschlagen
Bearbeitungen werden in Vorschläge umgewandelt.
Dokumentvorschau
Endgültiges Dokument lesen oder drucken
1
2

7
Thomas Raukamp
Kommentare
Freigeben
Benachrichtigungen
Kommentar
mann
16:51 26. Juni
: "her"
s Raukamp Vorschlag abgelehnt

3
5
m dolor sit amet, consetetur sadipscing elitr
am nonumy eirmod tempor invidunt ut labore et dolore magna aliquyam erat, sed diam voluptua. Lorem ipsum dolor sit amet At vero eos et accusam et justo duo dolores et ea rebum. Stet clita kasd gubergren, no sea takimata sanctus est Lorem ipsum dolor sit amet. Lorem ipsum dolor sit amet, consetetur sadipscing elitr, sed diam nonumy eirmod tempor invidunt ut labore et dolore magna aliquyam erat, sed diam voluptua. At vero eos et accusam et justo duo dolores et ea rebum. Stet clita kasd gubergren, no sea takimata sanctus est Lorem
ggldrve
17:47 Heute
Ersetzen: "At vero eos et accusam" durch "Lorem ipsum dolor sit amet"
Antworten...
6
4

Änderungsvorschläge machen und verwalten

Mitarbeiter mit Bearbeitungsrechten können beliebig umfassende Veränderungen an einem Dokument vornehmen. Die Vergabe setzt also ein großes Vertrauen in ihre Kompetenz voraus. Um ungewollte Eingriffe zu vermeiden, bietet sich die Arbeit im Vorschlagsmodus von Google Docs an, den alle Teammitglieder mit Kommentatorrechten nutzen dürfen. Der Unterschied zum standardmäßigen Bearbeitungsmodus: Google Drive speichert vorgenommene Modifikationen nicht unmittelbar im endgültigen Dokument, sondern verwaltet sie – wie der Name bereits erahnen lässt – in Form von Änderungsvorschlägen, die der Eigentümer eines Dokuments entweder annehmen oder verwerfen kann.

Um Änderungsvorschläge zu unterbreiten, wechseln Sie zunächst in den Vorschlagsmodus. Dieser verbirgt sich hinter der Schaltfläche **Modus** ❶ in der Funktionsleiste von Google Docs. Wählen Sie hier folgerichtig den Eintrag **Vorschlagen** ❷ aus. Markieren Sie nun den Begriff oder Textabschnitt, den Sie ersetzen möchten, und geben Sie Ihre Änderungen wie gewünscht ein. Der Originalinhalt erscheint durchgestrichen, während Sie Ihren Vorschlag einschieben ❸. Der Dokumenteigentümer sieht nun Ihren Änderungswunsch in einem Hinweisfenster und erhält – sofern er die Benachrichtigungseinstellungen entsprechend konfiguriert hat – eine E-Mail-Nachricht, die Ihre Vorschläge enthält. Möchten Sie Ihre Änderungen zusätzlich erläutern, können Sie im eingeblendeten Textfeld ❹ einen Kommentar hinzufügen.

Als Dokumenteigentümer sehen Sie die Änderungsvorschläge Ihrer Mitarbeiter auch dann, wenn Sie sich im normalen Bearbeitungsmodus befinden. Innerhalb des Texts erkennen Sie die vorgenommenen Veränderungen an den durchgestrichenen beziehungsweise neu hinzugefügten Eingaben ❸. In dem dazugehörigen Hinweisfeld können Sie den Vorschlag nun annehmen ❺ oder ablehnen ❻. Das Kommentarfeld ❹ bietet Ihnen Raum für Nachfragen oder die Begründung Ihrer Entscheidung. Erst nach der Annahme durch den Dokumenteigentümer gilt eine Änderung als erfolgt. Öffnen Sie den Kommentarverlauf durch seine entsprechende Schaltfläche ❼ in der Funktionsleiste, können Sie alle gemachten Vorschläge und ihre Annahme oder Ablehnung aktuell oder nachträglich nachvollziehen.

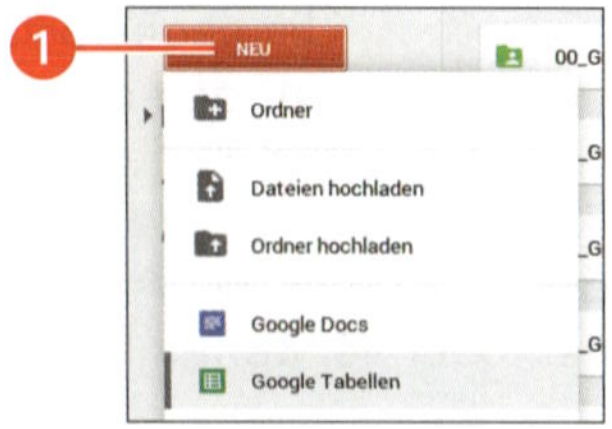
1
NEU
Ordner
Dateien hochladen
Ordner hochladen
Google Docs
Google Tabellen

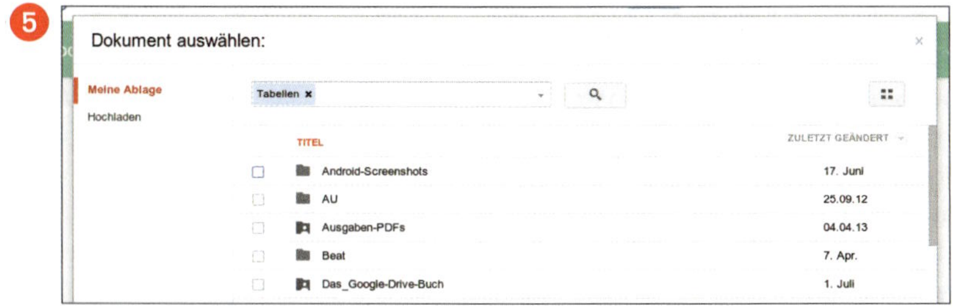
5
Dokument auswählen:
Meine Ablage
Hochladen
Tabellen
TITEL
ZULETZT GEÄNDERT
Android-Screenshots 17. Juni
AU 25.09.12
Ausgaben-PDFs 04.04.13
Beat 7. Apr.
Das_Google-Drive-Buch 1. Juli

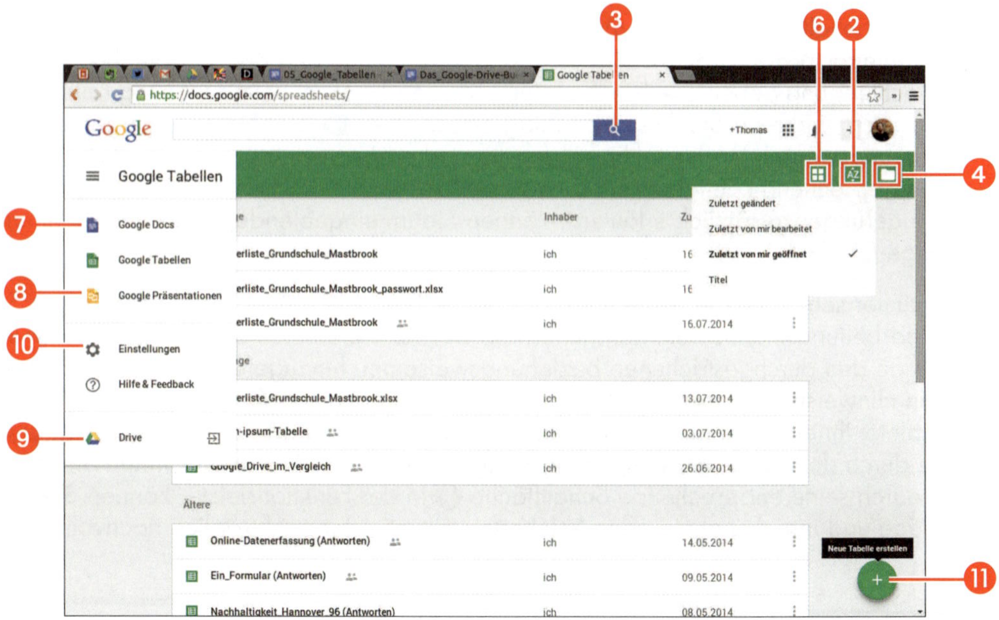
3
6
2
4
7
8
10
9
11
https://docs.google.com/spreadsheets/
Google Tabellen
Google Docs
Google Tabellen
Google Präsentationen
Einstellungen
Hilfe & Feedback
Drive
+Thomas
Inhaber
Zuletzt geändert
Zuletzt von mir bearbeitet
Zuletzt von mir geöffnet
Titel
Ältere
Online-Datenerfassung (Antworten) ich 14.05.2014
Ein_Formular (Antworten) ich 09.05.2014
Nachhaltigkeit_Hannover_96 (Antworten) ich 08.05.2014
Neue Tabelle erstellen

Kapitel 4 | Google Tabellen

Die zentrale Schaltfläche **Neu** ❶ von Google Drive dient auch dem Anlegen einer »frischen« Tabelle, die sich, in einem neuen Karteireiter innerhalb des Browsers öffnet. Wer in erster Linie mit Google Tabellen arbeitet und dabei nicht jedes Mal auf die Oberfläche des eigentlichen Onlinespeichers zugreifen möchte, kann die Tabellenkalkulation alternativ unter der Adresse *sheets.google.com* als dedizierte Web-App nutzen. Chrome- und Chromium-Anwendern steht für den Verweis gar eine eigene Chrome-App bereit, die sich in die App-Übersicht einträgt (*http://bit.ly/gdrivebuch_gtabellen*).

Web- und Mobilanwendungen erhalten so ein konsistentes Erscheinungsbild, denn das Benutzerkonzept der Google-Tabellen-App im Browser entspricht weitestmöglich dem der Varianten für Android und iOS. Das heißt konkret: Auch die Web-App verzichtet auf eine Verwaltung der mit Google Tabellen oder im Microsoft-Excel-Format angelegten Dokumente innerhalb von Verzeichnissen. Die Darstellungsreihenfolge richtet sich vielmehr nach den Sortierregeln, die Sie unter dem entsprechenden Piktogramm ❷ in der Funktionsleiste mit einem Mausklick definieren. Zusätzlich steht Ihnen selbstverständlich die Suchfunktion ❸ zur Verfügung, die sich in diesem Fall ausschließlich auf in Google Drive abgelegte Tabellendokumente und -inhalte bezieht. Möchten Sie eine Tabelle lieber aus Ihrem Verzeichnis auswählen? Kein Problem: Das **Ordner**-Piktogramm ❹ öffnet ein Dateiauswahlfenster ❺, mit dessen Hilfe Sie ausgiebig in allen Google-Drive-Verzeichnissen stöbern oder neue Dateien hochladen dürfen. Auf Wunsch können Sie die Dateiübersicht wahlweise im Kachel- oder Listenmodus ❻ anzeigen lassen.

Der schnellen Navigation innerhalb von Googles Office-Anwendungen dient die Seitenleiste der Web-App: Mit nur einem Mausklick wechseln Sie zu Google Docs ❼ beziehungsweise Google Präsentationen ❽ oder gleich zum »Mutterschiff« Google Drive ❾. Auch die übersichtlichen Voreinstellungen ❿ rufen Sie hier auf. Wer hingegen die vertraute **Neu**-Schaltfläche von Google Drive sucht, muss umdenken: Wie schon bei den Mobil-Apps ermöglicht der über der Dateiansicht schwebende **Plus**-Button ⓫ das Anlegen einer neuen Tabelle.

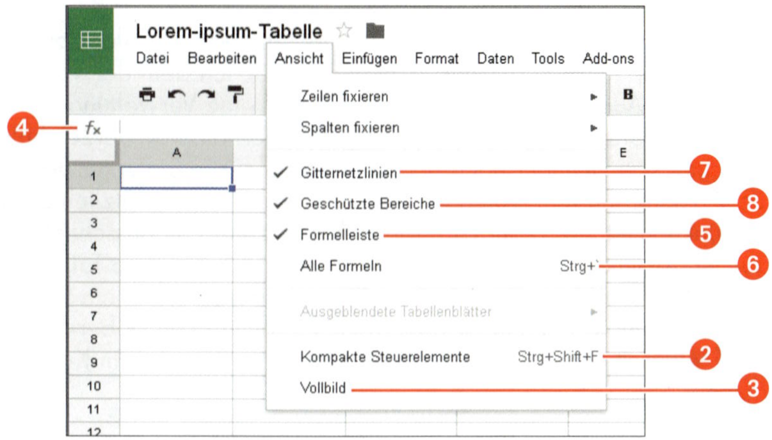
Lorem-ipsum-Tabelle
Datei
Bearbeiten
Ansicht
Einfügen
Format
Daten
Tools
Add-ons
Zeilen fixieren
Spalten fixieren
Gitternetzlinien
Geschützte Bereiche
Formelleiste
Alle Formeln
Strg+`
Ausgeblendete Tabellenblätter
Kompakte Steuerelemente
Strg+Shift+F
Vollbild
7
8
5
6
2
3
4

Ansichtsmodi und Darstellungsoptionen

Unterschiedliche Anwender gehen mit unterschiedlichen Erwartungen an eine Tabellenkalkulation heran. Während einige den vollen Funktionsumfang stets »nur einen Mausklick entfernt« haben möchten, können andere etwa auf die Piktogrammleiste verzichten, wenn sie nur eine einfache Vergleichstabelle erstellen möchten. Google Tabellen erlaubt daher bei der Darstellung des aktuellen Tabellenblatts sowie des Arbeitsfensters einige Freiheiten, damit sich jeder Nutzer seinen persönlichen Wünschen und Anforderungen entsprechend »einrichten« kann.

Wie schon bei Google Docs können Sie bestimmte Elemente der Oberfläche ein- und ausblenden. Den Schlüssel dazu hält das **Ansicht**-Menü ❶ bereit. Der Eintrag **Kompakte Steuerelemente** ❷ blendet die Kommentar- und Freigabeschaltflächen sowie die Dateiinformationen aus. Noch radikaler geht der Menüpunkt **Vollbild** ❸ zur Sache: Er lässt alle Elemente, also auch Menüs und Piktogrammleisten, oberhalb des Tabellenblatts verschwinden, damit Sie sich gezielt auf die Arbeit in der Tabelle konzentrieren können. Sie blenden die Elemente mit der Esc-Taste wieder ein. Genau über dem aktuellen Tabellenblatt befindet sich die Formelleiste ❹ (siehe Seite 131), mit der Sie Formeln in einer Zelle erstellen und anpassen können. Benötigen Sie diese Funktion nicht, lässt sie sich im **Ansicht**-Menü mit ihrem Eintrag abwählen ❺. Möchten Sie hingegen in Tabellen, die Formeln oder Funktionen enthalten, den Formeltext anstelle der Kalkulationen darstellen, wählen Sie den Menüpunkt **Alle Formeln** ❻ an.

Besonders bei der Übernahme einer Tabellenübersicht in ein Layout- oder ein Textverarbeitungsprogramm wirkt das von einer Tabelle ansonsten gewohnte Gitternetz oft störend. Im **Ansicht**-Menü schalten Sie diese Darstellung mit dem Eintrag **Gitternetzlinien** ❼ ab, um mit einem weißen Dokument zu arbeiten. Sind verschiedene Bereiche einer Tabelle, an der Sie arbeiten, für Sie gesperrt (siehe Seite 159), werden sie standardmäßig mit einem karierten Hintergrund unterlegt. Mit der Abwahl des Eintrags **Geschützte Bereiche** ❽ im **Ansicht**-Menü blenden Sie diesen Hintergrund aus.

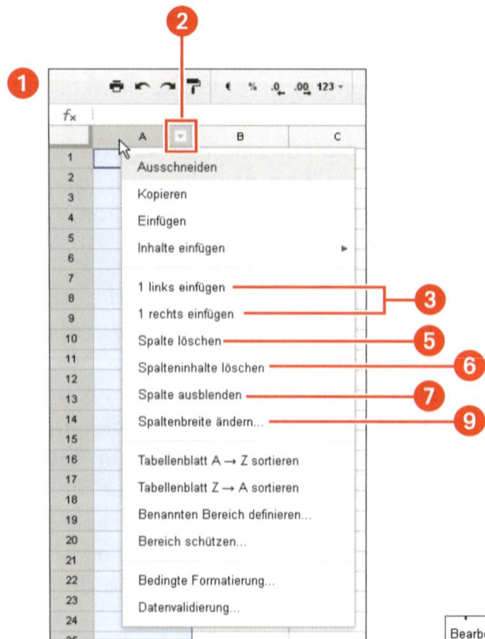
1
2
fx
A
B
C
Ausschneiden
Kopieren
Einfügen
Inhalte einfügen
1 links einfügen
1 rechts einfügen
3
Spalte löschen
5
Spalteninhalte löschen
6
Spalte ausblenden
7
Spaltenbreite ändern...
9
Tabellenblatt A → Z sortieren
Tabellenblatt Z → A sortieren
Benannten Bereich definieren...
Bereich schützen...
Bedingte Formatierung...
Datenvalidierung...

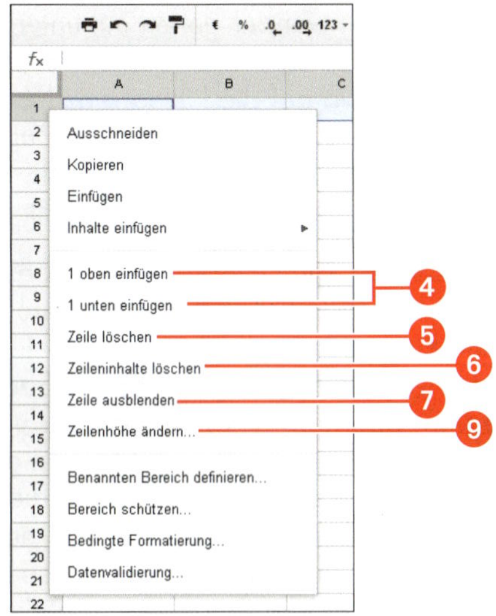
fx
A
B
C
Ausschneiden
Kopieren
Einfügen
Inhalte einfügen
1 oben einfügen
1 unten einfügen
4
Zeile löschen
5
Zeileninhalte löschen
6
Zeile ausblenden
7
Zeilenhöhe ändern...
9
Benannten Bereich definieren...
Bereich schützen...
Bedingte Formatierung...
Datenvalidierung...

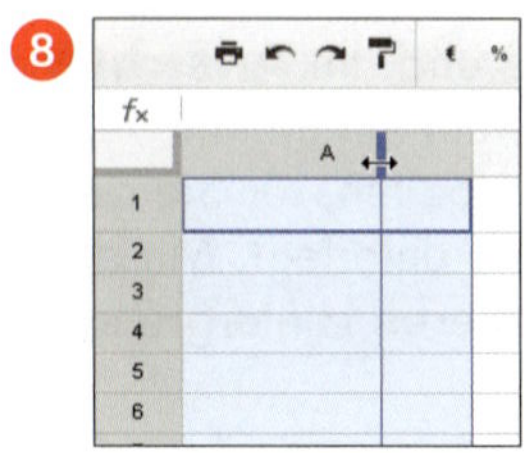
8
fx
A

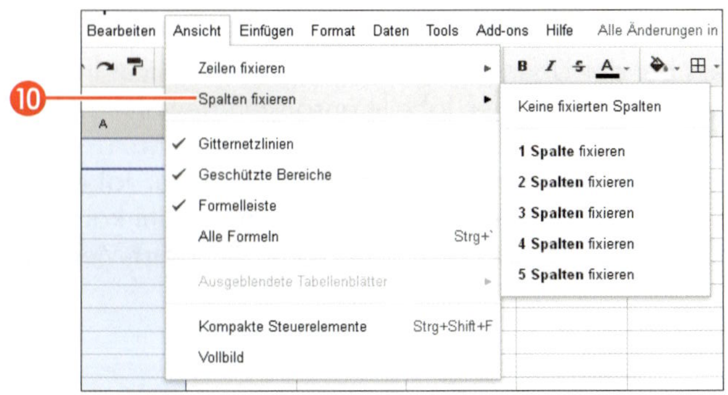
Bearbeiten
Ansicht
Einfügen
Format
Daten
Tools
Add-ons
Hilfe
Alle Änderungen in
10
Zeilen fixieren
Spalten fixieren
Gitternetzlinien
Geschützte Bereiche
Formelleiste
Alle Formeln
Strg+`
Ausgeblendete Tabellenblätter
Kompakte Steuerelemente
Strg+Shift+F
Vollbild
Keine fixierten Spalten
1 Spalte fixieren
2 Spalten fixieren
3 Spalten fixieren
4 Spalten fixieren
5 Spalten fixieren

Mit Zeilen und Spalten arbeiten

Neue Spalten und Zeilen ergänzen Sie mit dem **Einfügen**-Menü. Noch näher an Ihrer Arbeit sind Sie jedoch mit dem Kontextmenü ❶, das sich mit einem Rechtsklick oder einem Klick auf das kleine Dreieck ❷ in den grauen Bereichen öffnet, die die Spalten mit einem Buchstaben und die Zeilen mit ihren Nummern bezeichnen. Wollen Sie nun eine Spalte hinzufügen, wählen Sie aus dem Menü den Eintrag **1 links einfügen** oder **1 rechts einfügen** ❸ beziehungsweise bei einer Zeile **1 oben einfügen** oder **1 unten einfügen** ❹ aus. Möchten Sie gleich mehrere Spalten oder Zeilen ergänzen, markieren Sie zunächst die gewünschte Anzahl bei gehaltener ⇧-Taste. Im Kontextmenü wird diese Zahl nun übernommen. Wenn Sie eine oder mehrere Spalten oder Zeilen wieder **löschen** möchten, wählen Sie sie aus, um sie mit dem entsprechenden Eintrag im Kontextmenü zu entfernen ❺. Auf dieselbe Weise können Sie auch nur die **Inhalte löschen** ❻. Benötigen Sie einige Zeilen und Spalten und ihre Elemente nicht ständig oder wollen Sie einfach nur Platz sparen, können Sie diese gezielt **ausblenden** ❼ – ein kleiner Aufklapppfeil in der nächsten Spalte beziehungsweise Zeile stellt die versteckten Elemente wieder her.

Fahren Sie mit der Maus an den Rand des Spalten- beziehungsweise des Zeilenkopfs, verwandelt sich der Mauszeiger in einen Pfeil, mit dessen Hilfe sie das jeweilige Element beliebig verändern können ❽. Schwebt Ihnen eine bestimmte Größe vor, wählen Sie den Kontextmenüeintrag **Spaltenbreite ändern** beziehungsweise **Zeilenhöhe ändern** ❾ aus und geben im sich öffnenden Dialogfenster den gewünschten Wert ein.

Eine weitere praktische Hilfe bei der täglichen Arbeit mit Tabellen ist die Möglichkeit, Spalten und Zeilen zu fixieren. Das ist von hohem Nutzen, wenn eine Tabelle aus vielen Spalten besteht und ein Teil davon nur durch das Scrollen durch das Dokument sichtbar wird. Die enthaltenen Werte sind dann oft nur schwer zuzuordnen. Fixieren Sie also die erste Spalte, die die Zeilenbezeichnungen enthält, indem Sie im **Ansicht**-Menü unter dem Eintrag **Spalten fixieren** den Unterpunkt **1 Spalte fixieren** ❿ auswählen – Sie können bis zu fünf Spalten verankern. Google Tabellen setzt einen grauen Balken hinter das fixierte Element. Scrollen Sie nun in Ihrer Tabelle, wandert die fixierte Spalte mit, sodass Sie alle Daten zuordnen können.

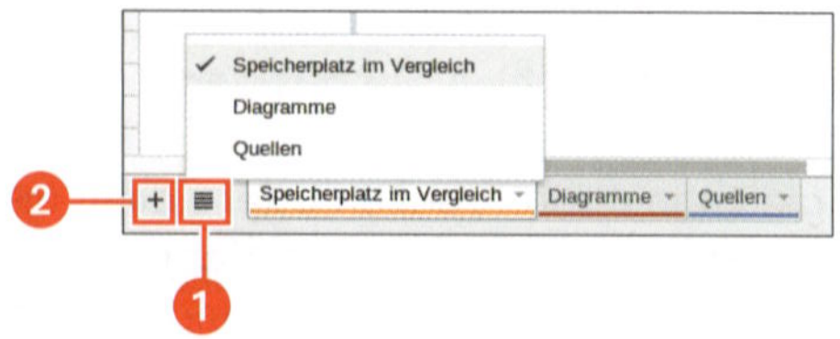
Speicherplatz im Vergleich
Diagramme
Quellen
Speicherplatz im Vergleich
Diagramme
Quellen
2
1

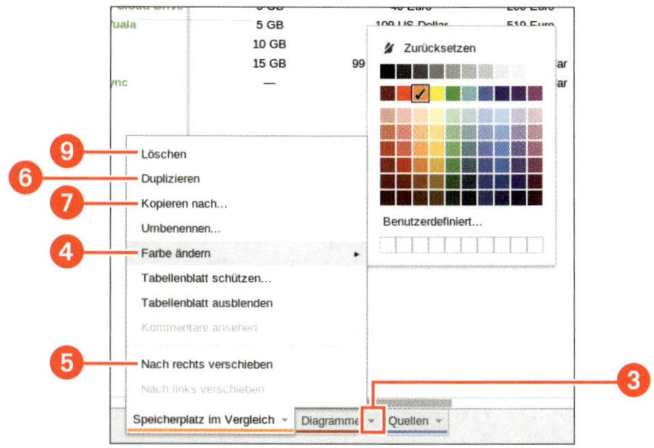
5 GB
10 GB
15 GB
Zurücksetzen
Benutzerdefiniert...
Löschen
Duplizieren
Kopieren nach...
Umbenennen...
Farbe ändern
Tabellenblatt schützen...
Tabellenblatt ausblenden
Kommentare ansehen
Nach rechts verschieben
Nach links verschieben
Speicherplatz im Vergleich
Quellen
9
6
7
4
5
3

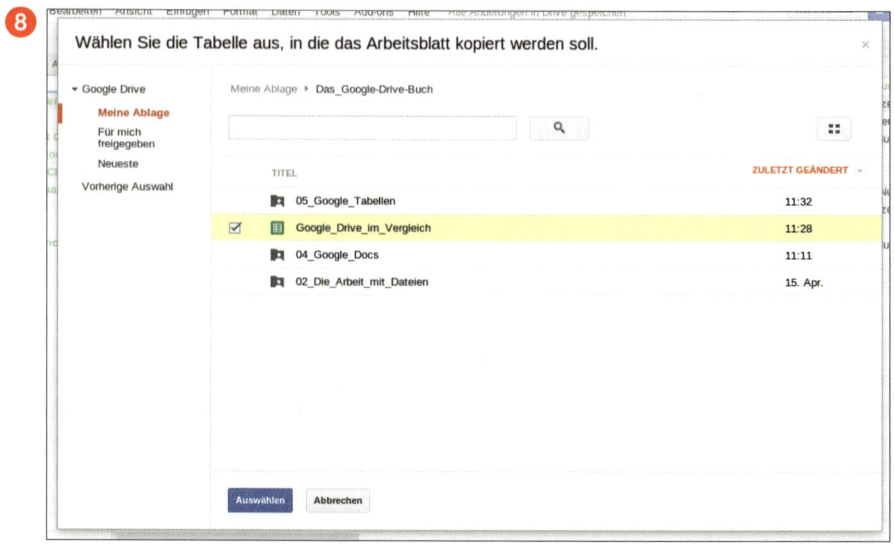
8
Wählen Sie die Tabelle aus, in die das Arbeitsblatt kopiert werden soll.
Google Drive
Meine Ablage
Für mich freigegeben
Neueste
Vorherige Auswahl
Meine Ablage
Das_Google-Drive-Buch
TITEL
ZULETZT GEÄNDERT
05_Google_Tabellen
11:32
Google_Drive_im_Vergleich
11:28
04_Google_Docs
11:11
02_Die_Arbeit_mit_Dateien
15. Apr.
Auswählen
Abbrechen

Mit Tabellenblättern arbeiten

Eine einfache Tabelle wächst zu einem Tabellendokument, wenn sie aus mehreren Tabellenblättern besteht. Durch die konsequente Aufteilung eines Dokuments in verschiedene Blätter erhöhen Sie in vielen Fällen die Übersichtlichkeit der verwalteten Daten und halten sie wie in einer gemeinsamen Arbeitsmappe zusammen, auch wenn sie verschiedene Themenbereiche umfassen.

Google Tabellen verwaltet Tabellenblätter ähnlich wie Microsoft Excel in Karteireitern. Sie blättern zwischen den einzelnen Blättern eines Dokuments hin und her, indem Sie auf ihre Reiter am unteren Rand der Arbeitsfläche klicken oder sie in dem daneben platzierten Aufklappmenü ❶ auswählen. Ein **neues Tabellenblatt** legen Sie mit dem entsprechenden Eintrag im **Einfügen**-Menü an, noch schneller geht es mit der **Plus**-Schaltfläche ❷ neben den Karteireitern. Möchten Sie einem Tabellenblatt einen Namen zuordnen, klicken Sie doppelt auf seinen Reiter, um die neue Bezeichnung einzutragen.

Vielleicht ist Ihnen dabei der kleine Abwärtspfeil ❸ aufgefallen, der in jedem Karteireiter zu finden ist. Er beherbergt eine Reihe weiterer kontextbezogener Funktionen, so zum Beispiel die Möglichkeit, jedem Reiter eine eigene Farbe ❹ zuzuordnen, um so die Navigation noch intuitiver zu gestalten. Außerdem können Sie das ausgewählte Tabellenblatt hier um je eine Position nach rechts oder links **verschieben** ❺. Weitere »Sprünge« sind möglich, indem Sie ein Blatt mit der Maus an seinem Reiter anfassen, um es an die gewünschte Position im Dokument zu ziehen. Auch das **Duplizieren** ❻ eines Tabellenblatts inklusive seiner Inhalte ist mittels des Kontextmenüs möglich – dies ist besonders dann hilfreich, wenn Sie bereits festgelegte Formatierungen und Bezeichnungen für neue Werte weiterverwenden wollen. Möchten Sie das Arbeitsblatt hingegen in ein anderes Tabellendokument übernehmen, wählen Sie den Eintrag **Kopieren nach ...** ❼ aus. Ein Dateifenster ❽ erlaubt Ihnen daraufhin die Auswahl einer Zieltabelle aus Ihrer Ablage oder den für Sie freigegebenen Dokumenten in Ihrem Google Drive. Möchten Sie ein Tabellenblatt wieder **löschen** ❾, hält das Kontextmenü auch dafür einen Eintrag bereit.

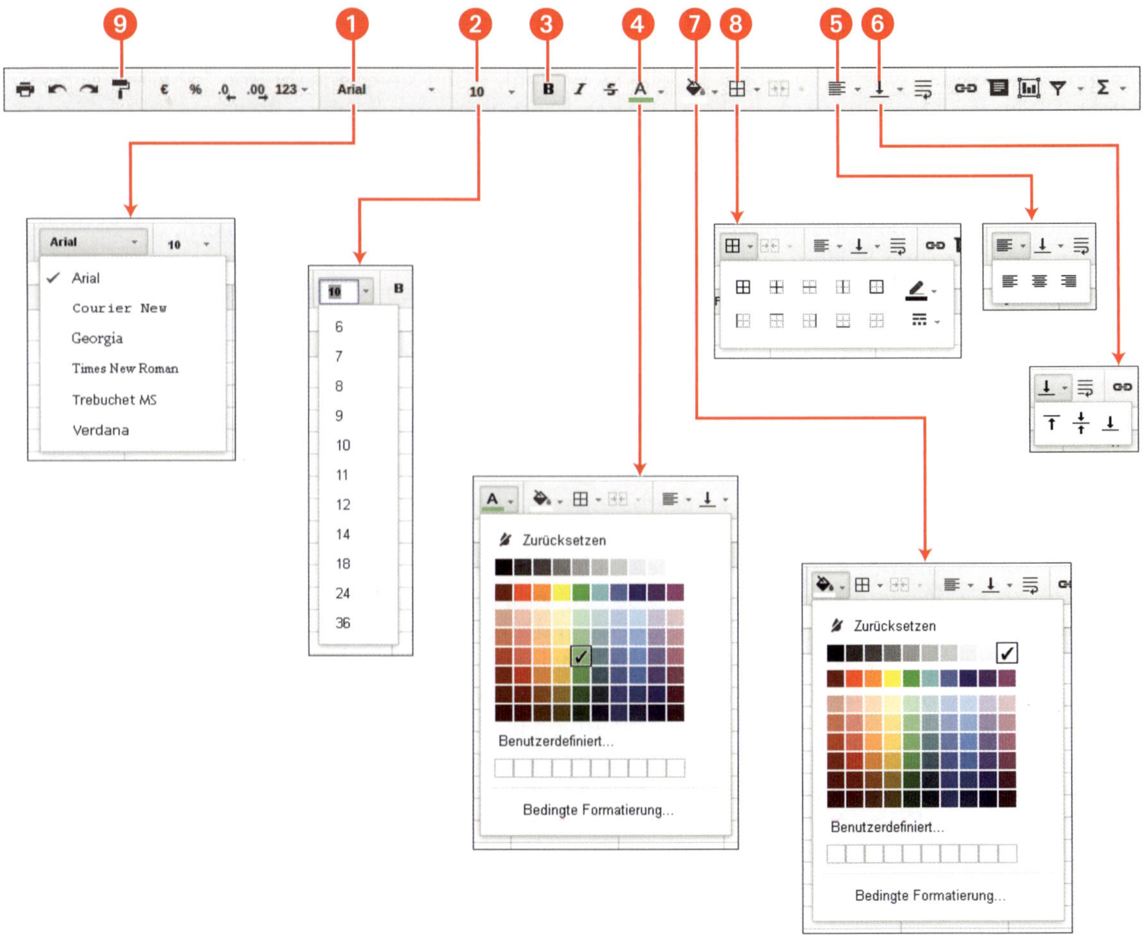
9
1
2
3
4
7
8
5
6
€ % .0 .00 123
Arial
10
B
Arial
10
Arial
Courier New
Georgia
Times New Roman
Trebuchet MS
Verdana
10
6
7
8
9
10
11
12
14
18
24
36
Zurücksetzen
Benutzerdefiniert...
Bedingte Formatierung...
Zurücksetzen
Benutzerdefiniert...
Bedingte Formatierung...

Werte eingeben und formatieren

Wählen Sie eine Zelle mit der Maus aus, können Sie sie anschließend mit beliebigen Inhalten füllen. Mit einem Doppelklick auf die Werte oder der wahlweisen Betätigung der [↵]- oder der [F2]-Taste bearbeiten Sie sie. Benutzen Sie hingegen während der Eingabe die [↵]-Taste, springt der Cursor in die nächste Zeile der aktuellen Spalte.

Um bestimmte Inhalte hervorzuheben oder einfach als Bezeichnung für Spalten und Zeilen anzulegen, stehen in Google Tabellen verschiedene Möglichkeiten bereit. Die wichtigsten davon warten innerhalb der Funktionsleiste über dem aktuellen Tabellenblatt auf ihren Einsatz. Dazu gehören zum Beispiel die vielfältigen Formatierungsmöglichkeiten für Texte, die ähnlich umfangreich sind wie die der Textverarbeitung Google Docs. Geben Sie einen Text in eine beliebige Zelle ein, können Sie ihn in seiner Schriftart ❶ und -größe ❷, seinem Schnitt ❸ sowie seiner Farbe ❹ verändern. Eine Ebene mehr als Google Docs bietet die Ausrichtung, denn zusätzlich zu der horizontalen ❺ steht auch die vertikale ❻ zur Auswahl – Sie können Inhalte nach oben, unten oder mittig in eine Zelle setzen. Um bestimmte Zellen zusätzlich hervorzuheben, weisen Sie ihnen eine eigene Füllfarbe ❼ oder einen Rand ❽ zu – insgesamt stehen zehn verschiedene Umrandungen für die Betonung der äußeren und inneren Randlinien bereit, die Sie jeweils in ihrer Farbe und Beschaffenheit verändern können.

Haben Sie eine Zelle mit den vorhandenen Funktionen formatiert, steht Ihnen ein weiteres von Google Docs bekanntes Werkzeug zur Verfügung, um die Einstellungen auf andere Zellen zu übertragen: Klicken Sie auf den **Formatroller** ❾ in der Piktogrammleiste und wählen Sie die Zelle aus, auf die die Formatierungen angewendet werden sollen. Das Programm passt unter anderem Schriftformate, Farben und Rahmenstile automatisch an.

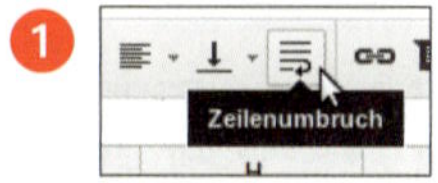
1
Zeilenumbruch

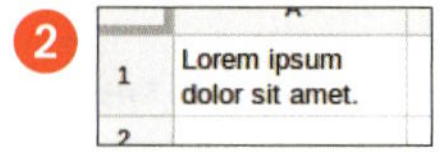
2
Lorem ipsum
dolor sit amet.

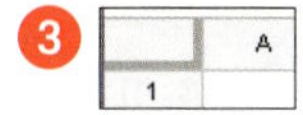
3
A

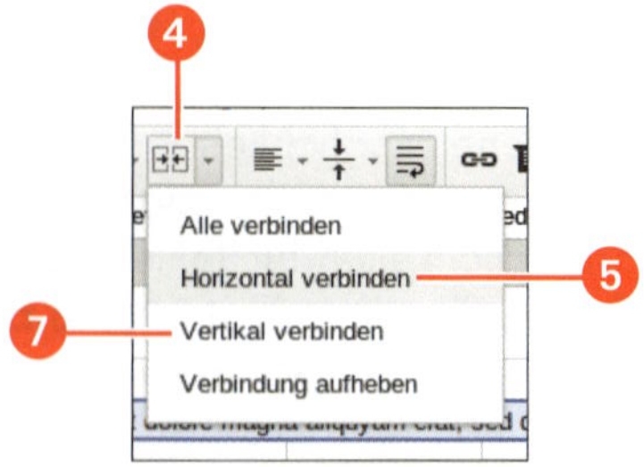
4
Alle verbinden
Horizontal verbinden
5
7
Vertikal verbinden
Verbindung aufheben

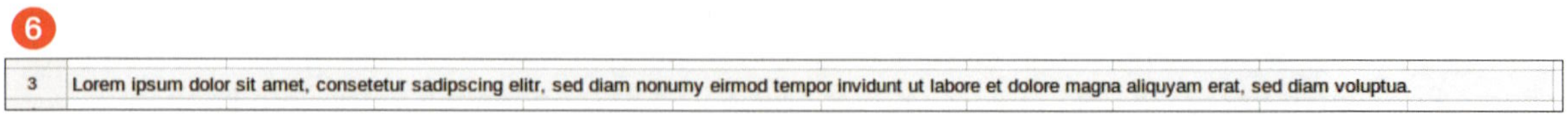
6
Lorem ipsum dolor sit amet, consetetur sadipscing elitr, sed diam nonumy eirmod tempor invidunt ut labore et dolore magna aliquyam erat, sed diam voluptua.

8
Lorem ipsum
dolor sit amet,
consetetur
sadipscing elitr,
sed diam
nonumy eirmod
tempor invidunt
ut labore et
dolore magna
aliquyam erat,
sed diam
voluptua.

Text umbrechen und Zellen verbinden

Bei der Eingabe von Text in eine Zelle führt Google Tabellen standardmäßig keinen Zeilenumbruch durch, sodass Sie zwar Ihre Eingaben jederzeit vollständig sehen können, das Risiko der Unordnung bei einer Vielzahl gespeicherter Daten ist jedoch recht hoch. Geben Sie in eine Zelle einen Text ein, schiebt dieser sich über seinen Rahmen hinaus, wenn die angrenzende Zelle leer ist. Enthält diese bereits Werte, wird der Text recht unelegant abgeschnitten.

Übersichtlicher ist es, einen Umbruch einzufügen oder diesen bereits bei der Eingabe zu automatisieren. Sie trennen einen Text manuell, indem Sie die `Strg`-Taste gedrückt halten und dann die `↵`-Taste drücken. Google Tabellen verfügt jedoch auch über einen automatischen Zeilenumbruch. Die notwendige Schaltfläche ❶ befindet sich in der Piktogrammleiste gleich neben den Ausrichtungsoptionen. Wählen Sie also die Zelle mit dem eben eingegebenen Text und klicken auf das **Umbruch**-Icon, formatiert das Programm die Zelle um ❷. Arbeiten Sie in einer Tabelle mit vielen Textinhalten, sollten Sie überlegen, die Umbruchoption auf alle Zellen anzuwenden – alle Inhalte wählen Sie aus, indem Sie auf die graue Fläche ❸ neben dem Spalten- und über dem Zeilenkopf klicken.

Möchten Sie einen Text hingegen über mehrere Zeilen oder Spalten laufen lassen, um zum Beispiel eine Legende unter eine Übersicht zu setzen, bietet sich das Verbinden von Zellen an. Klicken Sie noch einmal die Zelle an, in die Sie zuvor den zu langen Text eingegeben haben. Dann wählen Sie gleichzeitig die rechts angrenzende Zelle aus – in der Piktogrammleiste steht nun die vorher ausgegraute Schaltfläche ❹ zum Verbinden von Zellen bereit. In ihrem Aufklappmenü rufen Sie den Eintrag **Horizontal verbinden** ❺ auf. Der Text fließt nun in die angrenzende Zelle ❻. Mit der Auswahl **Vertikal verbinden** ❼ fügen Sie hingegen die Zellen einer Spalte ❽ zusammen. **Doch Vorsicht**: Enthält eine Zelle bereits Werte, werden diese im Fall einer Zeile durch den links, im Fall einer Spalte durch den oben angrenzenden Inhalt überschrieben.

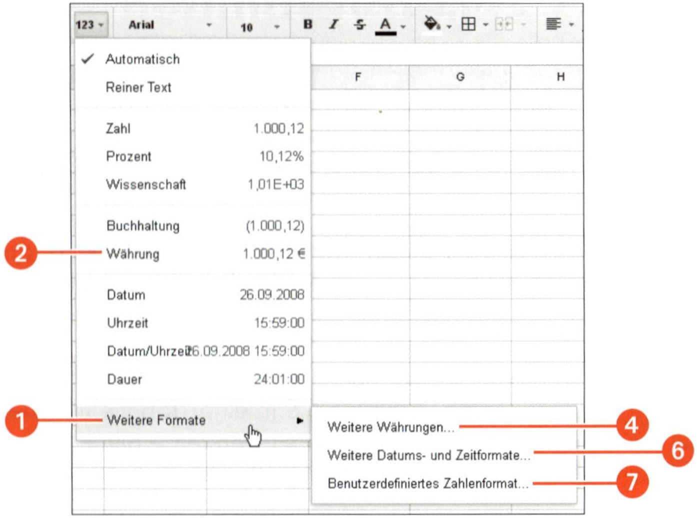
123
Arial
10
Automatisch
Reiner Text
Zahl 1.000,12
Prozent 10,12%
Wissenschaft 1,01E+03
Buchhaltung (1.000,12)
Währung 1.000,12 €
Datum 26.09.2008
Uhrzeit 15:59:00
Datum/Uhrzeit 26.09.2008 15:59:00
Dauer 24:01:00
Weitere Formate
Weitere Währungen...
Weitere Datums- und Zeitformate...
Benutzerdefiniertes Zahlenformat...
F
G
H
1
2
4
6
7

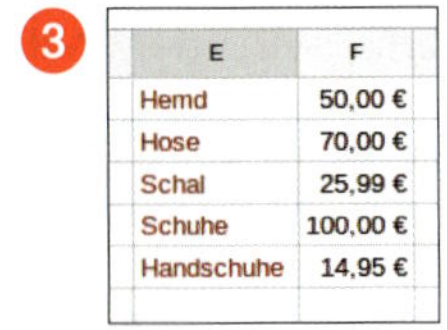
3
E
F
Hemd 50,00 €
Hose 70,00 €
Schal 25,99 €
Schuhe 100,00 €
Handschuhe 14,95 €

5
Benutzerdefinierte Währungen
€
€1.000,00
Anwenden
Euro €1.000,12
Afghanischer Afghani 1.000 Af.
Ägyptisches Pfund £1.000,12

Zahlenformate und benutzerdefinierte Formatierungen

Google Tabellen bietet passende Standardformatierungen für Zahlen, Währungen sowie Datums- und Zeitangaben an, die dafür sorgen, dass Ihre Eingaben durchgängig korrekt in der Tabelle erscheinen. Außerdem vereinfachen sie die Eingabe immens. Die verschiedenen Zahlenformate lassen sich in der Piktogrammleiste mit der Schaltfläche **Weitere Formate** ❶ aussuchen. Planen Sie etwa, eine tabellarische Produktübersicht anzulegen, wählen Sie die Spalten und Zeilen oder auch einzelne Zellen aus, in die Sie die Artikelpreise eintragen möchten. Nun bestimmen Sie im Aufklappmenü der Zahlenformatierung das Format **Währung** ❷. Geben Sie zum Beispiel die Zahl 20 ein, formatiert das Programm diesen Wert mit einem Komma vor den Cent-Beträgen und fügt ein **€** für die Währung ein ❸. Ähnlich leicht lassen sich etwa Zahlenformate für Buchhaltungsaufgaben, Prozentwerte, Uhrzeiten und sogar wissenschaftliche Anwendungen festlegen.

Trotzdem reichen die Standardformate nicht immer aus. Google Tabellen bietet daher die Möglichkeit an, Währungs-, Datums- und Zahlenformate selbst zu definieren. Bleiben wir unserem Anwendungsbeispiel einer tabellarischen Preisübersicht treu: Bisher haben wir alle Verkaufspreise in Euro formatiert, nun wollen wir die Einkaufspreise in einer anderen Währung hinzufügen. Legen Sie also eine zusätzliche Spalte an und wählen Sie sie aus. Mit der Schaltfläche für die Zahlenformate rufen Sie im Unterpunkt **Weitere Formate** ❶ den Eintrag **Weitere Währungen** ❹ auf. Haben Sie im sich öffnenden Dialogfenster ❺ die Zielwährung festgelegt, werden daraufhin die Werte in der Tabelle neu formatiert. Die Liste der Währungen ist äußerst umfangreich, wobei die letzte Auswahl immer an oberster Stelle sowie im **Format**-Menü selbst erscheint.

Zwar ist die Auswahl der **weiteren Datums- und Zeitformate** ❻ nicht ganz so groß, dafür sind die Formatierungsangaben umso flexibler. Gänzlich unabhängig in der Gestaltung eigener Zahlen-, Währungs- und Zeitformate werden Sie durch die Definition **benutzereigener Zahlenformate** ❼. Diese dürfen aus bis zu vier jeweils durch ein Semikolon getrennten Elementen nach dem Format **positivezahl;negativezahl;nullwert;text** konstruiert sein. Sogar finanzmathematische Formate sind auf diesem Weg möglich.

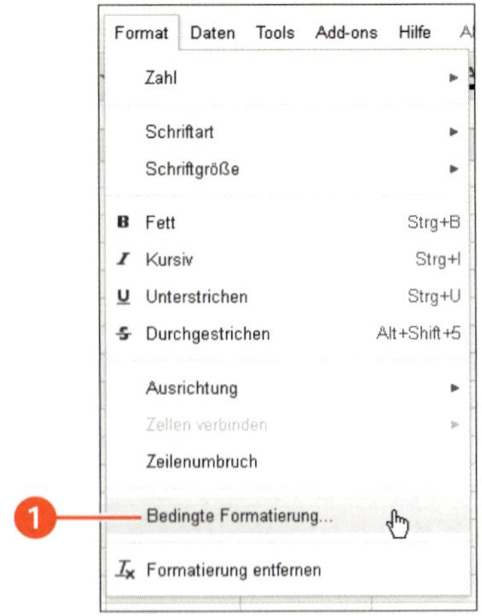
Format
Daten
Tools
Add-ons
Hilfe
Zahl
Schriftart
Schriftgröße
Fett Strg+B
Kursiv Strg+I
Unterstrichen Strg+U
Durchgestrichen Alt+Shift+5
Ausrichtung
Zellen verbinden
Zeilenumbruch
1
Bedingte Formatierung...
Formatierung entfernen

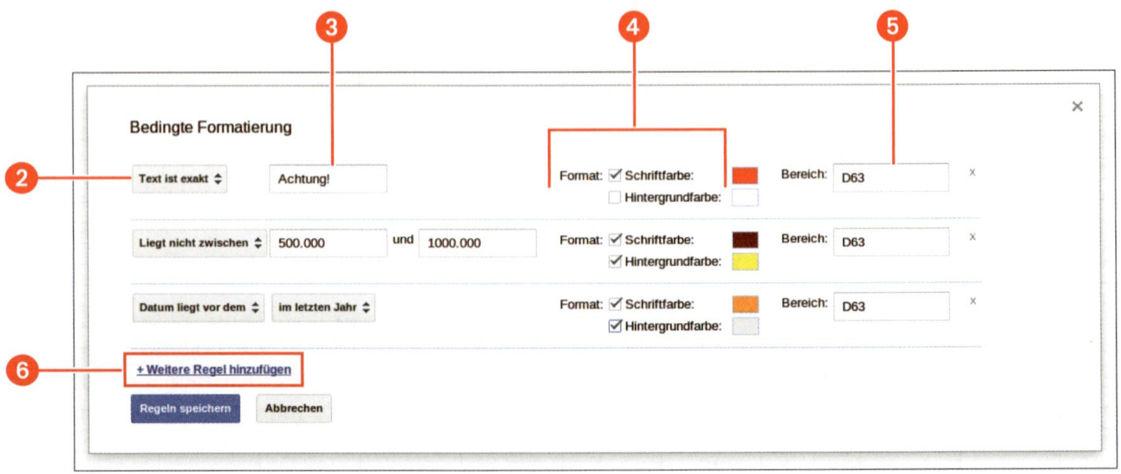
3
4
5
Bedingte Formatierung
2
Text ist exakt
Achtung!
Format: Schriftfarbe:
Hintergrundfarbe:
Bereich: D63
Liegt nicht zwischen
500.000
und
1000.000
Format: Schriftfarbe:
Hintergrundfarbe:
Bereich: D63
Datum liegt vor dem
im letzten Jahr
Format: Schriftfarbe:
Hintergrundfarbe:
Bereich: D63
6
+ Weitere Regel hinzufügen
Regeln speichern
Abbrechen

Bedingte Formatierungen

Um die Formateinstellungen von Spalten, Zeilen und Zellen vollständig zu automatisieren, bietet das Programm zusätzlich das mächtige Werkzeug der bedingten Formatierung. Es ändert Schrift- und/oder Hintergrundfarben von Zellen, sobald eine oder mehrere definierte Bedingungen erfüllt sind. Verwalten Sie als Unternehmer zum Beispiel Ihre Bestellungen in einer Tabelle, können Sie gezielt alle die Bestelldaten hervorheben, die älter als ein Jahr sind, um den betreffenden Kunden etwa mit der Zusendung von Werbung zu reaktivieren. Aber auch wissenschaftliche Anwendungen sind denkbar: Erfassen Sie zum Beispiel alle Temperaturen der vergangenen Jahre, können Sie mithilfe der bedingten Formatierung recht schnell Abweichungen von den Durchschnittswerten darstellen und erkennen.

Was sich in der Theorie recht kompliziert und mathematisch anhört, ist in der Praxis schnell erledigt. Denn Google Tabellen liefert einen eigenen Editor mit, der Ihnen bei der Bestimmung von Formatbedingungen hilft. Um ihn aufzurufen, stellen Sie mit einem Rechtsklick das Kontextmenü einer Spalte, Zeile oder Zelle dar und wählen den Eintrag **Bedingte Formatierung** aus – alternativ steht die Anweisung auch im Menü **Format** ❶ bereit. Das sich nun öffnende Dialogfenster erlaubt die Auswahl einer Bedingung ❷ und ihres zutreffenden Auslösers ❸, dessen nachfolgende Aktion ❹ Sie mittels der jeweiligen Kontrollkästchen und des dazugehörigen Farbauswahlfensters bestimmen. Haben Sie mehrere Zellen, Zeilen oder Spalten ausgewählt, können Sie deren Bereich ❺ nachträglich beschränken oder erweitern.

Legen Sie weitere Regeln für eine Zelle oder eine Auswahl an ❻, wendet Google Tabellen diese in der Reihenfolge an, in der Sie sie im Eingabefenster festgelegt haben – die erste zutreffende Regel bestimmt also die Formatierung. Wie viele Regeln Sie definieren, liegt dabei ganz bei Ihnen. Kopieren Sie eine Zelle, werden ihre Regeln zusammen mit den Formatierungsregeln übernommen.

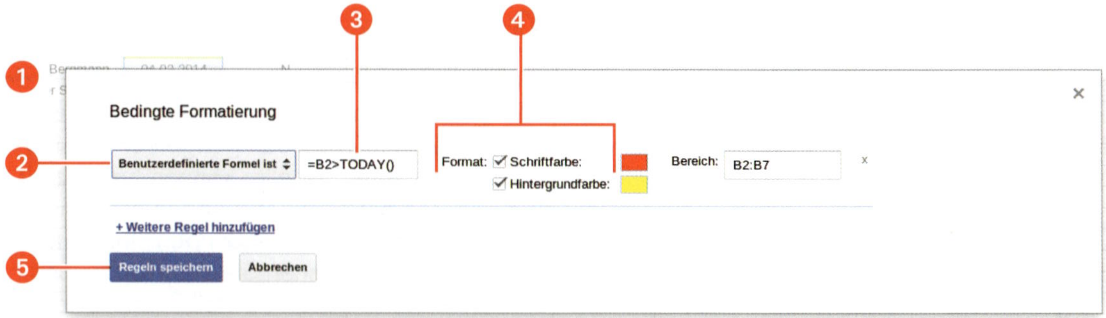

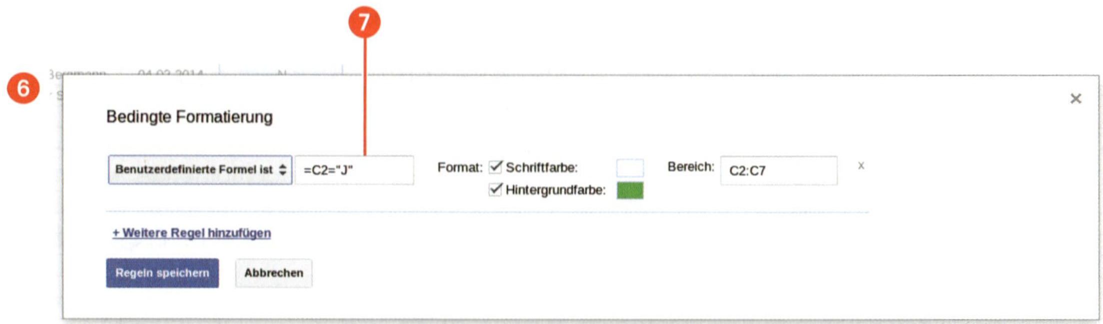

8

	A	B	C	D
1	Name	Geburtstag	Karte verschickt?	
2	Lothar Meier	01.01.2014	J	
3	Kevin Köpers	15.05.2014	J	
4	Jutta Peters	04.01.2012	J	
5	Laura Limbo	13.09.2014	N	
6	Alf Bergmann	04.02.2014	N	
7	Peter Schnepel	27.12.2014	N	
8				
9				
10				

Bedingte Formatierungen selbst erstellen

Mit bedingten Formatierungen lassen sich wichtige Informationen innerhalb einer Tabelle schnell hervorheben. Trotzdem sind die vordefinierten Formatbedingungen nicht für alle Anwendungen ausreichend. Google Tabellen eröffnet daher die Möglichkeit, durch das Anlegen eigener Regeln selbst Bedingungen für eine Aktion aufzustellen. Die dafür erforderlichen Formeln legen Sie ähnlich unkompliziert wie die vordefinierten Bedingungen an.

Für ein Praxisbeispiel nehmen wir an, dass wir anhand einer Kundenliste feststellen möchten, welcher unserer Kunden in diesem Jahr noch Geburtstag haben wird und ob wir ihm bereits eine Karte zugesandt haben. Legen Sie also einfach eine Tabelle an, die Spalten für den **Namen**, den **Geburtstag** sowie den Stand der **Postsendung** enthält. Tragen Sie in den Zellen **A2** bis **A7** ein paar fiktive Namen ein. Nun wählen Sie die Zellen **B2** bis **B7** aus, formatieren sie für Datumseinträge und rufen aus dem **Format**-Menü den Eintrag **Bedingte Formatierung** auf. Im sich nun öffnenden Dialogfenster ❶ bestimmen Sie nicht etwa eine vordefinierte Bedingung, sondern wählen im Aufklappmenü den Punkt **Benutzerdefinierte Formel ist ...** ❷ aus. Als Bedingung setzen wir die Formel **=B2>TODAY()** ❸ ein, die prüft, ob die Datumswerte in Spalte B nach dem heutigen Tag liegen und somit die Bedingung wahr machen. Daraufhin wählen wir eine rote Schriftfarbe sowie eine gelbe Hintergrundfarbe ❹ und verlassen den Dialog mit der Schaltfläche **Regeln speichern** ❺. Nun wählen wir die Zellen **C2** bis **C7** aus, öffnen wieder das Dialogfenster ❻, legen eine benutzerdefinierte Formel mit dem Wert **=C2="J"** ❼ (inklusive der Anführungszeichen) an, bestimmen die Farbwerte und speichern die Regel ebenfalls. Die Formel prüft, ob die Einträge in Spalte C ein **J** enthalten, womit die Bedingung zutrifft. Tippen Sie nun in **Spalte B** einige zufällige Daten ein – die Jahreszahl müssen Sie dabei nicht angeben. In **Spalte C** geben Sie abwechselnd **J** oder **N** ein. Sie sehen, wie Google Tabellen die Zellen beim Zutreffen der Bedingungen automatisch formatiert ❽.

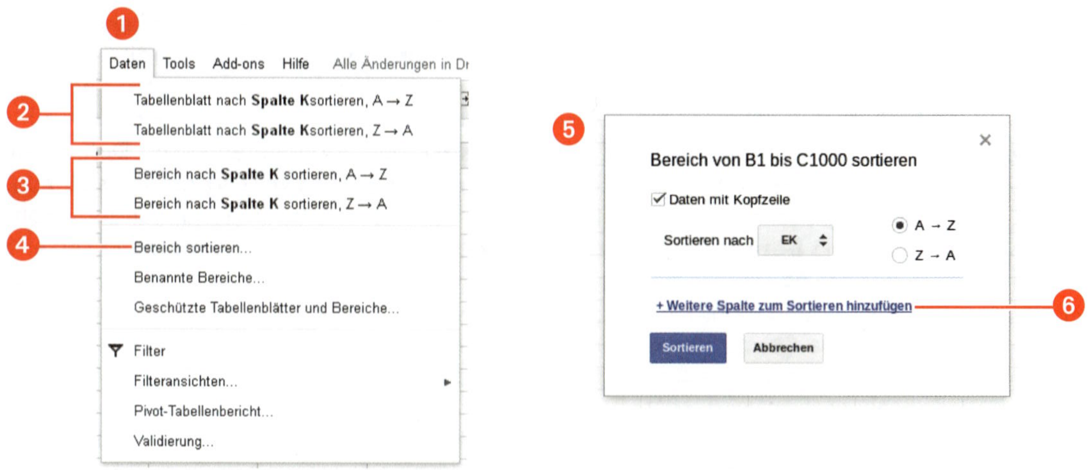
1
Daten
Tools
Add-ons
Hilfe
Alle Änderungen in Dr
2
Tabellenblatt nach Spalte Ksortieren, A → Z
Tabellenblatt nach Spalte Ksortieren, Z → A
3
Bereich nach Spalte K sortieren, A → Z
Bereich nach Spalte K sortieren, Z → A
4
Bereich sortieren...
Benannte Bereiche...
Geschützte Tabellenblätter und Bereiche...
Filter
Filteransichten...
Pivot-Tabellenbericht...
Validierung...
5
Bereich von B1 bis C1000 sortieren
Daten mit Kopfzeile
Sortieren nach
EK
A → Z
Z → A
+ Weitere Spalte zum Sortieren hinzufügen
6
Sortieren
Abbrechen

Daten sortieren

Die Organisation von Daten gehört sicher zu den essenziellen Funktionen einer Tabellenkalkulation. Google Tabellen erlaubt die Anwendung einfacher und erweiterter Sortierregeln, um Inhalte alphabetisch und numerisch zu ordnen.

Vor der eigentlichen Sortierung sollten Sie überlegen, ob Sie das gesamte aktuelle Tabellenblatt oder nur einige Bereiche davon sortieren möchten. Haben Sie zum Beispiel eine Übersicht angelegt, die Sie nach den Anfangsbuchstaben der enthaltenen Einträge alphabetisch organisieren wollen, fixieren Sie zunächst die Kopfzeile mit den Spaltenüberschriften, um diese beim Umsortieren nicht anzutasten. Nun wählen Sie die Spalte aus, nach deren Inhalten Sie die gesamte Tabelle neu organisieren möchten, und rufen im **Daten**-Menü ❶ – je nach gewünschter Sortierung: **aufsteigend (A – Z)** oder **absteigend (Z – A)** – einen der zwei Einträge **Tabellenblatt nach Spalte X sortieren** ❷ auf, wobei das Menü das **X** durch den Buchstaben der ausgewählten Spalte ersetzt. Wollen Sie hingegen nur die aktuelle Spalte oder einen ausgewählten Bereich innerhalb der Tabelle ordnen, steht Ihnen der Menübefehl **Bereich nach Spalte X** ❸ sortieren mit denselben Optionen der aufsteigenden und absteigenden Sortierung bereit.

Diese einfache Sortierung von kompletten Tabellenblättern und -bereichen geht zwar schnell von der Hand, kann es aber nicht mit allen Herausforderungen aufnehmen. Besonders wissenschaftliche Anwendungen verlangen oft die Sortierung von Daten nach unterschiedlichen Regeln, um sie nacheinander abzuarbeiten. Zum Anlegen dieser Regeln wählen Sie zunächst den zu sortierenden Tabellenbereich aus. Dann rufen Sie im **Daten**-Menü den Eintrag **Bereich sortieren** ❹ auf. Das sich öffnende Dialogfenster ❺ ähnelt dem zur Anlage eigener bedingter Formatierungen (siehe Seite 115). Bestimmen Sie zunächst die Spalte, nach der Sie die Daten sortieren möchten. Hat die Tabelle eine Kopfzeile, klicken Sie das entsprechende Kontrollkästchen an. Eine weitere Sortierregel ergänzen Sie mit dem Eintrag **Weitere Spalte zum Sortieren hinzufügen** ❻. Sie können bis zu zehn Regeln anlegen, die Google Tabellen nacheinander abarbeitet.

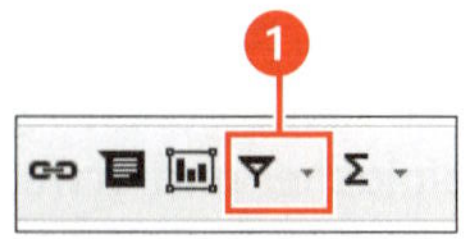
1
Σ

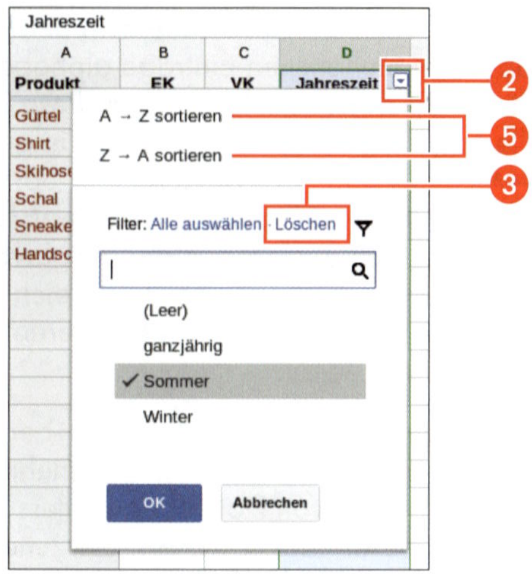
Jahreszeit
A
B
C
D
Produkt
EK
VK
Jahreszeit
Gürtel
Shirt
Schal
A → Z sortieren
Z → A sortieren
Filter: Alle auswählen · Löschen
(Leer)
ganzjährig
Sommer
Winter
OK
Abbrechen
2
5
3

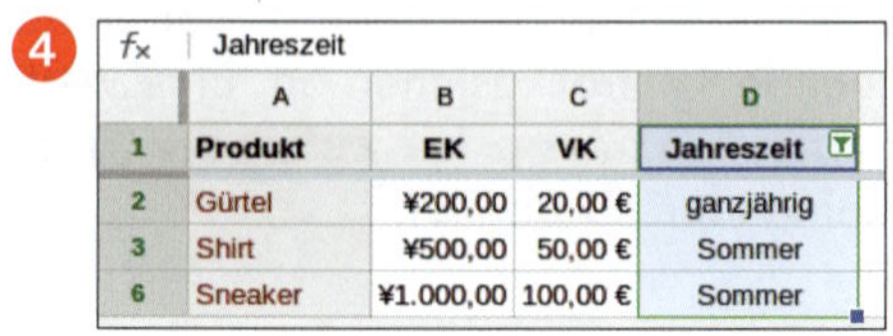
4
Jahreszeit
A
B
C
D
1
Produkt
EK
VK
Jahreszeit
2
Gürtel
¥200,00
20,00 €
ganzjährig
3
Shirt
¥500,00
50,00 €
Sommer
6
Sneaker
¥1.000,00
100,00 €
Sommer

Daten filtern

Je umfangreicher eine Tabelle wird, umso schwerer ist es, die Übersicht darin zu behalten. Aus diesem Grund bietet Google Tabellen Filterfunktionen zur gezielten Darstellung von Teildaten an. Damit können Sie genau die für Sie interessanten Inhalte anzeigen und andere einfach ausblenden.

Um den Filter in der Praxis kennenzulernen, bemühen wir noch einmal unser Beispiel einer Bestandsübersicht von Sommer- und Winterbekleidung. Der Winter ist vergangen, und Sie möchten nur die Produkte darstellen, die für den Sommer geeignet sind. Wählen Sie also die Spalte aus, die die Jahreszeiten auflistet, und rufen Sie im **Daten**-Menü den Eintrag **Filter** auf. Noch schneller erreichen Sie das **Filter**-Piktogramm ❶ in der Funktionsleiste von Google Tabellen. Sie sehen, dass die ausgewählte Spalte nun einen Abwärtspfeil ❷ enthält, der nach seiner Auswahl ein Aufklappmenü öffnet. Dieses listet die Möglichkeiten auf, nach denen Sie die Anzeige filtern können. Standardmäßig sind alle Optionen angewählt. Mit dem Eintrag **Löschen** ❸ wählen Sie alle Filter ab, um danach einen oder mehrere gezielt wieder anzuklicken. Ist die Liste der Optionen so lang, dass sie nicht auf einen Blick einsehbar ist, können Sie den gewünschten Filter auch in die angebotene Suchmaske eintragen – das Programm ergänzt die Eingabe automatisch. Wir wählen für unser Beispiel die Einträge **Sommer** und **ganzjährig** aus. Bestätigen Sie Ihre Auswahl nun mit **OK**, zeigt Google Tabellen exakt die Inhalte an, auf die Ihre Filterauswahl zutrifft ❹. Natürlich können Sie auch mehreren oder sogar allen Spalten einen Filter zuweisen. Die Filter arbeiten kumulativ – Sie können also so viele Filter anwenden, wie rechnerisch möglich sind, um die Anzeige weiter zu spezifizieren.

Darüber hinaus erlaubt Google Tabellen das gleichzeitige alphabetische und numerische Sortieren der mit einem Filter »ausgesiebten« Inhalte. Wählen Sie dazu im **Filter**-Menü je nach Wunsch eine aufsteigende oder absteigende Sortierung ❺ der gefilterten Daten.

Um den oder die Filter wieder abzuschalten, müssen Sie die **Filter**-Schaltfläche in der Piktogrammleiste lediglich deaktivieren. Vorgenommene Sortierungen bleiben erhalten.

1
Σ
Neue Filteransicht erstellen
2
Filteransicht-Optionen
Winterkollektion
Weitere Informationen

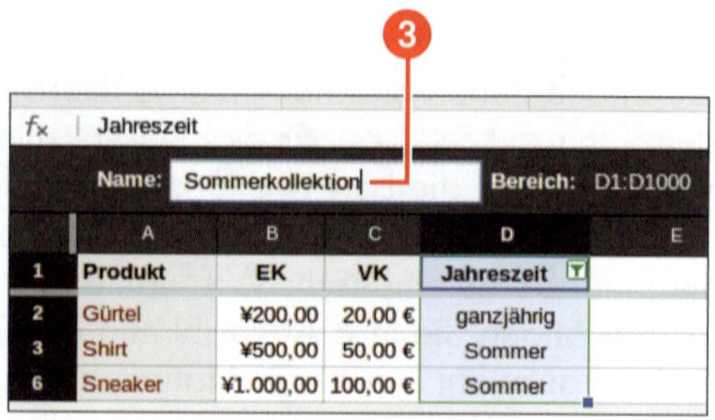
3
Jahreszeit
Name:
Sommerkollektion
Bereich:
D1:D1000
A
B
C
D
E
1
Produkt
EK
VK
Jahreszeit
2
Gürtel
¥200,00
20,00 €
ganzjährig
3
Shirt
¥500,00
50,00 €
Sommer
6
Sneaker
¥1.000,00
100,00 €
Sommer

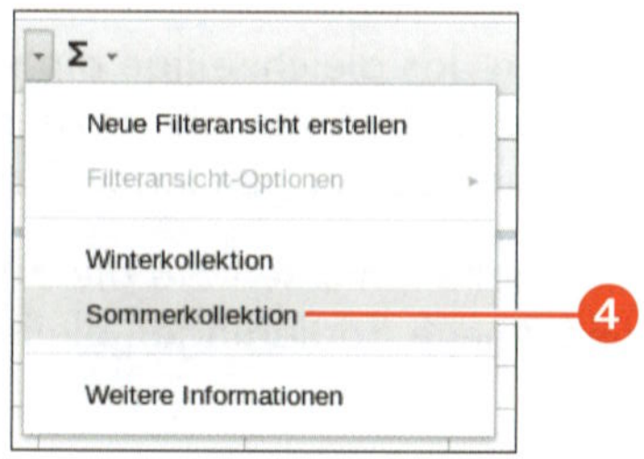
Σ
Neue Filteransicht erstellen
Filteransicht-Optionen
Winterkollektion
Sommerkollektion
4
Weitere Informationen

Individuelle Filteransichten

Alle Mitarbeiter mit Bearbeitungsrechten dürfen in einem freigegebenen Tabellendokument Filter setzen, die dann für das gesamte Team gelten. Google Tabellen gestattet darüber hinaus die Definition individueller Filteransichten, die es jedem einzelnen Mitarbeiter ermöglichen, parallel eigene Einstellungen für die Darstellung von Inhalten festzulegen. Diese haben im Gegensatz zu den allgemein gesetzten Filtern keinen Einfluss auf die Tabellendarstellung bei Teamkollegen. Außerdem können Sie verschiedene Filteransichten speichern, um immer wieder auf sie zuzugreifen.

Wir möchten für ein Praxisbeispiel dasselbe Ergebnis wie auf der vorangegangenen Seite erzielen: Eine Produktübersicht soll je nach Jahreszeit entweder die Sommer- oder die Winterkollektion anzeigen. Diesmal möchten wir den Filter jedoch nur selbst verwenden. Wählen Sie also zunächst die Spalte aus, deren Darstellung Sie filtern möchten. Eine individuelle Filteransicht erstellen wir, indem wir in das Aufklappmenü ❶ gehen, das sich neben der **Filter**-Schaltfläche in der Piktogrammleiste befindet. Hier wählen Sie den Eintrag **Neue Filteransicht erstellen** ❷ aus. Das Programm legt daraufhin einen grauen Rahmen um das Tabellenblatt, den nur Sie selbst und nicht Ihre Mitarbeiter sehen können. Definieren Sie nun wie gewohnt einen Filter in der ausgewählten Spalte. Um diesen Filter später klar zuordnen zu können, geben wir ihm einen Namen – klicken Sie dazu einfach in das Eingabefeld **Name** ❸ im grauen Rahmen und geben Sie beispielsweise **Sommerkollektion** ein. Nun deaktivieren Sie den Filter mit dem Schließen-Symbol am rechten äußeren Rand des Rahmens zunächst wieder. Im **Filter**-Aufklappmenü ❹ finden Sie jetzt den Namen des eben angelegten individuellen Filters. Klicken Sie diesen an, wird die definierte Filteransicht wieder angewendet.

Sie dürfen beliebig viele individuelle Filter anlegen, um jederzeit verschiedene Ansichten zur Verfügung zu haben. Erleichtert wird dies durch eine **Duplizierfunktion** für ähnliche Filter, die Ihnen nach Auswahl des **Zahnradsymbols** in der Filteransicht bereitsteht. Hier können Sie einen **Filter** auch gezielt **löschen**.

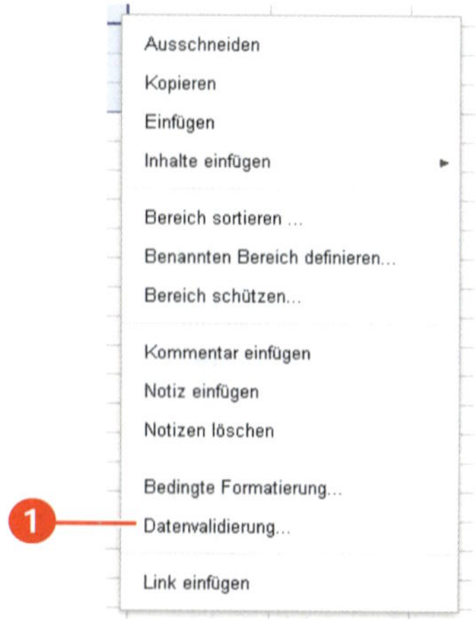
Ausschneiden
Kopieren
Einfügen
Inhalte einfügen
Bereich sortieren ...
Benannten Bereich definieren...
Bereich schützen...
Kommentar einfügen
Notiz einfügen
Notizen löschen
Bedingte Formatierung...
Datenvalidierung...
Link einfügen
1

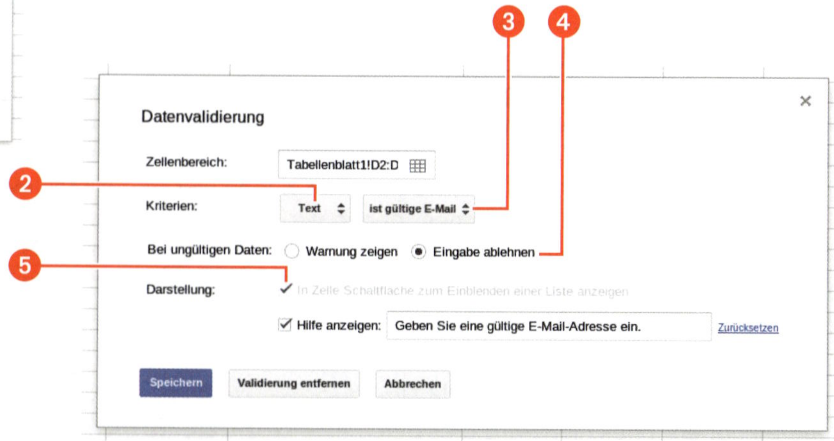
Datenvalidierung
Zellenbereich:
Tabellenblatt1!D2:D
Kriterien:
Text
ist gültige E-Mail
Bei ungültigen Daten:
Warnung zeigen
Eingabe ablehnen
Darstellung:
In Zelle Schaltfläche zum Einblenden einer Liste anzeigen
Hilfe anzeigen:
Geben Sie eine gültige E-Mail-Adresse ein.
Zurücksetzen
Speichern
Validierung entfernen
Abbrechen
2
3
4
5

6
C
Karte verschickt?
J
N

Eingabeoptionen per Datenvalidierung einschränken

Google Tabellen bietet die Möglichkeit der Überprüfung von Daten bei ihrer Eingabe und informiert Mitbearbeiter auf Wunsch durch eine frei definierbare Hilfefunktion, in welchem Format Inhalte einzutragen sind. Für ein Praxisbeispiel wollen wir eine kurze Kundenliste mit den dazugehörigen E-Mail-Adressen anlegen. Definieren Sie die Zellen oder Spalten, die die Adressen enthalten sollen, und rufen Sie nach einem Rechtsklick auf Ihre Auswahl den Eintrag **Datenvalidierung** ❶ auf. Das Programm öffnet nun ein Dialogfenster, das die Validierungskriterien in einem Aufklappmenü ❷ offeriert. Wählen Sie für unser Beispiel den Punkt **Text** aus und spezifizieren Sie dieses Kriterium im daneben liegenden Menü durch den Eintrag **ist gültige E-Mail** ❸. Nun können Sie bestimmen, wie Google Tabellen reagiert, wenn jemand einen falschen Text in eine Zelle einzugeben versucht: Das Programm kann entweder eine Warnung anzeigen oder die Eingabe rundweg ablehnen ❹. Die Validierung ist aktiv, sobald Sie Ihre Einstellungen speichern. Versuchen Sie nun, eine ungültige E-Mail-Adresse einzugeben, reagiert das Programm auf die von Ihnen festgelegte Weise »verschnupft«.

Google Tabellen kann das Eintragen von Daten in eine Tabelle auch vereinfachen, indem die für eine Validierung bestimmten Zellen die Eingabe von Werten aus einer Multiple-Choice-Liste gestatten. Google Tabellen erlaubt dabei Listen mit Werten aus einem Tabellenbereich sowie benutzerdefinierte Listen.

Zum Anlegen beider Möglichkeiten öffnen Sie wiederum das Dialogfenster zur Festlegung der Datenvalidierung, das Sie entweder mit dem Kontextmenü nach einem Rechtsklick auf den zu prüfenden Zellenbereich oder im **Daten**-Menü aufrufen. Als Validierungskriterium wählen Sie zunächst den Eintrag **Liste der Elemente**. Spezifizieren Sie das Prüfkriterium nun um die Inhalte, die Sie innerhalb der Liste darstellen möchten, wobei Sie die verschiedenen Einträge mit einem Komma (ohne anschließendes Leerzeichen) voneinander trennen. Wählen Sie nun den Punkt **In Zelle Schaltfläche zum Einblenden der Liste anzeigen** ❺ aus. Nachdem Sie Ihre Kriterien gespeichert haben, erhalten die ausgewählten Zellen ein Auswahlmenü ❻, das die möglichen Eingaben beinhaltet.

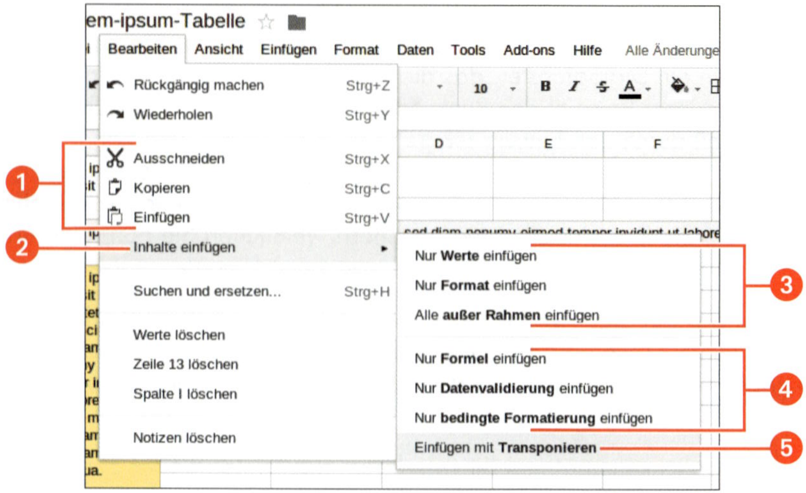
em-ipsum-Tabelle
Bearbeiten
Ansicht
Einfügen
Format
Daten
Tools
Add-ons
Hilfe
Alle Änderunge
Rückgängig machen Strg+Z
Wiederholen Strg+Y
Ausschneiden Strg+X
Kopieren Strg+C
Einfügen Strg+V
Inhalte einfügen
Suchen und ersetzen... Strg+H
Werte löschen
Zeile 13 löschen
Spalte I löschen
Notizen löschen
Nur Werte einfügen
Nur Format einfügen
Alle außer Rahmen einfügen
Nur Formel einfügen
Nur Datenvalidierung einfügen
Nur bedingte Formatierung einfügen
Einfügen mit Transponieren
1
2
3
4
5

Selektiertes Einfügen von Inhalten

Sie ist die vielleicht am häufigsten genutzte Funktion in einer eklektischen Computerwelt: die Tastenkombinationen Strg + C zum Kopieren sowie Strg + V zum Einsetzen von Inhalten – Mac-Nutzer müssen natürlich die Cmd-Taste gedrückt halten. Auch in Google Tabellen funktioniert dieser einfache und schnelle Weg zum Kopieren von Spalten-, Zeilen- und Zelleninhalten – darüber hinaus können Sie Texte und Bilder auch zwischen den einzelnen Programmen der Google-Office-Suite hin und her kopieren. Wenn Sie Google Tabellen mit dem Webbrowser Google Chrome verwenden, stehen zusätzlich Einträge zum **Ausschneiden**, **Kopieren** und **Einfügen** ❶ im **Bearbeiten**- sowie im **Kontextmenü** der rechten Maustaste bereit.

Welchen Weg Sie auch wählen – das Programm kopiert die Zellen komplett mit ihren Inhalten, Formatierungen, Formeleinstellungen und Validierungsregeln. Wesentlich differenzierter arbeiten Sie mit dem Eintrag **Inhalte einfügen** ❷, der ebenfalls im **Bearbeiten**- sowie im **Kontextmenü** der rechten Maustaste auf seinen Einsatz wartet. Er gestattet die genaue Auswahl der Dateneigenschaften, die Sie in eine Zelle übertragen möchten. Kopieren Sie also zunächst wie gewohnt per Tastenkombination oder Menüeintrag eine gewünschte Zelle oder eine Zellenauswahl. Klicken Sie dann mit der Maus auf die Zelle, in die oder ab der Sie den duplizierten Inhalt einsetzen möchten. Anschließend wählen Sie aus dem Untermenü des Eintrags **Inhalte einfügen** aus, ob Sie nur den reinen Wert, nur die enthaltene Formatierung oder alle Eigenschaften außer einem eventuell vorhandenen Rahmen übernehmen möchten ❸. Darüber hinaus können Sie auch ausschließlich die enthaltenen Formeln (ohne Ergebnisse), nur eventuell definierte Validierungsregeln oder nur die bedingten Formatierungen übertragen ❹. Interessant ist auch die Option zum Einfügen von Inhalten mit ihrer gleichzeitigen Transponierung ❺: Kopieren Sie damit etwa den Text einer Spalte, deren Zeilen Sie vorher vertikal verbunden haben, dreht Google Tabellen diesen Inhalt automatisch um 45 Grad, fügt die notwendige Anzahl von horizontalen Zeilen zusammen und setzt den Text in diesen Verbund ein. Die Eigenschaften der Datenquelle gelten dabei auch für das Ziel.

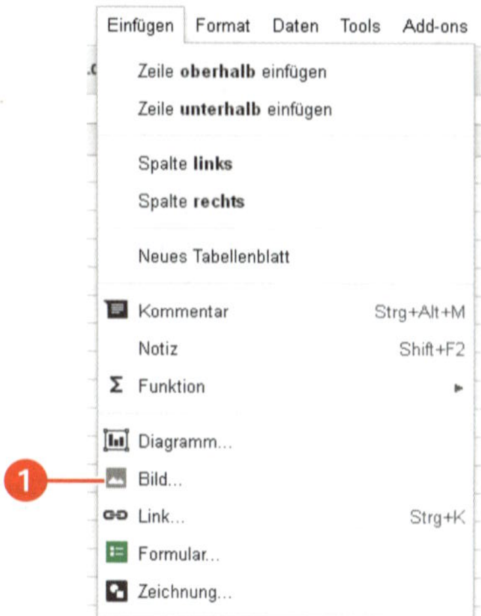

Einfügen
Format
Daten
Tools
Add-ons
Zeile oberhalb einfügen
Zeile unterhalb einfügen
Spalte links
Spalte rechts
Neues Tabellenblatt
Kommentar Strg+Alt+M
Notiz Shift+F2
Funktion
Diagramm...
Bild...
Link... Strg+K
Formular...
Zeichnung...
1

2
B
C
Dienstag
keine Abfuhr
Biomüll
Biomüll

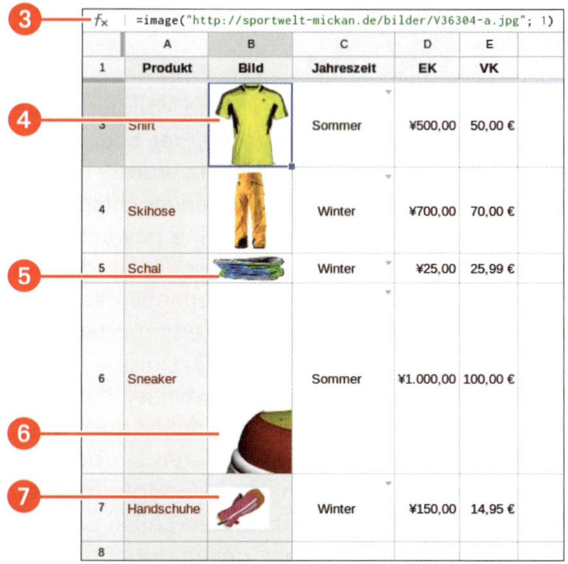

3
=image("http://sportwelt-mickan.de/bilder/V36304-a.jpg"; 1)
A B C D E
1 Produkt Bild Jahreszeit EK VK
Shirt Sommer ¥500,00 50,00 €
4 Skihose Winter ¥700,00 70,00 €
5 Schal Winter ¥25,00 25,99 €
6 Sneaker Sommer ¥1.000,00 100,00 €
7 Handschuhe Winter ¥150,00 14,95 €
8
4
5
6
7

Bilder in Tabellen einfügen

Google Tabellen kann nicht nur trockene Zahlen, Formeln und Texte verwalten, das Programm erlaubt auch das Hinzufügen von Bildern in eine Tabelle. Verwalten Sie etwa eine Produktübersicht, können Sie so jeden Eintrag mit einem dazu passenden Foto illustrieren. Google Tabellen bietet zwei Wege zum Platzieren von Bildern: Im **Einfügen**-Menü findet sich der Eintrag **Bild** ❶, der ein Auswahlfenster zum Hinzufügen eines Bilds aus Ihrem Google Drive, von der Festplatte, aus einem Ihrer Alben bei Google+, mit einer URL aus dem Web oder per Schnappschuss mit einer Webcam erlaubt. Leider fügt dieser Weg das Bild jedoch nicht in eine Zelle ein, sondern verkettet es mit dieser und legt es recht unelegant über die Tabelle ❷.

Wesentlich stilvoller ist die Platzierung eines Bilds in der Zelle selbst. Dazu müssen Sie allerdings eine Formel bemühen, die Sie in die Formelleiste eintragen ❸. Die Grundformel zum Einfügen von Bildern lautet **=image("URL")**, wobei Sie das Argument **URL** durch eine beliebige Webadresse inklusive Protokoll und Domain ersetzen müssen. Ergänzen Sie diese Formel um eines von vier möglichen Argumenten, bestimmen Sie die Darstellung des Bilds innerhalb der Zelle. Folgende Argumente sind möglich:

- **=image("URL"; 1)** fügt ein für das Zellenformat korrekt skaliertes Bild ein ❹.
- **=image("URL"; 2)** fügt ein auf die Zellenbreite gestrecktes Bild ein ❺.
- **=image("URL"; 3)** fügt das Bild in Originalgröße ein und schneidet es notfalls ab ❻.
- **=image("URL"; 4; Höhe; Breite)** erlaubt eigene Größeneinstellungen in Pixeln ❼.

Eine komplette Formel könnte also zum Beispiel so aussehen:

=image("https://www.google.com/images/srpr/logo3w.png"; 4; 50; 100)

Die in Zellen eingefügten Bilder lassen sich wie Texte und Zahlen mit den Ausrichtungsoptionen der Piktogrammleiste behandeln, um ein ästhetisches Ergebnis zu erzielen. Benutzen Sie die Funktionen zum selektiven Einsetzen, um die verwendeten Formeln gezielt zu duplizieren.

1

Link einfügen (Strg+K)

2

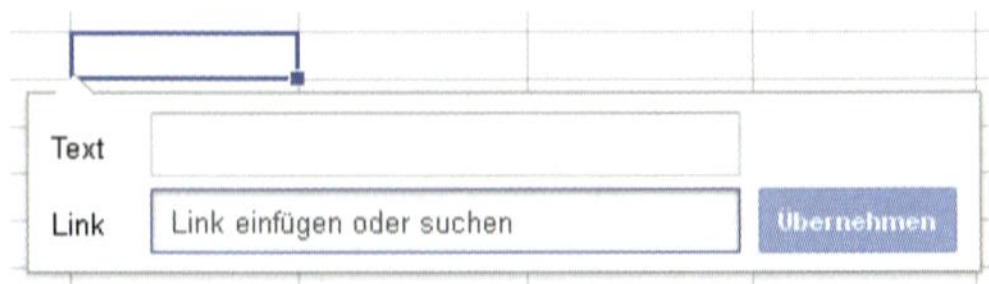
Text
Link
Link einfügen oder suchen
Übernehmen

Verweise in Tabellen einfügen

Durch das Einfügen von Verweisen verknüpfen Sie eine Tabelle mit Inhalten im Web, in Ihrem Google Drive oder mit E-Mail-Adressen. So können Sie etwa in einer Produktübersicht von einem Eintrag auf die dazugehörige Produktwebseite verweisen oder einen Mitarbeiter für die Betreuung angeben. Google Tabellen kennt dabei drei verschiedene Möglichkeiten des Einfügens von Verweisen in eine Zelle. Die einfachste ist sicher, einen Link, also zum Beispiel **www.dasgoogledrivebu.ch**, direkt in eine Zelle einzugeben oder zu kopieren – bei einem Webverweis dürfen Sie das Protokoll getrost vergessen, eine E-Mail-Adresse erfordert hingegen das Voranstellen der **mailto:**-Anweisung. Klicken Sie nun auf Ihren Eintrag, können Sie dem Verweis folgen, ihn ändern oder löschen.

Möchten Sie hingegen den Inhalt einer Zelle mit einem Link versehen, statt den Verweis an sich darzustellen, wählen Sie zunächst die zu verknüpfende Zelle aus. Klicken Sie nun auf die **Verweis**-Schaltfläche in der Piktogrammleiste ❶. Unter der ausgewählten Zelle öffnet sich ein Kontextfenster ❷, das den Eintrag eines Links oder die Suche nach Begriffen gestattet. Befindet sich bereits ein Textinhalt in der Zelle, bieten die Suchergebnisse automatisch passende Sprungziele im Web und in Ihrer Google-Drive-Ablage an. Übernehmen Sie einen Link, ist der Text in der Zelle anklickbar und öffnet auf Wunsch die verknüpfte Webseite in einem neuen Karteireiter. Lassen Sie das Feld leer, fügt das Programm hingegen den kompletten Web- beziehungsweise E-Mail-Verweis ein.

Wer gern mit Formeln arbeitet, kann auch einen dritten Weg zum Einfügen von Verweisen wählen: Die Formel **=HYPERLINK("www.google.de"; "Google")** würde den Begriff **Google** mit der verknüpften Adresse **http://www.google.de** in eine Zelle einsetzen.

Haben Sie einen Verweis versehentlich gelöscht, können Sie ihn jederzeit neu anwenden. Klicken Sie dazu mit der rechten Maustaste auf die betreffende Zelle und wählen Sie im Kontextmenü den Eintrag **Links anzeigen** aus.

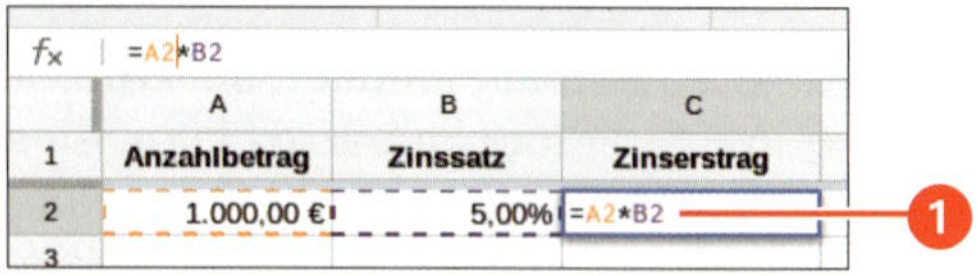
fx =A2*B2
A
B
C
1 Anzahlbetrag Zinssatz Zinserstrag
2 1.000,00 € 5,00% =A2*B2
1

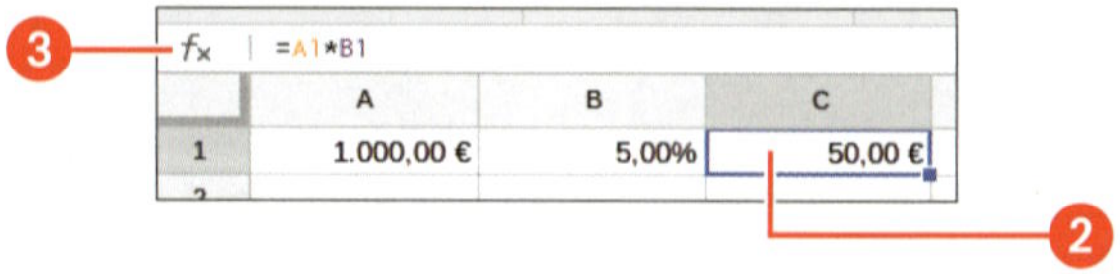
3
fx =A1*B1
A
B
C
1 1.000,00 € 5,00% 50,00 €
2

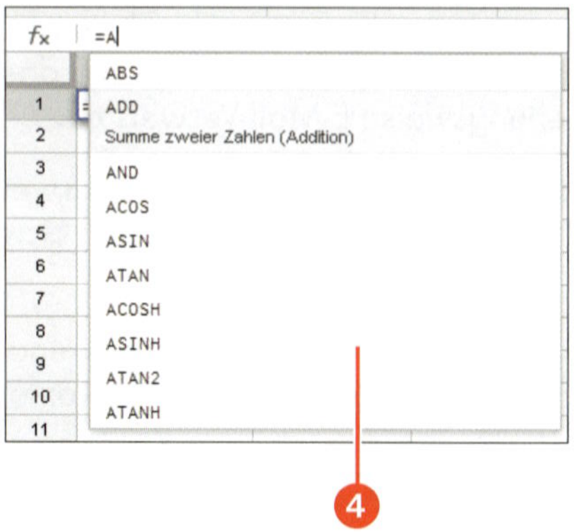
fx =A
ABS
ADD
Summe zweier Zahlen (Addition)
AND
ACOS
ASIN
ATAN
ACOSH
ASINH
ATAN2
ATANH
4

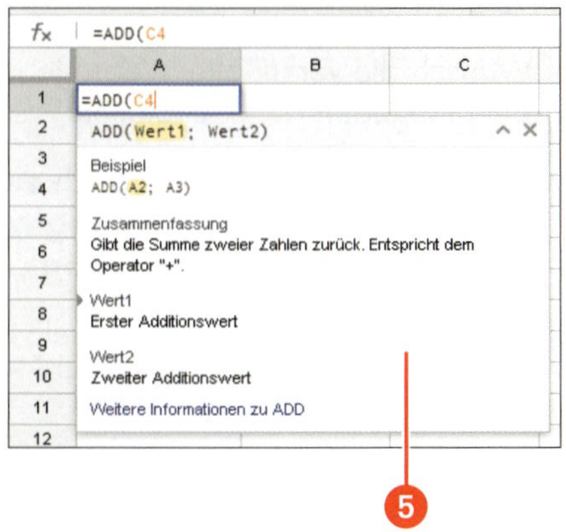
fx =ADD(C4
A
B
C
=ADD(C4
ADD(Wert1; Wert2)
Beispiel
ADD(A2; A3)
Zusammenfassung
Gibt die Summe zweier Zahlen zurück. Entspricht dem Operator "+".
Wert1
Erster Additionswert
Wert2
Zweiter Additionswert
Weitere Informationen zu ADD
5

Formeln in Tabellen einfügen

Beim Platzieren von Bildern sowie beim Setzen von Verweisen haben wir bereits mehr oder weniger bewusst mit Formeln gearbeitet. Formeln bestimmen den Inhalt von Zellen, indem sie Werte und Inhalte aus anderen Zellen und Quellen heranziehen, um die Berechnung und Darstellung eines Ergebnisses zu automatisieren. Möchten Sie zum Beispiel den Jahresertrag Ihres Sparguthabens errechnen, könnten Sie in Zelle A2 einen Ansparbetrag von 1.000 Euro und in Zelle B2 einen Zinssatz von 5 Prozent eintragen. Setzen Sie nun in Zelle C2 die einfache Formel **=A2*B2** ❶ ein, errechnet sich ein Jahreszins von 50 Euro ❷. Formeln beginnen immer mit einem **Gleichheitszeichen** und dürfen **Funktionen**, **Bezüge**, **Operatoren** und **Konstanten** enthalten. Die Liste der unterstützten Zellenformeln ist recht umfangreich und findet sich im Internet unter der Adresse *http://bit.ly/gdrivebuch_funktionsliste*.

Sie können Formeln direkt in eine Tabellenzelle eingeben. Einfacher, weil losgelöst von deren Formatrestriktionen, geht es mit der Formelleiste ❸, die sich über dem Spaltenkopf des aktuellen Tabellenblatts befindet. Wird sie nicht angezeigt, können Sie sie mit dem Eintrag **Formelleiste** im **Ansicht**-Menü einblenden. Die Formelleiste zeigt die hinter einer Zelle stehende Formel an – handelt es sich um eine Konstante, zeigt die Formelleiste diese an. Ein Klick in ihren Inhalt gestattet dessen schnelle Bearbeitung. Die dabei vorgenommenen Änderungen spiegeln sich auch immer in der referenzierten Zelle wider.

Das automatische Vervollständigen von Formeln erleichtert deren Eingabe. Geben Sie in eine Zelle ein Gleichheitszeichen ein, signalisieren Sie, dass Sie eine Formel anlegen möchten. Beginnen Sie nun mit deren Eingabe, öffnet sich ein Kontextfenster ❹, das passende Vorschläge zum Vervollständigen der Funktion anbietet. Sie übernehmen einen Eintrag in die Zelle, indem Sie ihn mit der Maus anklicken. Nach der Auswahl oder dem manuellen Einfügen einer Funktion liefert ein Hilfefenster ❺ während der gesamten Eingabe Informationen zu deren Syntax und Einsatz. Stört Sie dieser Kasten, können Sie ihn mithilfe der Funktionstaste F1 beziehungsweise des Aufwärtspfeils in seinem Rahmen minimieren und später wieder maximieren.

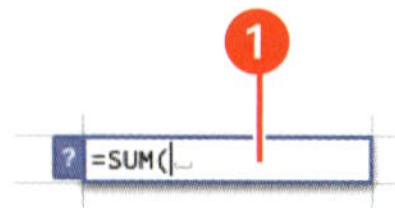

1
=SUM(

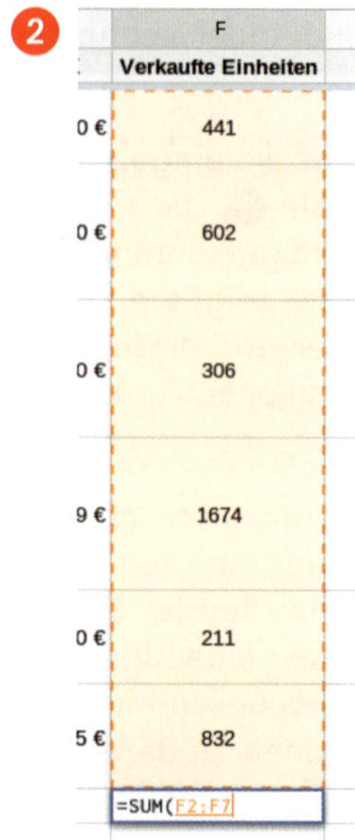

2
F
Verkaufte Einheiten
0 €
441
0 €
602
0 €
306
9 €
1674
0 €
211
5 €
832
=SUM(F2:F7

Mit Tabellenbereichen rechnen

Eine der häufigsten Anwendungen von Formeln ist sicher das Auslesen von Werten aus verschiedenen Zellen, um aus diesen Bezügen ein Ergebnis zu errechnen. Der Vorteil gegenüber der manuellen Berechnung ist, dass sich das Ergebnis immer mit verändert, wenn Sie einen der Werte in den Zellen anpassen.

Google Tabellen geht recht intelligent mit der Eingabe von Zellenbereichen um. Das Programm erkennt an der Nutzung einer Funktion automatisch, wann Sie wahrscheinlich einen dazugehörigen Bereich festlegen möchten, und platziert eine graue liegende Klammer ❶ neben dem Cursor, die andeutet, dass Ihnen nun erweiterte Auswahlmöglichkeiten zur Verfügung stehen.

Nehmen wir an, wir haben eine Produktübersicht mit den verkauften Einheiten der jeweiligen Artikel ergänzt. Nun wollen wir das Gesamtergebnis mithilfe einer sich automatisch aktualisierenden Formel zusammenrechnen. Wir geben also in die Zelle unter den jeweils verkauften Einheiten ein Gleichheitszeichen ein und beginnen, die Funktion **SUM** einzutippen. Wie gewohnt, bietet Google Tabellen eine Autovervollständigung an, die wir auch gern in Anspruch nehmen: Wählen Sie also den Eintrag **SUM** aus dem Kontextmenü an der Zelle aus, aktiviert das Programm den Bereichsauswahlmodus. Klicken Sie nun mit der Maus auf die erste Zelle, deren Wert Sie in die Summenberechnung einbeziehen möchten, und danach auf die letzte Zelle. Alternativ können Sie für die Auswahl auch die Pfeiltasten benutzen. Der Bereich erscheint nun in der Funktion, sodass die Formel etwa so aussehen könnte: **=SUM(F2:F7**. Die referenzierten Zellen erhalten zur Verdeutlichung einen farbigen Rahmen ❷. Betätigen Sie die ↵-Taste, ergänzt die Autovervollständigung die fehlende schließende Klammer, und das Ergebnis erscheint statt der Formel in der Zelle.

Der für eine Formel ausgewählte Bereich muss indes nicht zwingend aus untereinander- oder nebeneinanderliegenden Zellen bestehen. Halten Sie während der Auswahl mit der Maus die `Strg`-, `Ctrl`- beziehungsweise `Cmd`-Taste gedrückt, können Sie Formeln aus dem gesamten Tabellenblatt einbeziehen.

1

fx =SUM('Produktliste 2012'!F8+'Produktliste 2013'!F8+'Produktliste 2014'!F8)

	A	B	C	D	E	F	G	H	I
1	Produkt	Bild	Jahreszeit	EK	VK	Verkaufte Einheiten 2014	Verkaufte Einheiten 2013	Verkaufte Einheiten 2012	Gesamtabsatz
2	Sportgürtel		ganzjährig	¥200,00	20,00 €	508	652	441	1601
3	Shirt		Sommer	¥500,00	50,00 €	798	876	602	2276
4	Skihose		Winter	¥700,00	70,00 €	128	409	306	843
5	Schal		Winter	¥25,00	25,99 €	976	2196	1674	4846
6	Sneaker		Sommer	¥1.000,00	100,00 €	652	207	211	1070
7	Handschuhe		Winter	¥150,00	14,95 €	612	1406	832	2850
8	Summe					3674	5746	4066	13486
9									

2

Bezüge zwischen Tabellenblättern herstellen

Oftmals befinden sich Werte, die Sie zur Berechnung eines Ergebnisses heranziehen müssen, nicht auf dem aktuellen Tabellenblatt. So kann es zum Beispiel sein, dass Sie die Erträge aus dem Verkauf von Produkten je nach Kalenderjahr auf verschiedene Blätter verteilt haben: Die Summe der Verkäufe im Jahr 2012 könnte dann auf Tabellenblatt 1 zu finden sein, diejenigen aus 2013 auf Tabellenblatt 2, und die Erträge aus dem Jahr 2014 sind auf Tabellenblatt 3. Google Tabellen erlaubt Ihnen die Replikation einzelner Einträge, um sie darzustellen oder mit ihnen zu rechnen.

Für ein Praxisbeispiel legen wir drei verschiedene Tabellenblätter mit den Verkaufszahlen für drei Kalenderjahre an. Sie können sich die Arbeit erleichtern, indem Sie das erste Tabellenblatt zweimal duplizieren und die Werte in den Kopien leicht anpassen. Im dritten Tabellenblatt möchten wir nun den Gesamtabsatz der Produkte über drei Jahre ausgeben. Wir müssen dazu also auf Werte zugreifen, die sich in den anderen beiden Arbeitsblättern befinden. Wir tun dies, indem wir in unserer Formel die **Namen** der Blätter gefolgt von einem **Ausrufezeichen** vor der referenzierten Zelle einsetzen. Unsere Formel könnte demnach etwa so aussehen:

=SUM('Produktliste 2012'!F8+'Produktliste 2013'!F8+'Produktliste 2014'!F8) ❶

Wir haben hier die Namen der drei Tabellenblätter eingesetzt, um die Werte aus den nach dem notwendigen Ausrufezeichen angegebenen Zellen auszulesen. Da die Tabellenblattbezeichnungen jeweils einen Leerschritt enthalten, müssen wir sie in einfache Anführungszeichen setzen. Bestätigen wir unsere Formel nun, zeigt Google Tabellen das gewünschte Gesamtergebnis in der entsprechenden Zelle an ❷.

Möchten Sie Daten aus einem anderen Tabellenblatt einfach nur in eine Zelle in Ihrem aktuellen Arbeitsblatt kopieren, um sie dort anzuzeigen, ist die Formel noch einfacher: Mit **=Tabellenblatt1!A1** ersetzen Sie den Namen des Tabellenblatts und der Referenzzelle durch Ihre Werte.

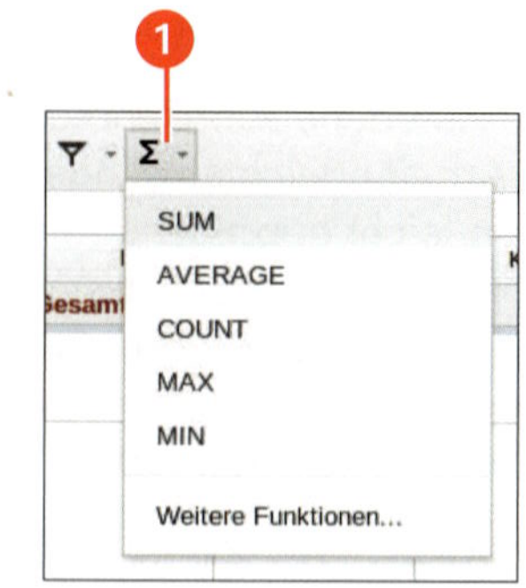
1
Σ
SUM
AVERAGE
COUNT
MAX
MIN
Weitere Funktionen...

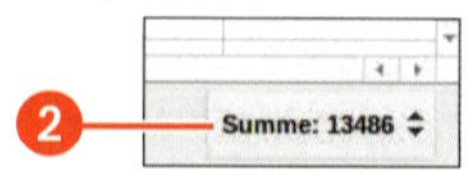
2
Summe: 13486

Die wichtigsten Funktionen und ihre Eingabe

Google Tabellen unterstützt eine Vielzahl von Formeln, die sich auch mit vielen anderen Tabellenkalkulationen, wie zum Beispiel Microsoft Excel, nutzen lassen, und hilft Ihnen sogar bei deren Eingabe. In der Piktogrammleiste findet sich ganz rechts eine Schaltfläche für Formeln ❶, die Einträge für die Schnellauswahl der Funktionstypen für die Berechnung von Summen und Durchschnitts-, Maximal- und Minimalwerten sowie die Anzahl der numerischen Werte bereithält. Es handelt sich dabei wohl um die am häufigsten genutzten Funktionen für die Arbeit in einer Tabellenkalkulation. Einmal angeklickt, werden sie in die aktuelle Zelle beziehungsweise die Formelleiste übernommen, wo Sie sie durch Bezüge und Operatoren ergänzen können.

- **SUM** gibt die Summe einer Sequenz von Zahlen oder Zellen zurück (**=SUM(Wert1; Wert2**)).
- **AVERAGE** gibt den Mittelwert aller Zahlen in einer Datengruppe zurück (**=AVERAGE(Wert1; Wert2**)).
- **COUNT** gibt die Anzahl der numerischen Werte in einer Datengruppe zurück (**=COUNT(Wert1; Wert2**)).
- **MAX** gibt den größten Wert innerhalb einer numerischen Datengruppe zurück (**=MAX(Wert1; Wert2**)).
- **MIN** gibt den kleinsten Wert innerhalb einer numerischen Datengruppe zurück (**=MIN(Wert1; Wert2**)).

Planen Sie, diese Formeln und Funktionen nur für die eigene Ansicht, nicht aber für das Einsetzen in eine Zelle zu nutzen, bietet Google Tabellen die Ergebnisse auch am rechten unteren Rand jedes Tabellenblatts in einem Aufklappmenü ❷ an. Wahlen Sie also zum Beispiel die Zellen aus, die Sie addieren möchten, und rufen in der Auswahl den Eintrag **Summe** auf, zeigt Ihnen das Menü das Ergebnis der Addition der ausgewählten Zellen an. Beinhaltet Ihre Auswahl nicht numerische Inhalte, werden diese ignoriert. Die Verfügbarkeit der einzelnen Funktionen hängt zudem vom Gebietsschema des Tabellendokuments ab – es kann also sein, dass bestimmte Zahlen- und Währungsformate keine Unterstützung finden.

1
Diagramm einfügen...

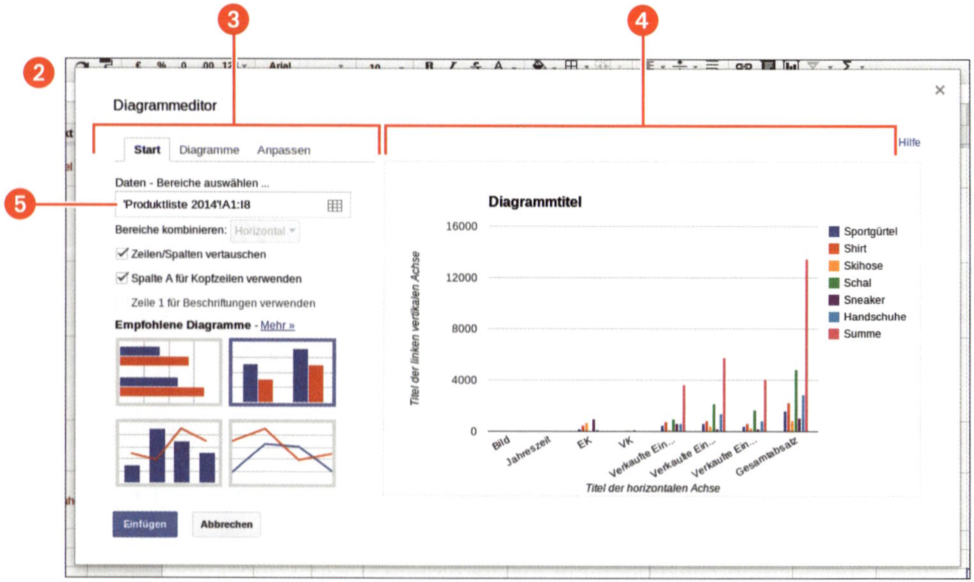
2
3
4
5
Diagrammeditor
Start
Diagramme
Anpassen
Hilfe
Daten - Bereiche auswählen ...
'Produktliste 2014'!A1:I8
Bereiche kombinieren:
Horizontal
Zeilen/Spalten vertauschen
Spalte A für Kopfzeilen verwenden
Zeile 1 für Beschriftungen verwenden
Empfohlene Diagramme - Mehr »
Einfügen
Abbrechen
Diagrammtitel
16000
12000
8000
4000
0
Titel der linken vertikalen Achse
Bild
Jahreszeit
EK
VK
Verkaufte Ein...
Verkaufte Ein...
Verkaufte Ein...
Gesamtabsatz
Titel der horizontalen Achse
Sportgürtel
Shirt
Skihose
Schal
Sneaker
Handschuhe
Summe

6
7
Welche Daten?
'Produktliste 2014'!A1:I8
'Produktliste 2013'!F1:F7
Weiteren Bereich hinzufügen
OK
Abbrechen

Bereichsauswahl für die Diagrammerstellung

Man kann ein Diagramm technisch nüchtern als »eine grafische Darstellung von Daten, Sachverhalten oder Informationen« bezeichnen, wie es Wikipedia tut. Gleichzeitig ist die Möglichkeit der Erstellung von Diagrammen ohne Zweifel das kreative Element einer Tabellenkalkulation, das das oftmals trocken anmutende, in Spalten und Zeilen »eingesperrte« Zahlenmaterial zu grafischem Leben erweckt.

Um ein Diagramm zu erstellen, müssen Sie zunächst den Wertebereich auswählen, den Sie visualisieren möchten. In der Regel handelt es sich dabei um die Inhalte nebeneinanderliegender Zellen. Aus dieser Wahrscheinlichkeit ergibt sich jedoch keine Vorschrift: Google Tabellen erlaubt die Auswahl von Zellen, die kreuz und quer über eine Tabelle verteilt sind – halten Sie bei der Bestimmung der gewünschten Zellen die `Strg`-Taste gedrückt, können Sie sich Ihre Auswahl frei zusammenklicken.

Nach der Auswahl der zu visualisierenden Zellen rufen Sie den Diagrammeditor mittels seines Eintrags in der Piktogrammleiste ❶ oder über den Eintrag **Diagramm** im **Einfügen**-Menü auf. Das Bearbeitungsfenster ❷ besteht aus zwei Teilen: den Diagrammeinstellungen ❸ auf der linken sowie der üppigen Vorschau ❹ auf der rechten Seite. Alle Änderungen, die Sie in den Einstellungen vornehmen, setzt die Vorschau unmittelbar um. Die von Ihnen vorgenommene Zellenauswahl übernimmt der Editor automatisch. Sie können sie erweitern, indem Sie auf das Tabellensymbol in der Eingabeleiste ❺ klicken, um dann manuell oder komfortabel mit der Maus weitere Bereiche aus Ihrer Tabelle hinzuzufügen ❻.

Übrigens dürfen Sie sich auch bei den Zellen anderer Tabellenblätter desselben Dokuments bedienen: Bei der manuellen Eingabe ergänzen Sie die Formel um den Namen des Arbeitsblatts, gefolgt von einem Ausrufezeichen sowie dem gewünschten Zellenbereich. Für die Auswahl mit der Maus blättern Sie dabei wie gewohnt zwischen den Tabellenblättern, um die einzelnen Bereiche zu bestimmen. Google Tabellen erlaubt die Auswahl beliebig vieler Bereiche. Sie löschen einen Bereich mit einem Klick auf sein Schließen-Symbol ❼ in der Übersicht.

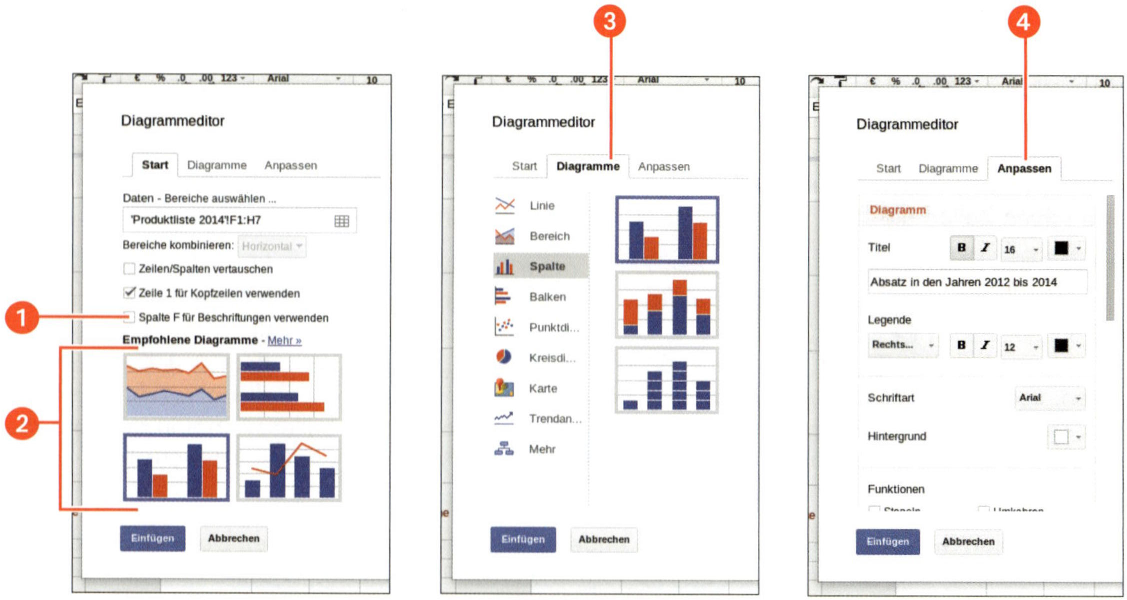

1
2
3
4
Diagrammeditor
Start
Diagramme
Anpassen
Daten - Bereiche auswählen ...
'Produktliste 2014'!F1:H7
Bereiche kombinieren:
Horizontal
Zeilen/Spalten vertauschen
Zeile 1 für Kopfzeilen verwenden
Spalte F für Beschriftungen verwenden
Empfohlene Diagramme - Mehr »
Einfügen
Abbrechen
Diagrammeditor
Start
Diagramme
Anpassen
Linie
Bereich
Spalte
Balken
Punktdi...
Kreisdi...
Karte
Trendan...
Mehr
Einfügen
Abbrechen
Diagrammeditor
Start
Diagramme
Anpassen
Diagramm
Titel
16
Absatz in den Jahren 2012 bis 2014
Legende
Rechts...
12
Schriftart
Arial
Hintergrund
Funktionen
Einfügen
Abbrechen

Diagrammauswahl und -gestaltung

Neben der korrekten Formatierung besonders des zugrunde liegenden Zahlenmaterials sollten Sie die Spalten Ihrer Tabelle zudem in ihren jeweils ersten Zeilen sowie die einzelnen Zeilen in Spalte A mit eindeutigen Überschriften versehen. Warum Sie hier besser sorgfältig vorgehen, sehen Sie im Diagrammeditor: Auf Wunsch kann dieser die »Labels« der Spalten und Zeilen für die Beschriftung von Linien und Graphen benutzen, um dem Betrachter die Orientierung im Diagramm anhand einer Legende zu erleichtern ❶.

Die Auswahl des für Ihre Daten richtigen Diagrammtyps erleichtert Ihnen Google Tabellen bereits im ersten der drei Karteireiter des Editors, in dem Sie besonders passende Arten vorgestellt bekommen ❷. Wünschen Sie weitere Optionen, nutzen Sie den Karteireiter **Diagramme** ❸. Klicken Sie sich durch die verschiedenen Darstellungstypen, um zu prüfen, auf welche Weise das Zahlenmaterial aus Ihrer Tabelle visualisierbar ist – insgesamt stehen nicht weniger als 27 Umsetzungen bereit. Lassen Sie sich dabei jedoch nicht ausschließlich von den grafischen Möglichkeiten des Programms leiten – je einfacher ein Diagramm, umso mehr Betrachter erreicht es. Klicken Sie auf eine ausgegraute Auswahl, informiert Sie der Editor, wie Ihre Daten beschaffen sein sollten, um den Diagrammtyp zu nutzen. Die Vorschau setzt Ihre Auswahl unmittelbar um.

Der Karteireiter **Anpassen** ❹ gestattet Ihnen den Zugriff auf nahezu alle Parameter des ausgewählten Diagrammtyps. Dazu gehören Schriftart, -größe und -schnitt ebenso wie die Farbauswahl für die unterschiedlichen Elemente und die Beschriftung der horizontalen und der vertikalen Achse. Hier legen Sie auch den Diagrammtitel fest. Die vertikale Achse erlaubt zudem die Bestimmung der Minimal- und Maximaleinheit. Mit den zum Diagrammtyp passenden Funktionen können Sie das Diagrammfenster maximieren, einen Vergleichsmodus aufrufen, Ihre Daten umkehren oder sie in einem Stapelmodus darstellen. Der in Spalteneinstellungen auswählbare Fehlerbalken richtet sich besonders an wissenschaftliche Anwender und dient dazu, die auf systematischen oder statistischen Fehlern beruhenden möglichen Abweichungen der Messwerte vom tatsächlichen Wert in Prozent oder als Konstante anzuzeigen.

1
2

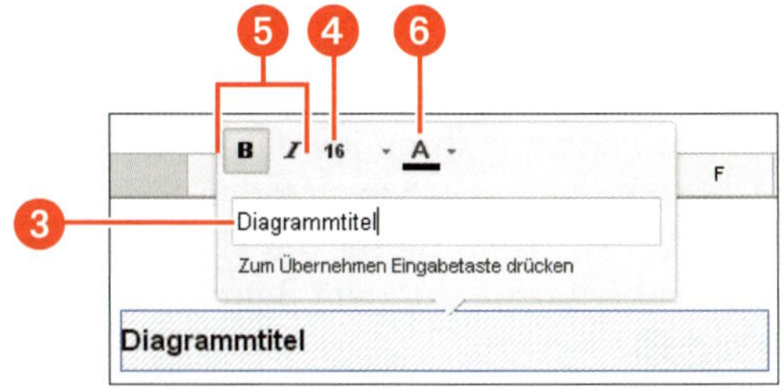
5
4
6
3
B
I
16
A
F
Diagrammtitel
Zum Übernehmen Eingabetaste drücken
Diagrammtitel

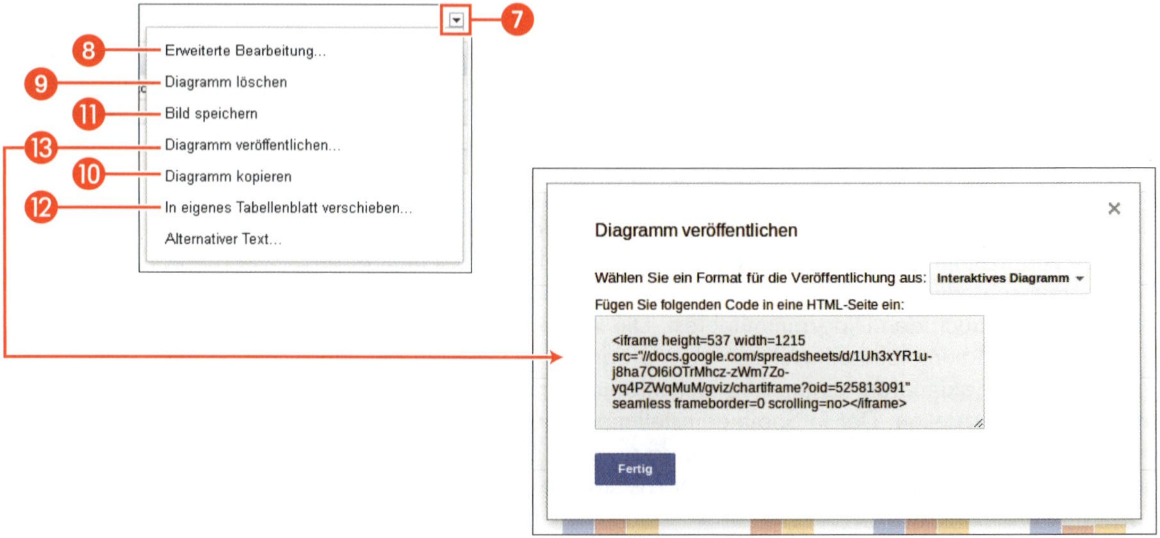
7
8
Erweiterte Bearbeitung...
9
Diagramm löschen
11
Bild speichern
13
Diagramm veröffentlichen...
10
Diagramm kopieren
12
In eigenes Tabellenblatt verschieben...
Alternativer Text...
Diagramm veröffentlichen
Wählen Sie ein Format für die Veröffentlichung aus:
Interaktives Diagramm
Fügen Sie folgenden Code in eine HTML-Seite ein:
<iframe height=537 width=1215 src="//docs.google.com/spreadsheets/d/1Uh3xYR1u-j8ha7Ol6iOTrMhcz-zWm7Zo-yq4PZWqMuM/gviz/chartiframe?oid=525813091" seamless frameborder=0 scrolling=no></iframe>
Fertig

Nachbearbeitung und Export von Diagrammen

Um ein in eine Tabelle eingefügtes Diagramm nachträglich zu bearbeiten, müssen Sie nicht unbedingt den Diagrammeditor bemühen. Das Diagramm lässt sich vielmehr wahlweise in einem Ansichts- ❶ oder in einem Bearbeitungsmodus ❷ darstellen, zwischen denen Sie mit den entsprechenden Piktogrammen im oberen linken Rand des Anzeigefensters umschalten.

Der Bearbeitungsmodus erlaubt die Veränderung eines Diagramms direkt an dessen einzelnen Elementen. Klicken Sie mit der Maus direkt in den Teil, den Sie nachbearbeiten möchten. Ein Kontextfenster offeriert Ihnen die dazu passenden Bearbeitungsmöglichkeiten. So können Sie beispielsweise nachträglich den Diagrammtitel bearbeiten ❸ sowie seine Schriftgröße ❹ und -schnitt ❺ oder Farbe ❻ verändern. Auf die gleiche Weise passen Sie die Beschriftungen und die Position der Achsen sowie die Farbe der Graphen an. Klicken Sie auf die Hintergründe des Diagramms selbst oder seines Achsenbereichs, gestattet Google Tabellen auch hier die schnelle Anpassung zum Beispiel der Hintergrundfarbe- und -transparenz.

Reichen Ihnen die gebotenen Möglichkeiten des Bearbeitungsmodus nicht aus, rufen Sie mithilfe des Abwärtspfeils ❼ in der rechten Ecke des Diagrammfensters einfach den kompletten Editor ❽ auf. Das Aufklappmenü bietet jedoch noch weitere wichtige Funktionen. So lässt sich hier das Diagramm löschen ❾ oder mit der Anweisung **Diagramm kopieren** ❿ in die Zwischenablage übertragen, um es zum Beispiel in einem Google-Docs-Dokument in einen Text einzubetten. Der Eintrag **Bild speichern** ⓫ exportiert das Diagramm hingegen als PNG-Rastergrafik auf die Festplatte Ihres Computers.

Fast schon etwas tief stapelt der Menüpunkt **In eigenes Tabellenblatt verschieben** ⓬. Denn tatsächlich ruft er den Google Drive Viewer auf, der das wiederum komplett editierbare Diagramm als autonomes Tabellenblatt darstellt. Der Eintrag **Diagramm veröffentlichen** ⓭ produziert schließlich einen Code zur Einbettung als Bild oder interaktive Grafik innerhalb eines Frames in einem HTML-Dokument.

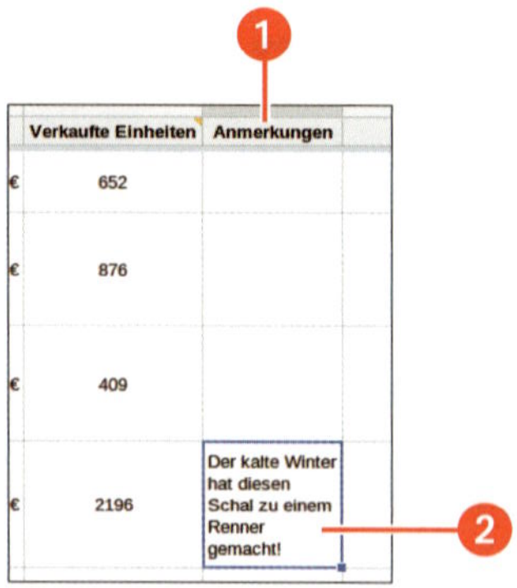
1
Verkaufte Einheiten
Anmerkungen
€ 652
€ 876
€ 409
€ 2196
Der kalte Winter hat diesen Schal zu einem Renner gemacht!
2

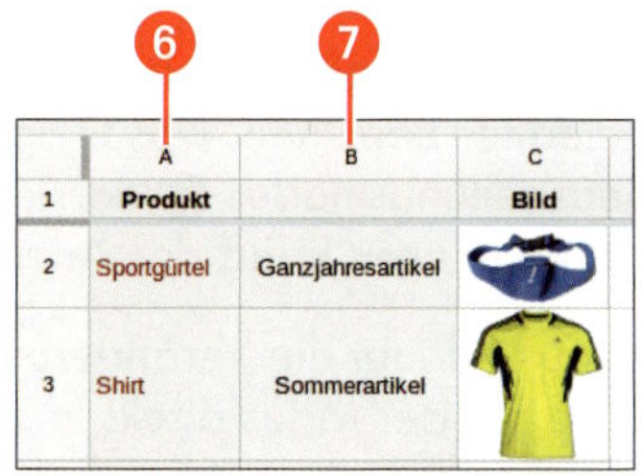
6
7
A
B
C
1
Produkt
Bild
2
Sportgürtel
Ganzjahresartikel
3
Shirt
Sommerartikel

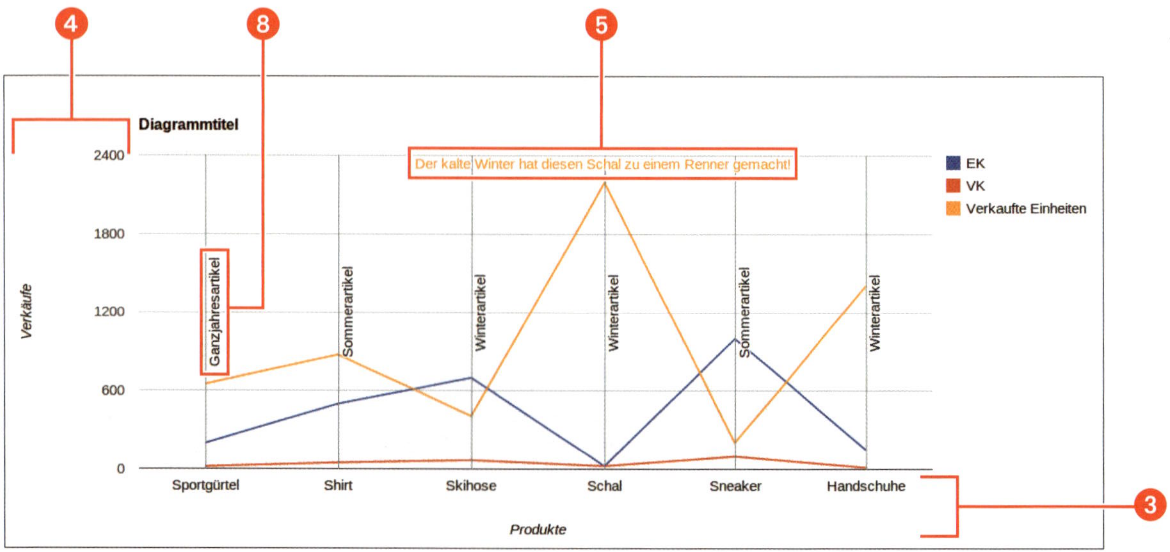
4
8
5
Diagrammtitel
Der kalte Winter hat diesen Schal zu einem Renner gemacht!
2400
1800
1200
600
0
Verkäufe
Ganzjahresartikel
Sommerartikel
Winterartikel
Winterartikel
Sommerartikel
Winterartikel
EK
VK
Verkaufte Einheiten
Sportgürtel
Shirt
Skihose
Schal
Sneaker
Handschuhe
Produkte
3

Anmerkungen in Diagramme einfügen

Nicht jedes Diagramm ist so leicht zu lesen wie das Ergebnis der Bundestagswahl. Je komplexer die dargestellten Daten, umso mehr Erklärungsbedarf besteht. Google Tabellen kommt diesem Bedürfnis entgegen und ermöglicht das Setzen von Anmerkungen direkt in einem Diagramm.

Anders als Sie vielleicht vermuten, legen Sie Anmerkungen jedoch nicht im Diagrammeditor an. Vielmehr liest das Programm die Texte aus einer zusätzlichen Spalte aus. Legen Sie also zunächst eine Spalte rechts neben den Werten an, die Sie innerhalb des dazugehörigen Diagramms kommentieren möchten, und geben Sie ihr zum Beispiel den Titel **Anmerkungen** ❶. In die Zelle neben dem Wert, der den Datenpunkt bildet, an dem die Notiz erscheinen soll, geben Sie nun Ihren Text ein ❷. Enthält also zum Beispiel Spalte A in einer Produktübersicht die einzelnen Artikelnamen, die auf der horizontalen x-Achse ❸ des Diagramms erscheinen, und Spalte B die Abverkäufe, die die vertikale y-Achse ❹ bilden, ergänzen Sie Ihre Anmerkungen in Spalte C. Beziehen Sie Spalte C in Ihre darzustellende Bereichsauswahl mit ein, erscheinen Ihre Anmerkungen an den jeweiligen Datenpunkten des Diagramms ❺.

Möchten Sie hingegen die Werte auf der horizontalen Achse mit Anmerkungen versehen, legen Sie die zusätzliche Spalte direkt neben deren Inhalten an. Um also in der Produktübersicht den einzelnen Artikelnamen in Spalte A ❻ eine Notiz mitzugeben, fügen Sie rechts neben den Einträgen eine Spalte B hinzu ❼, in die Sie wiederum Ihre Texte eingeben. Schließen Sie diese in Ihre Diagrammauswahl ein, erscheinen Ihre Anmerkungen vertikal zum jeweiligen Produkteintrag ❽.

Erscheinen Ihre Anmerkungen indes nicht wie gewünscht in Ihrem Diagramm, könnte dies am im Editor gewählten Diagrammtyp liegen: Anmerkungen lassen sich derzeit nur in Linien und Flächen diagrammen ergänzen.

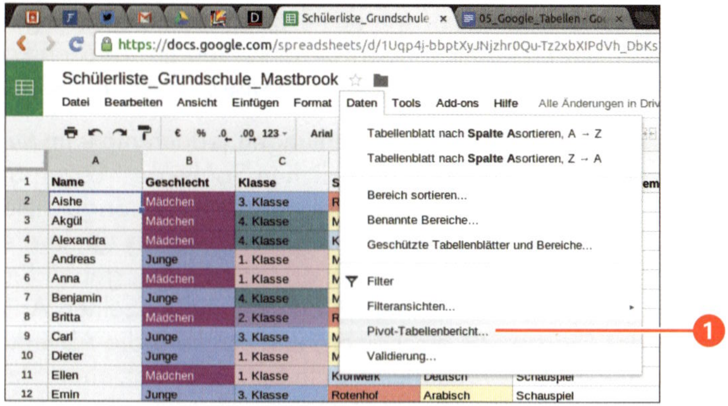
Schülerliste_Grundschule_Mastbrook
Datei Bearbeiten Ansicht Einfügen Format Daten Tools Add-ons Hilfe
Tabellenblatt nach Spalte Asortieren, A → Z
Tabellenblatt nach Spalte Asortieren, Z → A
Bereich sortieren...
Benannte Bereiche...
Geschützte Tabellenblätter und Bereiche...
Filter
Filteransichten...
Pivot-Tabellenbericht...
Validierung...
Name Geschlecht Klasse
1

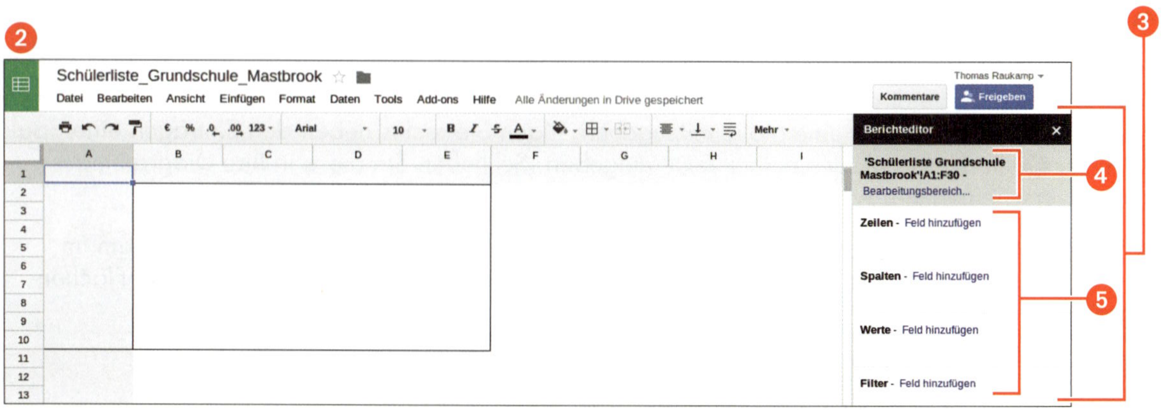
2
Schülerliste_Grundschule_Mastbrook
Datei Bearbeiten Ansicht Einfügen Format Daten Tools Add-ons Hilfe Alle Änderungen in Drive gespeichert
Thomas Raukamp
Kommentare
Freigeben
Berichteditor
'Schülerliste Grundschule Mastbrook'!A1:F30 -
Bearbeitungsbereich...
Zeilen - Feld hinzufügen
Spalten - Feld hinzufügen
Werte - Feld hinzufügen
Filter - Feld hinzufügen
3
4
5

Einen Pivot-Tabellenbericht erstellen

Pivot-Tabellenberichte eignen sich besonders für die Interpretation langer Datensätze. Da Sie vielleicht bisher noch keine allzu umfangreichen Tabellen angelegt haben, versorgt Google Sie zum Ausprobieren mit einer Beispielvorlage (*http://bit.ly/gdrivebuch_pivot_google*), mit der allerdings eher US-amerikanische Anwender zurechtkommen dürften. Wir haben die Tabelle jedoch für Sie »eingedeutscht« und stellen sie Ihnen zum freien Herunterladen zur Verfügung (*http://bit.ly/gdrivebuch_tabelle*). Es handelt sich um eine Tabelle mit Grundschülern von der ersten bis zur vierten Klasse, die neben den Namen auch Informationen zum Geschlecht, dem Einzugsgebiet, der Muttersprache und der Teilnahme an freiwilligen Arbeitsgemeinschaften enthält. Wir möchten diese Daten nun genauer durchleuchten und ihre Inhalte in Relation zueinander setzen. Kopieren Sie daher also am besten unsere Beispieltabelle in Ihr Google Drive und öffnen Sie sie in einem neuen Karteireiter. Das Dokument umfasst 30 Schüler und offeriert uns somit genügend Möglichkeiten zur Interpretation.

Wählen Sie nun aus dem **Daten**-Menü den Eintrag **Pivot-Tabellenbericht** ❶. Google Tabellen erkennt automatisch den genutzten Tabellenbereich und übernimmt ihn für den Pivot-Bericht. Alternativ können Sie natürlich auch einen Bereich selbst auswählen. Der neu geöffnete Tab wirkt allerdings zunächst recht spartanisch, da er noch keine Daten enthält ❷. Rechts neben dem eigentlichen Tabellenblatt befindet sich der Berichteditor ❸. Ganz oben können Sie Ihren Auswahlbereich präzisieren. Dazu ist jedoch eine einfache Formel ❹ notwendig – beherrschen Sie keine Formeln, definieren Sie einfach in der Originaltabelle einen neuen Bereich, für den Sie einen weiteren Pivot-Bericht anlegen.

Der Berichteditor unterteilt sich in vier Bereiche ❺, die Sie durch die Ergänzung mit Datenfeldern zum Leben erwecken (siehe nächste Seite). Diese »Datencontainer« sind per Drag-and-drop zwischen den einzelnen Bereichen mit der Maus verschiebbar, sodass Sie beispielsweise Zeileninhalte in Windeseile in Spalten übertragen können. Wie bereits erwähnt, dürfen Sie auch die Pivot-Tabelle mit allen Formatierungswerkzeugen nachbearbeiten, Sie können sogar Diagramme auf Basis des Datenmaterials erzeugen und Bilder, Formeln, Kommentare und Notizen einfügen.

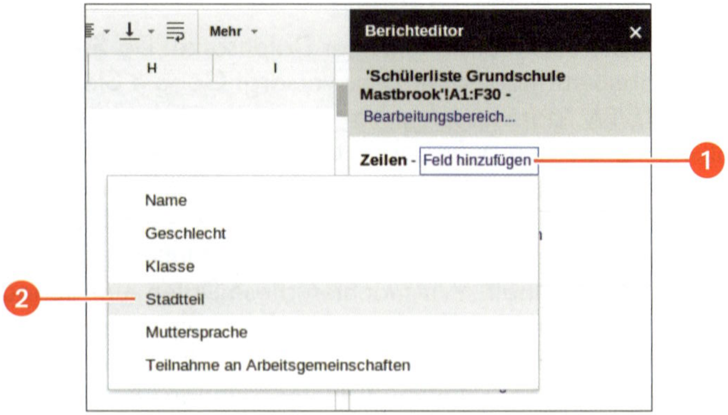

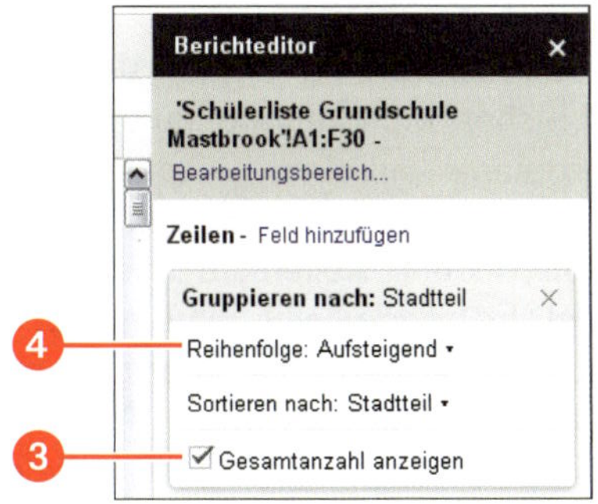

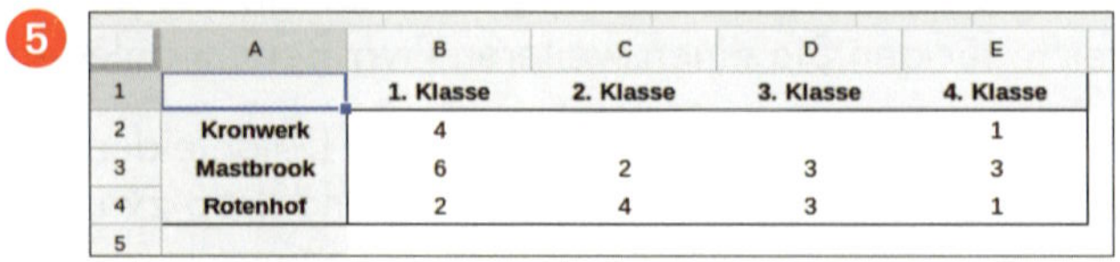

	A	B	C	D	E
1		1. Klasse	2. Klasse	3. Klasse	4. Klasse
2	Kronwerk	4			1
3	Mastbrook	6	2	3	3
4	Rotenhof	2	4	3	1
5					

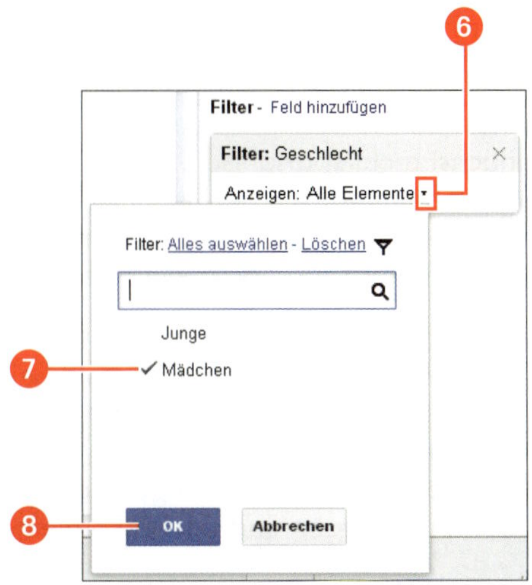

Mit dem Pivot-Tabellenbericht arbeiten

Nun möchten wir die Möglichkeiten des Pivot-Tabellenberichts in Szene setzen, um einen Datensatz auf verschiedene Weise zu interpretieren. Als Grundlage benutzen wir dazu unsere auf der vorangegangenen Seite vorgestellte und inzwischen in einen Pivot-Karteireiter gewandelte Tabelle mit den Daten der 30 Grundschüler.

Zunächst einmal wollen wir uns anschauen, wie sich die Zusammensetzung der vier Klassen nach ihrem Einzugsgebiet gestaltet. Es wird daher Zeit, mit den Datenfeldern zu arbeiten. Im Bereich **Zeilen** klicken wir dazu zunächst auf den Eintrag **Feld hinzufügen** ❶. Aus dem sich öffnenden Aufklappmenü wählen wir den Punkt **Stadtteil** ❷. Unsere Tabelle füllt sich mit Leben und ergänzt in Spalte A die drei im zugrunde liegenden Datensatz vorkommenden Stadtgebiete. Da es sich um reine Texteinträge handelt, wählen wir die Option **Gesamtanzahl anzeigen** ❸ ab. Wenn Sie möchten, können Sie auch die Sortierreihenfolge ❹ verändern. Im Bereich **Spalten** ergänzen Sie nun das Feld **Klasse** und wählen auch hier die Summenausgabe ab. Die vier Klassen bilden eigene Spalten in der Pivot-Tabelle. Der Bereich **Werte** wartet ebenfalls auf ein Datenfeld: Wir wählen hier wieder den Eintrag **Stadtteil** und bestimmen im Aufklappmenü **Zusammenfassen nach** die Funktion **COUNTA**, die die Anzahl der Werte in der Datengruppe zurückgibt. Sie sehen nun im Pivot-Bericht, wie sich die verschiedenen Stadtteile auf die Schüler in den Schulklassen verteilen ❺. Wir möchten die Angaben aber noch etwas weiter spezifizieren, und dabei soll uns der letzte Bereich des Berichteditors helfen: Klappen Sie den **Filter** ❻ auf, setzen Sie nur bei den **Mädchen** ❼ einen Haken und bestätigen Sie Ihre Auswahl ❽. Der Pivot-Bericht enthält jetzt die Zahl der Mädchen, die in den vier Klassen aus den unterschiedlichen Stadtteilen kommen.

Innerhalb des Berichteditors können Sie die Datenfelder zwischen den einzelnen Bereichen mit der Maus frei hin und her schieben, um die Aufteilung zu verändern oder neue Relationen herzustellen. Ziehen Sie das **Filter**-Datenfeld etwa in den Zeilenbereich, können Sie am Bericht die Relation der Klassen nach Geschlechtern ablesen. Außerdem dürfen Sie in jedem Bereich neue Felder einfügen, um die Anzeige weiter zu spezifizieren.

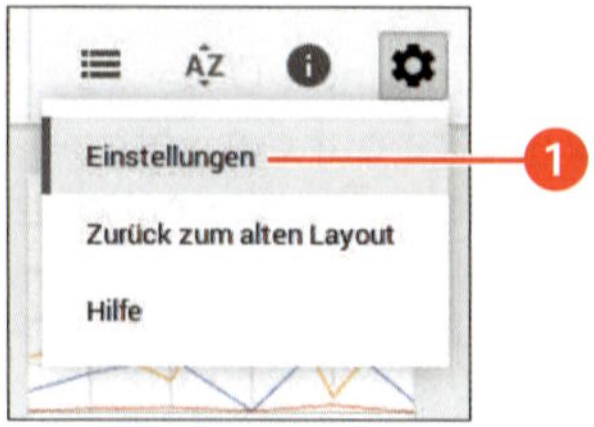

Einstellungen
Zurück zum alten Layout
Hilfe
1

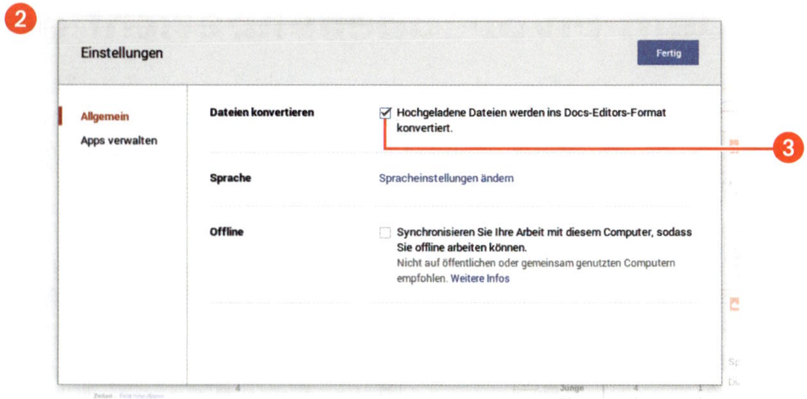

2
Einstellungen
Fertig
Allgemein
Apps verwalten
Dateien konvertieren
Hochgeladene Dateien werden ins Docs-Editors-Format konvertiert.
3
Sprache
Spracheinstellungen ändern
Offline
Synchronisieren Sie Ihre Arbeit mit diesem Computer, sodass Sie offline arbeiten können.
Nicht auf öffentlichen oder gemeinsam genutzten Computern empfohlen. Weitere Infos

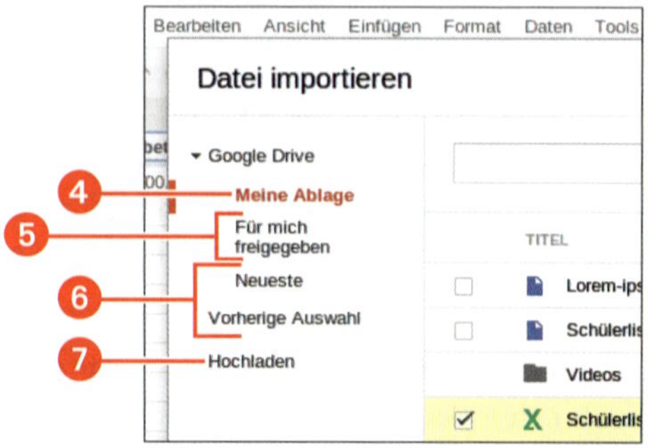

Bearbeiten Ansicht Einfügen Format Daten Tools
Datei importieren
Google Drive
4
Meine Ablage
5
Für mich freigegeben
Neueste
6
Vorherige Auswahl
7
Hochladen
TITEL
Videos

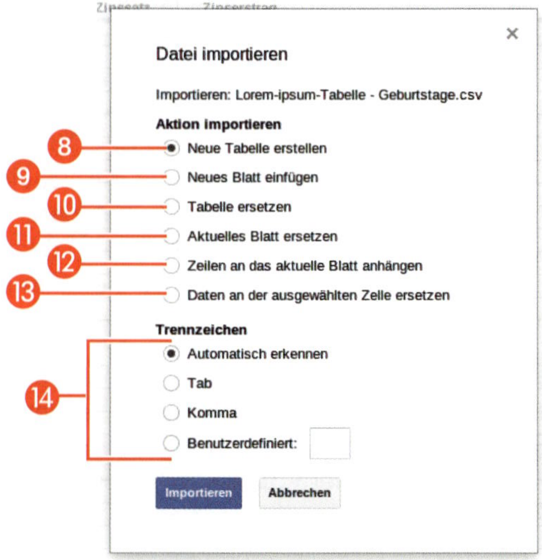

Datei importieren
Importieren: Lorem-ipsum-Tabelle - Geburtstage.csv
Aktion importieren
8
Neue Tabelle erstellen
9
Neues Blatt einfügen
10
Tabelle ersetzen
11
Aktuelles Blatt ersetzen
12
Zeilen an das aktuelle Blatt anhängen
13
Daten an der ausgewählten Zelle ersetzen
Trennzeichen
14
Automatisch erkennen
Tab
Komma
Benutzerdefiniert:
Importieren
Abbrechen

Excel-, OpenOffice- und Texttabellen importieren

Gibt es ein Leben vor Google Tabellen? Ganz sicher – haben Sie vor Googles Onlineprogramm eine andere Tabellenkalkulation verwendet, möchten Sie Ihre erzeugten Daten sicher weiterverwenden. Google Tabellen zeigt sich erfreulich aufgeschlossen und verarbeitet folgende Dateitypen:

- ***.xls** und ***.xlsx** aus Microsoft Excel
- ***.ods** aus OpenOffice und LibreOffice
- ***.csv** aus kommaseparierten Datensätzen
- ***.txt** aus Textdateien
- ***.tsv** sowie ***.tab** aus per Tabulatoren separierten Datensätzen

Möchten Sie eine ganze Reihe von Dokumenten automatisch für die Nutzung mit Google Tabellen umwandeln, verändern Sie die Upload-Einstellungen von Google Drive. Wählen Sie dazu in der Funktionsleiste unter dem Zahnrad den Eintrag **Einstellungen** ❶ aus. Im Konfigurationsfenster ❷ haken Sie den Eintrag **Dateien konvertieren** ❸ ab.

Es ist aber auch möglich, Tabellendaten direkt in ein bestehendes Dokument zu importieren, um sie hier weiterzubearbeiten. Wählen Sie dazu in einer geöffneten Tabelle aus dem **Datei**-Menü den Punkt **Importieren** aus. Google Tabellen öffnet nun ein üppiges Dateiauswahlfenster, das das Hinzufügen eines Dokuments aus Ihrer Ablage in Google Drive ❹, aus den für Sie freigegebenen Daten ❺, aus einer aktuellen oder vorherigen Auswahl ❻ sowie von der Festplatte Ihres Computers ❼ gestattet. Nach dem Hochladen offeriert Ihnen das Programm Ihre Importoptionen: Sie können aus dem Dokument wahlweise **eine neue Tabelle erstellen** ❽, es als **weiteres Arbeitsblatt** in eine bestehende Tabelle **einfügen** ❾ oder diese komplett **ersetzen** ❿. Separierte Texttabellen dürfen darüber hinaus **das aktuelle Tabellenblatt ersetzen** ⓫, ihre **Zeilen** an dieses **anhängen** ⓬ oder die Daten **ab der ausgewählten Zelle ersetzen** ⓭. Bei Problemen helfen Sie dem Importfilter mit der Angabe des in der Eingabetabelle verwendeten **Trennzeichens** ⓮ auf die Sprünge.

1
Schülerliste_Grundschule_Mastbrook
Datei
Bearbeiten
Einfügen
Format
Hilfe
Office-Kompatibilitätsmodus
Kopie erstellen...
Als Google-Tabelle speichern

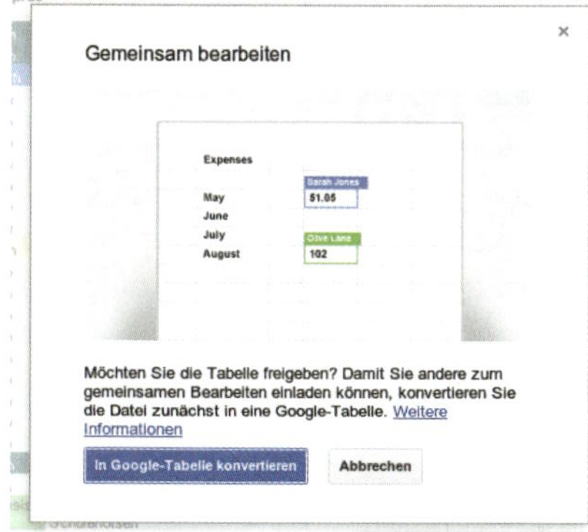
2
Gemeinsam bearbeiten
Möchten Sie die Tabelle freigeben? Damit Sie andere zum gemeinsamen Bearbeiten einladen können, konvertieren Sie die Datei zunächst in eine Google-Tabelle. Weitere Informationen
In Google-Tabelle konvertieren
Abbrechen

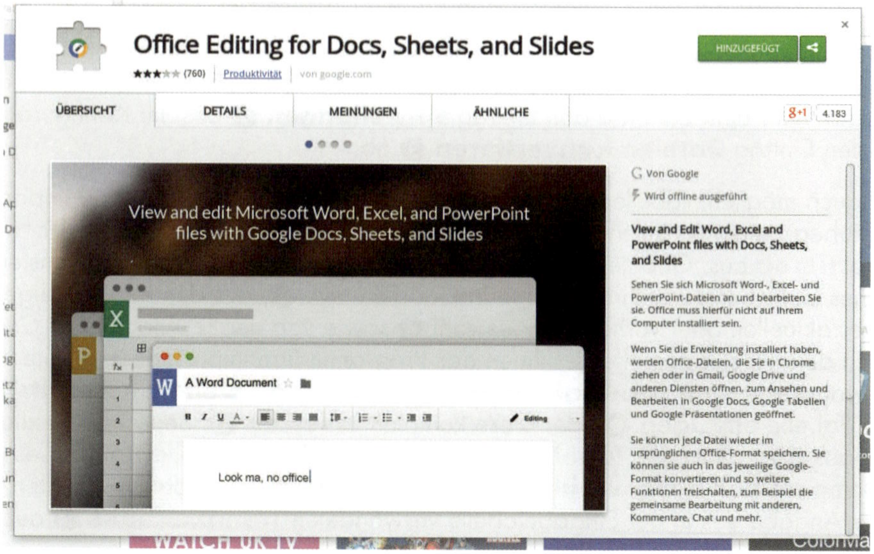
3
Office Editing for Docs, Sheets, and Slides
(760)
Produktivität
von google.com
HINZUGEFÜGT
ÜBERSICHT
DETAILS
MEINUNGEN
ÄHNLICHE
4.183
View and edit Microsoft Word, Excel, and PowerPoint files with Google Docs, Sheets, and Slides
A Word Document
Look ma, no office
Von Google
Wird offline ausgeführt
View and Edit Word, Excel and PowerPoint files with Docs, Sheets, and Slides
Sehen Sie sich Microsoft Word-, Excel- und PowerPoint-Dateien an und bearbeiten Sie sie. Office muss hierfür nicht auf Ihrem Computer installiert sein.
Wenn Sie die Erweiterung installiert haben, werden Office-Dateien, die Sie in Chrome ziehen oder in Gmail, Google Drive und anderen Diensten öffnen, zum Ansehen und Bearbeiten in Google Docs, Google Tabellen und Google Präsentationen geöffnet.
Sie können jede Datei wieder im ursprünglichen Office-Format speichern. Sie können sie auch in das jeweilige Google-Format konvertieren und so weitere Funktionen freischalten, zum Beispiel die gemeinsame Bearbeitung mit anderen, Kommentare, Chat und mehr.

Native Bearbeitung von Excel-Dokumenten

Die Umwandlung von Microsoft-Excel-Dokumenten für die Bearbeitung mit Google Tabellen eröffnet den vollen Funktionsumfang von Googles Tabellenkalkulation für die Arbeit mit Office-Dateien. Wollen Sie die Datei jedoch nach ihrer Veränderung an einen Excel-Nutzer weitergeben, müssen Sie sie nochmals sichern und somit konvertieren. Einfacher geht es mit der nativen Office-Bearbeitung von Google Drive, die diesen Zwischenschritt spart und eine im **XLS**- beziehungsweise **XLSX**-Format gespeicherte Tabelle ohne Umwege importiert und zur Bearbeitung bereitstellt. Dazu ruft Google Drive eine abgespeckte Version des Google-Tabellen-Editors auf, der die grundlegenden Arbeits- und Formatierungsfunktionen zur Verfügung stellt. Änderungen speichert die App automatisch im Excel-Format, sodass Sie sich einen zusätzlichen Export sparen. Möchten Sie doch zum größeren Funktionsumfang von Google Tabellen wechseln und das Dokument somit nachträglich konvertieren, genügt ein einfacher Mausklick ❶. Auch für die Arbeit im Team müssen Sie die Excel-Datei ins Google-eigene Format umwandeln, da Sie sie nur dann für Freunde und Mitarbeiter freigeben dürfen ❷.

Für die Nutzung der nativen Bearbeitung von Excel-Dateien müssen Sie allerdings Googles Webbrowser Chrome oder die quelloffene Alternative Chromium nutzen. Der Grund: Die nötigen Importroutinen rüstet eine Erweiterung nach, die Sie im Chrome Web Store unter der Adresse *http://bit.ly/gdrivebuch_office* finden ❸ und die nicht für andere Browser wie Firefox, Safari und Internet Explorer bereitsteht. Klicken Sie nach ihrer Installation doppelt auf ein Excel-Tabellendokument, öffnet Google Drive dieses automatisch in einem nativen Arbeitsfenster.

Auch der E-Mail-Dienst Gmail profitiert übrigens von der in Chrome installierten Erweiterung: Sie können eine Excel-Datei direkt aus einem Nachrichtenanhang öffnen, editieren und im Originalformat speichern, ohne sie vorher in Google Drive zwischenzuspeichern – damit reduziert sich der Aufwand für das Bearbeiten und Weitergeben beziehungsweise Rücksenden einer Tabelle für Chrome-Nutzer auf ein Mindestmaß.

Im Web veröffentlichen
Veröffentlichung steuern
Dieses Dokument wird nicht im Web veröffentlicht.
Automatisch neu veröffentlichen, wenn Änderungen vorgenommen wurden
Jetzt veröffentlichen
Hinweis: Durch die Veröffentlichung wird dieser Inhalt für alle sichtbar gemacht, die über den veröffentlichten Link verfügen, ohne dass dabei die Freigabeeinstellungen für das Dokument geändert werden. Weitere Informationen
Schließen
1
2

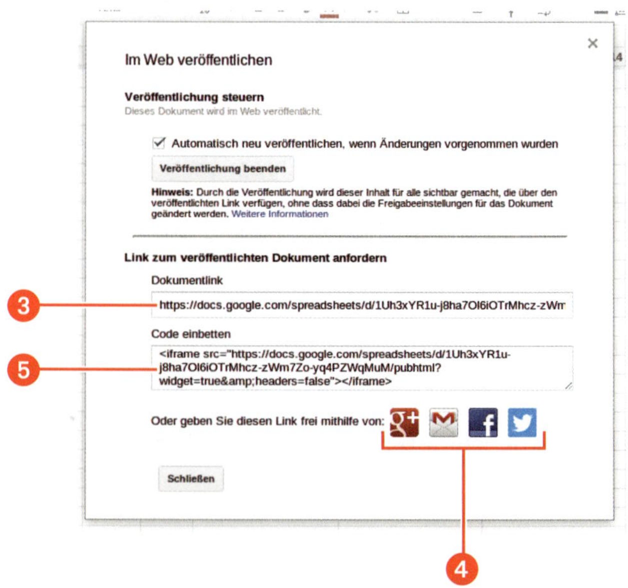
Im Web veröffentlichen
Veröffentlichung steuern
Dieses Dokument wird im Web veröffentlicht.
Automatisch neu veröffentlichen, wenn Änderungen vorgenommen wurden
Veröffentlichung beenden
Hinweis: Durch die Veröffentlichung wird dieser Inhalt für alle sichtbar gemacht, die über den veröffentlichten Link verfügen, ohne dass dabei die Freigabeeinstellungen für das Dokument geändert werden. Weitere Informationen
Link zum veröffentlichten Dokument anfordern
Dokumentlink
https://docs.google.com/spreadsheets/d/1Uh3xYR1u-j8ha7Ol6iOTrMhcz-zWm
Code einbetten
<iframe src="https://docs.google.com/spreadsheets/d/1Uh3xYR1u-j8ha7Ol6iOTrMhcz-zWm7Zo-yq4PZWqMuM/pubhtml?widget=true&headers=false"></iframe>
Oder geben Sie diesen Link frei mithilfe von:
Schließen
3
5
4

Tabellendokumente exportieren

Manchmal ist es unvermeidlich, ein Dokument zu exportieren und es dabei für die Nutzung in anderen Programmen umzuwandeln – etwa wenn ein Kollege kein Google-Benutzerkonto anlegen möchte, um online darauf zuzugreifen. Google Tabellen unterstützt die folgenden Dateitypen, die Sie im **Datei**-Menü durch den Eintrag **Herunterladen als ...** bestimmen:

- *.**xlsx** für Microsoft Excel
- *.**ods** für OpenOffice und LibreOffice
- *.**csv** für kommaseparierte Tabellen
- *.**tsv** sowie *.**tab** für per Tabulatoren separierte Datensätzen

Eine weitere Möglichkeit ist der Export einer Tabelle in das **HTML**-Format für die Anzeige in einem Webbrowser oder die Bearbeitung in einem HTML-Editor. Google Tabellen legt dafür eine ZIP-Datei an, da eine Tabelle immer auch Ressourcen wie etwa CSS-Steuerdaten erzeugt. Leider exportiert das Programm dabei keine eingesetzten Bilder und Diagramme – eventuell ist dieser Nachteil mit Erscheinen dieses Buchs bereits behoben. Beachten Sie jedoch, dass Sie Diagramme einzeln speichern oder in eine Webseite einbinden können.

Möchten Sie eine Tabelle zum Beispiel in Ihr Blog einbetten, empfiehlt sich eher die Möglichkeit der Veröffentlichung im Web, die Sie mit dem entsprechenden Eintrag im **Datei**-Menü steuern. Zunächst müssen Sie der Veröffentlichung in einem Dialogfenster zustimmen ❶. Setzen Sie darüber hinaus die Option **Automatisch neu veröffentlichen, wenn Änderungen vorgenommen wurden** ❷, wenn Sie sicherstellen möchten, dass Ihre Webseite jederzeit die aktuelle Version abbildet. Bedenken Sie jedoch: Jeder Anwender, der über den Link verfügt, darf die Tabelle ansehen. Die URL ❸ des Verweises kopieren Sie im nächsten Informationsfenster – außerdem können Sie die Adresse direkt per E-Mail oder in den sozialen Netzwerken Google+, Facebook und Twitter verbreiten ❹. Ein HTML-Code ❺ erlaubt hingegen das Einbetten als Frame.

1
Der lange Winter hat diesen Schal zum Verkaufsrenner gemacht!
5
6
Sommer
¥1.000,00
100,00 €

2
5

3
F
G
H
I
Verkaufte Einheiten
652
876
409
Thomas Raukamp
15:52 Heute
Klären
+imke
Gute Zahlen!
"Imke Hirschmann" <imk
Speichern
Abbrechen
Auf Kommentar antworten

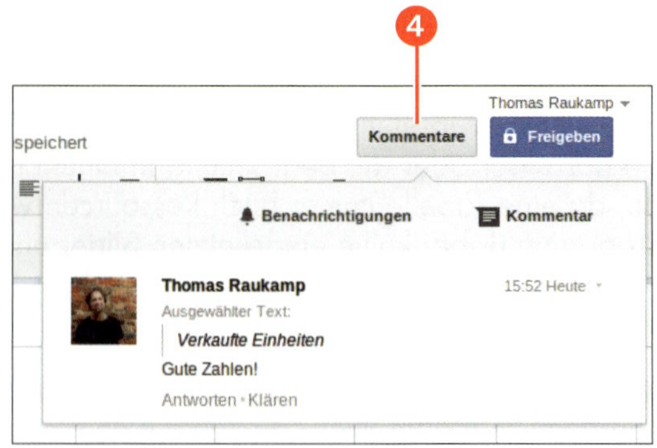
4
Thomas Raukamp
speichert
Kommentare
Freigeben
Benachrichtigungen
Kommentar
Thomas Raukamp
15:52 Heute
Ausgewählter Text:
Verkaufte Einheiten
Gute Zahlen!
Antworten · Klären

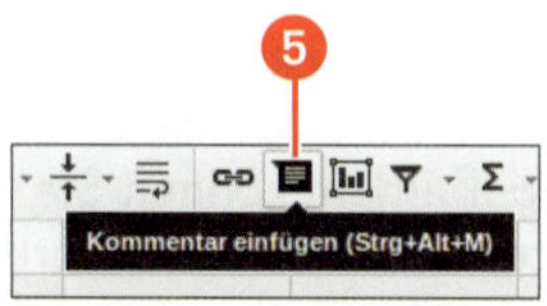
5
Kommentar einfügen (Strg+Alt+M)

2 Produktliste 2013
6

Teamwork: Notizen und Kommentare

Von wegen schnöde Tabellenkalkulation – Google Tabellen erweist sich als wahre Plaudertasche. Denn das Programm bietet gleich zwei Möglichkeiten, Anmerkungen zu den enthaltenen Daten zu erfassen.

Die naheliegendere finden Sie im **Einfügen**-Menü mit dem Eintrag **Notizen**. Wählen Sie die Spalte, Zeile, Zelle oder den Bereich aus, zu der oder dem Sie eine Notiz hinterlassen möchten, öffnet sich ein Textfeld, das Sie beliebige Einträge vornehmen lässt ❶. Verlassen Sie die Texteingabe, zeigt eine kleine schwarze Ecke in der ersten Zelle der Auswahl eine vorhandene Notiz an ❷. Fahren Sie mit der Maus über diese Zelle, wird Ihr Eintrag wieder angezeigt. Jeder Anwender, der die Tabelle anzeigen darf, kann auch die Notizen abrufen. Eine Reaktion auf eine Notiz oder gar eine Diskussion ist jedoch nicht möglich.

Diese Nutzung der Teamfähigkeiten von Google Drive ist der Kommentarfunktion vorbehalten: Ähnlich wie bei der Textverarbeitung Google Docs können Sie durch das Setzen eines Kommentars Mitarbeiter durch die Inklusion ihrer E-Mail-Adresse nach einem Pluszeichen direkt ansprechen – bereits eingeladene beziehungsweise sich in Ihren Kontakten befindliche Adressen wählen Sie aus der Autovervollständigung aus ❸. Die betreffende Person erhält daraufhin eine Benachrichtigung per E-Mail. Eventuelle Antworten ergeben eine Diskussion, an der sich alle Kollegen mit Kommentarrechten beteiligen dürfen. Eine Übersicht – auch über bereits geklärte – Einträge und Diskussionen liefert Ihnen wie gewohnt die Schaltfläche **Kommentare** ❹.

Sie hinterlassen einen Kommentar, indem Sie eine Spalte, Zeile oder Zelle anklicken und aus dem **Einfügen**-Menü den gleichnamigen Eintrag auswählen. Alternativ steht Ihnen das **Kommentar**-Icon in der Piktogrammleiste zur Verfügung ❺. Die betreffende Zelle erhält eine gelbe Ecke, die einen vorhandenen Kommentar andeutet, der von allen Mitarbeitern einsehbar ist. Zusätzlich erscheint die Anzahl der Kommentare am Karteireiter des Tabellenblatts, von wo aus Sie alle hinterlassenen Einträge anzeigen lassen ❻.

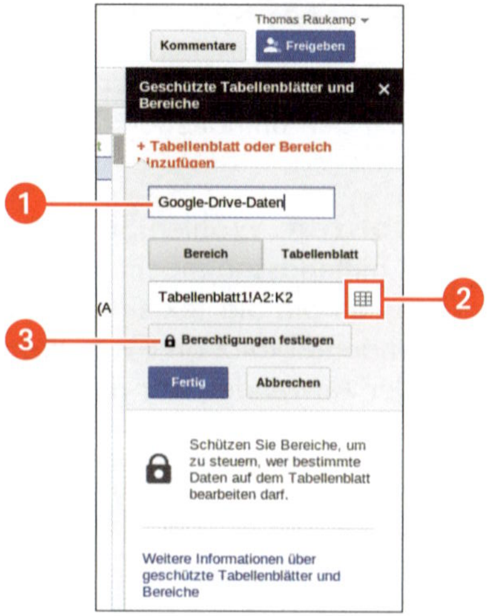
Thomas Raukamp
Kommentare
Freigeben
Geschützte Tabellenblätter und Bereiche
+ Tabellenblatt oder Bereich hinzufügen
1
Google-Drive-Daten
Bereich
Tabellenblatt
Tabellenblatt1!A2:K2
2
3
Berechtigungen festlegen
Fertig
Abbrechen
Schützen Sie Bereiche, um zu steuern, wer bestimmte Daten auf dem Tabellenblatt bearbeiten darf.
Weitere Informationen über geschützte Tabellenblätter und Bereiche

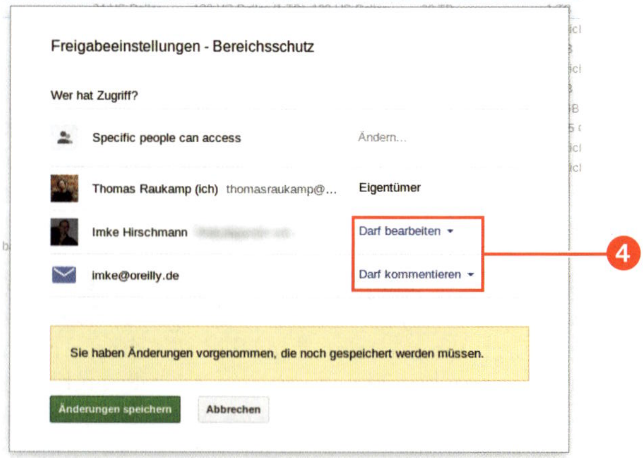
Freigabeeinstellungen - Bereichsschutz
Wer hat Zugriff?
Specific people can access
Ändern...
Thomas Raukamp (ich) thomasraukamp@...
Eigentümer
Imke Hirschmann
Darf bearbeiten
imke@oreilly.de
Darf kommentieren
4
Sie haben Änderungen vorgenommen, die noch gespeichert werden müssen.
Änderungen speichern
Abbrechen

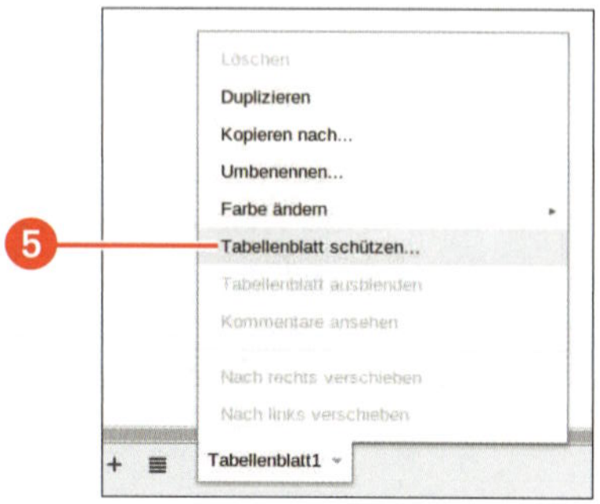
Löschen
Duplizieren
Kopieren nach...
Umbenennen...
Farbe ändern
5
Tabellenblatt schützen...
Tabellenblatt ausblenden
Kommentare ansehen
Nach rechts verschieben
Nach links verschieben
Tabellenblatt1

Tabellenbereiche vor Bearbeitung schützen

Wenn mehrere Mitarbeiter in einem Team gemeinsam an einer Tabelle arbeiten, kann es sinnvoll sein, getrennte Bearbeitungsrechte für die verschiedenen Bereiche eines Dokuments zu vergeben. Trägt zum Beispiel eine wissenschaftliche Tabelle Temperaturwerte von unterschiedlichen Orten zusammen, möchten Sie einige Bereiche oder Tabellenblätter vielleicht nur den Kollegen aus der meteorologischen Abteilung zur Bearbeitung öffnen. Geschützte Bereiche oder Tabellenblätter ersetzen nicht den sorgsamen Umgang mit den Freigabeberechtigungen an einem Dokument, da bestimmte Aktionen wie etwa das Kopieren und Einfügen weiterhin erlaubt sind.

Kümmern wir uns zunächst um die Berechtigungseinstellungen einzelner Zellen oder Wertebereiche innerhalb einer Tabelle. Wählen Sie die Zellen oder Bereiche aus, für die Sie gesonderte Freigaben festlegen möchten. Nun rufen Sie aus dem **Daten**-Menü den Eintrag **Geschützte Tabellenblätter und Bereiche** auf. Rechts neben Ihrer Tabelle öffnet sich der Freigabeeditor, in dem Sie den ausgewählten Bereich zunächst einmal betiteln sollten ❶. Möchten Sie Ihre Auswahl nachträglich erweitern oder präzisieren, klicken Sie auf das **Tabellen**-Piktogramm in der Bereichsauswahl ❷ und markieren die gewünschten Zellen mit der Maus. Alternativ können Sie Ihre Auswahl auch in einer Formel festlegen. Klicken Sie nun auf die Schaltfläche **Berechtigungen festlegen** ❸, um aus der Liste der freigegebenen Personen die Mitarbeiter auszuwählen, die den Bereich entweder bearbeiten oder nur kommentieren dürfen ❹. Versucht nun eine Person ohne Bearbeitungsrechte, eine Zelle des geschützten Bereichs zu verändern, erhält sie eine Fehlermeldung. Die Bereiche, auf die sie keinen Zugriff hat, erscheinen zudem kariert, sofern diese Darstellung nicht im **Ansicht**-Menü abgewählt wurde.

Um die Bearbeitungsrechte an einem kompletten Tabellenblatt zu spezifizieren, wählen Sie aus dem Aufklappmenü seines Karteireiters den Eintrag **Tabellenblatt schützen** ❺. Im nun bereits bekannten Editor können Sie für jedes im Dokument enthaltene Tabellenblatt je nach Mitarbeiter unterschiedliche Bearbeitungs- und Kommentarrechte vergeben.

Neues Formular erstellt. Fügen Sie Fragen hier ein. Schließen

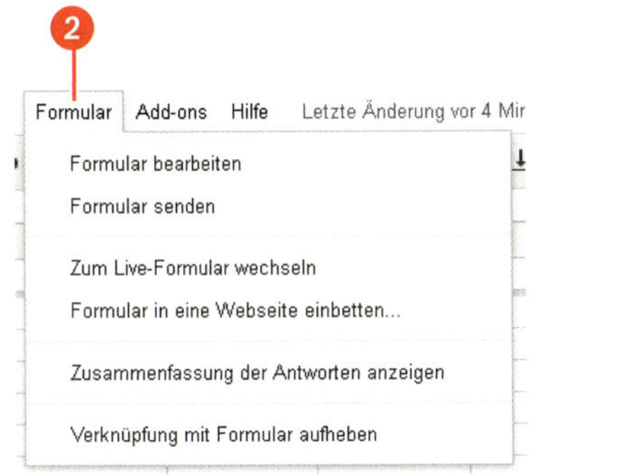
Formular
Add-ons
Hilfe
Letzte Änderung vor 4 Mir
Formular bearbeiten
Formular senden
Zum Live-Formular wechseln
Formular in eine Webseite einbetten...
Zusammenfassung der Antworten anzeigen
Verknüpfung mit Formular aufheben

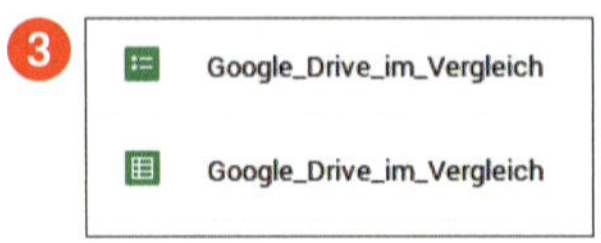
Google_Drive_im_Vergleich
Google_Drive_im_Vergleich

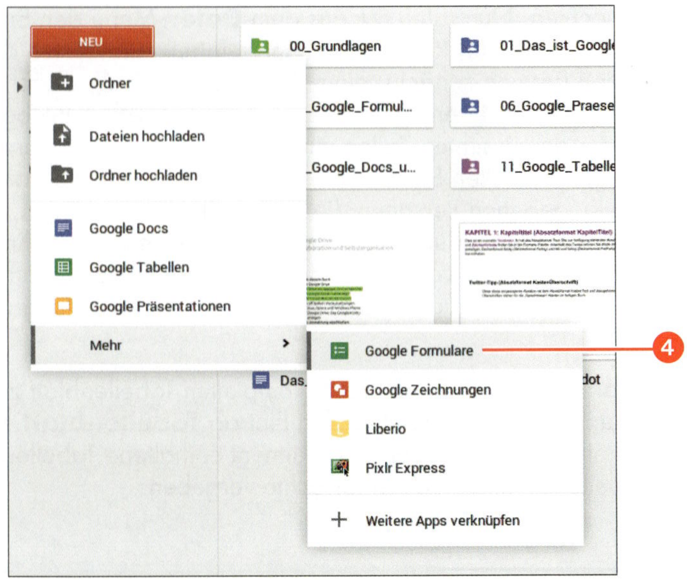
NEU
Ordner
Dateien hochladen
Ordner hochladen
Google Docs
Google Tabellen
Google Präsentationen
Mehr
00_Grundlagen
01_Das_ist_Googl
_Google_Formul...
06_Google_Praese
_Google_Docs_u...
11_Google_Tabelle
Google Formulare
Google Zeichnungen
Liberio
Pixlr Express
Weitere Apps verknüpfen

Kapitel 5 | Google Formulare

Wahrscheinlich denken Sie bei dem Wort »Formular« nicht unbedingt an ein dynamisches Werkzeug zur Erfassung online eingegebener Daten. Und doch liefert Google Formulare genau das: Die zur Standardausstattung der Google-Office-Suite gehörende Applikation ermöglicht die Gestaltung öffentlicher und privater Umfragen und verwaltet deren Ergebnisse innerhalb von Tabellen. Diese können Sie wiederum mit Google Tabellen bearbeiten, auswerten und interpretieren.

Mit Google Tabellen erstellte Tabellendokumente können bis zu 400.000 Zellen verwalten – erwarten Sie mehr Antworten, sollten Sie deren Daten direkt in Google Formulare speichern, um sie später als kommaseparierte CSV-Datei herunterzuladen.

Innerhalb einer bereits mit Google Tabellen erstellten Tabelle legen Sie ein Formular mithilfe des **Einfügen**-Menüs an: Wählen Sie hier den Eintrag **Formular** aus, erzeugt das Programm ein zusätzliches Tabellenblatt, das als **Antwortziel** für die später im Formular eingegebenen Daten dient. Außerdem offeriert ein Informationsfenster ❶ einen Verweis zum Formulareditor, der nach der Auswahl in einem eigenen Tab Ihres Webbrowsers startet. Öffnen Sie nun das neue Tabellenblatt, sehen Sie, dass es über einen zusätzlichen Menüeintrag namens **Formular** ❷ verfügt. Dieses dient dem Aufruf des Editors sowie der Eingabemaske und steuert das Versenden und Einbetten der Fragen. Schauen Sie nun in Ihr Google-Drive-Verzeichnis, sehen Sie, dass der Ordner, in dem sich auch die verknüpfte Tabelle befindet, Zuwachs in Form einer Formulardatei erhalten hat ❸. Diese sollte den gleichen Namen tragen wie die Tabelle und unterscheidet sich auf den ersten Blick nur durch ihr Piktogramm.

Sie können ein Formular jedoch auch unabhängig von einer bestehenden Tabelle anlegen, indem Sie den Editor direkt aufrufen. Dazu klicken Sie wie gewohnt in Google Drive auf die **Neu**-Schaltfläche, um aus dem Eintrag **Mehr** mit dem Unterpunkt **Google Formulare** ❹ die gleichnamige App zu starten, die sich mit ihrem Editor in einem neuen Karteireiter des Browsers öffnet. Die Tabellenverknüpfung müssen Sie selbst anlegen.

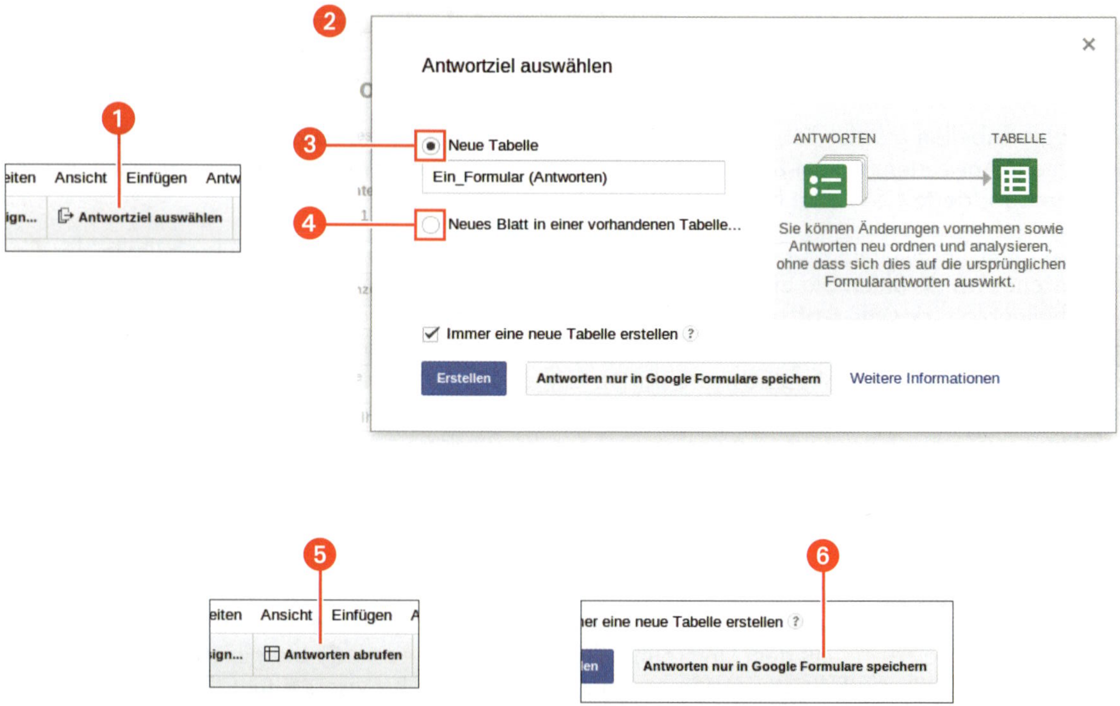
1
eiten Ansicht Einfügen Antw
ign... Antwortziel auswählen
2
Antwortziel auswählen
3
Neue Tabelle
Ein_Formular (Antworten)
4
Neues Blatt in einer vorhandenen Tabelle...
ANTWORTEN
TABELLE
Sie können Änderungen vornehmen sowie Antworten neu ordnen und analysieren, ohne dass sich dies auf die ursprünglichen Formularantworten auswirkt.
Immer eine neue Tabelle erstellen
Erstellen
Antworten nur in Google Formulare speichern
Weitere Informationen
5
eiten Ansicht Einfügen
ign... Antworten abrufen
6
er eine neue Tabelle erstellen
Antworten nur in Google Formulare speichern

Antwortziele für ein Formular auswählen

Haben Sie ein Formular innerhalb eines Google-Tabellen-Dokuments angelegt, ist dieses fest mit der Tabelle »verdrahtet«. Sie brauchen sich also nicht mehr um ein Antwortziel für die Onlineeingabe zu kümmern – es sei denn, Sie möchten es ändern und eine neue Tabelle angeben.

Haben Sie Ihr Formular hingegen zunächst direkt in Google Drive als eigenständiges Dokument erstellt (siehe vorhergehende Seite), müssen Sie eine Tabelle angeben, damit Sie die erfassten Daten auswerten können. Dies erledigen Sie am besten direkt im Formulareditor, den Sie mit einem Klick auf die Formulardatei in Ihrem Google-Drive-Verzeichnis aufrufen. Im Editor öffnen Sie zunächst das **Antworten**-Menü und rufen hier den Eintrag **Antwortziel auswählen** auf. Noch schneller kommen Sie über den gleichnamigen Eintrag in der Funktionsleiste ans Ziel ❶. Das sich daraufhin öffnende Dialogfenster ❷ offeriert Ihnen zwei Möglichkeiten für das Anlegen eines Datenziels: Entweder legen Sie eine komplett neue Tabelle ❸ an, deren Namen Sie aus dem Vorschlag übernehmen oder frei wählen können. Oder Sie bestimmen ein neues Tabellenblatt ❹ in einem bereits vorhandenen Tabellendokument, das Sie nach einem Klick auf die Schaltfläche **Auswählen** aus den in der Ablage Ihres Google Drive gefundenen Tabellen bestimmen. Sobald Sie eine Tabelle oder ein Tabellenblatt als Antwortziel ausgewählt haben, ändert sich der Eintrag in der Funktionsleiste von **Antwortziel auswählen** in **Antworten abrufen** ❺, der die verknüpfte Tabelle aufruft.

Sie können übrigens mehrere Formulare auf eine gemeinsame Tabelle zugreifen lassen – legen Sie einfach für jedes Formular ein neues Tabellenblatt an. Möchten Sie das Antwortziel ändern, rufen Sie den Einstellungsdialog mit dem gleichnamigen Eintrag aus dem **Antworten**-Menü des Editors auf. Hier können Sie auch die Verknüpfung mit dem Formular aufheben.

Möchten Sie die Formularauswertung nicht in einer Tabelle speichern, wählen Sie im Dialogfenster die Schaltfläche **Antworten nur in Google Formulare speichern** ❻ aus. Dies erzeugt eine kommaseparierte Liste, die Sie als CSV-Datei im **Datei**-Menü des Formulareditors herunterladen können.

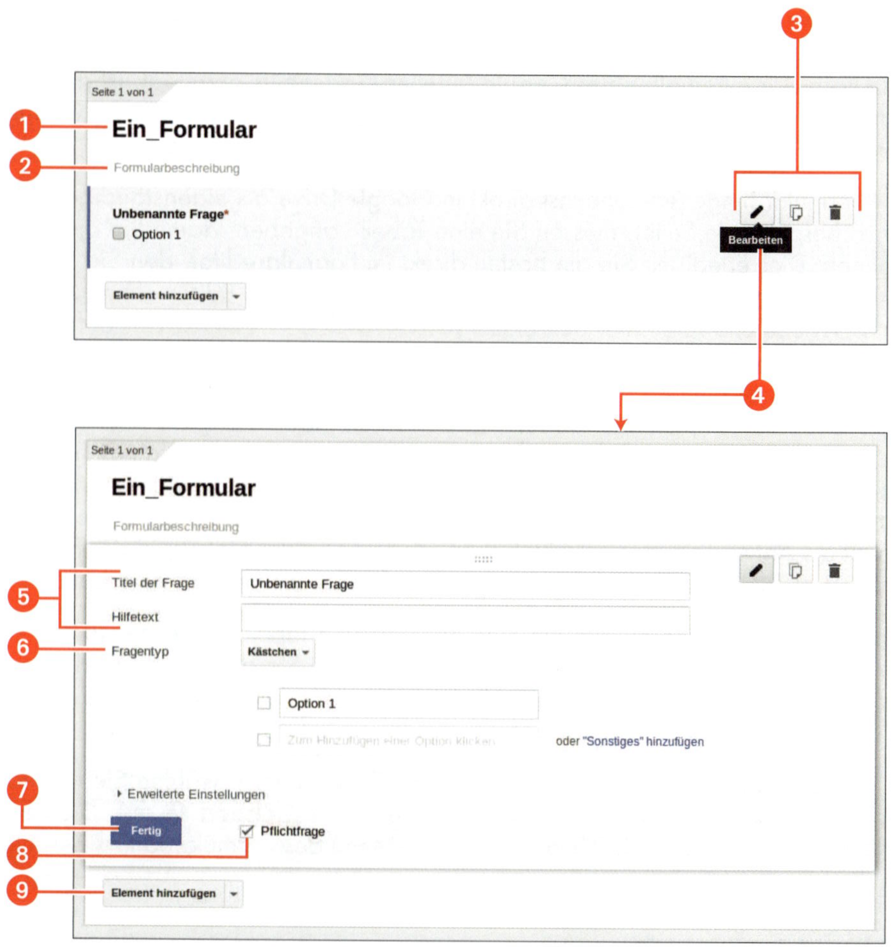

Seite 1 von 1
Ein_Formular
Formularbeschreibung
Unbenannte Frage*
Option 1
Element hinzufügen
Bearbeiten
1
2
3
4
Seite 1 von 1
Ein_Formular
Formularbeschreibung
Titel der Frage
Unbenannte Frage
Hilfetext
Fragentyp
Kästchen
Option 1
Zum Hinzufügen einer Option klicken
oder "Sonstiges" hinzufügen
Erweiterte Einstellungen
Fertig
Pflichtfrage
Element hinzufügen
5
6
7
8
9

Erste Schritte mit dem Formulareditor

Der Editor von Google Formulare hilft Ihnen bei der Gestaltung anspruchsvoller Onlineeingabemasken. Er verwaltet nicht nur die Verknüpfung mit der Zieltabelle, sondern stellt auch die Brücke zum Onlineformular dar. Ein Formular setzt sich von oben nach unten aus verschiedenen Frage- und Textelementen, Überschriften sowie medialen Inhalten zusammen. Genau in der Reihenfolge, wie diese Elemente in Ihrem Onlineformular erscheinen sollen, setzen Sie sie auch innerhalb des Editors zusammen. Dieser verwaltet die verschiedenen Formularseiten innerhalb von »Datencontainern«, die die verschiedenen Inhaltselemente beherbergen.

Öffnen Sie zunächst ein neues Formular aus Google Drive oder einer in Google Tabellen angelegten Tabelle. Der mittlere Container des noch leeren Editors repräsentiert die erste Seite des zu erschaffenden Formulars. Ganz oben befindet sich das Eingabefeld für die **Seitenüberschrift** ❶, darunter ist Platz für eine **Formular- oder Seitenbeschreibung** ❷, bevor das erste Element bereits Platzhalter für eine Frage des Formulars offeriert. Bewegen Sie die Maus nun über dieses Formularelement: An seinem rechten Rand erscheinen drei Piktogramme zum **Bearbeiten**, **Duplizieren** und **Löschen** ❸. Außerdem verwandelt sich der Mauszeiger in eine Faust, die signalisiert, dass Sie das Element frei verschieben können, um das Formular später neu zu strukturieren.

Klicken Sie nun auf die Schaltfläche zum Bearbeiten ❹ des Formularelements. Es öffnet sich ein Dialogfenster, das die Eingabe der **Frage** und eines **Hilfetexts** gestattet ❺. Darunter legen Sie mithilfe eines Aufklappmenüs den **Fragetyp** ❻ fest – zu den einzelnen Abfragearten finden Sie Näheres auf den folgenden Seiten. Je nach Typ können Sie unterschiedliche Optionen zur Gestaltung der geforderten Antworten festlegen. Mit der Schaltfläche **Fertig** ❼ übernehmen Sie das Element in den Editor und damit Ihr Onlineformular. Um zu verhindern, dass Anwender die Frage unbeantwortet lassen, klicken Sie die Option **Pflichtfrage** ❽ an – der Titel der Frage enthält nun ein rotes Sternchen.

Haben Sie Ihr erstes Seitenelement definiert, fügen Sie weitere Elemente in Ihr Formular ein ❾.

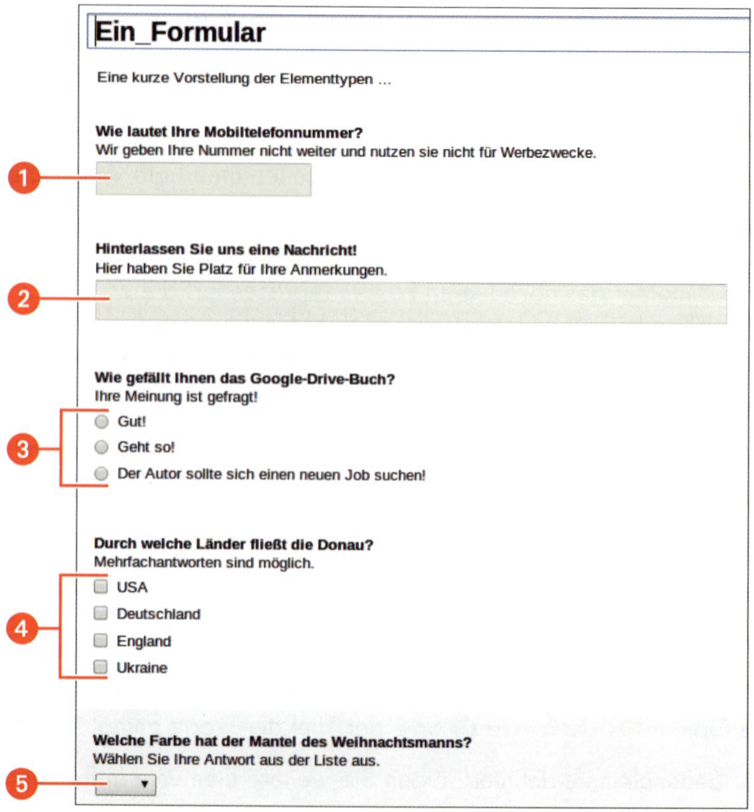
Ein_Formular
Eine kurze Vorstellung der Elementtypen ...
Wie lautet Ihre Mobiltelefonnummer?
Wir geben Ihre Nummer nicht weiter und nutzen sie nicht für Werbezwecke.
Hinterlassen Sie uns eine Nachricht!
Hier haben Sie Platz für Ihre Anmerkungen.
Wie gefällt Ihnen das Google-Drive-Buch?
Ihre Meinung ist gefragt!
Gut!
Geht so!
Der Autor sollte sich einen neuen Job suchen!
Durch welche Länder fließt die Donau?
Mehrfachantworten sind möglich.
USA
Deutschland
England
Ukraine
Welche Farbe hat der Mantel des Weihnachtsmanns?
Wählen Sie Ihre Antwort aus der Liste aus.
1
2
3
4
5

Einfache Formularelemente im Überblick

Ein Formular besteht aus verschiedenen Elementen, die den Fragetyp festlegen sowie Text- und Medieninhalte beherbergen. Jede Formularseite darf beliebig viele Elemente enthalten, die Sie nach Belieben per Drag-and-drop arrangieren können. Google Formulare kennt je nach Anwendungswunsch einfache und erweiterte Elementtypen (siehe nächste Seite). **Layoutelemente** gestalten hingegen das Aussehen des Onlineformulars durch Seitenumbrüche, Überschriften, Bilder und Videos. Alle Elemente fügen Sie mit der Schaltfläche **Element hinzufügen** in ein Formular ein. Den Elementtyp bestimmen Sie durch das Aufklappmenü neben dem eigentlichen Button.

- Die **einfachen Elementtypen** teilen sich in die folgenden Anwendungen auf:
- **Text** ❶: Der Formularbenutzer gibt seine Antwort in eine Textzeile ein. Diese eignet sich vornehmlich für kurze Antworten.
- **Textabsatz** ❷: Das erzeugte Textfeld nimmt auch längere Texte auf, der Anwender kann das Eingabefenster sogar vergrößern. Es eignet sich daher als Nachrichtenfeld sowie für längere Antworten oder auch Lebensläufe.
- **Auswahlfrage** ❸: Sie geben die möglichen Antworten vor, zwischen denen sich der Nutzer mit einem Mausklick entscheiden muss. Dieser Elementtyp bietet sich besonders für Fragelisten an.
- **Kästchen** ❹: Auch bei diesem Typ geben Sie die Antworten vor, der Formularnutzer darf jedoch mehrere mögliche Optionen ankreuzen.
- **Liste** ❺: Dieses Element erzeugt ein Aufklappmenü im Formular, aus dem der Teilnehmer seine Antwort auswählt.

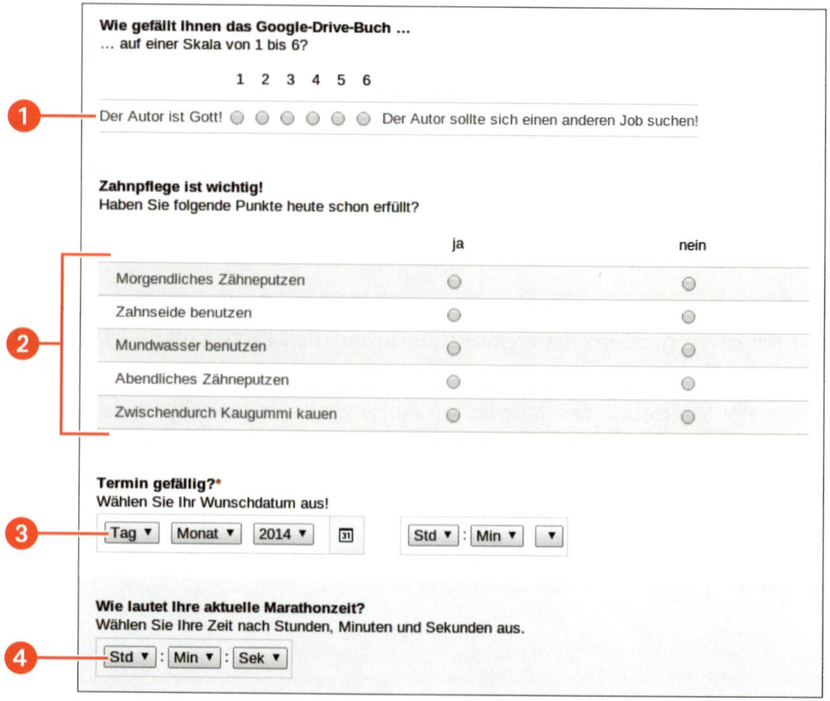
Wie gefällt Ihnen das Google-Drive-Buch …
… auf einer Skala von 1 bis 6?
1 2 3 4 5 6
Der Autor ist Gott!
Der Autor sollte sich einen anderen Job suchen!
Zahnpflege ist wichtig!
Haben Sie folgende Punkte heute schon erfüllt?
ja
nein
Morgendliches Zähneputzen
Zahnseide benutzen
Mundwasser benutzen
Abendliches Zähneputzen
Zwischendurch Kaugummi kauen
Termin gefällig?*
Wählen Sie Ihr Wunschdatum aus!
Tag
Monat
2014
Std
Min
Wie lautet Ihre aktuelle Marathonzeit?
Wählen Sie Ihre Zeit nach Stunden, Minuten und Sekunden aus.
Std
Min
Sek
1
2
3
4

Erweiterte Formularelemente im Überblick

Erweiterte Elemente ergänzen die Einsatzmöglichkeiten eines Formulars zum Teil erheblich und ermöglichen dem Nutzer einen erhöhten Eingabekomfort. Sie lassen sich ebenso wie die einfachen Elemente mit dem Formulareditor konstruieren (siehe vorherige Seite) und verbergen sich hinter der Schaltfläche **Element hinzufügen**.

Die erweiterten Elementtypen teilen sich in die folgenden Anwendungen auf:

- **Skala** ❶: Der Formularnutzer gibt eine Bewertung auf einer definierbaren Skala ab, die von 1 bis 10 reichen darf. Der jeweils ersten und letzten Note können Sie einen Text zuweisen, der der Orientierung dient und das Skalensystem erklärt.
- **Raster** ❷: Freunde ganzer Fragenkataloge werden diesen Elementtyp mögen: Er stellt die möglichen Auswahlantworten innerhalb einer Tabelle dar, wobei in jeder Zeile eine Antwort erforderlich ist. Die verschiedenen Einträge können Sie per Drag-and-drop neu ordnen.
- **Datum** ❸: Die Datumsabfrage gestattet dem Nutzer die komfortable Auswahl mittels eines aufklappenden Kalenders oder mit den Pfeiltasten. Alternativ darf er ein Datum anhand des vorgegebenen Formats auch mit der Tastatur eingeben. Das Einbeziehen von Jahr und Uhrzeit ist dabei optional.
- **Uhrzeit** ❹: Eigentlich ein Teil der Datumsabfrage, erlaubt die spezielle Uhrzeiteingabe auch das Bestimmen eines Zeitraums. Eine feste Uhrzeit gibt der Formularnutzer mit den Pfeiltasten oder per Tastatureingabe an, für die Auswahl eines Zeitraums stehen Aufklappmenüs für Stunden, Minuten und Sekunden bereit.

Sie können jedes beliebige einfache und erweiterte Formularelement zum **Pflichtfeld** ernennen, um die Beantwortung einer Frage sicherzustellen. Versucht der Nutzer, das Formular ohne die Beantwortung der Pflichtfragen abzuschicken, erhält er eine Fehlermeldung. Die Inhalte der Auswahlfragen, Kästchen, Listen und Raster lassen sich zudem in einer zufälligen Reihenfolge darstellen: Haken Sie dazu in den **erweiterten Einstellungen** des jeweiligen Elements den Punkt **Reihenfolge der Optionen ändern** ab.

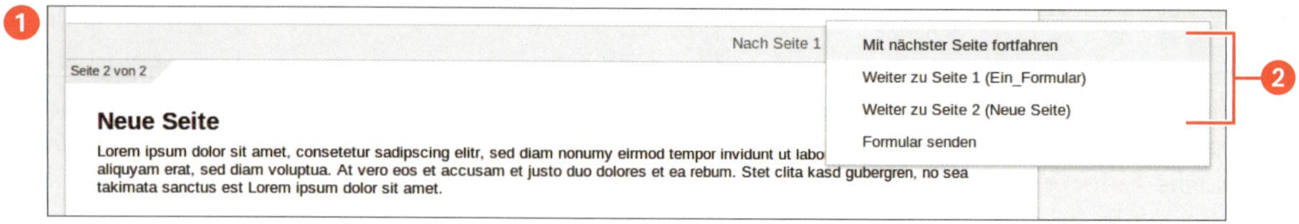
1
Seite 2 von 2
Nach Seite 1
Mit nächster Seite fortfahren
Weiter zu Seite 1 (Ein_Formular)
Weiter zu Seite 2 (Neue Seite)
Formular senden
2
Neue Seite
Lorem ipsum dolor sit amet, consetetur sadipscing elitr, sed diam nonumy eirmod tempor invidunt ut labo
aliquyam erat, sed diam voluptua. At vero eos et accusam et justo duo dolores et ea rebum. Stet clita kasd gubergren, no sea takimata sanctus est Lorem ipsum dolor sit amet.

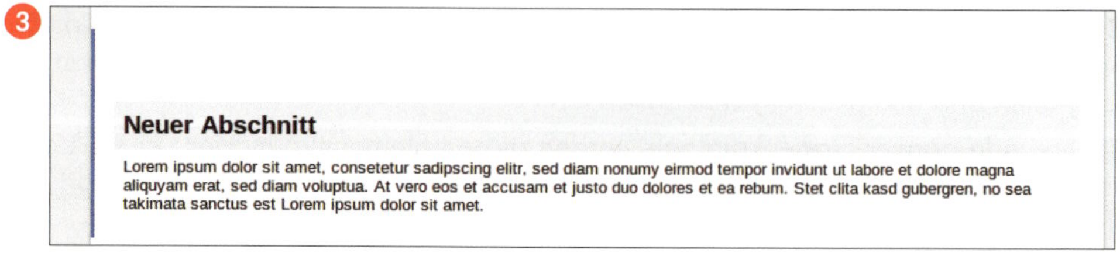
3
Neuer Abschnitt
Lorem ipsum dolor sit amet, consetetur sadipscing elitr, sed diam nonumy eirmod tempor invidunt ut labore et dolore magna aliquyam erat, sed diam voluptua. At vero eos et accusam et justo duo dolores et ea rebum. Stet clita kasd gubergren, no sea takimata sanctus est Lorem ipsum dolor sit amet.

4
Koala
Credit: Madysen Smith

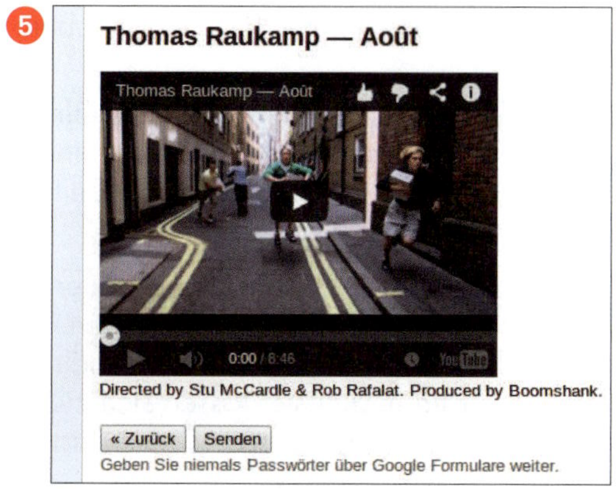
5
Thomas Raukamp — Août
Thomas Raukamp — Août
0:00 / 8:46
Directed by Stu McCardle & Rob Rafalat. Produced by Boomshank.
« Zurück
Senden
Geben Sie niemals Passwörter über Google Formulare weiter.

Layoutelemente für Formulare im Überblick

Je attraktiver ein Formular gestaltet ist, umso mehr Nutzer wird es finden. Google Formulare bietet daher einige Layoutelemente, die Ihnen helfen, Ihre Texte, Fragen und Inhalte einladend darzubieten. Layoutelemente ergänzen Sie in einem Formular wie die einfachen und erweiterten Elemente: Nutzen Sie das Aufklappmenü der Schaltfläche **Element hinzufügen** im Formulareditor. Google Formulare kennt die folgende Layoutelemente:

- **Seitenumbruch** ❶: Besonders lange Formulare profitieren von der Verteilung auf mehrere Seiten. Jede Seite darf einen eigenen Titel sowie eine Beschreibung enthalten. Im Onlineformular blättert der Nutzer mit einer Schaltfläche zwischen den verschiedenen Seiten. Wohin seine Auswahl verzweigt, legen Sie im Aufklappmenü unter der vorhergehenden Seite fest ❷.
- **Abschnittsüberschrift** ❸: Die Unterteilung eines Formulars in verschiedene Abschnitte hilft dem Nutzer zusätzlich bei der Orientierung. Mit einer Abschnittsüberschrift heben Sie diese Aufteilung optisch hervor. Jedem Abschnitt können Sie eine Beschreibung hinzufügen.
- **Bild** ❹: Bilder erklären die Formularinhalte und verschönern das Onlinedokument. Google Formulare gestattet das Hinzufügen von Bildern aus Ihrem Google Drive und Ihren Fotoalben bei Google+. Außerdem können Sie ein Bild von Ihrem Computer hochladen, es mit seiner URL aus dem Web einbinden oder per Webcam einen Schnappschuss aufnehmen. Eine Suchfunktion erlaubt das Stöbern nach Grafiken bei Google sowie in den Bilderdiensten »Life« und »Stockfotos«. Sie können jedem Bild einen Titel sowie einen Text zuweisen, der erscheint, wenn der Betrachter mit der Maus darüberfährt. Außerdem können Sie seine Ausrichtung und Größe ändern. Einmal im Formular angekommen, können Sie das Bild im Editor frei verschieben – es ist also nicht an andere Inhalte gebunden.
- **Video** ❺: Ein Video macht ein Formular lebendig. Es kann zum Beispiel Erklärungen enthalten oder ein Onlinequiz noch attraktiver gestalten. Google Formulare ermöglicht das Einfügen von Videos aus einer festen URL oder aus einer YouTube-Suche. Sie können jedes Video in seiner Größe und Ausrichtung anpassen sowie mit einem Titel und einem Untertitel versehen.

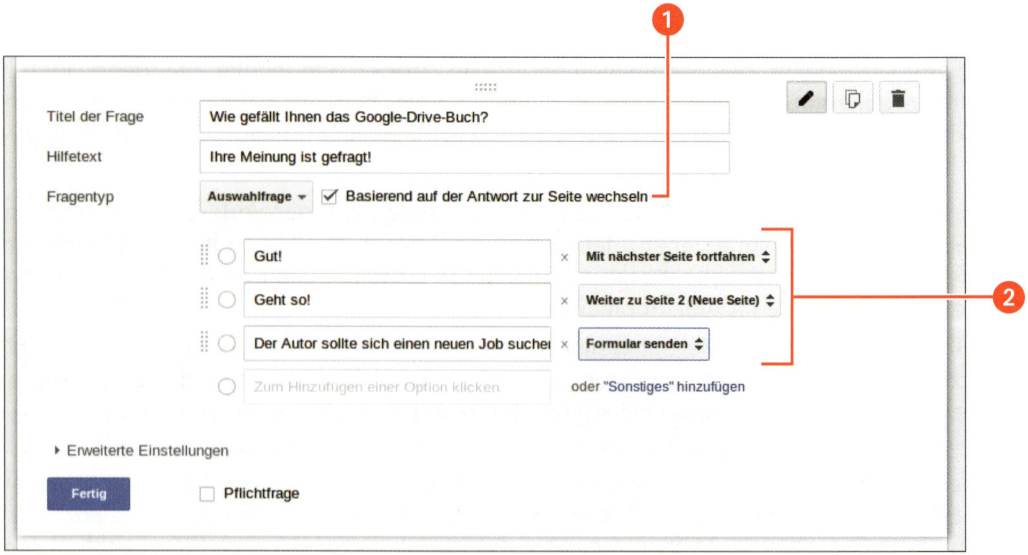
1
2
Titel der Frage
Wie gefällt Ihnen das Google-Drive-Buch?
Hilfetext
Ihre Meinung ist gefragt!
Fragentyp
Auswahlfrage
Basierend auf der Antwort zur Seite wechseln
Gut!
Mit nächster Seite fortfahren
Geht so!
Weiter zu Seite 2 (Neue Seite)
Der Autor sollte sich einen neuen Job suchen
Formular senden
Zum Hinzufügen einer Option klicken
oder "Sonstiges" hinzufügen
Erweiterte Einstellungen
Fertig
Pflichtfrage

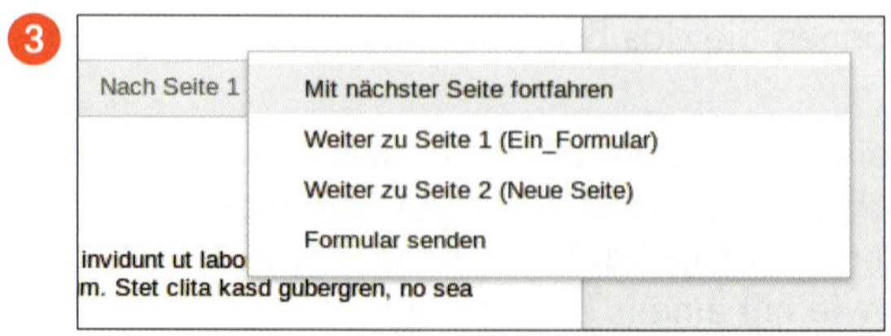
3
Nach Seite 1
Mit nächster Seite fortfahren
Weiter zu Seite 1 (Ein_Formular)
Weiter zu Seite 2 (Neue Seite)
Formular senden
invidunt ut labo
m. Stet clita kasd gubergren, no sea

Die Navigation innerhalb eines Formulars

Nicht alle Teile eines Formulars sind auch für jeden Nutzer in gleicher Weise relevant – beantworten Sie etwa in einem Bewerbungsbogen die Frage nach einem abgeschlossenen Studium mit einem Nein, ergibt es nicht viel Sinn, die Details Ihrer Unilaufbahn abzufragen. Sie möchten vielmehr zur nächsten Frage übergehen. Genau diese von einer Antwort abhängigen Sprünge innerhalb eines Formulars erlaubt auch Google Formulare, und zwar für die Elemente **Auswahlfrage** und **Liste**. Voraussetzung ist, dass Sie ein Formular mit dem Elementtyp **Seitenumbruch** in verschiedene Seiten eingeteilt haben (siehe vorhergehende Seite).

Fügen Sie Ihrem Formular also im Editor eine Auswahlfrage oder eine Listenauswahl hinzu. Neben dem Aufklappmenü für den Fragentyp befindet sich in beiden Elementtypen die Option **Basierend auf der Antwort zur Seite wechseln** ❶. Haken Sie das Kontrollkästchen ab, erhält jede definierte Auswahlantwort ein Menü, über das Sie das Verhalten des Formulars bestimmen ❷: Entweder wählen Sie hier eine Zielseite aus, ab der der Anwender seine Eingaben fortsetzen kann, oder Sie speichern die bereits erfassten Daten mit der Option **Formular senden** innerhalb einer verknüpften Tabelle beziehungsweise des Programms selbst. Der Nutzer landet in diesem Fall auf der Bestätigungsseite des Formulars.

Dass Sie Formularbenutzer auch nach dem Ausfüllen einer Seite auf eine andere weiterleiten können, haben wir bereits auf der vorhergehenden Seite gelernt: Der Editor bietet am Ende jeder Seite vor dem Seitenumbruch ein Auswahlmenü ❸ an, mit dem Sie das Sprungziel bestimmen. Die Antwort auf eine Auswahl- oder Listenfrage hat jedoch stets Vorrang vor einer Seitennavigation.

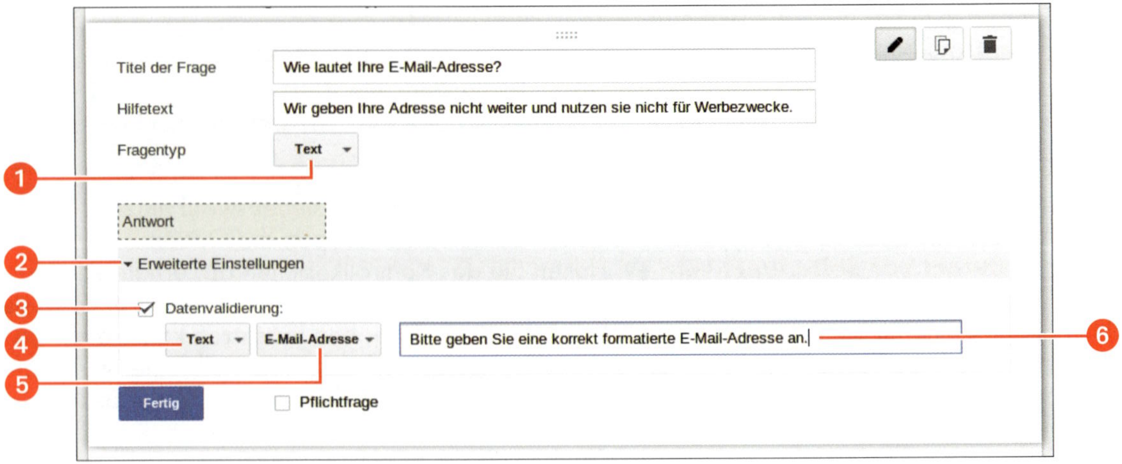

Titel der Frage
Wie lautet Ihre E-Mail-Adresse?
Hilfetext
Wir geben Ihre Adresse nicht weiter und nutzen sie nicht für Werbezwecke.
Fragentyp
Text
Antwort
Erweiterte Einstellungen
Datenvalidierung:
Text
E-Mail-Adresse
Bitte geben Sie eine korrekt formatierte E-Mail-Adresse an.
Fertig
Pflichtfrage
1
2
3
4
5
6

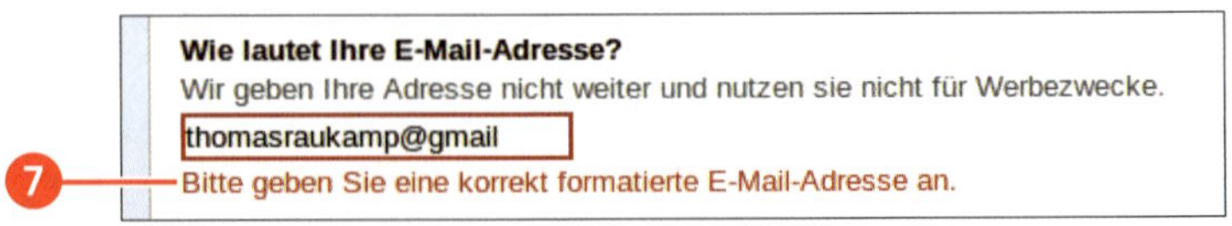

Wie lautet Ihre E-Mail-Adresse?
Wir geben Ihre Adresse nicht weiter und nutzen sie nicht für Werbezwecke.
thomasraukamp@gmail
Bitte geben Sie eine korrekt formatierte E-Mail-Adresse an.
7

Die Datenvalidierung in Formularen

Damit ein Nutzer ein Onlineformular richtig ausfüllt, ist eine automatische Kontrolle seiner Eingaben notwendig. Diese Datenvalidierung hilft nicht nur dem Formularbesitzer beim Erfassen richtiger Angaben, sondern auch dem Anwender selbst, da er so zum Beispiel Tippfehler vermeidet. Google Formulare ermöglicht die Datenvalidierung bei den Elementtypen **Text**, **Textabsatz** und **Kästchen**.

Wir wollen die Eingabeprüfung an einem klassischen Beispiel in der Praxis demonstrieren: Sie bitten einen Formularnutzer in einem Textelement um seine E-Mail-Adresse. Dabei möchten Sie sicherstellen, dass er bei der Eingabe die korrekte Formatierung wählt, also Name und Domain mit einem @-Zeichen voneinander trennt und eine Domainendung nennt. Folgerichtig wählen wir für die Eingabeaufforderung den Elementtyp **Text** ❶, in dem wir die **erweiterten Einstellungen** ❷ aufklappen. Hier aktivieren wir die **Datenvalidierung** ❸, wenden sie auf **Texte** ❹ an und legen als Bedingung die Auswahl **E-Mail-Adresse** ❺ fest. In das entsprechende Textfeld geben wir eine **Fehlermeldung** ❻ ein, die der Anwender erhält, wenn er seine Adresse nicht korrekt eingibt ❼. Fertig!

Jedes mögliche Formularelement erlaubt je nach Einsatz unterschiedliche Validierungsarten. Mit einem **Textfeld** dürfen Sie etwa auch eine Zahl innerhalb eines bestimmten Wertebereichs abfragen. Außerdem können Sie bestimmte Textinhalte ausschließen oder voraussetzen. Soll der Nutzer einen Webverweis angeben, können Sie auch diesen auf seine korrekte Formatierung prüfen lassen. Bei einem **Textabsatz** dürfen Sie eine minimale und eine maximale Zeichenzahl für die Eingabe festlegen. Der Elementtyp **Kästchen** kann hingegen eine Mindest- oder Maximalanzahl beziehungsweise eine genaue Anzahl angekreuzter Felder voraussetzen.

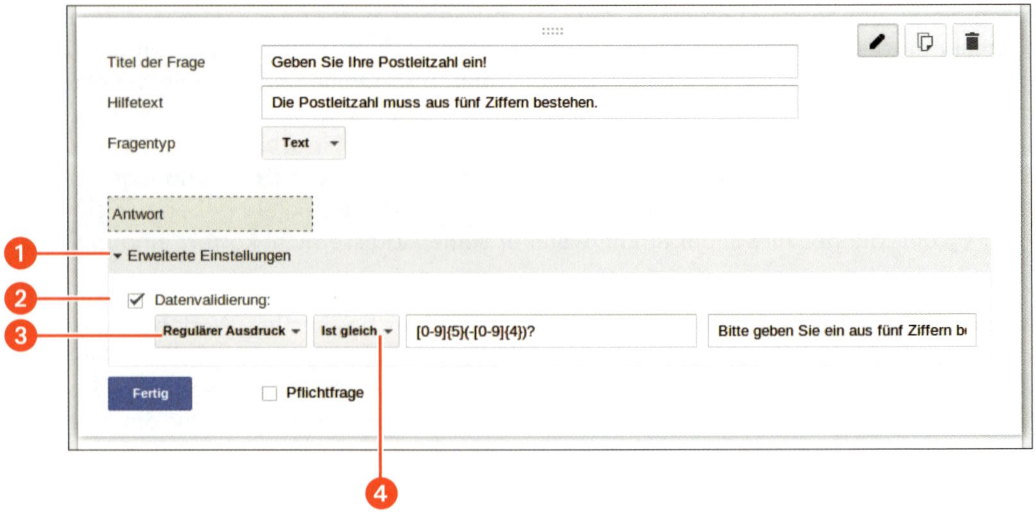
Titel der Frage
Geben Sie Ihre Postleitzahl ein!
Hilfetext
Die Postleitzahl muss aus fünf Ziffern bestehen.
Fragentyp
Text
Antwort
1
Erweiterte Einstellungen
2
Datenvalidierung:
3
Regulärer Ausdruck
Ist gleich
[0-9]{5}(-[0-9]{4})?
Bitte geben Sie ein aus fünf Ziffern b
Fertig
Pflichtfrage
4

Reguläre Ausdrücke in der Datenvalidierung

Reguläre Ausdrücke beschreiben in der Informatik Zeichenketten, die der Beschreibung von Inhaltsmengen mithilfe syntaktischer Regeln dienen. Google Formulare nutzt reguläre Ausdrücke als Filterkriterien bei der Textsuche, indem es eine Formulareingabe mit dem Muster eines regulären Ausdrucks abgleicht. So können Sie zum Beispiel gezielt Zeichenketten voraussetzen, die einer von Ihnen definierten Syntax entsprechen. Im Gegensatz zum Beispiel zu den Validierungsbedingungen eines Textelements müssen Sie sich aber nicht auf einen festen Suchbegriff beschränken, sondern können nach beliebigen Zeichenfolgen stöbern, die ein regulärer Ausdruck definiert. Typische Anwendungsbeispiele sind die korrekte Eingabe einer Postleitzahl, einer Bestellnummer oder eines Passworts.

Reguläre Ausdrücke geben Sie wie gewohnt im Formulareditor ein. Klappen Sie dazu die **erweiterten Einstellungen** ❶ auf, aktivieren Sie die **Datenvalidierung** ❷ und wenden Sie sie auf **reguläre Ausdrücke** an ❸. Als Eingabebedingung können Sie dabei eine Übereinstimmung oder Nichtübereinstimmung beziehungsweise das Vorhandensein oder Nichtauftreten eines regulären Ausdrucks festlegen ❹. Google Formulare unterstützt eine Vielzahl regulärer Ausdrücke. Eine Auswahl finden Sie unter *http://bit.ly/gdrivebuch_regulaer*.

Die Anwendung regulärer Ausdrücke in der Validierung von Formulardaten erfordert etwas Erfahrung und ist in ihrer Lernkurve ungefähr mit der Benutzung von Formeln vergleichbar. Ein einfaches Praxisbeispiel wäre die Prüfung der Eingabe einer Hausnummer, die aus drei Ziffern bestehen kann und einen Kleinbuchstaben zwischen a und z am Ende enthalten darf, aber nicht muss. Der reguläre Ausdruck könnte so aussehen:

[1-9][0-9]?[0-9]?[a-z]?

Die verschiedenen Elemente sind in eckige Klammern gesetzt, das Fragezeichen hinter einem Element bezeichnet es als optional. Das erste Element definiert einen Bereich zwischen 1 und 9, gefolgt von zwei weiteren möglichen Ziffern sowie einem optionalen Buchstaben.

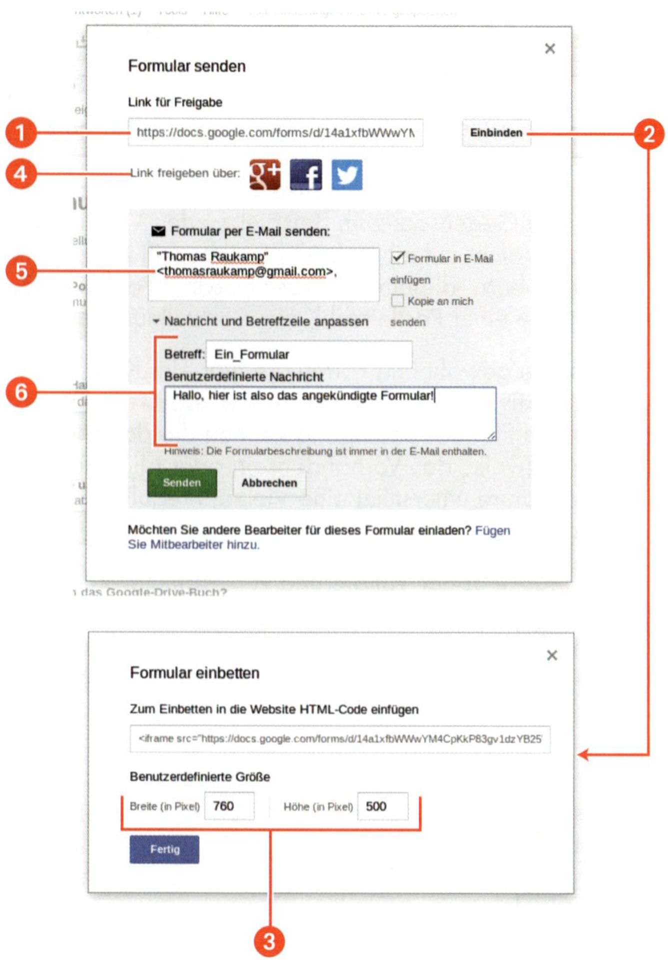
Formular senden
Link für Freigabe
https://docs.google.com/forms/d/14a1xfbWWwYM
Einbinden
Link freigeben über:
Formular per E-Mail senden:
"Thomas Raukamp" <thomasraukamp@gmail.com>,
Formular in E-Mail einfügen
Kopie an mich senden
Nachricht und Betreffzeile anpassen
Betreff: Ein_Formular
Benutzerdefinierte Nachricht
Hallo, hier ist also das angekündigte Formular!
Hinweis: Die Formularbeschreibung ist immer in der E-Mail enthalten.
Senden
Abbrechen
Möchten Sie andere Bearbeiter für dieses Formular einladen? Fügen Sie Mitbearbeiter hinzu.
Formular einbetten
Zum Einbetten in die Website HTML-Code einfügen
<iframe src="https://docs.google.com/forms/d/14a1xfbWWwYM4CpKkP83gv1dzYB25
Benutzerdefinierte Größe
Breite (in Pixel) 760
Höhe (in Pixel) 500
Fertig
1
2
3
4
5
6

Formulare senden und in Webseiten einbetten

Nachdem Sie ein Formular fertiggestellt haben, möchten Sie es sicher endlich für den Gebrauch veröffentlichen. Für wen Sie ein Formulardokument freigeben, hängt in erster Linie von seiner Nutzung ab. Möchten Sie etwa einen Eignungstest nur an ausgewählte Bewerber auf eine Stellenausschreibung versenden? Dann öffnen Sie Ihr Formular am besten nur für per E-Mail eingeladene Personen. Wollen Sie hingegen unter den Lesern Ihres Blogs eine Umfrage durchführen, betten Sie es auf der Webseite ein. Und mit der Verteilung des Verweises in den bekannten sozialen Netzwerken erreichen Sie eine denkbar breite Öffentlichkeit.

Google Formulare steuert die Veröffentlichung im Formularfreigabefenster, das Sie mit der Schaltfläche **Formular senden** oder durch die Auswahl des gleichnamigen Eintrags im **Datei**-Menü des Editors aufrufen. Das Fenster bietet den Link zum Formular ❶ an und stellt mittels der Schaltfläche **Einbinden** ❷ einen kopierbaren HTML-Code zum Einbetten des Dokuments innerhalb eines Frames bereit. Das entsprechende Dialogfenster können Sie auch ohne Umwege aus dem **Datei**-Menü des Editors aufrufen. Breite und Höhe ❸ des Formulars lassen sich anpassen. Möchten Sie den Verweis zum Formular über Google+, Facebook oder Twitter verbreiten, klicken Sie einfach auf das entsprechende Piktogramm im Freigabefenster ❹. Einen ausgewählten Personenkreis bedienen Sie hingegen durch die Eingabe einer E-Mail-Adresse beziehungsweise eines Namens ❺, sofern Sie diesen Kontakt bereits zum Beispiel in Gmail gespeichert haben. Nachricht und Betreffzeile ❻ passen Sie auf Wunsch an. Das Formular wird als HTML-Dokument in die Nachricht eingebettet, sodass der Empfänger es direkt in seinem E-Mail-Programm ausfüllen kann. Hat er die HTML-Darstellung in seinem Client deaktiviert, bringt ihn ein Webverweis zur Onlineversion des Formulars.

Achten Sie vor der Veröffentlichung eines Formulars darauf, dass die Funktionsleiste den Eintrag **Antworten möglich** enthält. Deaktivieren Sie ihn, nimmt das Formular keine weiteren Einträge an. Den erklärenden Hinweis können Sie auf Wunsch neu formulieren.

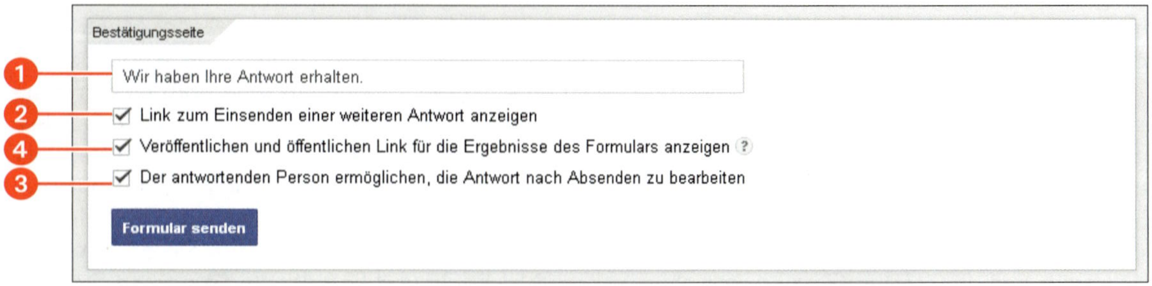
Bestätigungsseite
1
Wir haben Ihre Antwort erhalten.
2
Link zum Einsenden einer weiteren Antwort anzeigen
4
Veröffentlichen und öffentlichen Link für die Ergebnisse des Formulars anzeigen
3
Der antwortenden Person ermöglichen, die Antwort nach Absenden zu bearbeiten
Formular senden

Die Bestätigungsseite

Damit die Nutzer eines Formulars nach dem Ausfüllen nicht im Online-Niemandsland landen, sieht Google Formulare eine Bestätigungsseite vor. Auch diese gestalten Sie im Formulareditor – wenn Ihr Dokument besonders umfangreich geworden ist, müssen Sie dafür allerdings etwas scrollen: Die Einstellungen finden Sie ganz am Ende der »Datencontainer« unter den Elementen für die verschiedenen Formularseiten.

Die Bestätigungsseite wird grundsätzlich nach dem Ausfüllen eines Formulars angezeigt. Alternativ können Sie aber auch festlegen, dass der Nutzer zu ihr gelangt, wenn er bestimmte Fragen spezifisch beantwortet hat. Den **Bestätigungstext** ❶ verändern Sie in der ersten Textzeile des Abschnitts.

Doch die Bestätigungsseite dient nicht nur als »Rausschmeißer«, sondern steuert auch, welche Möglichkeiten sich einem Anwender nach dem Ausfüllen bieten. Klicken Sie die Option **Link zum Einsenden einer weiteren Antwort anzeigen** ❷ an, kann er das Formular erneut ausfüllen. Möchten Sie also etwa bei einer Umfrage ein möglichst repräsentatives Ergebnis erzielen, sollten Sie diesen Punkt abwählen. Praktisch ist das erneute Einsenden hingegen, wenn Nutzer das Formular mit Freunden und Kollegen teilen möchten. Es handelt sich dabei stets um ein »frisches« Formular – möchten Sie einem Anwender hingegen die Möglichkeit geben, seine Eingaben nachträglich zu verändern ❸, klicken Sie die Option **Der antwortenden Person ermöglichen, die Antwort nach Absenden zu bearbeiten** an. Er überschreibt dann auch die Daten in einer eventuell verknüpften Tabelle.

Setzen Sie einen Haken bei der Option **Veröffentlichen und öffentlichen Link für die Ergebnisse des Formulars anzeigen** ❹, ermöglichen Sie es allen Teilnehmern, die bisherigen Eingaben darzustellen. Google Formulare generiert aus allen Eingaben eine recht umfangreiche Übersicht, die je nach den verwendeten Datentypen auch Balken- und Tortendiagramme enthält.

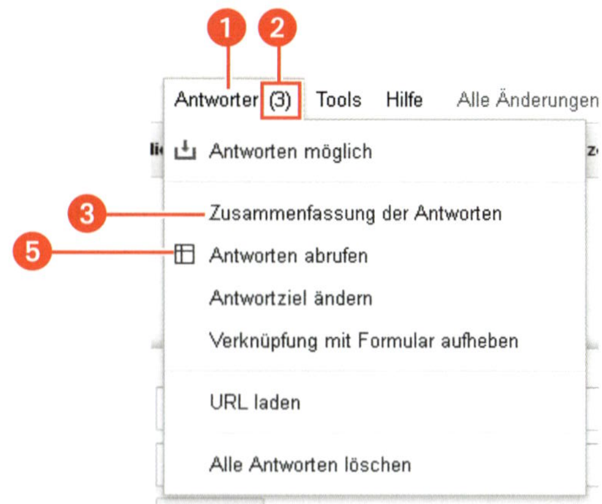
1
2
Antworten (3)
Tools
Hilfe
Alle Änderungen
Antworten möglich
3
Zusammenfassung der Antworten
5
Antworten abrufen
Antwortziel ändern
Verknüpfung mit Formular aufheben
URL laden
Alle Antworten löschen

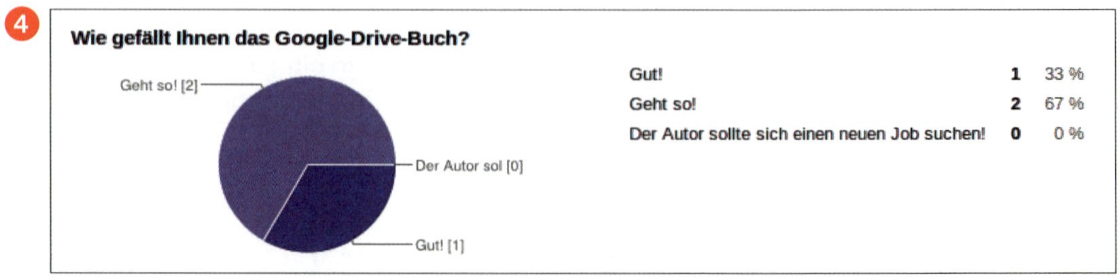
4
Wie gefällt Ihnen das Google-Drive-Buch?
Geht so! [2]
Der Autor sol [0]
Gut! [1]
Gut! 1 33 %
Geht so! 2 67 %
Der Autor sollte sich einen neuen Job suchen! 0 0 %

7
6
Keine Antworten möglich
Antworten abrufen
Live-Formular anzeigen

Formularantworten abrufen und verwalten

Natürlich können Sie Google Formulare auch zur reinen Unterhaltung einsetzen, um etwa eine Produktpräsentation mit einem interessanten Onlinequiz abzurunden. In den meisten Fällen werden Sie aber mit den erhobenen Daten arbeiten wollen – und sei es nur, um die gewonnenen E-Mail-Adressen auszulesen. Google Formulare kennt drei Wege, um Formulareingaben auszuwerten: Entweder verwalten Sie die erfassten Daten mit allen Möglichkeiten, die Google Tabellen bietet, oder Sie laden sie als kommaseparierte CSV-Datei herunter. Alternativ können Sie die Ergebnisse jedoch auch im Formulareditor auswerten.

Das Tor zu den erhobenen Daten stellt in jedem Fall das **Antworten**-Menü ❶ des Editors dar. Der Eintrag hinter der Menübezeichnung ❷ zeigt stets an, wie viele Personen das Formular bereits benutzt und ihre Ergebnisse abgeschickt haben. Der Menüeintrag **Zusammenfassung der Antworten** ❸ erzeugt eine ausführliche Übersicht der Daten unter Zuhilfenahme diverser Diagramme ❹ und öffnet dafür einen neuen Karteireiter in Ihrem Webbrowser. Möchten Sie, dass auch die Formularnutzer diese Darstellung aufrufen können, kreuzen Sie im Editor bei den Einstellungen der Bestätigungsseite die Option **Veröffentlichen und öffentlichen Link für die Ergebnisse des Formulars anzeigen** an. Der Eintrag **Antworten abrufen** ❺ beziehungsweise die gleichnamige Schaltfläche in der Funktionsleiste ❻ ruft hingegen die als Antwortziel verknüpfte Tabelle auf, in der Sie die enthaltenen Daten nach Wunsch bearbeiten können. Beachten Sie jedoch, dass die in der Tabelle vorgenommenen Änderungen keine Auswirkungen auf die ursprünglichen Antworten haben. Verändert der Teilnehmer später seine Angaben, überschreibt er seine Daten wieder. Haben Sie dagegen eine Tabelle als Antwortziel angegeben, gestattet Ihnen diese wie gewohnt auch die Freigabe sowie den Export ihrer Inhalte. Haben Sie die Formulardaten nicht in einer Tabelle gespeichert oder wollen Sie sie für eine einfache Textweitergabe herunterladen, exportieren Sie eine kommaseparierte CSV-Datei aller Eingaben mit dem Eintrag **Herunterladen als ...** im **Datei**-Menü.

Möchten Sie nach der Auswertung keine weiteren Antworten akzeptieren, klicken Sie auf die entsprechende Schaltfläche in der Funktionsleiste ❼.

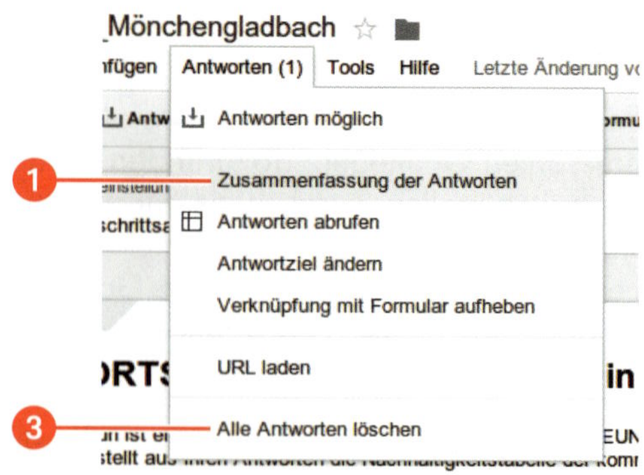

_Mönchengladbach
Antworten (1)
Tools
Hilfe
Letzte Änderung v
Antworten möglich
1
Zusammenfassung der Antworten
Antworten abrufen
Antwortziel ändern
Verknüpfung mit Formular aufheben
URL laden
3
Alle Antworten löschen

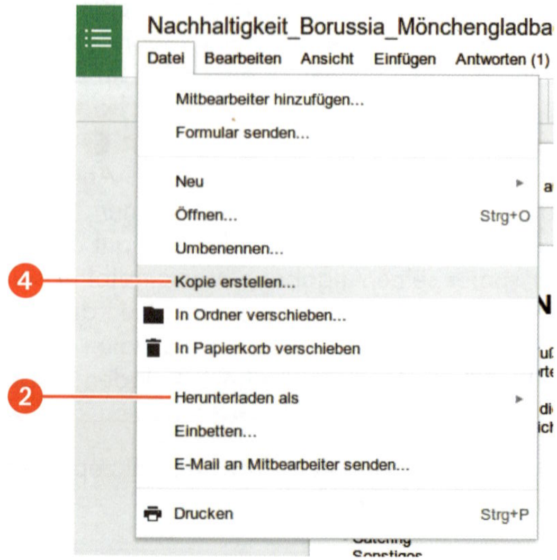

Nachhaltigkeit_Borussia_Mönchengladba
Datei
Bearbeiten
Ansicht
Einfügen
Antworten (1)
Mitbearbeiter hinzufügen...
Formular senden...
Neu
Öffnen... Strg+O
Umbenennen...
4
Kopie erstellen...
In Ordner verschieben...
In Papierkorb verschieben
2
Herunterladen als
Einbetten...
E-Mail an Mitbearbeiter senden...
Drucken Strg+P

Formulare ändern und löschen

Es kann gar nicht oft genug gesagt werden: Ein Formular, die damit erhobenen Daten und eine als Antwortziel verknüpfte Tabelle sind drei verschiedene Paar Schuhe, die sich nicht in jedem Fall gegenseitig beeinflussen. Verändern Sie etwa die Überschriften in einer Zieltabelle oder merzen Sie in den übermittelten Inhalten enthaltene Tippfehler aus, hat dies keinerlei Einfluss auf das Onlineformular im Web und modifiziert auch die direkt in Google Formulare gespeicherten Daten nicht. Benennen Sie hingegen im Formulareditor zum Beispiel die Fragen um, werden die neuen Titel auch in die verknüpfte Tabelle übernommen. Ändert ein Formularnutzer – sofern Sie es ihm erlaubt haben – seine Eingaben im Onlineformular, überschreibt er gleichzeitig die dazugehörigen Werte im Antwortziel.

Diese Aufteilung hat auch Auswirkungen auf das Löschen eines Formulars. Sie können ein Formulardokument zum Beispiel wie gewohnt aus seinem Verzeichnis in den Papierkorb von Google Drive verschieben. Die Auswertungstabelle bleibt jedoch erhalten. Umgekehrt führt das Löschen der Zieltabelle nicht zur Zerstörung aller erhobenen Werte innerhalb von Google Formulare – diese können Sie weiterhin mit dem Eintrag **Zusammenfassung der Antworten** ❶ im **Antworten**-Menü grafisch aufbereiten oder im **Datei**-Menü des Editors als CSV-Datei herunterladen ❷. Bestimmen Sie eine andere Tabelle oder ein neues Tabellenblatt als Antwortziel, werden alle bereits erhobenen Inhalte in die neue Tabelle übernommen.

Möchten Sie hingegen gezielt alle bereits in einem Formular gespeicherten Daten löschen, um es zum Beispiel für eine neue Umfrage einzusetzen, wählen Sie den Eintrag **Alle Antworten löschen** ❸ im **Antworten**-Menü. Sie können die vorherigen Daten nun nicht mehr exportieren oder in der Zusammenfassung betrachten, sie bleiben jedoch in der Zieltabelle erhalten.

Möchten Sie ein Formular neu verwenden, müssen Sie seine Daten nicht unbedingt löschen. Mithilfe des **Datei**-Menüs des Editors sollten Sie vielmehr eine Kopie erstellen ❹. Damit vervielfältigen Sie die im Original enthaltenen Formular- und Layoutelemente, nicht aber die darin gespeicherten Antworten.

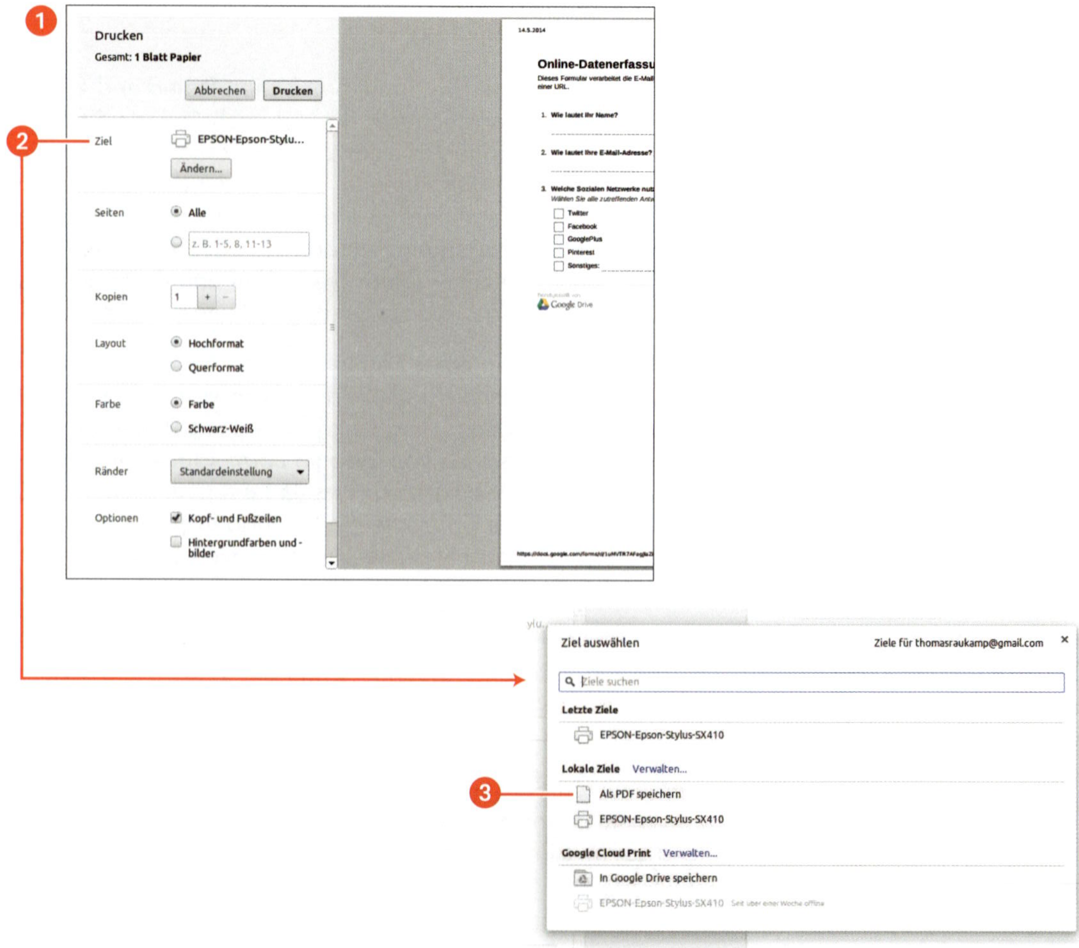

1
2
3
Drucken
Gesamt: 1 Blatt Papier
Abbrechen
Drucken
Ziel
EPSON-Epson-Stylu...
Ändern...
Seiten
Alle
z. B. 1-5, 8, 11-13
Kopien
1
Layout
Hochformat
Querformat
Farbe
Farbe
Schwarz-Weiß
Ränder
Standardeinstellung
Optionen
Kopf- und Fußzeilen
Hintergrundfarben und -bilder
Online-Datenerfassu
1. Wie lautet Ihr Name?
2. Wie lautet Ihre E-Mail-Adresse?
Twitter
Facebook
GooglePlus
Pinterest
Sonstiges:
Ziel auswählen
Ziele für thomasraukamp@gmail.com
Ziele suchen
Letzte Ziele
EPSON-Epson-Stylus-SX410
Lokale Ziele
Verwalten...
Als PDF speichern
EPSON-Epson-Stylus-SX410
Google Cloud Print
Verwalten...
In Google Drive speichern
EPSON-Epson-Stylus-SX410

Formulare ausdrucken und als PDF-Datei speichern

Sie tauchen nach wie vor auf Ämtern, Workshops und in Schulen auf: Formulare zum Ankreuzen, Ausfüllen und Papierfliegerbauen. Und da nicht jeder Meinungs- und Wissensinteressierte auf Anhieb von den Vorzügen eines Onlineformulars zu überzeugen ist, eignet sich Google Formulare auch ganz hervorragend zum Basteln von Umfrage-, Test- und Quizvorlagen auf Papier.

Um ein Formular auszudrucken, rufen Sie im **Datei**-Menü des Editors die Anweisung **Drucken** auf. Nutzen Sie Googles hauseigenen Webbrowser Chrome für die Arbeit mit Google Drive, öffnet dieser den internen Druckdialog ❶ der Office-Suite. Sie sehen zunächst eine Voransicht des Formulars, die das Dokument so darstellt, wie es auf dem Papier erscheint. Nun können Sie die Druckoptionen wie gewohnt einstellen und als Ziel einen Desktopdrucker oder ein bei Google Cloud Print angemeldetes Gerät auswählen ❷. Geben Sie als lokales Ziel eine PDF-Datei ❸ an, wandelt das Programm das Formular in ein entsprechendes Dokument um, das Sie nach Belieben versenden, einbinden oder ausdrucken können.

Benutzen Sie einen anderen Webbrowser als Chrome, erzeugt Google Formulare eine vereinfachte Darstellung des Onlineformulars in einem neuen Karteireiter und übergibt das Dokument an den Druckdialog des Systems. Von hier aus geben Sie es wie gewohnt aus. Verfügt Ihr Computer über einen entsprechenden Treiber, können Sie das Formular wiederum alternativ auch als PDF-Datei speichern.

Beachten Sie, dass die Druckausgabe eventuelle im Onlineformular eingefügte Seitenumbrüche nicht übernimmt und das Formular nach der gewählten Seitengröße umformatiert. Um irritierende Seitenüberschriften im Ausdruck zu vermeiden, sollten Sie also alle Umbruchelemente im Editor entfernen. Möchten Sie Ihr Originalformular dafür nicht zerstören, kopieren Sie es vorher einfach mit der entsprechenden Funktion im **Datei**-Menü.

Freigabeeinstellungen
Link für Freigabe (Zugriff nur für Mitbearbeiter)
https://docs.google.com/forms/d/1uMVTR7AFagJlaZkYZaPiEQq-EMNuH36F3lmZ1E
3
Link freigeben über:
Wer hat Zugriff?
Specific people can access
Ändern...
Thomas Raukamp (ich) thomasraukamp@...
Eigentümer
Imke Hirschmann
Darf bearbeiten
imke@oreilly.de
Darf bearbeiten
1
Personen einladen:
2
Enter names or email addresses...
Bearbeiter dürfen Personen hinzufügen und Berechtigungen ändern [Ändern]
Fertig

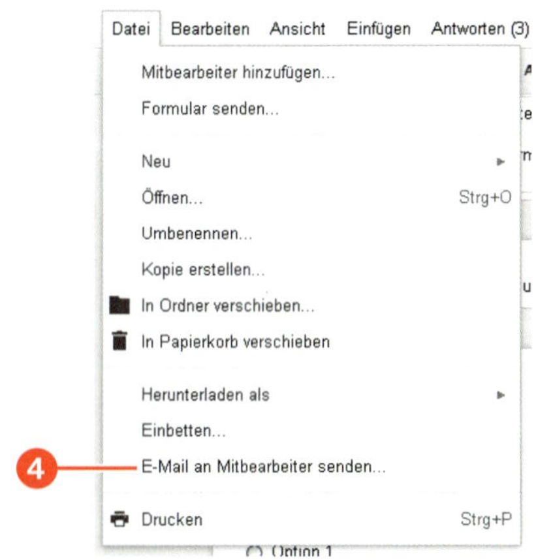
Datei
Bearbeiten
Ansicht
Einfügen
Antworten (3)
Mitbearbeiter hinzufügen...
Formular senden...
Neu
Öffnen...
Strg+O
Umbenennen...
Kopie erstellen...
In Ordner verschieben...
In Papierkorb verschieben
Herunterladen als
Einbetten...
4
E-Mail an Mitbearbeiter senden...
Drucken
Strg+P

Teamwork: Formulare gemeinsam bearbeiten

Vermissen Sie in Google Formulare die Schaltfläche **Freigeben**, die Sie vielleicht schon aus der Textverarbeitung Google Docs und der Tabellenkalkulation Google Tabellen kennen? Verzweifeln Sie nicht: Auch zur Arbeit an Formularen dürfen Sie selbstverständlich Freunde und Kollegen einladen. Diese können an jeweils einem Eingabefeld arbeiten – formulieren Sie beispielsweise gerade eine Frage, darf ein Mitarbeiter bereits an einer Mehrfachauswahl für die Antwort basteln.

Sie finden die Freigabeoptionen im **Datei**-Menü des Formulareditors und rufen das dazugehörige Dialogfenster mit dem Eintrag **Mitarbeiter hinzufügen** auf. Die dargebotenen Eigentümer-, Freigabe-, Sichtbarkeits- und Zugriffseinstellungen ❶ sind weitestgehend identisch mit denen der übrigen Programme der Google-Office-Suite. Da Google Formulare jedoch keine Kommentarfunktion vorsieht, entfällt dieser Punkt auch in den Berechtigungsoptionen. Eine ausführliche Vorstellung der Freigabeeinstellungen finden Sie im Kapitel **Teamwork in Google Drive** ab Seite 37. Um weitere Personen zur Mitarbeit innerhalb eines geschlossenen Kreises einzuladen, ergänzen Sie deren Namen beziehungsweise E-Mail-Adressen einfach wie gewohnt im dafür vorgesehenen Feld ❷. Betrachten Sie das Formular hingegen als öffentliches Gesamtwerk, dürfen Sie den Verweis wiederum in den sozialen Netzwerken Google+, Facebook und Twitter sowie via Gmail per E-Mail verbreiten ❸. Gehen Sie mit Ihren Freigaberegelungen jedoch bewusst vorsichtig um, denn schließlich darf jeder Mitarbeiter alle Formularelemente beliebig ändern – und so zum Beispiel auch das Antwortziel modifizieren.

Möchten Sie ein Teammitglied gezielt per E-Mail ansprechen, können Sie den entsprechenden Eintrag im **Datei**-Menü benutzen ❹.

Verwechseln Sie diese Dinge nicht: Mit dem **Freigabeverweis** laden Sie jemanden zum **Ausfüllen** eines Formulars ein, mit den **Freigabeeinstellungen** fügen Sie Mitarbeiter zum **Erstellen** des Formulars hinzu.

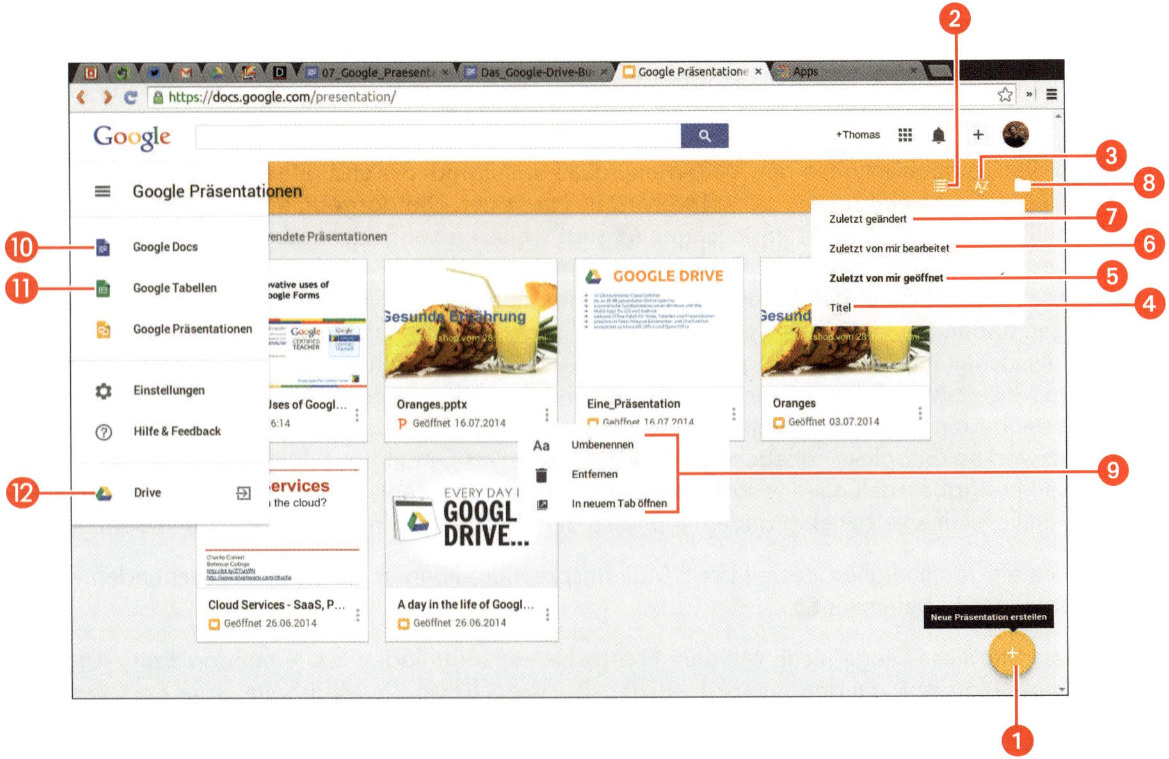

https://docs.google.com/presentation/
Google
+Thomas
Google Präsentationen
Google Docs
Google Tabellen
Google Präsentationen
Einstellungen
Hilfe & Feedback
Drive
Zuletzt geändert
Zuletzt von mir bearbeitet
Zuletzt von mir geöffnet
Titel
Oranges.pptx
Geöffnet 16.07.2014
Eine_Präsentation
Oranges
Geöffnet 03.07.2014
Umbenennen
Entfernen
In neuem Tab öffnen
Cloud Services - SaaS, P...
Geöffnet 26.06.2014
A day in the life of Googl...
Geöffnet 26.06.2014
Neue Präsentation erstellen
1
2
3
4
5
6
7
8
9
10
11
12

Kapitel 6 | Google Präsentationen

Computerunterstützte Präsentationen haben ohne Zweifel den guten alten Overheadprojektor aufs Altenteil geschickt. So nimmt es nicht Wunder, dass auch Googles Online-Office-Suite eine komplette Präsentationssoftware beherbergt, die sich durchaus mit Programmen wie Keynote und PowerPoint messen kann.

Die Verwaltung von mit Google Präsentationen oder PowerPoint erstellten Dateien geschieht entweder in Google Drive selbst oder mit der entsprechenden Web-App, die Sie unter der Adresse *slides.google.com* aufrufen. Nutzern des hauseigenen Webbrowsers Chrome oder dessen quelloffener Alternative Chromium bietet der Suchmaschinenriese diese als Chrome-App an: *http://bit.ly/gdrivebuch_gslides*. Diese trägt sich in die App-Übersicht der Programme ein. Ihre Oberfläche gleicht weitestmöglich denen der mobilen Versionen für Android und iOS und sorgt so, dank Googles aktuellem »Material Design«, für ein nahezu identisches Nutzungserlebnis: Der plakative **Plus**-Button ❶ dient dem Anlegen einer neuen Präsentation und erzeugt wie die **Neu**-Schaltfläche von Google Drive ein neues Dokument.

Standardmäßig verwaltet die Web-App alle Dateien im Kachelmodus, der bereits einen recht guten Überblick über den Inhalt einer Präsentation bietet. In die alternative Listenansicht schalten Sie in der Funktionsleiste um ❷. Hier finden Sie auch das Piktogramm für die Sortieroptionen ❸, mit denen Sie die Reihenfolge der Dateiauflistung definieren: Zur Verfügung steht neben der Sortierung nach dem Tabellentitel ❹ die Auflistung nach dem Zeitpunkt der letzten Öffnung ❺ beziehungsweise Bearbeitung ❻ durch Sie selbst oder der Änderung ❼ auch durch andere berechtigte Mitarbeiter. Möchten Sie ein Dokument aus dessen Verzeichnis auswählen, nutzen Sie das Dateiauswahlfenster, das Sie ebenfalls aus der Funktionsleiste ❽ aufrufen. Jeder Verzeichniseintrag beherbergt ein Kontextmenü ❾, das Sie per Rechtsklick aufrufen und das zusätzliche Bearbeitungsmöglichkeiten bereithält.

Die Navigationsleiste auf der linken Seite des Arbeitsfensters ermöglicht den schnellen Wechsel zu den Web-Apps für Google Docs ❿ und Google Tabellen ⓫ sowie zu Google Drive ⓬ selbst.

1

Textfeld

2

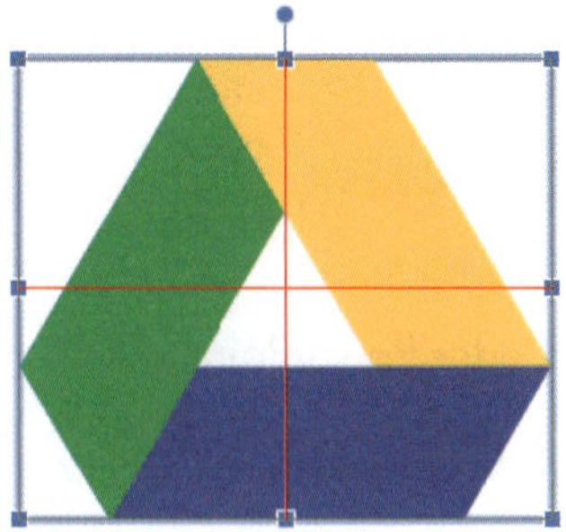

3

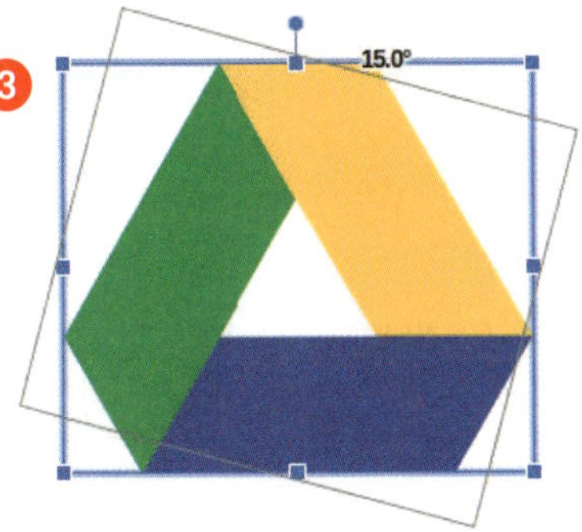
15.0°

4

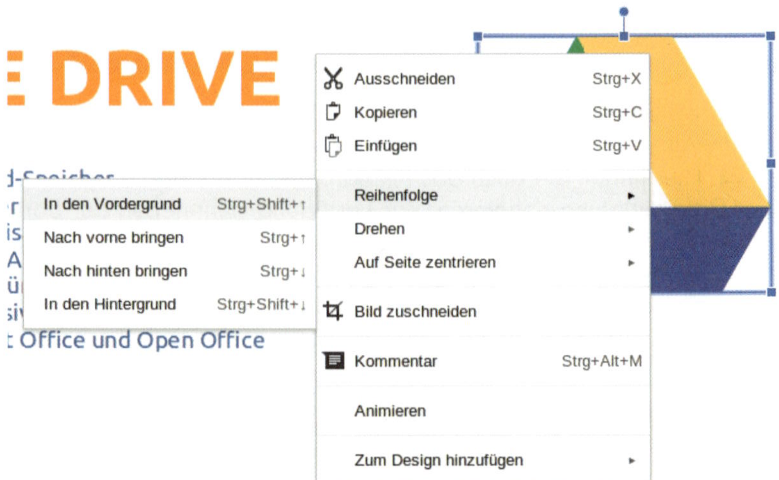
DRIVE
Office und Open Office
In den Vordergrund Strg+Shift+↑
Nach vorne bringen Strg+↑
Nach hinten bringen Strg+↓
In den Hintergrund Strg+Shift+↓
Ausschneiden Strg+X
Kopieren Strg+C
Einfügen Strg+V
Reihenfolge
Drehen
Auf Seite zentrieren
Bild zuschneiden
Kommentar Strg+Alt+M
Animieren
Zum Design hinzufügen

Objekte in der Präsentation

Haben Sie schon einmal mit einem Layoutprogramm wie InDesign oder QuarkXPress gearbeitet? Dann kommt Ihnen der Umgang mit Folieninhalten in Google Präsentationen sicher bekannt vor: Das Programm verwaltet Objekte – ganz egal, ob Texte, Bilder, Videos, Linien, Formen oder Tabellen – nicht etwa wie eine Textverarbeitung in Zeilen, sondern innerhalb von Kästen. Diese Objektfelder können Sie frei auf der Folie platzieren und verschieben.

Probieren Sie es am besten selbst einmal aus: Klicken Sie in einem neuen Dokument in ein bestehendes Textfeld oder legen Sie mit der entsprechenden Schaltfläche ❶ in der Piktogrammleiste ein neues an. Ersetzen Sie einen vorhandenen Text oder geben Sie einen neuen ein. Mithilfe der aus der Textverarbeitung Google Docs bekannten Werkzeuge, die Sie ebenfalls aus der Funktionsleiste auswählen, formatieren Sie Ihren Text nach Ihren Wünschen (siehe nächste Seite). Nun packen Sie den Textkasten mit der Maus an seinen Rändern und verschieben ihn an den gewünschten Platz auf der Folie. Öffnen Sie weitere Objektfelder, um zusätzliche Inhalte hinzuzufügen, und richten Sie diese ebenfalls wie gewünscht aus. Nutzen Sie dabei die Hilfslinien oder Raster, zwischen denen Sie im Unterpunkt **Ausrichten** des **Ansicht**-Menüs umschalten können. Wenn Sie während des Verschiebens die [Strg]-, [Ctrl]- beziehungsweise [Cmd]-Taste gedrückt halten, aktivieren Sie die Positionsführung ❷. Diese hilft Ihnen, die verschiedenen Objekte vertikal und horizontal auszurichten. Alternativ können Sie dazu auch mit den Pfeiltasten Ihrer Tastatur arbeiten; Feinjustierungen nehmen Sie vor, indem Sie dabei gleichzeitig die [⇧]-Taste gedrückt halten. Um bei der Größenveränderung eines Objekts mit der Maus dessen Seitenverhältnis zu bewahren, halten Sie hingegen gleichzeitig die [Strg]-Taste gedrückt. Möchten Sie ein Objekt auf der Folie drehen, klicken Sie auf seinen Ankerpunkt, um es mit der Maus zu rotieren. Halten Sie dabei wiederum die [⇧]-Taste gedrückt, drehen Sie das Objekt in 15-Grad-Schritten ❸.

Weitere Optionen bietet Ihnen ein Kontextmenü ❹ an, das sich nach einem Rechtsklick auf ein Objekt öffnet. Hier können Sie ein Objekt zum Beispiel spiegeln, zentrieren oder seine Stapelreihenfolge festlegen.

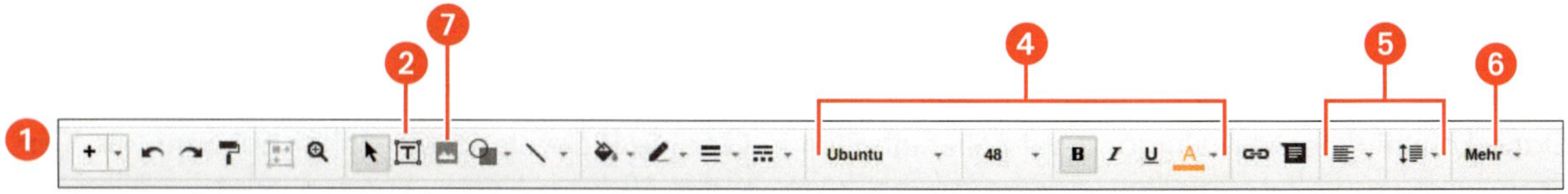
1
2
7
4
5
6
Ubuntu
48
Mehr

3
GOOGLE DRIVE

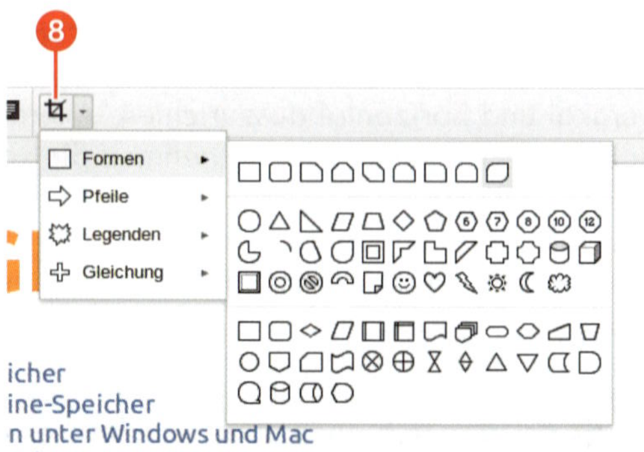
8
Formen
Pfeile
Legenden
Gleichung
icher
ine-Speicher
n unter Windows und Mac

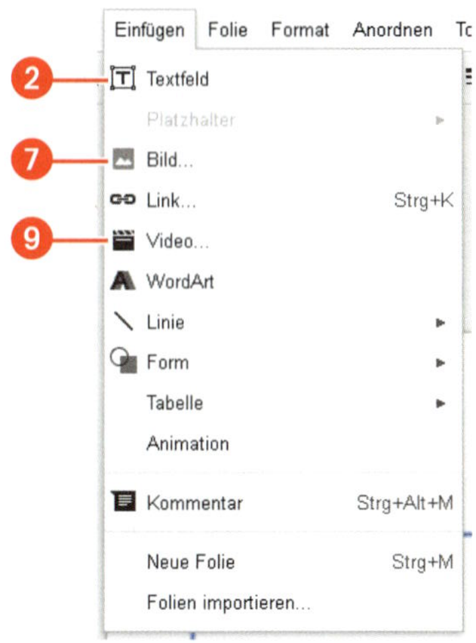
Einfügen
Folie
Format
Anordnen
2
Textfeld
Platzhalter
7
Bild...
Link...
Strg+K
9
Video...
WordArt
Linie
Form
Tabelle
Animation
Kommentar
Strg+Alt+M
Neue Folie
Strg+M
Folien importieren...

Objekttypen: Texte, Bilder und Videos

Objekte bestimmen die Inhalte einer Präsentation. Sie können sie beliebig auf den Folien platzieren und mithilfe der Werkzeuge in der Funktionsleiste ❶ sowie in ihren jeweiligen Kontextmenüs formatieren und bearbeiten (siehe vorherige Seite). Google Präsentationen kennt die folgenden Objekttypen, die Sie entweder in der Piktogrammleiste oder aus dem **Einfügen**-Menü auswählen:

- **Texte** ❷: Texte werden nicht in Zeilen, sondern wie in einem Layoutprogramm in Rahmen verwaltet ❸. Hier können Sie sie ähnlich wie in der Textverarbeitung Google Docs formatieren. So können Sie etwa Schriftsatz, -größe, -schnitt und -farbe ❹ sowie die Ausrichtung und den Zeilenabstand ❺ festlegen, aber auch Listen und feste Einzüge ❻ erzeugen. Im **Format**-Menü finden Sie weitere Formatierungsoptionen.
- **Bilder** ❼: Sie importieren ein Bild mithilfe des Dateiauswahlfensters, das Sie vielleicht schon aus anderen Programmen der Google-Office-Suite kennen (siehe Seite 67), aus Ihrem Google Drive, einem Album in Ihrem Google+Profil, einer Webadresse, per Schnappschuss mit Ihrer Webkamera oder von der Festplatte Ihres Computers. Nach einem Doppelklick auf ein Bild können Sie es innerhalb des Programms zurechtschneiden (siehe auch Seite 69). Neben dem entsprechenden Eintrag in der Funktionsleiste findet sich zudem ein Aufklappmenü ❽, mit dem Sie ein Bild mit einem der angebotenen Rahmenformen maskieren. Ein Bild darf im **PNG**-, **JPEG**- oder **GIF**-Format vorliegen, maximal **2.000 Pixel** hoch sein und eine Dateigröße von **2 MB** nicht überschreiten.
- **Videos** ❾: Haben Sie ein Produktvideo bereits auf YouTube veröffentlicht? Dann können Sie es mit einem direkten Verweis in Ihre Präsentation einbinden. Alternativ suchen Sie es auch auf YouTube, ohne einen Umweg über die Webseite machen zu müssen. Anders als zum Beispiel Bilder können Sie Videos nicht auf der Folie drehen. Sie können sie auch nicht im Editor, sondern erst in der fertigen Präsentation abspielen.

Natürlich können Sie alle Objekte auch mit der Kopierfunktion von Google Präsentationen einfügen, um sie zum Beispiel aus anderen Google-Apps zu übernehmen – mithilfe der Webzwischenablage sogar zwischen verschiedenen Computern, die auf ein gemeinsames Google-Konto zugreifen.

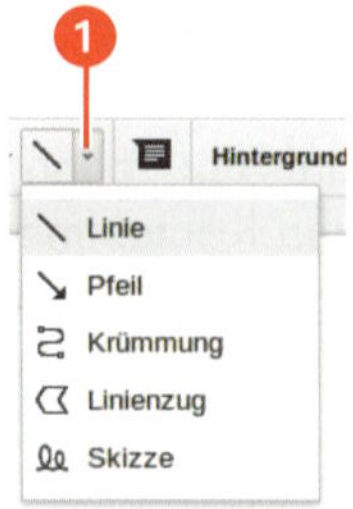
1
Hintergrund
Linie
Pfeil
Krümmung
Linienzug
Skizze

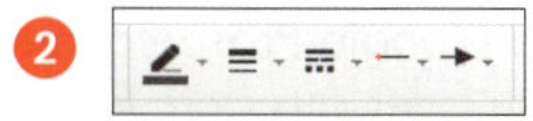
2

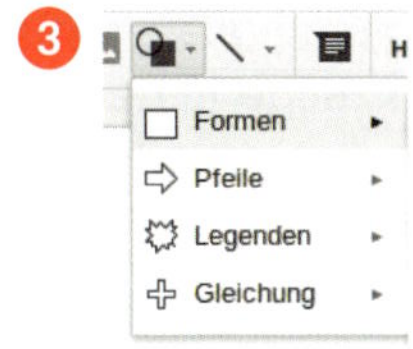
3
Formen
Pfeile
Legenden
Gleichung

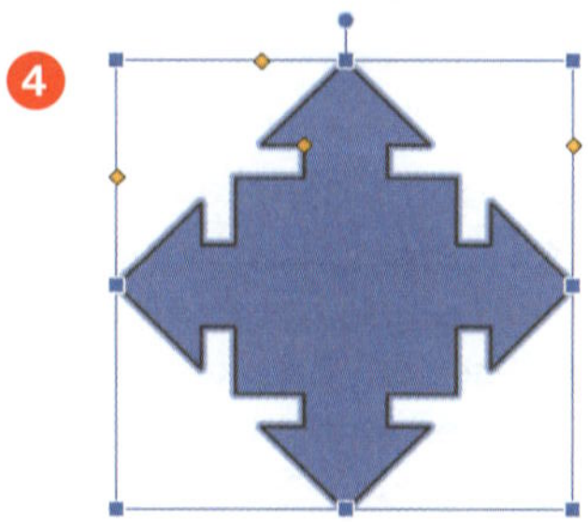
4

5
GHOSTBUSTERS

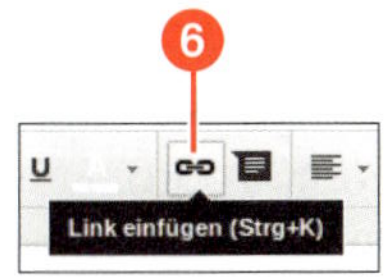
6
Link einfügen (Strg+K)

WEITER
Link
Link einfügen oder suchen
Übernehmen
Folien in dieser Präsentation
Vorherige Folie
Erste Folie
Folie 1: GOOGLE DRIVE
Folie 2
Folie 3
7

Objekttypen: Linien und Formen

Texte, Bilder und Videos sind bei Weitem nicht die einzigen Objekte, die Google Präsentationen kennt. Auch Linien, Formen und Tabellen fügen Sie mithilfe der Piktogrammleiste oder des **Einfügen**-Menüs in Ihre Präsentation ein.

- **Linien**: Die verschiedenen Linienformen entnehmen Sie dem Aufklappmenü ❶ unter der entsprechenden Schaltfläche in der Funktionsleiste. Zum Zeichnen einer einfachen **Linie** oder eines **Pfeils** klicken Sie mit der Maus in die Folie und ziehen das Objekt wie gewünscht bei gehaltener Maustaste auf. Sie verändern es, indem Sie seinen Start- und Endpunkt verschieben. **Krümmungen** und **Linienzüge** ziehen Sie hinter dem Mauszeiger her. Ein Doppelklick beendet den Zeichenmodus. Im **Skizzenmodus** zeichnen Sie eine **Freihandlinie** bei gehaltener linker Maustaste. Farbe, Stärke, Strich sowie Start und Ende der Linien und Pfeile legen Sie wiederum in der Funktionsleiste ❷ fest.
- **Formen**: Das Formenangebot ❸ kennen Sie vielleicht schon von der Maskierungsfunktion der Bilder. Die vielfältige Auswahl ist bestens beispielsweise zum Erstellen von Organigrammen, aber auch zum Hervorheben wichtiger Inhalte geeignet. Die Proportionen einer Form verändern Sie, indem Sie sie anklicken und das oder die gelben Rechtecke innerhalb der Grafik verschieben ❹. Je nach Formtyp verändern Sie so auch dessen Kontur. Im Kontextmenü der rechten Maustaste findet sich eine weitere mächtige Funktion: Der Eintrag **Text bearbeiten** setzt einen Textcursor zentriert in die Form ❺. Eingegebene Inhalte bearbeiten Sie wie gewohnt mit den Formatierungswerkzeugen der Piktogrammleiste beziehungsweise des **Format**-Menüs.
- Sie können jedes Objekt mit einem Link versehen, um es etwa als Schaltfläche zu einer anderen Präsentationsfolie, einem Google-Drive-Dokument oder zum Aufruf einer Webseite oder einer E-Mail-Adresse zu nutzen. Klicken Sie dazu nach der Objektauswahl das **Link**-Icon ❻ in der Piktogrammleiste an und fügen Sie einen Verweis ein oder wählen Sie die gewünschte Zielfolie aus ❼.

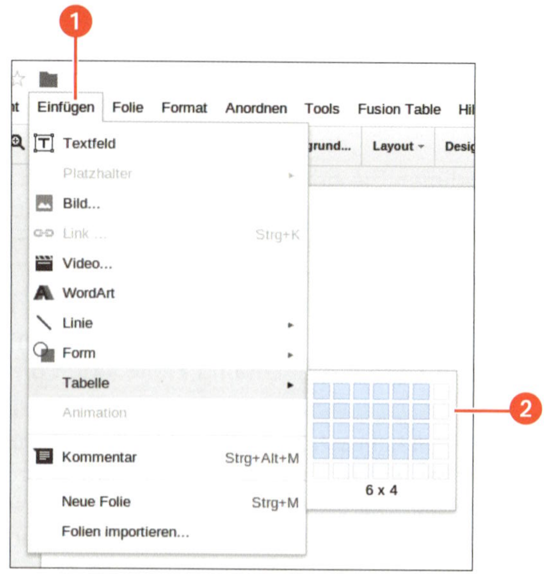
1
Einfügen
Folie
Format
Anordnen
Tools
Fusion Table
Textfeld
Platzhalter
Bild...
Link ...
Strg+K
Video...
WordArt
Linie
Form
Tabelle
Animation
Kommentar
Strg+Alt+M
Neue Folie
Strg+M
Folien importieren...
Layout
2
6 x 4

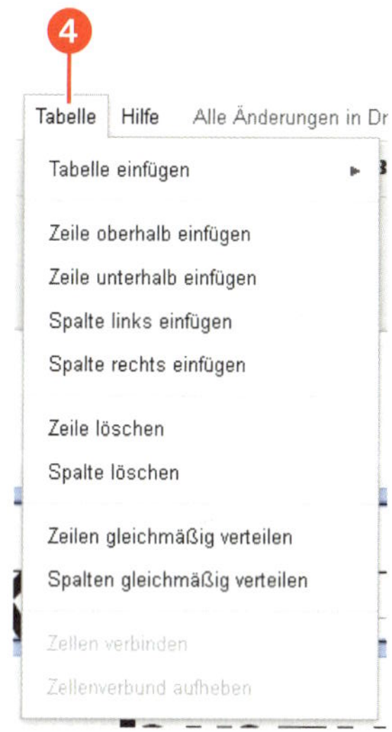
4
Tabelle
Hilfe
Tabelle einfügen
Zeile oberhalb einfügen
Zeile unterhalb einfügen
Spalte links einfügen
Spalte rechts einfügen
Zeile löschen
Spalte löschen
Zeilen gleichmäßig verteilen
Spalten gleichmäßig verteilen
Zellen verbinden
Zellenverbund aufheben

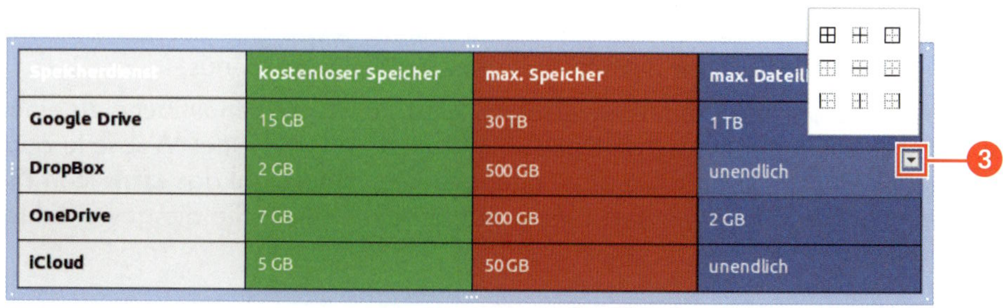
Speicherdienst
kostenloser Speicher
max. Speicher
Google Drive
15 GB
30 TB
1 TB
DropBox
2 GB
500 GB
unendlich
OneDrive
7 GB
200 GB
2 GB
iCloud
5 GB
50 GB
unendlich
3

Objekttypen: Tabellen

Besonders in Unternehmenspräsentationen spielen Tabellen häufig eine wichtige Rolle, immerhin liefern sie das handfeste Zahlenmaterial. Der entsprechende Objekttyp rundet Google Präsentationen daher sinnvoll ab:

Das Tabellenobjekt finden Sie lediglich im **Einfügen**-Menü von Google Präsentationen ❶, nicht aber in der Piktogrammleiste. Es arbeitet analog zu der internen Tabellenfunktion der Textverarbeitung Google Docs: Bewegen Sie die Maus über das Aufklappmenü ❷, bis Sie die gewünschte Anzahl von Zeilen und Spalten ausgewählt haben, die Sie einfügen möchten. Die Inhalte bearbeiten Sie mit den Formatierungsmöglichkeiten der Textobjekte. Die Größe der Zellen passen Sie wie gewohnt direkt in der Folie an. Die minimale Größe einer Zelle richtet sich dabei nach der Schriftgröße der in ihr enthaltenen Werte. Sie können jeden einzelnen Zellenrahmen anklicken, um ihn in seiner Farbe, Stärke oder Linienart zu verändern. Alternativ können Sie für die Auswahl auch das Aufklappmenü ❸ jeder Zelle benutzen. Jede Zelle darf über eine eigene Füllfarbe verfügen. Weitere Funktionen, zum Beispiel zum Ergänzen und Löschen von Spalten und Zeilen, finden sich im Kontextmenü der rechten Maustaste und im **Tabellen**-Menü ❹. Eine Tabelle lässt sich nicht drehen – das sähe auch merkwürdig aus. Außerdem unterstützt die interne Tabellenfunktion keine Formeln und Funktionen, sondern dient »nur« der optischen Aufbereitung etwa von Zahlenmaterial oder Übersichten.

Natürlich können Sie auch mit Google Tabellen erstellte Tabellen mithilfe der Kopierfunktion in Google Präsentationen übernehmen. Achten Sie jedoch darauf, die Tabelle für die Präsentation übersichtlich zu halten, denn eine Folie bietet nicht unendlich viel Platz.

Google Präsentationen verfügt über keinen eigenen Diagrammeditor. Einfache Diagramme lassen sich jedoch mit den angebotenen Formen (siehe vorhergehende Seiten) erstellen und beschriften. Um ein mit Google Tabellen erstelltes Diagramm zu nutzen, müssen Sie es als PNG-Grafik speichern und als Bild im Präsentationseditor importieren. Alternativ nutzen Sie die Kopierfunktionen der Programme.

Ansicht
Einfügen
Folie
Format
Anordnen
Tools
Präsentieren
Strg+F5
Animationen
Strg+Alt+Shift+B
Masterfolien
1

2
Animationen
Folie: Kein Übergang
Einblenden (Beim Klicken)
Drehen (Beim Klicken)
Einblenden (Nach vorheriger)
Hineingleiten (Beim Klicken)
3
Hineingleiten
4
Beim Klicken
6
Absatzweise
5
Langsam
Mittel
Schnell
+ Animation hinzufügen
Abspielen

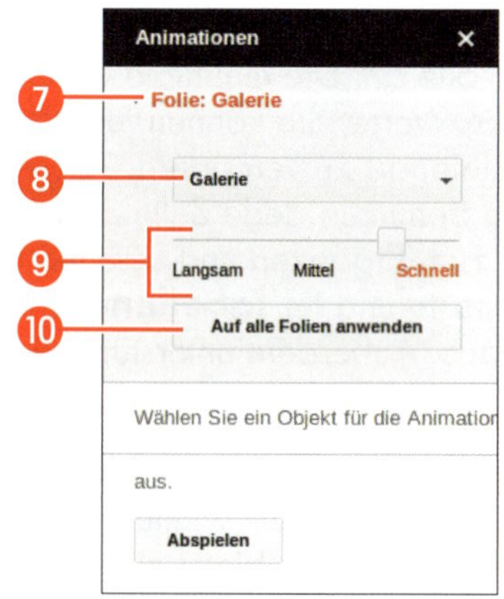
Animationen
7
Folie: Galerie
8
Galerie
9
Langsam
Mittel
Schnell
10
Auf alle Folien anwenden
Wählen Sie ein Objekt für die Animation
aus.
Abspielen

Objekte und Folienübergänge animieren

Keine Show ohne Effekte – das wissen auch die Entwickler von Google. Deshalb haben sie ihr Online-Präsentationsprogramm mit einigen Funktionen zum Animieren von Objekten und Übergängen ausgestattet. Sie können jedes Objekt einer Folie, mit Ausnahme von Videos, animieren. Dies geht mithilfe eines eigenen Editors recht einfach von der Hand – diesen rufen Sie mit dem Eintrag **Animationen** ❶ im **Ansicht**-Menü auf. Er öffnet eine Seitenleiste neben der eigentlichen Arbeitsfläche ❷. Alternativ können Sie auch ein Objekt auswählen, um dann aus dem **Einfügen**-Menü oder dem Kontextmenü der rechten Maustaste den Befehl **Animieren** auszuwählen. Das angewählte Objekt wird nun in einer Minidarstellung in den Editor übernommen und wartet auf seine Effektbelegung.

Klicken Sie den zu animierenden Eintrag im Editor an, um seine Optionen zu öffnen. Es offenbaren sich zwei Aufklappmenüs: Der **Animationstyp** ❸ gestattet derzeit die Wahl zwischen sieben Effekten, der **Startzustand** ❹ legt fest, nach welchem Ereignis beziehungsweise Eingabesignal die Animation beginnen soll. Legen Sie Ihre Auswahl fest und bestimmen Sie die **Animationsgeschwindigkeit** ❺ mit dem Schieberegler unter den Schaltflächen. Handelt es sich bei dem ausgewählten Objekt um ein Textfeld, dürfen Sie zusätzlich die **absatzweise** Effektanwendung ❻ ankreuzen – während der Präsentation können Sie einen entsprechend eingeteilten Textinhalt nun Absatz für Absatz einblenden.

Hat die Animation einzelner Text-, Tabellen- oder Grafikobjekte oftmals durchaus noch einen inhaltlichen Zweck, dienen Effektübergänge zwischen den verschiedenen Folien einer Präsentation in der Regel nur der gelungenen Dramaturgie. Wie die Objekteffekte bestimmen Sie die Folienübergänge im Animationseditor. Der Eintrag der Folienanimation befindet sich ganz oben im Editor ❼. Klicken Sie ihn an, um ihn zu öffnen, und wählen Sie in dem enthaltenen Aufklappmenü ❽ den gewünschten Effekt aus, den Sie mittels des darunterliegenden Schiebereglers ❾ in seiner Geschwindigkeit justieren. Möchten Sie die Übergänge zwischen den Folien der gesamten Präsentation einheitlich gestalten, aktivieren Sie die Schaltfläche **Auf alle Folien anwenden** ❿, die den aktuellen Effekt auf sämtliche Folieneinstellungen überträgt.

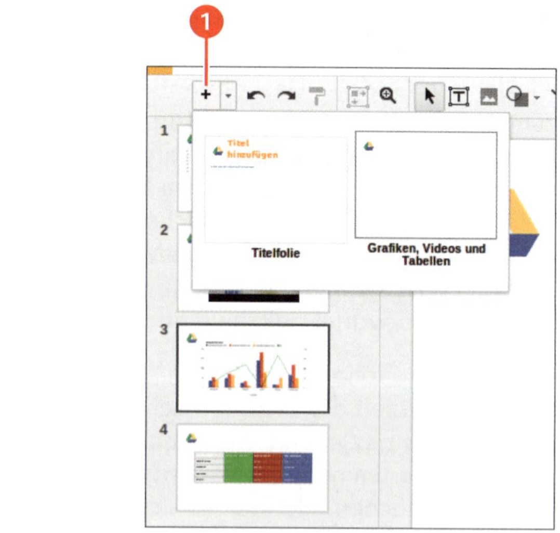
1
Titel hinzufügen
Titelfolie
Grafiken, Videos und Tabellen
1
2
3
4

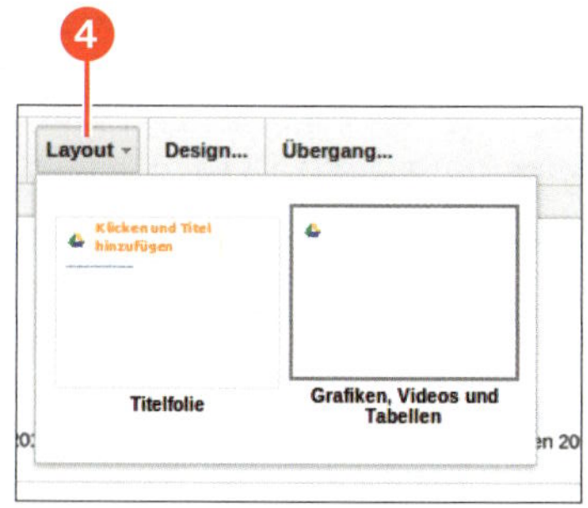
4
Layout
Design...
Übergang...
Klicken und Titel hinzufügen
Titelfolie
Grafiken, Videos und Tabellen

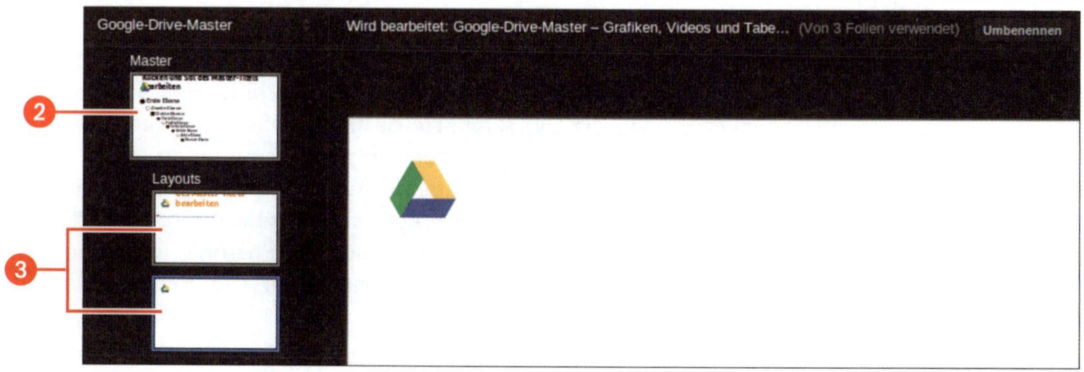
Google-Drive-Master
Wird bearbeitet: Google-Drive-Master – Grafiken, Videos und Tabe... (Von 3 Folien verwendet)
Umbenennen
Master
Layouts
bearbeiten
2
3

Masterfolien und Layoutvorlagen

Jede beliebige Folie einer Präsentation darf über ein individuelles Layout verfügen: Texte sind schnell formatiert, Bilder eingefügt und Linien gesetzt. Um ein konsistentes Gesamtbild zu erschaffen, ist es jedoch mühselig, alle Elemente jeder Folie immer wieder von Neuem einzustellen. Google Präsentationen verfügt daher über eine Stilverwaltung, in der Sie wiederkehrende Elemente einmalig setzen, formatieren und ausrichten, um sie mehrmals zu verwenden. Das Programm unterscheidet zwischen zwei Vorlagentypen:

- **Masterfolien** bestimmen das grundsätzliche Aussehen aller in einer Präsentation verwendeten Layouts. Dazu gehören Platzhalter für die Textstile, Standardhintergründe sowie wiederkehrende Grafiken – zum Beispiel das Logo Ihres Unternehmens.
- **Layoutvorlagen** bestimmen die Anordnung der Inhalte auf einer Folie auf Basis der Masterfolie. Möchten Sie zum Beispiel sicherstellen, dass Ihre Titelfolien stets im selben Design gehalten sind, legen Sie dafür eine passende Layoutvorlage an. Erstellen Sie eine neue Folie mit der Schaltfläche ❶ in der Folienübersicht, können Sie aus dem angrenzenden Aufklappmenü ein Layout auswählen, um dieses automatisch anzuwenden.

Um die Masterfolie und die Layoutvorlagen zu bearbeiten, wählen Sie im **Ansicht**-Menü den Eintrag **Masterfolien** oder im **Folie**-Menü den Aufruf **Master bearbeiten** aus. Auf der linken Seite des Editors sehen Sie hierarchisch geordnet die Masterfolie ❷ sowie die aktuell benutzten und vorbereiteten Layoutvorlagen ❸. Den Master- und Layoutvorlagen können Sie wie gewohnt Objekte hinzufügen und diese mit allen zur Verfügung stehenden Funktionen bearbeiten. Mit einem Rechtsklick auf eine Vorlage in der Übersicht kopieren, benennen oder – wenn sie nicht in Gebrauch ist – löschen Sie eine Folie. Hintergründe, die Sie hier festlegen, erscheinen im Fall einer Masterfolie in der gesamten Präsentation oder bei einer Layoutvorlage in den das Design nutzenden Folien.

Sie verändern das Layout einer Folie auf die Schnelle, indem Sie mit der Maus in die leere Fläche einer Folie klicken und die gewünschte Gestaltung mit der Schaltfläche ❹ in der Funktionsleiste auswählen.

1

Klicken und Stil des
Master-Titels bearbeiten

2

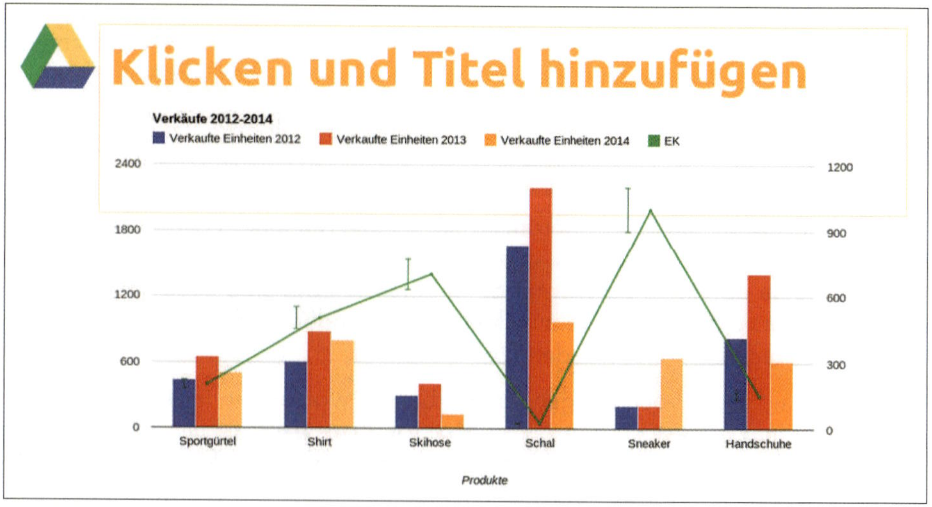
Klicken und Titel hinzufügen
Verkäufe 2012-2014
Verkaufte Einheiten 2012
Verkaufte Einheiten 2013
Verkaufte Einheiten 2014
EK
2400
1800
1200
600
0
1200
900
600
300
0
Sportgürtel
Shirt
Skihose
Schal
Sneaker
Handschuhe
Produkte

3

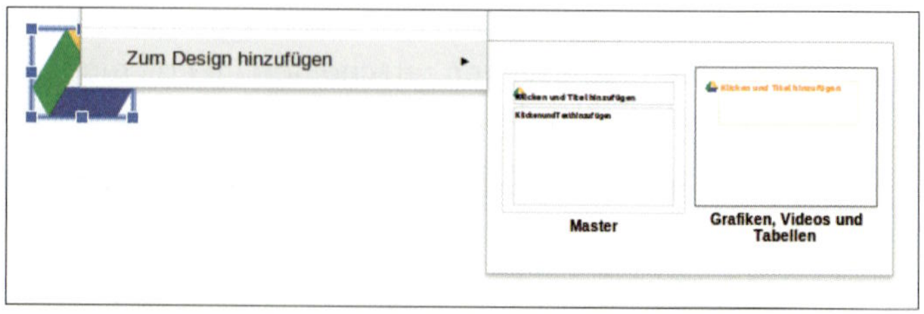
Zum Design hinzufügen
Master
Grafiken, Videos und Tabellen

Platzhalter in Layoutvorlagen

Platzhalter spielen in der Gestaltung von Layoutvorlagen eine zentrale Rolle: Sie bilden die Textcontainer, die Sie bei der Bearbeitung Ihrer Präsentationsfolien mit Leben füllen, und stellen sicher, dass Sie dabei eine konsistente Gestaltung verwenden. Platzhalter unterscheiden sich von Textfeldern, indem sie immer wieder neue Inhalte aufnehmen können. Sie eignen sich somit zum Beispiel für die Formatierung von Überschriften, die zwar auf jeder Folie anders lauten, aber trotzdem an derselben Position sowie mit einer durchgängigen Formatierung erscheinen sollen. In einer Master- oder Layoutvorlage angelegte Textfelder übertragen hingegen immer wieder dieselben Inhalte auf die sie nutzenden Folien – dies ist etwa dann praktisch, wenn an einer bestimmten Stelle immer wieder die Webadresse Ihres Unternehmens erscheinen soll. Außerdem sind Platzhalter nur in Layoutvorlagen und nicht in Masterfolien nutzbar.

Sie legen einen Platzhalter im Editor für die Master- und Layoutvorlagen an (siehe vorherige Seite). Wählen Sie eine Layoutvorlage aus, bevor Sie im **Einfügen**-Menü mit dem Eintrag **Platzhalter** bestimmen, ob Sie eine Vorlage für **Titel**, **Untertitel** oder **Texte** erstellen möchten. Der Mauszeiger verwandelt sich nun in ein Fadenkreuz, mit dem Sie auf der aktuellen Folie einen Kasten für den ausgewählten Platzhalter aufziehen ❶. Formatieren Sie den Platzhalter ganz nach Ihren Wünschen. Seinen Text selbst können Sie nicht verändern.

Schließen Sie den Editor und wählen eine Folie mit dem Layout, das Sie eben erstellt haben, erscheinen anstelle der Platzhalter- nun nach Ihren Wünschen formatierte Beispieltexte ❷. Diese können Sie mit Inhalten füllen, auf Wunsch neu formatieren oder auch löschen, ohne dass dies Auswirkungen auf den immer neu zu verwendenden Platzhalter hat.

Möchten Sie ein Objekt aus einer Folie immer wieder verwenden, klicken Sie es mit der rechten Maustaste an, um es im Kontextmenü mit dem entsprechenden Eintrag zu einer beliebigen Master- oder Layoutvorlage hinzuzufügen ❸.

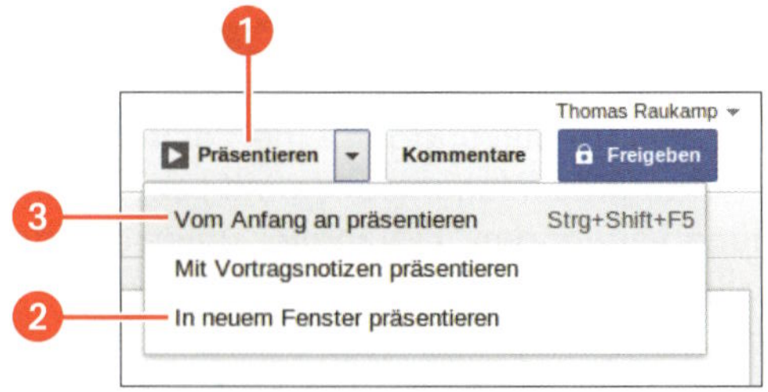
1
Thomas Raukamp
Präsentieren
Kommentare
Freigeben
3
Vom Anfang an präsentieren
Strg+Shift+F5
Mit Vortragsnotizen präsentieren
2
In neuem Fenster präsentieren

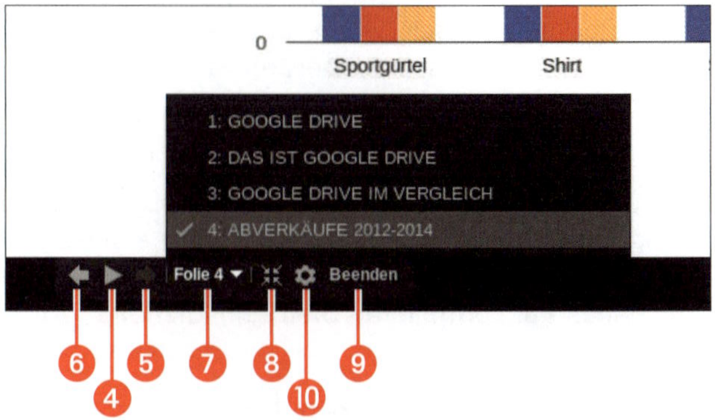
0
Sportgürtel
Shirt
1: GOOGLE DRIVE
2: DAS IST GOOGLE DRIVE
3: GOOGLE DRIVE IM VERGLEICH
4: ABVERKÄUFE 2012-2014
Folie 4
Beenden
6
4
5
7
8
10
9

11

chrome

Showtime: Anzeige einer Präsentation

Die Eintrittskarte zur »Showbühne« befindet sich in der rechten oberen Ecke des Editors: Die Schaltfläche **Präsentieren** ❶ startet die Präsentation standardmäßig im Vollbildmodus – alle derzeit geöffneten Arbeitsfenster treten also in den Hintergrund, und die Abspielroutinen nutzen den kompletten Bildschirm. Möchten Sie die Präsentation hingegen in einem eigenen Fenster anzeigen, wählen Sie die entsprechende Option aus dem Aufklappmenü ❷ neben der Schaltfläche aus. Verwenden Sie einen anderen Webbrowser als Google Chrome, zeigt dieser die Präsentation eventuell automatisch in einem neuen Fenster. Google Präsentationen startet ein Dokument immer ab der aktuell ausgewählten Folie. Möchten Sie das Dokument von Beginn an starten, befindet sich im Menü der Schaltfläche **Präsentieren** auch dafür eine passende Anweisung ❸.

Innerhalb des Präsentationsfensters offeriert Ihnen eine Benutzerleiste einige Optionen zur Bedienung des Players. Auf Wunsch starten und stoppen ❹ Sie die Präsentation oder rufen mit den Pfeiltasten das nächste ❺ beziehungsweise vorherige ❻ Ereignis auf. Außerdem können Sie unabhängig vom Präsentationsablauf eine Folie auswählen ❼, um hier Ihre Vorführung fortzusetzen oder zu einem Thema zurückzukehren. Befinden Sie sich im Vollbildmodus, können Sie ihn im Player beenden ❽, spielen Sie die Präsentation hingegen in einem Fenster ab, können Sie nachträglich auf das Vollbild wechseln. Die **Beenden**-Schaltfläche ❾ stoppt die gesamte Präsentation. Einige zusätzliche Optionen verbergen sich hinter dem Zahnrad ❿: Auf Wunsch können Sie Ihre Vortragsnotizen öffnen (siehe nächste Seite), die Präsentation für die Anwesenden ausdrucken oder sie kurzerhand als PowerPoint- oder PDF-Datei exportieren.

Moderne Großbildfernseher eignen sich übrigens hervorragend als Anzeigegerät für Präsentationen. Mithilfe von Googles Chromecast-Adapter ⓫ und der dazugehörigen Erweiterung (*http://bit.ly/gdrivebuch_chromecast*) für den Webbrowser Chrome können Sie jeden HD-Fernseher mit HDMI-Anschluss nutzen. In den Optionen der **Präsentieren**-Schaltfläche finden Sie automatisch Ihr Chromecast-Gerät.

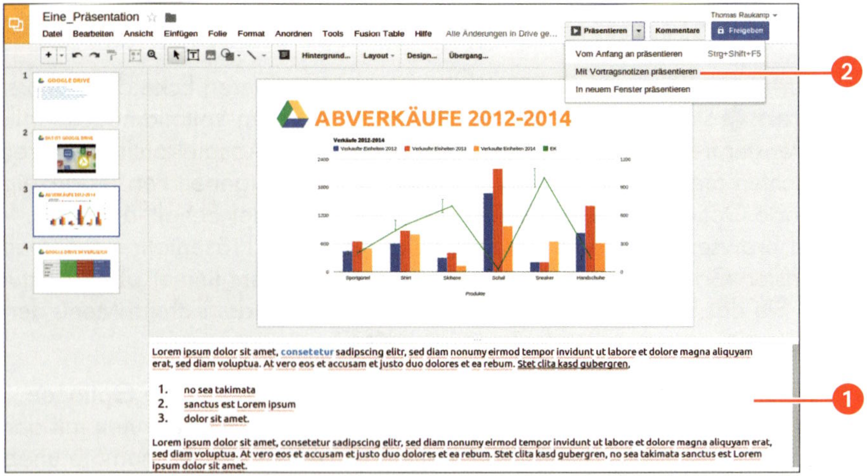
Eine_Präsentation
Datei Bearbeiten Ansicht Einfügen Folie Format Anordnen Tools Fusion Table Hilfe Alle Änderungen in Drive ge...
Präsentieren
Kommentare
Freigeben
Thomas Raukamp
Hintergrund... Layout Design... Übergang...
Vom Anfang an präsentieren Strg+Shift+F5
Mit Vortragsnotizen präsentieren
In neuem Fenster präsentieren
ABVERKÄUFE 2012-2014
Lorem ipsum dolor sit amet, consetetur sadipscing elitr, sed diam nonumy eirmod tempor invidunt ut labore et dolore magna aliquyam erat, sed diam voluptua. At vero eos et accusam et justo duo dolores et ea rebum. Stet clita kasd gubergren.
1. no sea takimata
2. sanctus est Lorem ipsum
3. dolor sit amet.
Lorem ipsum dolor sit amet, consetetur sadipscing elitr, sed diam nonumy eirmod tempor invidunt ut labore et dolore magna aliquyam erat, sed diam voluptua. At vero eos et accusam et justo duo dolores et ea rebum. Stet clita kasd gubergren, no sea takimata sanctus est Lorem ipsum dolor sit amet.
1
2

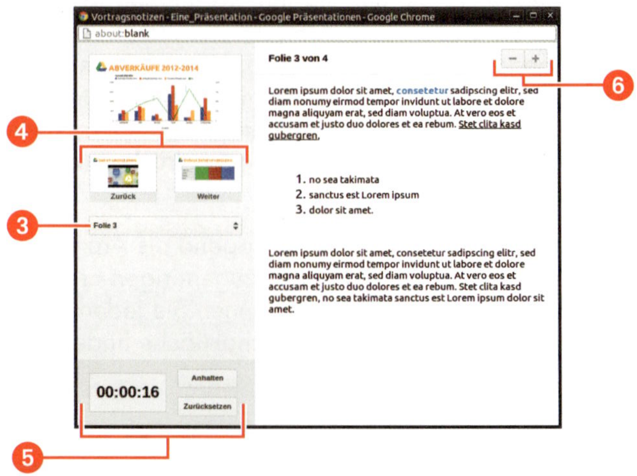
Vortragsnotizen - Eine_Präsentation - Google Präsentationen - Google Chrome
about:blank
ABVERKÄUFE 2012-2014
Zurück
Weiter
Folie 3
00:00:16
Anhalten
Zurücksetzen
Folie 3 von 4
Lorem ipsum dolor sit amet, consetetur sadipscing elitr, sed diam nonumy eirmod tempor invidunt ut labore et dolore magna aliquyam erat, sed diam voluptua. At vero eos et accusam et justo duo dolores et ea rebum. Stet clita kasd gubergren.
1. no sea takimata
2. sanctus est Lorem ipsum
3. dolor sit amet.
Lorem ipsum dolor sit amet, consetetur sadipscing elitr, sed diam nonumy eirmod tempor invidunt ut labore et dolore magna aliquyam erat, sed diam voluptua. At vero eos et accusam et justo duo dolores et ea rebum. Stet clita kasd gubergren, no sea takimata sanctus est Lorem ipsum dolor sit amet.
3
4
5
6

Arbeiten mit Vortragsnotizen

Mit Vortragsnotizen ergänzen Sie eine Präsentation um persönliche Notizen, die nur für Sie und nicht die Zuhörer bestimmt sind. In diesen Anmerkungen können Sie zum Beispiel einige erklärende Worte zu den ansonsten allzu drögen Umsatzzahlen oder auch Fragen von Schülern und Workshop-Teilnehmern festhalten, die Sie für die nächsten Vorführungen einarbeiten möchten. Google Präsentationen speichert Notizen zusammen mit den einzelnen Folien – Sie dürfen also zu jeder Folie eigene Anmerkungen festhalten.

Um eine Notiz anzulegen, wählen Sie zunächst im Editor die dazugehörige Folie aus. Unter der Arbeitsfläche befindet sich ein Textfeld mit der Aufforderung **Klicken und Notizen hinzufügen**, das Sie nun mit Ihren Notizen füllen können ❶. Wird es nicht dargestellt, rufen Sie es mit dem Eintrag **Vortragsnotizen anzeigen** aus dem **Ansicht**-Menü auf. Ihre Eingaben dürfen beliebig lang sein – passen sie nicht in das Textfeld, können Sie es an seinem Rand anpacken und in seiner Größe verändern. Sie bearbeiten Ihre Notizen wie gewohnt mit den Formatierungswerkzeugen der Funktionsleiste.

Um auf die Anmerkungen auch während der Präsentation zugreifen zu können, wählen Sie im Menü der Schaltfläche **Präsentieren** den Eintrag **Mit Vortragsnotizen präsentieren** ❷ aus. Das Programm startet nun die Präsentation und zeigt Ihre Notizen passend zur jeweiligen Folie wunschgemäß formatiert in einem eigenen Dialogfenster an. Dies bietet sich beispielsweise an, wenn Sie mit mehreren Anzeigegeräten arbeiten: Nutzen Sie etwa einen Videoprojektor, können Sie das Fenster auf Ihrem Laptop-Bildschirm bedienen, während die eigentliche Präsentation auf der Leinwand stattfindet.

Doch das Notizfenster kann noch mehr: Ein Aufklappmenü ❸ offeriert das unkomplizierte Wechseln zwischen den Folien einer Präsentation. Mithilfe der Voransichten ❹ springen Sie gezielt zur vorherigen beziehungsweise nächsten Folie. Ein Timer ❺ zeigt die verstrichene Vortragszeit an. Diese können Sie anhalten, fortsetzen oder zurücksetzen. Die **Plus**- und **Minus**-Buttons ❻ des Notizfensters erlauben schließlich die Einstellungen der Anzeigegröße ganz nach Ihren Wünschen.

1

Folien importieren
Oranges.pptx
Folien auswählen: Alle Keine
Ursprüngliches Design beibehalten
Zurück
2 Folien ausgewählt
Abbrechen
Folien importieren

2

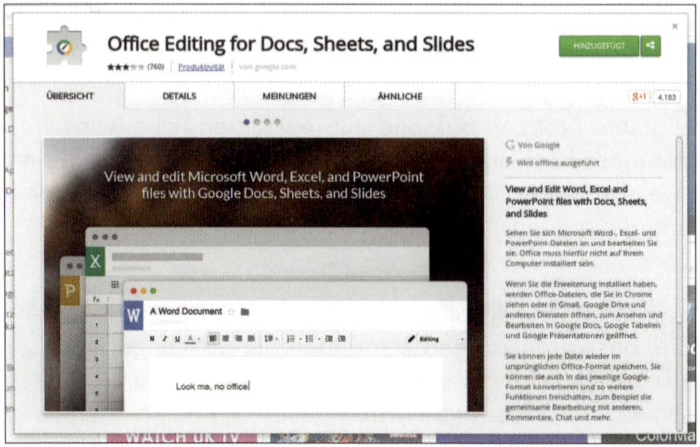

Office Editing for Docs, Sheets, and Slides
HINZUGEFÜGT
ÜBERSICHT
DETAILS
MEINUNGEN
ÄHNLICHE
View and edit Microsoft Word, Excel, and PowerPoint files with Google Docs, Sheets, and Slides
A Word Document
Look ma, no office
Von Google
Wird offline ausgeführt
View and Edit Word, Excel and PowerPoint files with Docs, Sheets, and Slides
Sehen Sie sich Microsoft Word-, Excel- und PowerPoint-Dateien an und bearbeiten Sie sie. Office muss hierfür nicht auf Ihrem Computer installiert sein.
Wenn Sie die Erweiterung installiert haben, werden Office-Dateien, die Sie in Chrome ziehen oder in Gmail, Google Drive und anderen Diensten öffnen, zum Ansehen und Bearbeiten in Google Docs, Google Tabellen und Google Präsentationen geöffnet.
Sie können jede Datei wieder im ursprünglichen Office-Format speichern. Sie können sie auch in das jeweilige Google-Format konvertieren und so weitere Funktionen freischalten, zum Beispiel die gemeinsame Bearbeitung mit anderen, Kommentare, Chat und mehr.

3

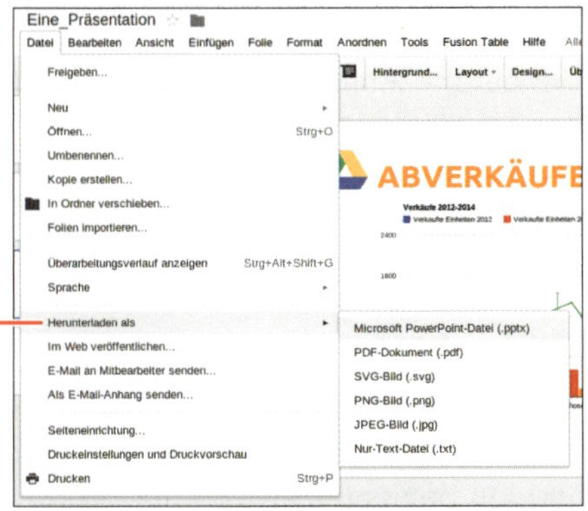

Eine_Präsentation
Datei
Bearbeiten
Ansicht
Einfügen
Folie
Format
Anordnen
Tools
Fusion Table
Hilfe
Freigeben...
Neu
Öffnen... Strg+O
Umbenennen...
Kopie erstellen...
In Ordner verschieben...
Folien importieren...
Überarbeitungsverlauf anzeigen Strg+Alt+Shift+G
Sprache
Herunterladen als
Im Web veröffentlichen...
E-Mail an Mitbearbeiter senden...
Als E-Mail-Anhang senden...
Seiteneinrichtung...
Druckeinstellungen und Druckvorschau
Drucken Strg+P
Microsoft PowerPoint-Datei (.pptx)
PDF-Dokument (.pdf)
SVG-Bild (.svg)
PNG-Bild (.png)
JPEG-Bild (.jpg)
Nur-Text-Datei (.txt)
Hintergrund...
Layout
Design...
ABVERKÄUFE
Verkäufe 2012-2014

Präsentationen im- und exportieren

Microsoft PowerPoint ist trotz leistungsstarker Konkurrenz in Form von OpenOffice Impress und Apple Keynote nach wie vor der Platzhirsch im Markt der Präsentationsprogramme. Da ist es nur konsequent, dass auch Google Präsentationen Importfilter für bis zu 10 MB große Dokumente in den PowerPoint-Dateitypen ***.ppt**, ***.pptx** sowie ***.pps** bereithält. Mit einem Doppelklick auf ihren Eintrag in der Verzeichnisliste von Google Drive öffnen Sie sie zur Bearbeitung in Googles Präsentationssoftware. Möchten Sie hingegen ein Dokument gezielt um vorhandene Folien erweitern, wählen Sie im **Datei**-Menü des Editors den Eintrag **Folien importieren**. Ein Auswahlfenster offeriert nun die in der gewählten Präsentationsdatei vorhandenen Folien ❶ des Google-Präsentationen- beziehungsweise PowerPoint-Dokuments.

Um die Umwandlung einer in PowerPoint erstellten Datei zu umgehen und die Präsentation direkt zu bearbeiten, bietet sich der Office-Kompatibilitätsmodus von Google Drive an. Wie schon im Fall von Google Docs und Google Tabellen setzt er die Installation einer Chrome-Erweiterung ❷ (*http://bit.ly/gdrivebuch_office*) voraus, die die notwendigen Routinen nachliefert und den Einsatz somit auf die Nutzer von Googles eigenem Webbrowser beschränkt. Ein Doppelklick auf eine PowerPoint-Datei öffnet nun ein Bearbeitungsfenster, das zwar nicht den vollen Funktionsumfang von Google Präsentationen bieten kann, dafür aber mit der nicht umgewandelten Bearbeitung und der automatischen Speicherung in Microsofts Office-Format glänzt.

Sie exportieren eine Präsentation aus Google Präsentationen, indem Sie im **Datei**-Menü den Punkt **Herunterladen als ...** ❸ und aus dem Aufklappmenü das gewünschte Zielformat auswählen. Google Präsentationen unterstützt die Exportformate ***.pptx** (für die Verwendung mit PowerPoint und OpenOffice Impress), ***.pdf**, ***.svg**, ***.jpeg**, ***.png** und ***.txt**.

Die Ergebnisse variieren derzeit leider noch stark in ihrer Qualität. Für PowerPoint exportierte Präsentationen müssen Sie in der Regel nachbearbeiten, da oftmals gewählte Effekte und Animationen nicht übereinstimmen. Aus YouTube eingebundene Videos verweigern ebenfalls ihren Dienst, Sie müssen sie also neu platzieren.

1
Im Web veröffentlichen
Veröffentlichung steuern
Dieses Dokument wird nicht im Web veröffentlicht.
2
Jetzt veröffentlichen
Hinweis: Durch die Veröffentlichung wird dieser Inhalt für alle sichtbar gemacht, die über den veröffentlichten Link verfügen, ohne dass dabei die Freigabeeinstellungen für das Dokument geändert werden. Weitere Informationen
Schließen

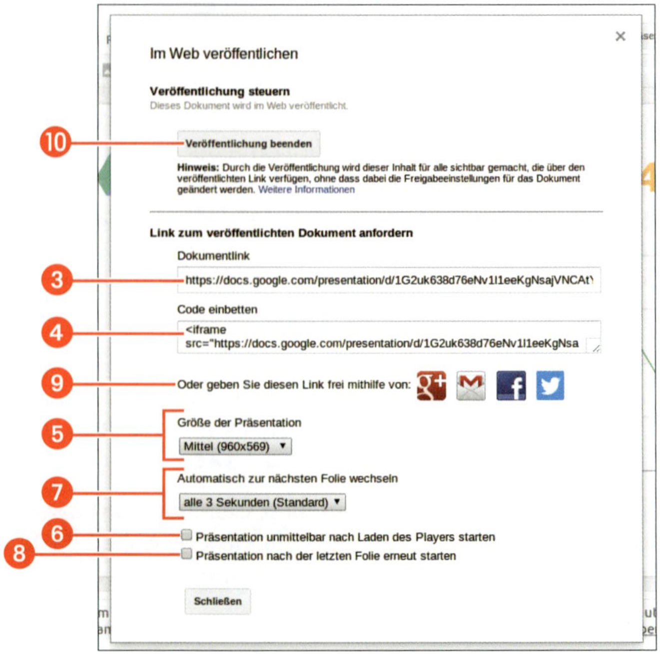
Im Web veröffentlichen
Veröffentlichung steuern
Dieses Dokument wird im Web veröffentlicht.
10
Veröffentlichung beenden
Hinweis: Durch die Veröffentlichung wird dieser Inhalt für alle sichtbar gemacht, die über den veröffentlichten Link verfügen, ohne dass dabei die Freigabeeinstellungen für das Dokument geändert werden. Weitere Informationen
Link zum veröffentlichten Dokument anfordern
Dokumentlink
3
https://docs.google.com/presentation/d/1G2uk638d76eNv1l1eeKgNsajVNCAt
Code einbetten
4
<iframe src="https://docs.google.com/presentation/d/1G2uk638d76eNv1l1eeKgNsa
9
Oder geben Sie diesen Link frei mithilfe von:
5
Größe der Präsentation
Mittel (960x569)
7
Automatisch zur nächsten Folie wechseln
alle 3 Sekunden (Standard)
6
Präsentation unmittelbar nach Laden des Players starten
8
Präsentation nach der letzten Folie erneut starten
Schließen

Präsentationen im Web veröffentlichen

Google Präsentationen stellt nicht nur ein äußerst mächtiges Werkzeug zum Begleiten von Workshops, Vorträgen und Keynotes dar, sondern dient auch der Erstellung von Onlinepräsentationen. Dadurch können Sie zum Beispiel Ihre Kunden nicht nur auf eine voll animierte Produktvorstellung verweisen, sondern eine Präsentation sogar in eine Webseite oder Ihr Blog einbinden. Sie geben ein Präsentationsdokument im Internet frei, indem Sie im **Datei**-Menü des Editors die Anweisung **Im Web veröffentlichen** aufrufen. Ein Hinweisfenster ❶ gibt den aktuellen Veröffentlichungsstatus an. Mit der Schaltfläche **Jetzt veröffentlichen** ❷ geben Sie die Präsentation für die öffentliche Betrachtung frei. Bedenken Sie aber, dass nun jede Person, die den Verweis besitzt, die Präsentation abspielen, verbreiten und sogar auf anderen Webseiten einbetten kann.

Das sich nun öffnende Veröffentlichungsfenster bietet den Dokumentlink ❸ an. Möchten Sie die Präsentation in Ihre Webseite einbinden, kopieren Sie hingegen den Frame-Code ❹, den Sie in den HTML-Quelltext einsetzen. Google Präsentationen bietet dafür drei verschiedene Abspielgrößen ❺ an, auf Wunsch dürfen Sie auch ein eigenes Format festlegen. Das Programm wechselt automatisch zwischen den im Editor angelegten Animationen und Folien, wenn Sie das unmittelbare Starten nach dem Laden des Players ❻ erlauben. Die Zeit zwischen einem Animations- und Folienwechsel ❼ können Sie auswählen. Auf Wunsch können Sie die Präsentation nach der letzten Folie erneut starten ❽, sodass sie endlos läuft. Der Player enthält immer die gewohnten Transporttasten, mit denen Betrachter in der Präsentation navigieren können. Ist er nicht in eine Webseite eingebunden, füllt er einen kompletten Karteireiter des Webbrowsers aus.

Möchten Sie die Präsentation in den sozialen Netzwerken Google+, Facebook und Twitter bekannt machen oder Freunde und Kollegen per E-Mail darauf hinweisen, wählen Sie das entsprechende Piktogramm aus ❾.

Sie beenden die Veröffentlichung mit der gleichnamigen Schaltfläche ❿.

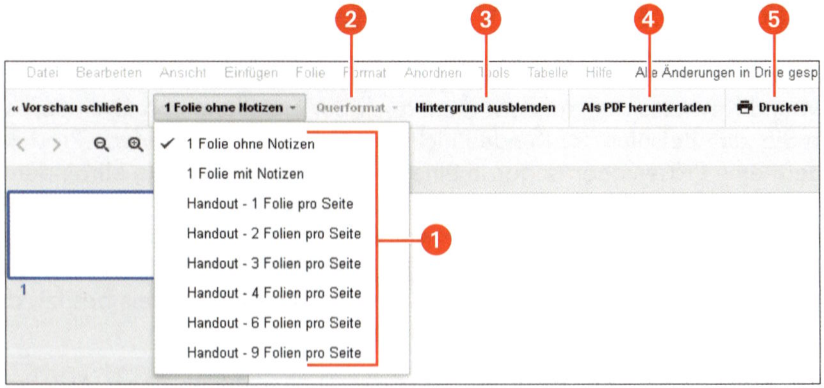
2
3
4
5
Datei Bearbeiten Ansicht Einfügen Folie Format Anordnen Tools Tabelle Hilfe Alle Änderungen in Drive gesp
« Vorschau schließen
1 Folie ohne Notizen
Querformat
Hintergrund ausblenden
Als PDF herunterladen
Drucken
1 Folie ohne Notizen
1 Folie mit Notizen
Handout - 1 Folie pro Seite
Handout - 2 Folien pro Seite
Handout - 3 Folien pro Seite
Handout - 4 Folien pro Seite
Handout - 6 Folien pro Seite
Handout - 9 Folien pro Seite
1

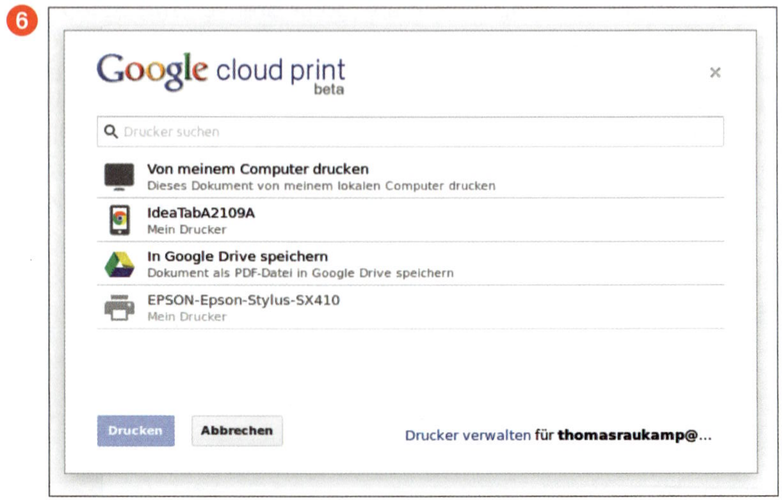
6
Google cloud print
beta
Drucker suchen
Von meinem Computer drucken
Dieses Dokument von meinem lokalen Computer drucken
IdeaTabA2109A
Mein Drucker
In Google Drive speichern
Dokument als PDF-Datei in Google Drive speichern
EPSON-Epson-Stylus-SX410
Mein Drucker
Drucken
Abbrechen
Drucker verwalten für thomasraukamp@...

Präsentationen ausdrucken

Möchten Workshop-Teilnehmer die Inhalte Ihrer Präsentation mit nach Hause nehmen, müssen Sie ihnen nicht unbedingt die Datei zur Verfügung stellen – ein Ausdruck tut es häufig auch. Google Präsentationen stellt eine umfangreiche Druckvorschau bereit, die Sie mittels des Eintrags **Druckeinstellungen und Druckvorschau** des **Datei**-Menüs aufrufen. Die Funktionsleiste über der Vorschaufläche gibt Ihnen einige zusätzliche Einstellungen an die Hand. So bietet sie zum Beispiel die Möglichkeit, die tatsächliche **Aufteilung der Präsentation** ❶ im Ausdruck zu bestimmen. Standardmäßig belegt jede Folie ihr eigenes Blatt, das Sie auf Wunsch um Ihre Vortragsnotizen ergänzen. Sie können jedoch auch bis zu neun Folien auf einem Handout unterbringen. Je nach der Auswahl formatiert Google Präsentationen die Vorschau neu. Das Handout dürfen Sie im **Hoch- oder Querformat** ❷ anlegen, was wiederum die Verteilung der Inhalte beeinflusst.

Enthält Ihre Präsentation eine Hintergrundfarbe oder -grafik, mag dies auf dem Bildschirm gut wirken, besonders im Schwarz-Weiß-Druck mindert es jedoch oft die Kontraste und macht enthaltene Texte schnell unleserlich. Daher sollten Sie Hintergründe mit der gleichnamigen Schaltfläche ❸ ausblenden. Außerdem können Sie Ihr Dokument als PDF ❹ speichern, um es in digitaler Form weiterzugeben. Die Schaltfläche **Drucken** ❺ startet hingegen den Standarddruckdialog der Google-Office-Suite, zu dem Sie ohne Umwege auch im **Datei**-Menü des Editors gelangen. Verwenden Sie einen anderen Webbrowser als Chrome, ruft dieser Eintrag einen eventuell installierten Google-Cloud-Print-Dialog ❻ auf oder übergibt die Präsentation an die Druckroutinen des Systems.

Die Unterscheidung zwischen Präsentationsfolien und Handouts sorgt oft für Verwirrung: **Folien** dienen der visuellen Unterstützung von Inhalten, während ein **Handout** dazu gedacht ist, dass der Zuhörer nach dem Vortrag die Inhalte selbst anhand eines Ausdrucks noch einmal nachvollziehen kann.

Thomas Raukamp
tare
Freigeben
1

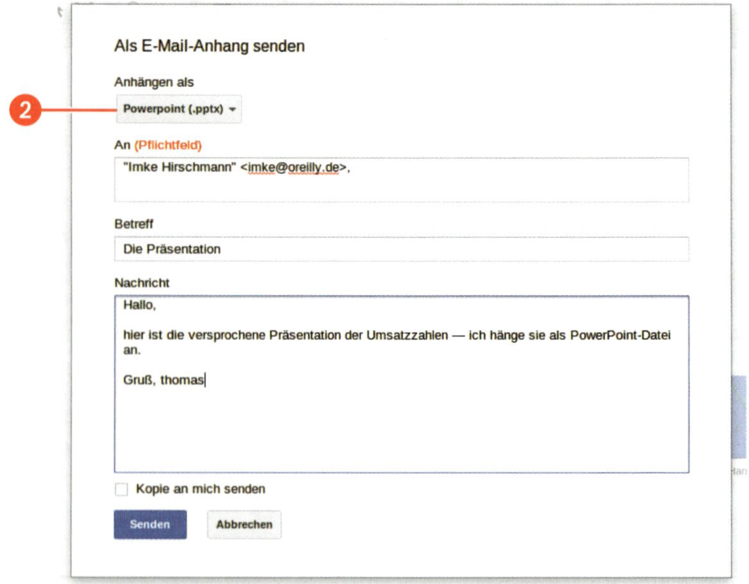
Als E-Mail-Anhang senden
Anhängen als
Powerpoint (.pptx)
2
An (Pflichtfeld)
"Imke Hirschmann" <imke@oreilly.de>,
Betreff
Die Präsentation
Nachricht
Hallo,
hier ist die versprochene Präsentation der Umsatzzahlen — ich hänge sie als PowerPoint-Datei an.
Gruß, thomas
Kopie an mich senden
Senden
Abbrechen

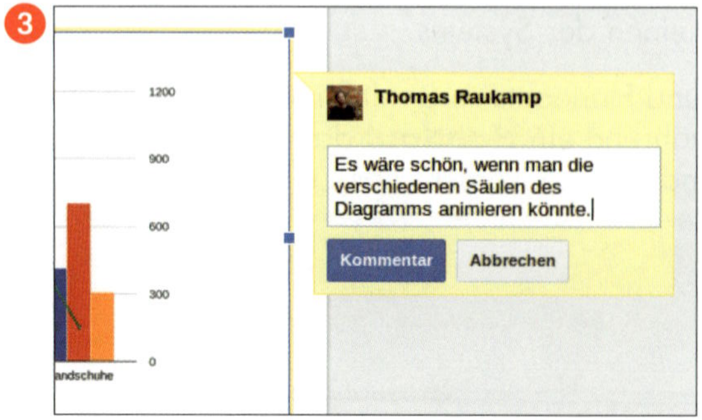
3
1200
900
600
300
0
andschuhe
Thomas Raukamp
Es wäre schön, wenn man die verschiedenen Säulen des Diagramms animieren könnte.
Kommentar
Abbrechen

4
Kommentar einfügen (Strg+Alt+M)

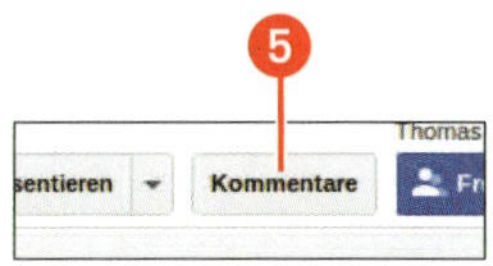
5
Thomas
sentieren
Kommentare

Teamwork: Präsentationen gemeinsam bearbeiten

Google Präsentationen wäre kein Teil der Google-Office-Suite, wenn es nicht umfangreiche Möglichkeiten der Zusammenarbeit mit Kollegen und Freunden anbieten würde. Sie können eine Präsentation wie gewohnt direkt in der Ablage Ihres Google Drive freigeben oder die Freigabeoptionen im Dokument selbst aufrufen. Die entsprechende Schaltfläche ❶ findet sich an ihrem angestammten Platz rechts oben über der Arbeitsfläche.

Die Regelung der Freigabeberechtigungen, Sichtbarkeitsoptionen sowie der Zugriffsbestimmungen erfolgt analog zu den Einstellungen etwa von Google Docs und Google Tabellen. Möchten Sie eine Präsentation öffentlich machen, hält das Freigabefenster Funktionen zum Kopieren des Verweises sowie zum Teilen in den sozialen Netzwerken Google+, Facebook und Twitter bereit; sie werden ausführlich im Kapitel **Teamwork in Google Drive** ab Seite 37 besprochen. Eine direkte **E-Mail an einen Mitarbeiter** können Sie mittels des internen Editors schreiben, den Sie im **Datei**-Menü aufrufen. Mit dem Eintrag **Als E-Mail-Anhang senden** können Sie die Präsentation hingegen an jede beliebige Person verschicken und das Dokument als PDF-, PowerPoint- oder Textdatei gleich einbinden ❷.

Entsprechend berechtigte Mitarbeiter dürfen außerdem jedes Objekt auf den Folien sowie den Master- und Layoutvorlagen eines Dokuments kommentieren ❸ – einzig die Vortragsnotizen (siehe Seite 209) bleiben privat und entziehen sich der Diskussion. Sie rufen die Kommentarfunktion aus der Piktogrammleiste ❹ auf. Die Liste der **Kommentare** und **Konversationen** sowie die dazugehörigen **Benachrichtigungseinstellungen** rufen Sie wie immer mit der Schaltfläche **Kommentare** ❺ ab, die sich zwischen dem Präsentations- und dem Freigabe-Button befindet. Hier können Sie Fragen und Diskussionen auch schließen und auf Wunsch wieder öffnen.

Arbeiten mehrere Personen an einem Präsentationsdokument, kann man schnell die Übersicht über die vorgenommenen Änderungen verlieren. Auch Google Präsentationen hält daher einen **Überarbeitungsverlauf** bereit. Sie rufen ihn über das **Datei**-Menü des Editors auf.

1
Datei
Bearbeiten
Ansicht
Ein
An Fenstergröße anpassen (95 %)

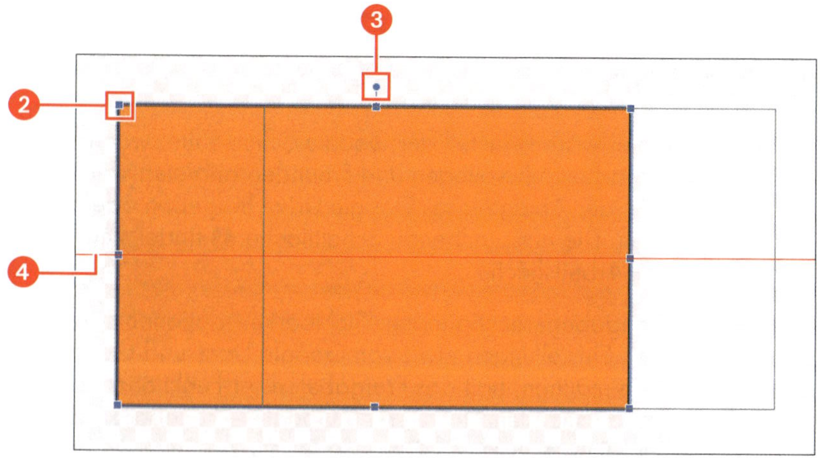
2
3
4

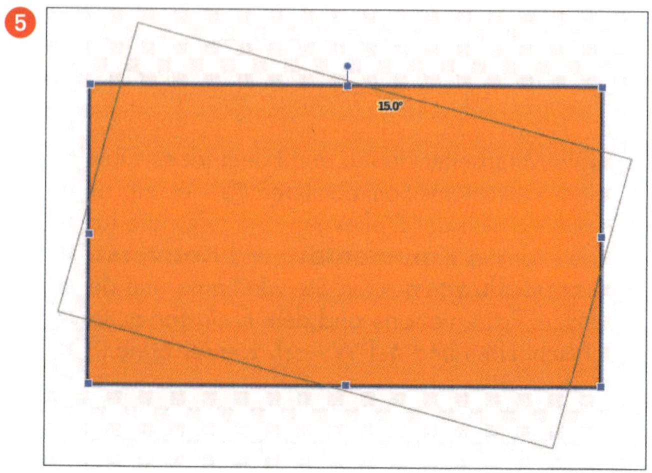
5
15,0°

Kapitel 7 | Google Zeichnungen

Google Zeichnungen begann sein Dasein als Zeichenmodul von Google Docs – und findet sich nach wie vor in der Textverarbeitung der Google-Office-Suite. Die zusätzliche Veröffentlichung als eigenständige App ist einem einfachen Umstand geschuldet: Sie gestattet es Freunden und Kollegen, gemeinsam an einer Zeichnung zu arbeiten und dabei die vollen Teamwork-Funktionen von Google Drive in Anspruch zu nehmen, während die Modulvariante keine parallele Nutzung zulässt.

Nach seinem Start offeriert Google Zeichnungen eine unbenutzte »Leinwand«, auf der Sie Linien, Formen, Bilder, Texte, Effektschriften und Tabellen anlegen sowie miteinander kombinieren können. Die Piktogrammleiste über der Arbeitsfläche erscheint zunächst recht überschaubar, erweitert sich jedoch passend zu den Bearbeitungsmöglichkeiten der einzelnen Objekte. Sie verändern die Zeichenfläche in ihrer Größe, indem Sie einen Prozentwert oder die Einträge **Vergrößern** beziehungsweise **Verkleinern** im **Ansicht**-Menü nutzen. Mit der Schaltfläche **An Fenstergröße anpassen** ❶ kehren Sie zur optimalen Nutzung des Browserfensters zurück.

Sie können ein beliebiges Objektfeld auf der Zeichenfläche frei bewegen, an seinen Markierungspunkten ❷ in der Größe verändern sowie an seinem Ankerpunkt ❸ drehen. Halten Sie während des Verschiebens die [⇧]-Taste gedrückt, aktivieren Sie die Positionsführung ❹, um ein Objekt auf seiner horizontalen oder vertikalen Linie zu halten. Wer lieber mit der Tastatur arbeitet, nutzt dazu die Pfeiltasten, wobei Feinjustierungen bei gleichzeitig gehaltener [⇧]-Taste gelingen. Packen Sie einen der Eckpunkte eines Objekts an, um es in der Größe zu verändern, erhalten Sie seine Proportionen, indem Sie gleichzeitig wiederum die [⇧]-Taste halten. Bei gleichzeitig gedrückter [Strg]-Taste bewahren Sie das Seitenverhältnis. Eindeutige Winkel gestattet wiederum das Halten der [⇧]-Taste beim Drehen: Das Objekt rotiert nun in Winkelschritten von 15 Grad ❺. Größere Schritte gewährt der **Drehen**-Eintrag des Kontextmenüs, das sich nach einem Rechtsklick öffnet. Hier können Sie ein Objekt auch spiegeln. Beide Funktionen finden sich ebenfalls im **Anordnen**-Menü.

1

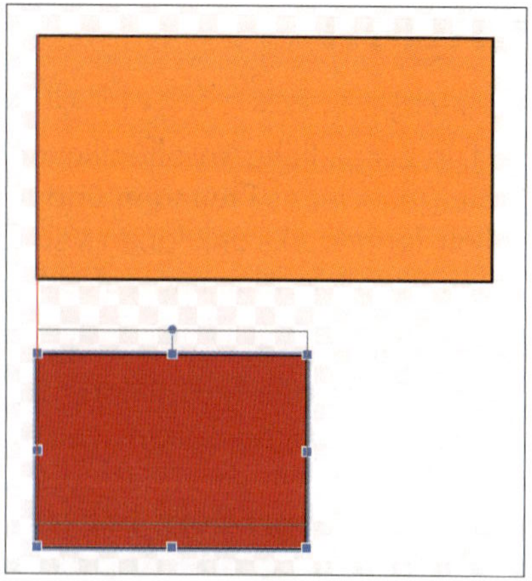

2

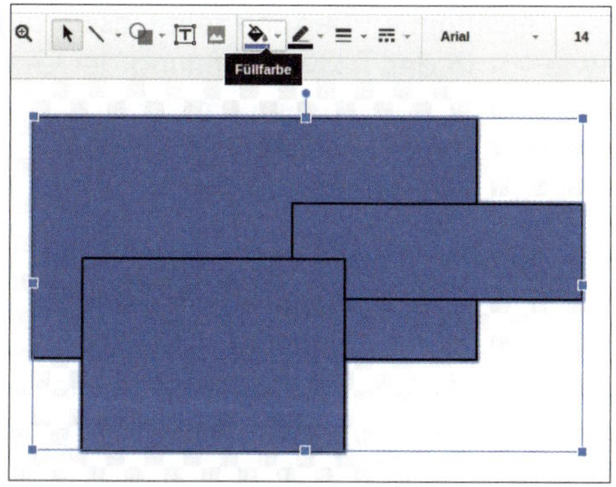
Arial
14
Füllfarbe

5
4
3

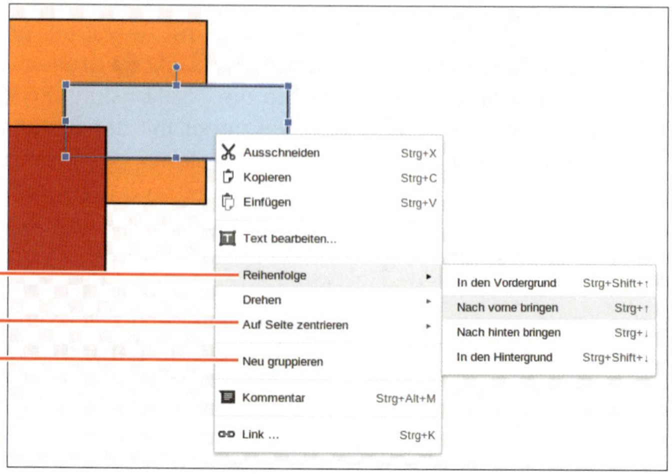
Ausschneiden Strg+X
Kopieren Strg+C
Einfügen Strg+V
Text bearbeiten...
Reihenfolge
Drehen
Auf Seite zentrieren
Neu gruppieren
Kommentar Strg+Alt+M
Link ... Strg+K
In den Vordergrund Strg+Shift+↑
Nach vorne bringen Strg+↑
Nach hinten bringen Strg+↓
In den Hintergrund Strg+Shift+↓

Objekte anordnen

Einige Möglichkeiten, um Textfelder und Grafikobjekte auf der Zeichenfläche zu verschieben und anzuordnen, haben wir bereits auf der vorherigen Seite kennengelernt. Google Zeichnungen bietet aber noch mehr Funktionen, die bei der passgenauen Ausrichtung helfen. Grundsätzlich unterscheidet das Programm zwischen der Arbeit in einem Raster und der mit mit Hilfslinien, zwischen denen Sie im **Ansicht**-Menü umschalten. Das Raster unterteilt jedes Kästchen der Zeichenfläche in je vier horizontale und vertikale Zeilen und Spalten, auf denen Sie das Objekt bewegen. Möchten Sie die verschiedenen Objekte zueinander ausrichten, helfen Ihnen die Hilfslinien bei der Anordnung: Ziehen Sie beispielsweise eine Form an eine andere heran, setzt Google Zeichnungen an ihrer Schnittstelle automatisch eine Hilfslinie, an der Sie das Objekt andocken können. Verschieben Sie ein Objekt so weit, dass es auf einer Höhe mit einem anderen liegt, hilft ebenfalls eine Hilfslinie dabei, dass Sie es genau ausrichten können ❶. Das **Anordnen**-Menü nimmt Ihnen das Verschieben sogar ab: Klicken Sie die Objekte an, die Sie zueinander ausrichten möchten und wählen Sie aus den Einträgen **Horizontal ausrichten** beziehungsweise **Vertikal ausrichten** den gewünschten Bund.

Die Anweisung **Gruppieren** bildet hingegen aus gewählten Objekten eine Gruppe, die Sie gemeinsam ausrichten, kopieren, skalieren, drehen und bearbeiten können ❷. Machen Sie die Gruppierung rückgängig, um ein Teil neu anzuordnen oder zu formatieren, wird die Gruppe mit der Anweisung **Neu gruppieren** ❸ wiederhergestellt. Sie können aber weiterhin gezielt ein Objekt auswählen, um es einzeln zu bearbeiten, indem Sie erst die Gruppe und dann das Objekt anklicken.

Auch das Zentrieren eines Felds auf der »Leinwand« ist schnell erledigt: Ziehen Sie es so weit in die Mitte, bis Sie es an eine vertikale beziehungsweise horizontale Hilfslinie ansetzen können. Alternativ klicken Sie ein Objekt mit der rechten Maustaste an, um in seinem Kontextmenü die gewünschte Ausrichtung über den Eintrag **Auf Seite zentrieren** ❹ festzulegen. Überlappen sich mehrere Text- und Grafikfelder, hilft Ihnen das Kontextmenü ebenfalls weiter: Mithilfe des Eintrags **Reihenfolge** ❺ legen Sie die Stapelposition des ausgewählten Objekts fest.

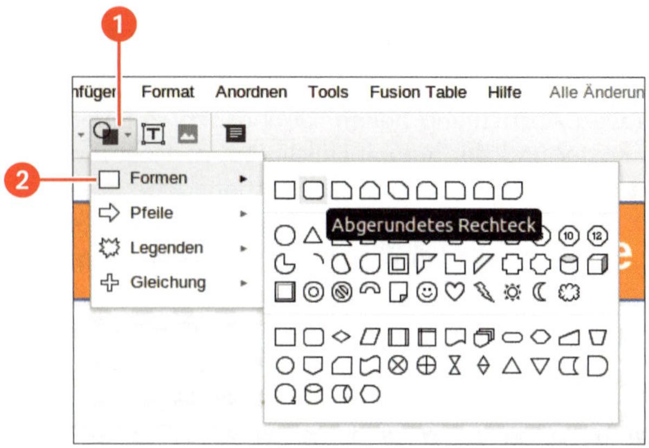
1
2
nfüger Format Anordnen Tools Fusion Table Hilfe Alle Änderun
Formen
Pfeile
Legenden
Gleichung
Abgerundetes Rechteck

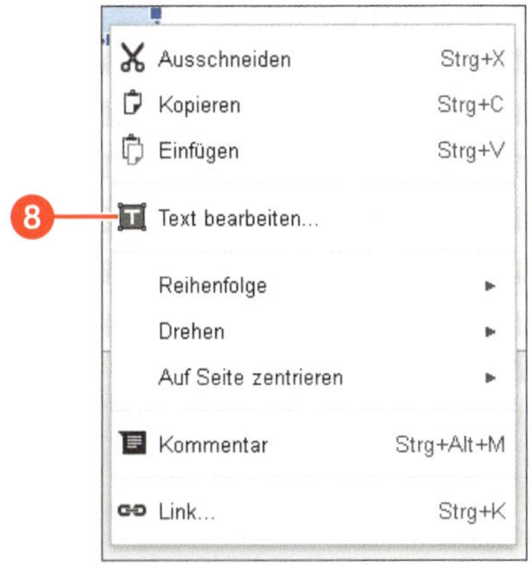
8
Ausschneiden Strg+X
Kopieren Strg+C
Einfügen Strg+V
Text bearbeiten...
Reihenfolge
Drehen
Auf Seite zentrieren
Kommentar Strg+Alt+M
Link... Strg+K

7
3
4
5
6
9
Arial
30
Mehr
Mitte
Hey Jude

Flächen- und Textobjekte

Als Praxisbeispiel möchten wir ein Flussdiagramm, auch Programmablaufplan, Flowchart oder Struktogramm genannt, erstellen. Unser Flussdiagramm soll den Song »Hey Jude« in seinen Elementen darstellen. Den Start haben uns Paul McCartney und John Lennon herzlich einfach gemacht: Das Stück fängt gleich mit seinem Titel an. Wählen wir also unser erstes Objekt aus, um ihm einen Startwert zuzuweisen. Nehmen Sie als Form ein Rechteck mit abgerundeten Ecken, indem Sie auf die entsprechende Schaltfläche in der Funktionsleiste klicken ❶ und das Objekt aus dem Menüpunkt **Formen** ❷ fischen. Ziehen Sie das Objekt großzügig auf der Zeichenfläche auf – es wird als Dach über dem Ablaufplan thronen. Verändern Sie es auf eine vorläufige Größe und zentrieren Sie es, indem Sie es so weit in die Mitte bewegen, bis es an einer Hilfslinie einschnappt. Bei der Größenveränderung ist wiederum die Arbeit mit einem Raster praktisch, das Sie im **Ansicht**-Menü an- und abschalten. Nun können Sie das Objekt weiterbearbeiten: In der Piktogrammleiste wählen Sie je eine Füll- ❸ und eine Linienfarbe ❹ aus, bevor Sie die Linienstärke ❺ sowie die Strichlinie ❻ bestimmen.

Um dem Objekt eine Funktion zuzuweisen, möchten wir es mit einem Text füllen. Dazu stehen uns gleich mehrere Wege offen: Wir können ein Textfeld ❼ anlegen, es formatieren, auf die Form schieben und beide Rahmen gruppieren. Wir wählen jedoch den direkten Weg: Klicken Sie mit der rechten Maustaste auf das Objekt und wählen Sie aus dem Kontextmenü die Anweisung **Text bearbeiten** ❽ aus. Im Kasten wartet nun ein vertikal zentrierter Cursor auf Ihre Eingaben. Tippen Sie **Hey Jude** ein und bearbeiten Sie den Text nach Ihren Wünschen mit den Formatierungsmöglichkeiten, die Ihnen die Funktionsleiste anbietet. Eine besondere Aufmerksamkeit sollten Sie dabei der Schaltfläche **Ausrichten** ❾ widmen, die neben der gewohnten horizontalen auch die vertikale Ausrichtung des Texts in seinem Rahmen ermöglicht. Verändern Sie eine Form in ihrer Größe, verändern sich Größe und Ausrichtung des enthaltenen Texts nicht mit, und die Formatierung bleibt erhalten.

1

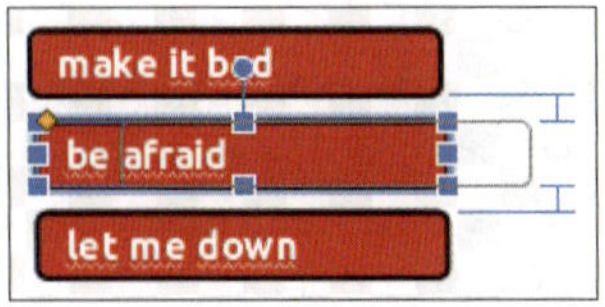
make it bad
be afraid
let me down

2

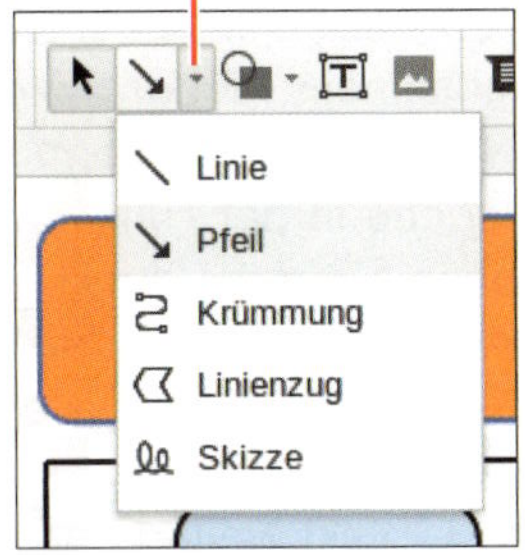
Linie
Pfeil
Krümmung
Linienzug
Skizze

3

make it bad
take a sad song and make it better

4

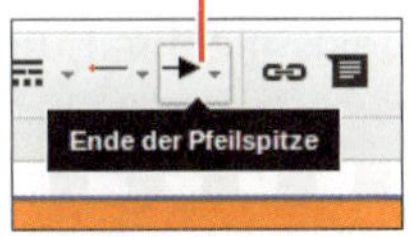
Ende der Pfeilspitze

Linien setzen

Machen wir uns nun an die Strophen von »Hey Jude«. Ihr verbindendes Element ist das Wort »don't«, das drei Möglichkeiten nach sich zieht, wie der Song weitergeht. Wieder ist zunächst das Flächenobjekt gefragt. Wählen Sie ein Rechteck mit abgerundeten Ecken aus, fügen Sie den Text **don't** ein und formatieren Sie es nach Ihren Wünschen.

Für die verschiedenen Teile der Strophen brauchen wir insgesamt sechs Elemente. Legen Sie das erste an, füllen Sie es, wie auf der gegenüberliegenden Seite gezeigt, mit den jeweiligen Texten und formatieren Sie es ebenfalls. Um uns die Arbeit zu erleichtern, duplizieren wir das fertige Objekt: Packen Sie es an seinem Rahmen an, halten Sie die `Strg`-, `Ctrl`- beziehungsweise auf dem Mac die `Cmd`-Taste gedrückt und ziehen Sie es nach unten. Ist der **Hilfslinienmodus** eingeschaltet, zeigt uns eine rote Linie die Zentrierung an, sodass wir das Objekt passgenau verschieben können. Erzeugen Sie so viele Kästen, wie Sie benötigen, und richten Sie sie anhand der Hilfslinien des Programms an den vorher erstellten Rechtecken aus. Ersetzen Sie den Text in den Formen wie im Bild zu sehen durch die fehlenden Zeilen der Strophen. Verschieben Sie die Rechtecke nachträglich, helfen weitere Hilfslinien, die die Höhe oder Breite eines angrenzenden Objekts repräsentieren, zusätzlich bei der Ausrichtung ❶.

Nun möchten wir die verschiedenen Bestandteile der Strophen miteinander in Verbindung setzen und machen dabei reichlich Gebrauch von den Linienobjekten. Das »don't« kommt in allen Strophen vor und verzweigt zu drei verschiedenen Textzeilen. Legen Sie zunächst die Pfeile an, die Sie aus der **Linien**-Schaltfläche ❷ auswählen. Setzen Sie die Maus an einem Kasten an, signalisiert ein Punkt seine Mitte. Ziehen Sie die Linie bei gedrückter Maustaste zu dem Rechteck, mit dem Sie eine Verbindung herstellen möchten. Auch hier können Sie an die Mitte des Textrahmens andocken ❸. Start und Ende der Pfeile können Sie frei wählen ❹. Ergänzen Sie auf die gleiche Weise alle Pfeile und verbinden Sie sie mit einfachen Linien. Möchten Sie eine gerade Linie setzen, halten Sie die `⇧`-Taste gedrückt, während Sie sie mit der Maus aufziehen.

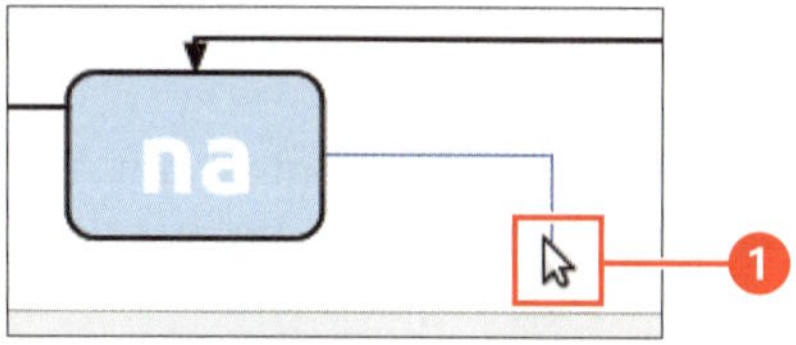
na
1

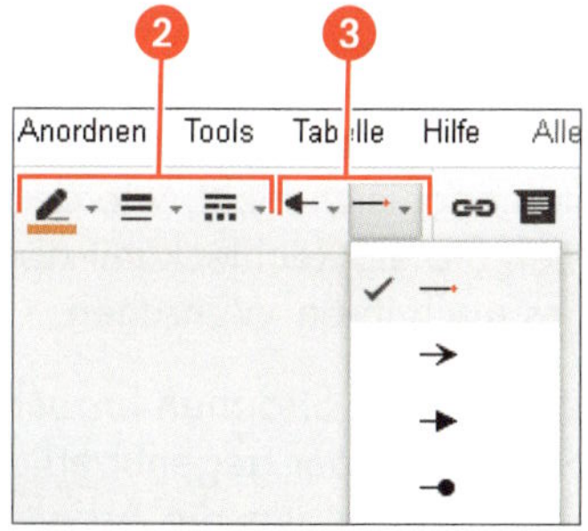
2
3
Anordnen
Tools
Tab lle
Hilfe
Alle

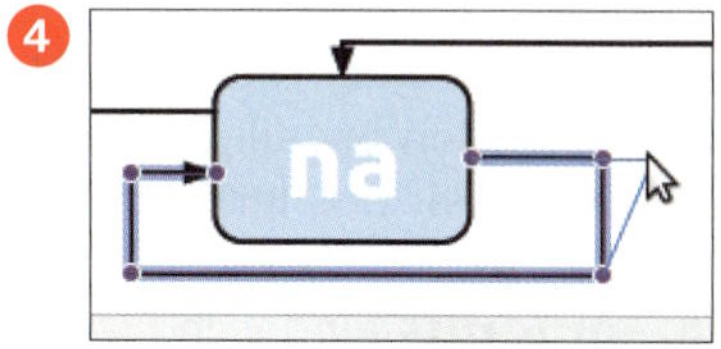
4
na

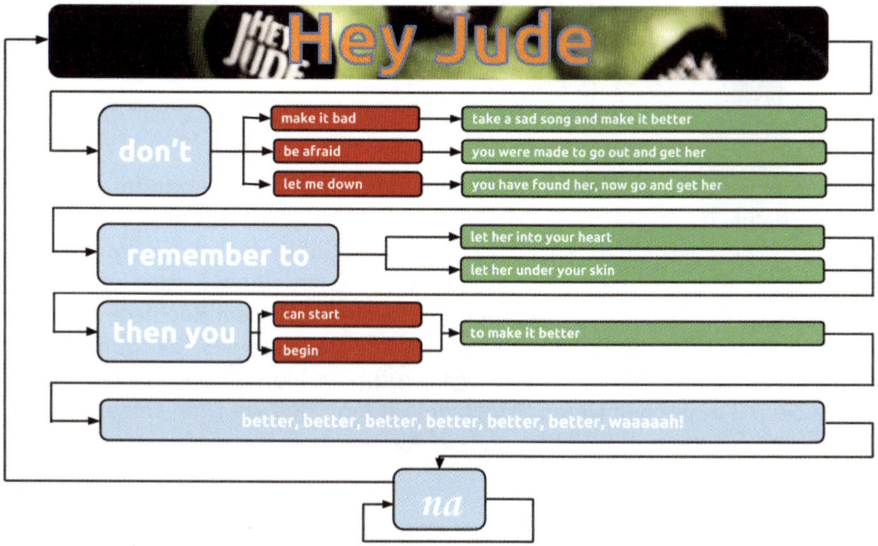
Hey Jude
don't
make it bad
be afraid
let me down
take a sad song and make it better
you were made to go out and get her
you have found her, now go and get her
remember to
let her into your heart
let her under your skin
then you
can start
begin
to make it better
better, better, better, better, better, better, waaaaah!
na

Linienzüge setzen

Sicher haben Sie es im letzten Schritt schon bemerkt: Das Basteln eines Diagramms allein mit Formen und einfachen Linien ist spätestens dann mühsam, wenn die einzelnen Teile miteinander verbunden werden sollen. Zwar sind auch hier die intelligenten Hilfslinien von Google Zeichnungen enorm hilfreich, für das Anlegen zusammenhängender Linien hält das Programm jedoch noch ein zweckmäßigeres Werkzeug bereit: den Linienzug. Linienzüge verknüpfen mehrere Linien miteinander, ohne dass der Anwender die Maus absetzen muss. Wir machen sie uns zunutze, um die untereinanderliegenden Kästen unseres Flussdiagramms miteinander zu verbinden und in Relation zu setzen.

Setzen Sie die Maus am »Hey Jude«-Kasten an. Halten Sie die [⇧]-Taste gedrückt, um gerade Linien und rechte Winkel zu erzeugen – Sie sparen sich dadurch eine Menge Nachbearbeitung. Nun setzen Sie eine erste Linie und drücken die linke Maustaste. Vom ersten Schenkelpunkt aus können Sie beliebig weiterzeichnen – die nächste Linie klebt förmlich an Ihrem Mauszeiger ❶. Verbinden Sie die untereinanderliegenden Kästen, wie im Flussdiagramm auf der gegenüberliegenden Seite zu sehen. Haben Sie Ihr Ziel erreicht, beenden Sie den Linienzug mit einem Doppelklick. Sie können das Konstrukt wie gewohnt in seiner Linienfarbe, -stärke und -art ❷ nachbearbeiten und ihm für unsere Zwecke eine Pfeilspitze verpassen ❸.

Linienzüge stellen streng genommen eine Vereinigung der Verbindungsstrecken einer Folge von Punkten dar. Die einzelnen Punkte bezeichnen den jeweiligen Start sowie das Ende einer Linienstrecke. Möchten Sie sie nachsetzen, um sie zum Beispiel in ihrer Länge auszurichten oder die Winkel innerhalb eines Linienzugs zu manipulieren, klicken Sie mit der rechten Maustaste auf das Objekt. Anschließend wählen Sie im Kontextmenü die Anweisung **Punkte bearbeiten** aus. Sie können jeden einzelnen nun angezeigten Punkt verschieben, um den Linienzug nachträglich zu optimieren ❹. Haben Sie beim Setzen von Linienzügen und Krümmungen einen Fehler gemacht, können Sie den Zeichenmodus jederzeit mit dem Drücken der [Esc]-Taste beenden.

1

Bild...

2

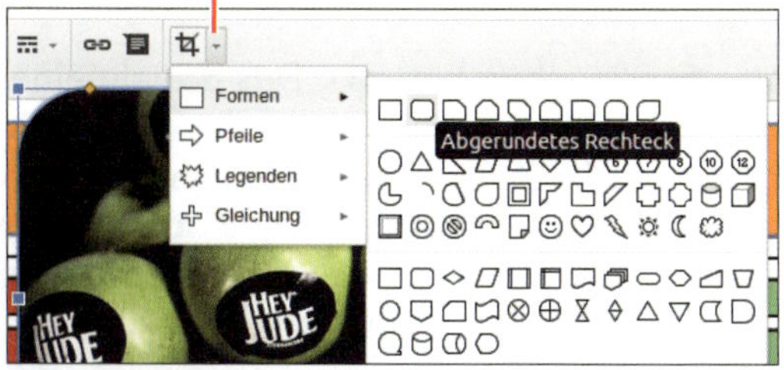
Formen
Pfeile
Legenden
Gleichung
Abgerundetes Rechteck

3

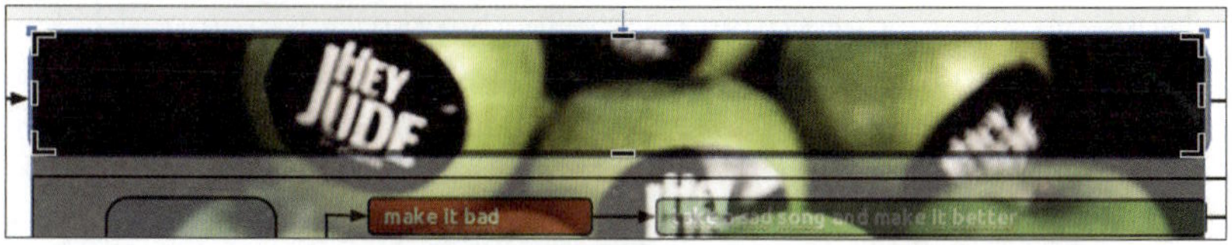
make it bad

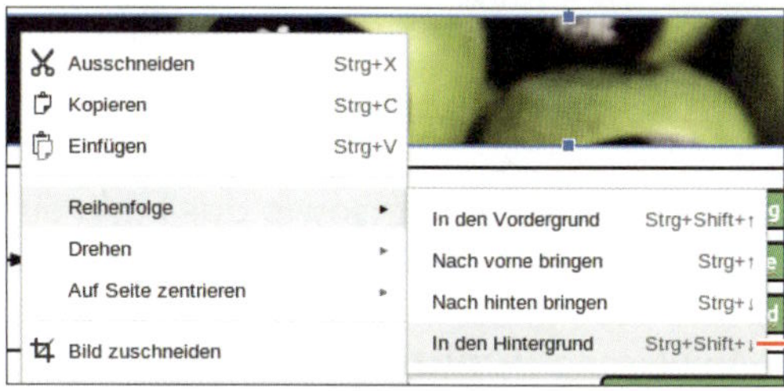
Ausschneiden Strg+X
Kopieren Strg+C
Einfügen Strg+V
Reihenfolge
Drehen
Auf Seite zentrieren
Bild zuschneiden
In den Vordergrund Strg+Shift+↑
Nach vorne bringen Strg+↑
Nach hinten bringen Strg+↓
In den Hintergrund Strg+Shift+↓

4

5

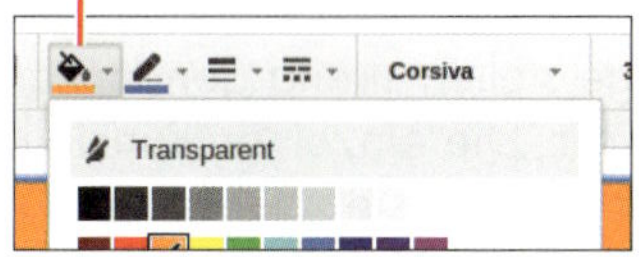
Corsiva
Transparent

6

Hey Jude
don't
make it bad
be afraid
take a sad song and make it better
you were made to go out and get her

Bilder platzieren und maskieren

Zugegeben, bisher sieht unser Flussdiagramm noch etwas schematisch und dem kreativen Anlass eigentlich nicht angemessen aus. Ein passendes Foto lockert es daher sicher auf – wir wollen es aber nicht einfach neben die Grafik stellen, sondern mit den Mitteln von Google Zeichnungen einarbeiten. Am Anfang jeder gelungenen Montage steht dabei die Suche nach passendem Bildmaterial. Das Bildauswahlfenster von Googles Office-Suite leistet dabei gute Dienste – Sie rufen es durch die Auswahl des Eintrags **Bild** im **Einfügen**-Menü oder mithilfe der entsprechenden Schaltfläche ❶ in der Funktionsleiste auf. Birgt Ihre Google-Drive-Ablage bereits ein passendes Foto zur Illustration des Flussdiagramms, wählen Sie es aus der Verzeichnisliste aus. Alternativ können Sie es mithilfe einer URL oder aus einem Album bei Google+ einfügen oder von Ihrem Computer hochladen. Wir bemühen hingegen die Suchfunktion des Auswahlfensters, mit der wir nach etwas Passendem bei den Bilderdiensten Google, Life und Stockfotos stöbern und dabei gleich die rechtlichen Rahmenbedingungen einhalten.

Haben Sie ein Bild gefunden, das Ihnen gefällt, fügen Sie es auf der Zeichenfläche ein. Da wir das erste Element des Diagramms durch das Bild ersetzen möchten, maskieren wir es zunächst in der gleichen Form: Klicken Sie es also an und wählen Sie aus dem Aufklappmenü neben der Schaltfläche **Bild zuschneiden** ❷ die Form eines Rechtecks mit abgerundeten Ecken, um das Foto mit dieser Form zu maskieren.

Wahrscheinlich überlappt das Bild noch große Teile des Diagramms. Wir verändern es daher zunächst in seiner Größe, indem wir es mit der Maus an einer seiner Ecken anfassen und proportional skalieren. Die intelligenten Hilfslinien helfen Ihnen dabei, die Breite genau an die des ersten Elements anzupassen. Nun nutzen wir die **Zuschneiden**-Schaltfläche nochmals in ihrer eigentlichen Aufgabe und schneiden das Bild so in der Höhe zu, dass es die Rechteckfläche vollständig zudeckt ❸. Dann legen wir es mit der Stapelfunktion aus dem Kontextmenü ❹ in den Hintergrund und wandeln das oben liegende Rechteck mit der Füllfunktion ❺ in eine transparente Fläche. Rahmen und Text bleiben hingegen erhalten. Das Foto bildet nun den Hintergrund des ersten Diagrammelements ❻.

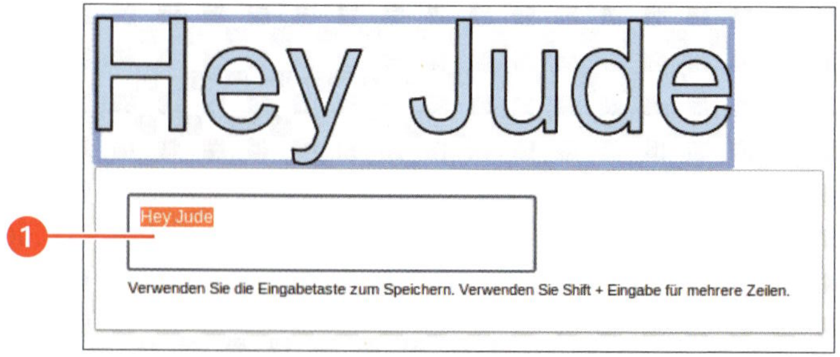

Hey Jude
Hey Jude
1
Verwenden Sie die Eingabetaste zum Speichern. Verwenden Sie Shift + Eingabe für mehrere Zeilen.

2
Hey Jude

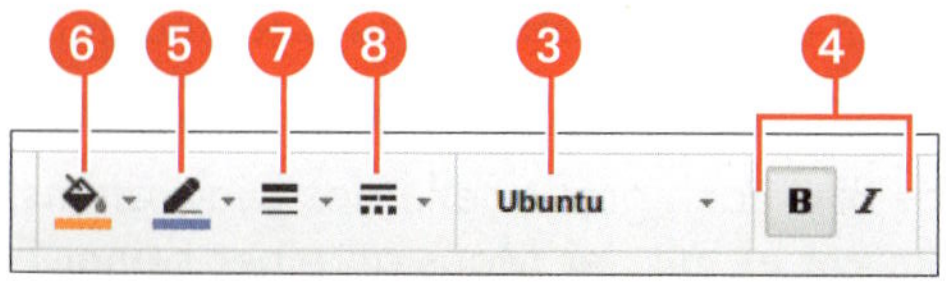

6
5
7
8
3
4
Ubuntu
B
I

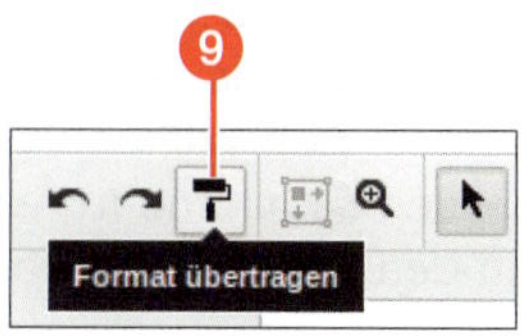

9
Format übertragen

WordArt einsetzen

Als WordArt bezeichnet man dekorative Texte, die unabhängig von den normalen Textrahmen agieren und einige Formatierungsmöglichkeiten mehr anbieten. Um ein WordArt-Objekt anzulegen, müssen Sie das **Einfügen**-Menü bemühen. Einmal ausgewählt, öffnet sich ein bewusst klein gehaltenes Texteingabefeld ❶ über der Zeichenfläche. Geben Sie für unser Flussdiagramm den Titel **Hey Jude** nochmals ein und drücken Sie die [↵]-Taste. Möchten Sie mehrere Zeilen einfügen, trennen Sie sie bei gleichzeitigem Halten der [⇧]-Taste. Das Programm zentriert Ihren Text mittig auf der Leinwand. Schieben Sie ihn auf das Startelement des Diagramms ❷, verwerfen Sie das darunterliegende Textfeld und verändern Sie die Textgröße, indem Sie den Rahmen verkleinern – Sie können die Schriftgröße nicht wie bei einem Textfeld mittels der Funktionsleiste ändern, da Google Zeichnungen WordArt-Text als Grafikobjekt ansieht. Halten Sie während des Ziehens an den Rahmenecken die [⇧]-Taste gedrückt, ändern Sie die Textgröße proportional, beim Halten der [Strg]- beziehungsweise [Cmd]-Taste bleibt das Seitenverhältnis erhalten. Die Schriftart ❸ sowie den Schriftschnitt ❹ stellen Sie jedoch wie gewohnt mittels der Piktogrammleiste ein.

Ein WordArt-Objekt kann unterschiedliche Farbwerte für seine Outline ❺, also den Schriftrahmen, und seine Füllung ❻ annehmen. Die entsprechenden Farbauswahlfenster finden Sie ebenfalls in der Funktionsleiste. Für Effekte interessant ist auch die Einstellung der Linienstärke ❼ sowie der Strichlinie ❽ – probieren Sie hier ruhig einige Varianten aus.

Möchten Sie ein Format auf andere Objekte anwenden, hilft ein Doppelklick auf das Piktogramm **Format übertragen** ❾. Sie können Ihre Einstellungen nun so lange auf andere Elemente kopieren, bis Sie die Funktion wieder ausschalten.

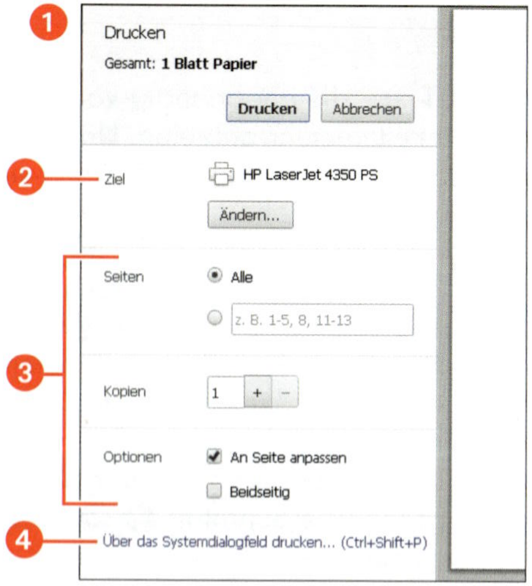
1
Drucken
Gesamt: 1 Blatt Papier
Drucken
Abbrechen
2
Ziel
HP LaserJet 4350 PS
Ändern...
3
Seiten
Alle
z. B. 1-5, 8, 11-13
Kopien
1
Optionen
An Seite anpassen
Beidseitig
4
Über das Systemdialogfeld drucken... (Ctrl+Shift+P)

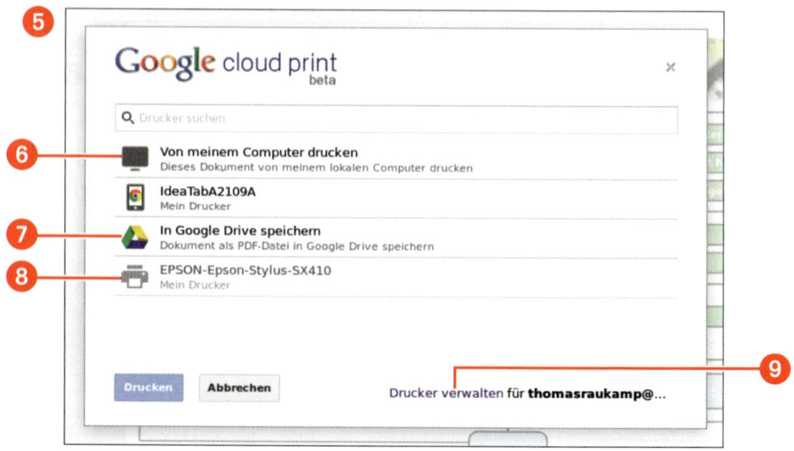
5
Google cloud print
beta
Drucker suchen
6
Von meinem Computer drucken
Dieses Dokument von meinem lokalen Computer drucken
IdeaTabA2109A
Mein Drucker
7
In Google Drive speichern
Dokument als PDF-Datei in Google Drive speichern
8
EPSON-Epson-Stylus-SX410
Mein Drucker
Drucken
Abbrechen
9
Drucker verwalten für thomasraukamp@...

Zeichnungen exportieren und ausdrucken

Google Zeichnungen ist mit einer Exportfunktion ausgestattet, um so Nachbearbeitungen oder den Import in externe Programme zu ermöglichen. Das Programm bietet Exportfilter für die folgenden Dateitypen:

- ***.png** für das verlustfreie komprimierte Speichern als Rastergrafik für Programme wie Photoshop
- ***.jpeg** für den stärker komprimierten Export als Rastergrafik
- ***.svg** für die Weitergabe an Vektorzeichenprogramme wie Adobe Illustrator
- ***.pdf** für die Anzeige und den Ausdruck mit einem PDF-Darstellungsprogramm

Sie wählen den entsprechenden Formatfilter im **Datei**-Menü des Zeicheneditors aus.

Wenn Sie aus Google Zeichnungen heraus drucken möchten, gehen Sie folgendermaßen vor: Nutzen Sie Chrome als Webbrowser für die Arbeit mit Google Drive, rufen Sie aus der Vorschau heraus den Druckdialog der Google-Office-Suite auf. Diesen erreichen Sie ohne Umwege, indem Sie ihn durch den Eintrag **Drucken** direkt aus dem **Datei**-Menü auswählen. Das Dialogfenster ❶ hält nicht nur eine nochmalige Vorschau, sondern auch die Auswahl des Druckziels ❷ sowie einige einfache Einstellungen ❸ bereit. Möchten Sie detailliertere Optionen etwa zur Ausgabequalität festlegen, sollten Sie das Dokument mit dem entsprechenden Verweis ❹ an den Druckdialog Ihres Systems übergeben.

Nutzen Sie einen anderen Browser, etwa Firefox, ruft die Druckanweisung den Druckdialog von Google Cloud Print ❺ auf, sofern Sie sich für diesen Dienst angemeldet haben. Von hier aus können Sie Ihre Zeichnung für den Ausdruck an das PDF-Darstellungsprogramm Ihres Systems ❻ übergeben, es als PDF in Google Drive speichern ❼ oder es mittels eines in Cloud Print angemeldeten Druckers ausgeben ❽. Klicken Sie einen Druckereintrag in der Auswahl an, erlaubt dieser seine genaue Einstellung mittels der bei Google Cloud Print verwalteten Treibersoftware. Möchten Sie die Liste der möglichen Ausgabeziele verwalten, wählen Sie den entsprechenden Verweis aus dem Druckdialog von Cloud Print ❾.

Freigabeeinstellungen
Link für Freigabe (Zugriff nur für Mitbearbeiter)
https://docs.google.com/drawings/d/10bqmy5rxmbWY1YVYD0nbC84eoAnSXZnowqc
Link freigeben über:
Wer hat Zugriff?
Ausgewählte Nutzer haben Zugriff
Ändern…
Thomas Raukamp (Sie) thomasraukamp@…
Eigentümer
Imke Hirschmann
Darf bearbeiten
Eigentümer
Darf bearbeiten
Darf kommentieren
Darf lesen
Personen einladen:
Namen oder E-Mail-Adressen eingeben…
Bearbeiter dürfen Personen hinzufügen und Berechtigungen ändern [Ändern]
Fertig
1
2
3
4

5
Thomas Raukamp
Klären
14:22 Heute
„Hey Jude" wurde am 26. August 1968 als Single veröffentlicht.
Bearbeiten Löschen
Auf Kommentar antworten

6
Alle Änderungen in Drive gespeichert
Kommentar einfügen (Strg+Alt+M)

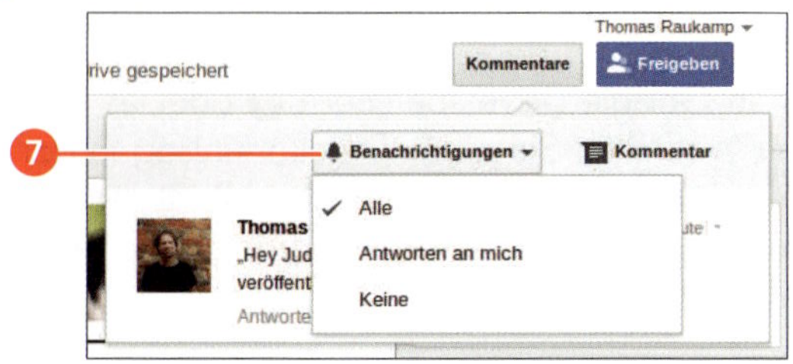
7
Thomas Raukamp
Kommentare
Freigeben
Benachrichtigungen
Kommentar
Alle
Antworten an mich
Keine

Teamwork: Gemeinsam an einer Zeichnung arbeiten

Die gemeinsame Arbeit zum Beispiel an Diagrammen, Konzept- und Planzeichnungen war überhaupt erst der Grund, Google Zeichnungen aus der Textverarbeitung Google Docs auszugliedern und als eigenständige Online-App zu veröffentlichen. Und das ergibt durchaus Sinn: Während ein Programmierer etwa einen Ablaufplan erstellt, kann der Oberflächendesigner zeitgleich Ergänzungen vornehmen, während der Projektleiter die einzelnen Elemente mit Anmerkungen versieht.

Sie öffnen ein Grafikdokument mithilfe des Freigabefensters für Freunde und Mitarbeiter entweder aus der Google-Drive-Verzeichnisliste oder direkt im Editor nach der Auswahl der entsprechenden Schaltfläche. Hier können Sie wie gewohnt zusätzliche Personen **per E-Mail einladen** ❶ sowie ihre Freigabeberechtigungen, Sichtbarkeitsoptionen und Zugriffsbestimmungen festlegen ❷. Auch die Eigentümereinstellungen ❸ sowie die Berechtigungen für Bearbeiter ❹ bei der Freigabe von Zeichnungen lassen sich hier neu vergeben.

Sehr gezielte Anmerkungen gestattet die Kommentarfunktion. Entsprechend berechtigte Mitarbeiter können jedes einzelne Objekt kommentieren ❺, indem sie es anwählen und das entsprechende Piktogramm ❻ aus der Funktionsleiste auswählen oder den Eintrag **Kommentar** aus dem **Einfügen**-Menü aufrufen. Möchten Sie einen Mitarbeiter bei Ihren Anmerkungen direkt ansprechen, beginnen Sie Ihre Eingabe mit einem **+**, gefolgt von der **E-Mail-Adresse** der Zielperson oder seinem **Namen**, wenn dieser bereits als Kontakt gespeichert ist. Die Person erhält dann eine Nachricht und kann auf Ihren Kommentar im Teamkreis antworten, worauf sich eine lebhafte Diskussion entwickeln kann. Eine Übersicht aller hinterlassenen Kommentare rufen Sie mit der entsprechenden Schaltfläche auf, hier legen Sie auch Ihre Benachrichtigungseinstellungen ❼ fest.

Möchten Sie einem oder mehreren Mitarbeitern direkt eine E-Mail senden, rufen Sie den entsprechenden Mini-Editor direkt aus dem **Datei**-Menü auf. Auch den Überarbeitungsverlauf mit einer Liste der von den verschiedenen Teilnehmern erstellten Änderungen finden Sie wie gewohnt im **Datei**-Menü des Zeicheneditors.

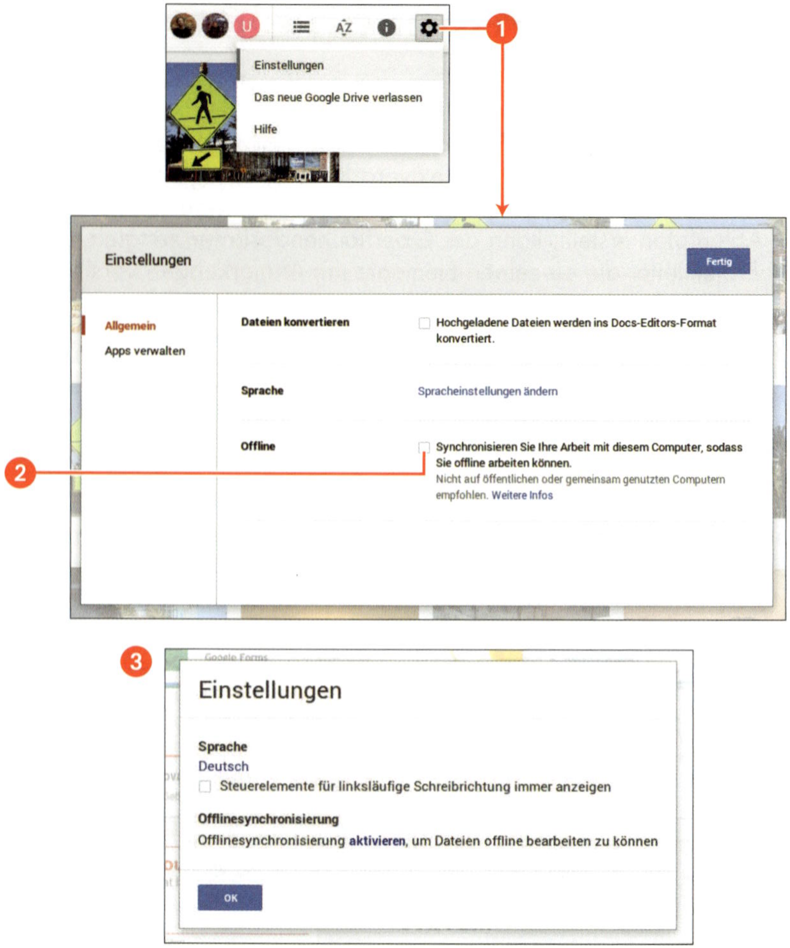
1
Einstellungen
Das neue Google Drive verlassen
Hilfe
Einstellungen
Fertig
Allgemein
Apps verwalten
Dateien konvertieren
Hochgeladene Dateien werden ins Docs-Editors-Format konvertiert.
Sprache
Spracheinstellungen ändern
Offline
Synchronisieren Sie Ihre Arbeit mit diesem Computer, sodass Sie offline arbeiten können.
Nicht auf öffentlichen oder gemeinsam genutzten Computern empfohlen. Weitere Infos
2
3
Einstellungen
Sprache
Deutsch
Steuerelemente für linksläufige Schreibrichtung immer anzeigen
Offlinesynchronisierung
Offlinesynchronisierung aktivieren, um Dateien offline bearbeiten zu können
OK

Kapitel 8 | Offlinezugriff im Browser einrichten

Ob auf Flugreisen, im allzu verschlafenen Café um die Ecke oder einfach beim Ausfall des Internets – es gibt Momente, in denen Sie um einen Offlinezugriff auf Ihre Dateien nicht herumkommen. Natürlich können Sie Dokumente auch einzeln konvertieren und herunterladen, um sie im passenden Format etwa mit Microsoft Office oder OpenOffice zu öffnen. Einfacher und kompletter ist jedoch die automatische Synchronisation Ihres Onlinespeichers, die Google jedem Benutzer seines hauseigenen Webbrowsers Chrome beziehungsweise Chromium sowie stolzen Besitzern eines Chromebook-Rechners anbietet. Einmal aktiviert, legt Google Drive eine stets aktuell gehaltene Kopie Ihrer mit Google Docs, Google Tabellen, Google Präsentationen und Google Zeichnungen angelegten Dokumente auf der Festplatte Ihres Desktopcomputers an und gleicht vorgenommene Änderungen ab, sobald der Dienst wieder über eine Onlineverbindung verfügt. Google Drive speichert bis zu 4.000 Dokumente oder 5 GB Datenvolumen offline.

Die Installation der automatischen Synchronisation ist denkbar einfach und mit zwei Mausklicks erledigt: In Google Drive selbst öffnen Sie mithilfe des **Zahnrad**-Symbols ❶ in der Funktionsleiste den Voreinstellungsdialog, um in der Rubrik **Offline** den Punkt **Synchronisieren Sie Ihre Arbeit mit diesem Computer, sodass Sie offline arbeiten können** ❷ zu aktivieren. In den Chrome-Apps für Google Docs, Tabellen und Präsentationen erreichen Sie das Einstellungsfenster ❸ durch Anwahl des entsprechenden Eintrags in der Seitenleiste. In diesem Fall bezieht sich die Synchronisation ausschließlich auf die spezifischen Dokumenttypen – so speichert etwa Google Docs nur die enthaltenen eigenen sowie im Word-Format gespeicherten Dateien und spart somit Platz auf Ihrem Massenspeicher. Nach der Aktivierung der Offlinesynchronisierung gleicht Google Drive die Daten im Hintergrund ab, was je nach Umfang der gespeicherten Daten etwas Zeit in Anspruch nehmen kann.

Sie widerrufen die Synchronisation, indem Sie in den Einstellungen von Google Drive oder der einzelnen Chrome-Apps den Offlinemodus einfach wieder abwählen. Google Drive entfernt dann alle lokalen Kopien Ihrer Dokumente. Die aktualisierten Onlineversionen bleiben jedoch unverändert erhalten.

1
Sie sind offline. Einige Funktionen sind möglicherweise nicht verfügbar.

Dokumente offline anzeigen und bearbeiten

Nach der Aktivierung des Offlinemodus gleicht Google Drive von Ihnen modifizierte Daten automatisch mit den für die Bearbeitung ohne Internetzugang angelegten Kopien auf der Festplatte Ihres Computers ab. Denken Sie daher bitte daran, dass Sie diese Funktion auf jedem Gerät initialisieren müssen, von dem aus Sie offline auf die Dateien zugreifen möchten – verwenden Sie also unterwegs einen anderen Rechner als im Büro, müssen Sie auch auf diesem den Offlinemodus aktivieren (siehe vorherige Seite). Pro Chrome-Profil erlaubt Google übrigens nur die Einrichtung eines Offlinezugangs.

Der Zugriff auf Ihre lokal gespeicherten Dokumente gestaltet sich nicht wesentlich anders als auf die Onlineversionen. Greifen Sie mit dem Webbrowser Chrome oder Chromium wie gewohnt auf Ihr Google Drive zu, präsentiert sich dieses automatisch im Offlinemodus ❶ und listet die zuletzt abgeglichenen Dokumente, Tabellen und Präsentationen auf. Diese dürfen Sie wie gewohnt öffnen. Bearbeiten Sie sie, speichert Google Drive die Änderungen zunächst auf Ihrer Festplatte. Fällt die Internetverbindung plötzlich aus, müssen Sie vorher eventuell das Browserfenster aktualisieren, um den Offlinemodus zu aktivieren.

Kurz nachdem Sie sich wieder mit dem Internet verbunden haben, wechselt Google Drive automatisch zur Onlineversion seines Diensts und gleicht die Daten somit automatisch ab – eventuell vorgenommene Änderungen stehen nun auch online bereit. Sie beschleunigen diesen Vorgang, indem Sie modifizierte Dokumente neu laden.

Können Sie einige Ihre Tabellen nur anzeigen, aber nicht verändern? Dann haben Sie sie wahrscheinlich mit einer zu alten Version von Google Tabellen erstellt. Kopieren Sie daher wichtige Daten zum Beispiel vor Flugreisen immer in die aktuelle Version des Programms.

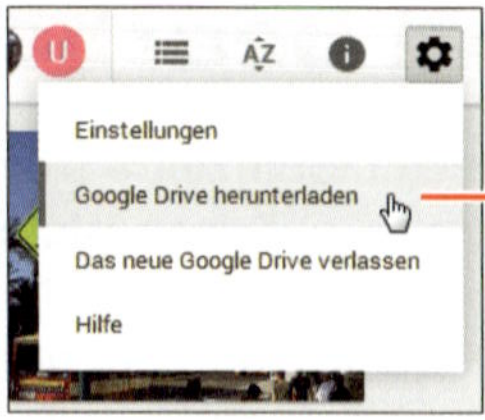
Einstellungen
Google Drive herunterladen
Das neue Google Drive verlassen
Hilfe
1

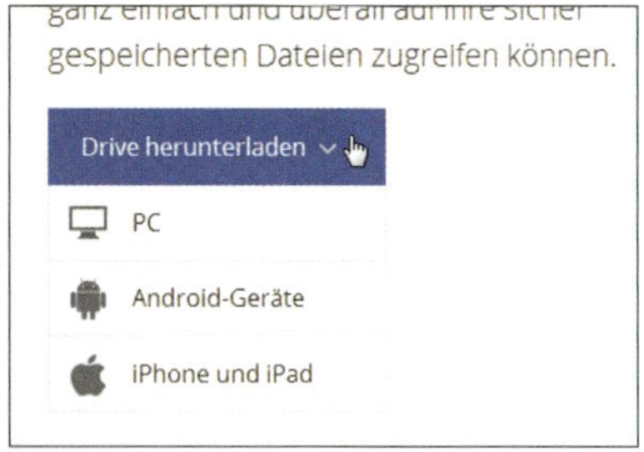
2
gespeicherten Dateien zugreifen können.
Drive herunterladen
PC
Android-Geräte
iPhone und iPad

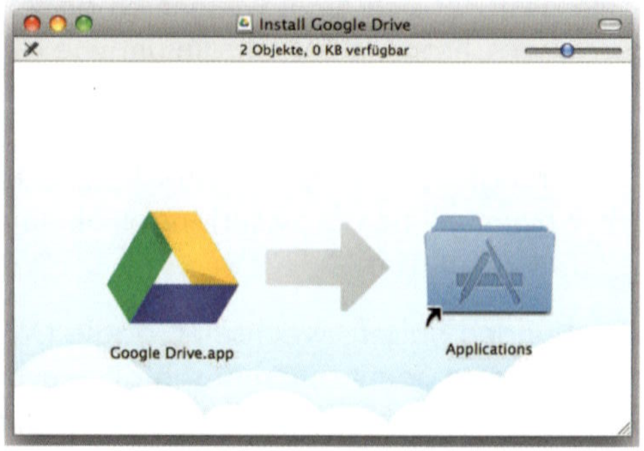
3
Install Google Drive
2 Objekte, 0 KB verfügbar
Google Drive.app
Applications

DE
07:25
14.06.2014
4

5
5%
5%
Anhalten
Google Drive-Ordner öffnen
Google Drive Online besuchen
Für mich freigegebene Inhalte ansehen
jenne.ots@gmail.com
0.14GB (1%) von 15.00GB verwendet
Mehr Speicherplatz erwerben
Einstellungen...
Hilfe
Info
Google Drive beenden

Zurück
Darstellung
Übersicht
GERÄTE
jennes_macbook
Install Google Drive
ORTE
Dokumente
Programme
Schreibtisch
Dropbox
Google Drive
SUCHE
Heute
6

Google Drive unter Windows und Mac OS X einrichten

Arbeiten Sie bereits seit einiger Zeit ausschließlich in Ihrem Webbrowser mit Google Drive, wird Ihnen die Offerte des Desktopclients für Ihr Computersystem nicht entgangen sein, sofern Sie einen Windows-Rechner oder Mac benutzen: Im Einstellungsmenü findet sich hinter dem **Zahnrad**-Symbol in der Funktionsleiste der Eintrag **Drive herunterladen** ❶, der Sie auf die Google-Drive-Download-Webseite führt, auf der sich alle verfügbaren mobilen und Desktopversionen finden. Wählen Sie aus dem Aufklappmenü ❷ das für Ihr Betriebssystem passende Programm aus. Ihr Webbrowser lädt daraufhin die ausführbare beziehungsweise die Disk-Image-Datei in den von Ihnen voreingestellten Download-Ordner. Hier angekommen, öffnen Sie sie mit einem Doppelklick – haben Sie Ihren Browser entsprechend konfiguriert, initialisiert sich die Datei selbstständig. Auf dem Mac verschieben Sie die angezeigte **Google Drive.app** vom virtuellen Disk-Image- ins Programmverzeichnis ❸, um sie von hier aus zu starten – unter Windows entfällt dieser Zwischenschritt.

Nach der Bestätigung der üblichen Sicherheitsabfrage und der Anmeldung mit Ihren Google-Benutzerkontodaten beginnt der eigentliche Installationsprozess des Google-Drive-Clients, der Sie an die Hand nimmt und den Onlinespeicher in vier einfachen Schritten vorstellt. Beim letzten Schritt dürfen Sie bereits einige erweiterte Einstellungen vornehmen, auf die Sie jedoch auch später jederzeit zurückkommen können.

Google Drive trägt sich nun unter Windows mit einem eigenen Piktogramm in die Taskleiste ❹ ein, kreiert einen nach sich selbst benannten Ordner in Ihrem Nutzerordner und platziert eine Verknüpfung dahin auf dem Explorer-Desktop. Weitere bei der Installation erstellte Verknüpfungen ermöglichen die schnelle Erschaffung eines neuen Text-, Tabellen- oder Präsentationsdokuments in Ihrem Onlinespeicher und öffnen dafür einen dazugehörigen Karteireiter in Ihrem Webbrowser, in dem Sie direkt mit der Arbeit beginnen können. Auf dem Mac installiert Google Drive sein Zugriffspiktogramm hingegen in der Menüleiste ❺. Der **Google-Drive-Ordner** ❻ trägt sich als Speicherort in Ihre Verzeichnisfenster ein.

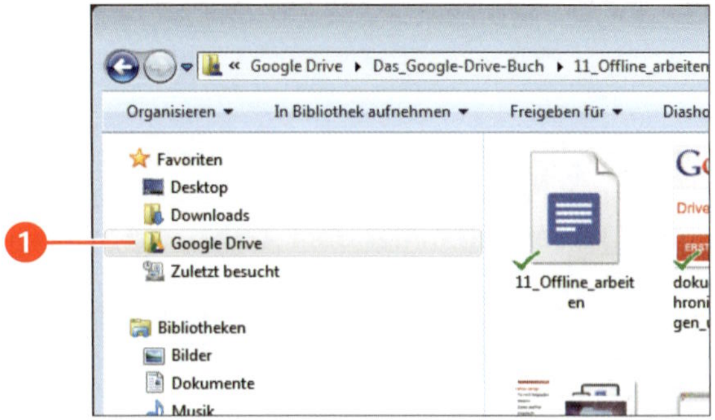
« Google Drive ▸ Das_Google-Drive-Buch ▸ 11_Offline_arbeiten
Organisieren ▾
In Bibliothek aufnehmen ▾
Freigeben für ▾
Favoriten
Desktop
Downloads
Google Drive
Zuletzt besucht
Bibliotheken
Bilder
Dokumente
11_Offline_arbeiten
1

Zurück
Darstellung
Übersicht
GERÄTE
jennes_macbook
ORTE
Dokumente
Programme
Schreibtisch
Dropbox
Google Drive
SUCHE
Heute
Gestern
2

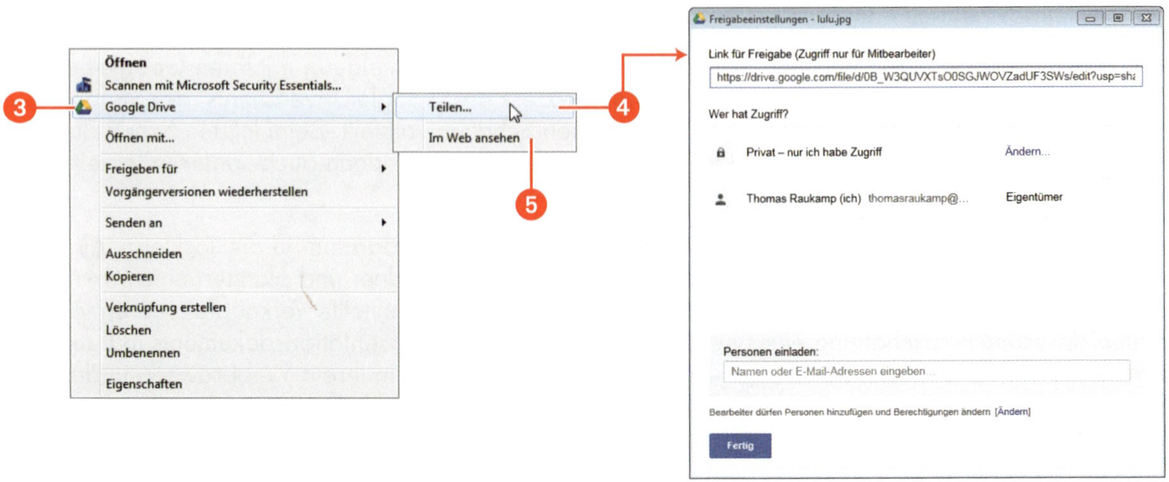
Öffnen
Scannen mit Microsoft Security Essentials...
Google Drive
Öffnen mit...
Freigeben für
Vorgängerversionen wiederherstellen
Senden an
Ausschneiden
Kopieren
Verknüpfung erstellen
Löschen
Umbenennen
Eigenschaften
Teilen...
Im Web ansehen
3
4
5
Freigabeeinstellungen - lulu.jpg
Link für Freigabe (Zugriff nur für Mitbearbeiter)
https://drive.google.com/file/d/0B_W3QUVXTsO0SGJWOVZadUF3SWs/edit?usp=sha
Wer hat Zugriff?
Privat – nur ich habe Zugriff
Ändern...
Thomas Raukamp (ich) thomasraukamp@...
Eigentümer
Personen einladen:
Namen oder E-Mail-Adressen eingeben...
Bearbeiter dürfen Personen hinzufügen und Berechtigungen ändern [Ändern]
Fertig

Der Google-Drive-Ordner

Haben Sie Google Drive auf Ihrem Windows-PC oder Mac eingerichtet? Dann ist Ihr Rechner nun fest mit Ihrem Cloud-Speicher verzahnt, um automatisch Dateien und Dokumente mit dem Onlinedienst abzugleichen. Dreh- und Angelpunkt Ihrer Aktionen ist dabei der **Google-Drive-Ordner**, den Sie standardmäßig bei der Installation in Ihrem persönlichen Nutzerordner angelegt haben und der sowohl unter Windows ❶ als auch unter Mac OS X ❷ per Schnellzugriff in jedem Fenster erreichbar ist. Er spiegelt die genaue Verzeichnisstruktur Ihrer Google-Drive-Ablage wider – für Sie freigegebene Ordner und Dateien sind also erst dann in ihm sichtbar, wenn Sie sie im Webbrowser in Ihre Ablage verschieben.

Sie können jede auf Ihrem System vorhandene Datei direkt auf den Google-Drive-Ordner oder auf ein in ihm enthaltenes Unterverzeichnis ziehen – ganz so, wie Sie es auch sonst von der Arbeit auf dem Desktop des Windows Explorer oder des Mac Finder gewohnt sind. Der installierte Client synchronisiert dann diese Daten mit seinem verknüpften Onlinespeicher, sodass sie nach dem Hochladen sowohl auf dem Desktop als auch in der Google-Drive-Anzeige Ihres Webbrowsers zu sehen sind. Gleichzeitig bleiben sie physikalisch auf der Festplatte Ihres Systems erhalten – Sie können also auch dann darauf zugreifen, wenn Ihr Computer ohne Internetverbindung ist. Bei den Dateien in Ihrem Google-Drive-Ordner handelt es sich streng genommen um Verweise zu den online vorhandenen Originalen. Verschieben Sie eine Datei aus Ihrem Google-Drive-Ordner in ein lokales Verzeichnis, landet ihre Webversion im Papierkorb von Google Drive. Doch Vorsicht: Leeren Sie diesen, ist die Datei online unwiderruflich gelöscht.

Klicken Sie mit der rechten Maustaste (Mac-Nutzer halten die `Ctrl`-Taste gedrückt) auf eine Datei oder ein Unterverzeichnis in Ihrem Google-Drive-Ordner, findet sich im Kontextmenü ein Google-Drive-Eintrag ❸, der zwei Optionen offeriert: **Teilen** ❹ öffnet die Freigabeeinstellungen für die ausgewählten Daten, die Anweisung **Im Web ansehen** ❺ übergibt sie dem Webbrowser zur Ansicht beziehungsweise Übersicht. Dokumente öffnen dabei automatisch ein neues Bearbeitungsfenster, Bild- und Videodateien den Google Drive Viewer.

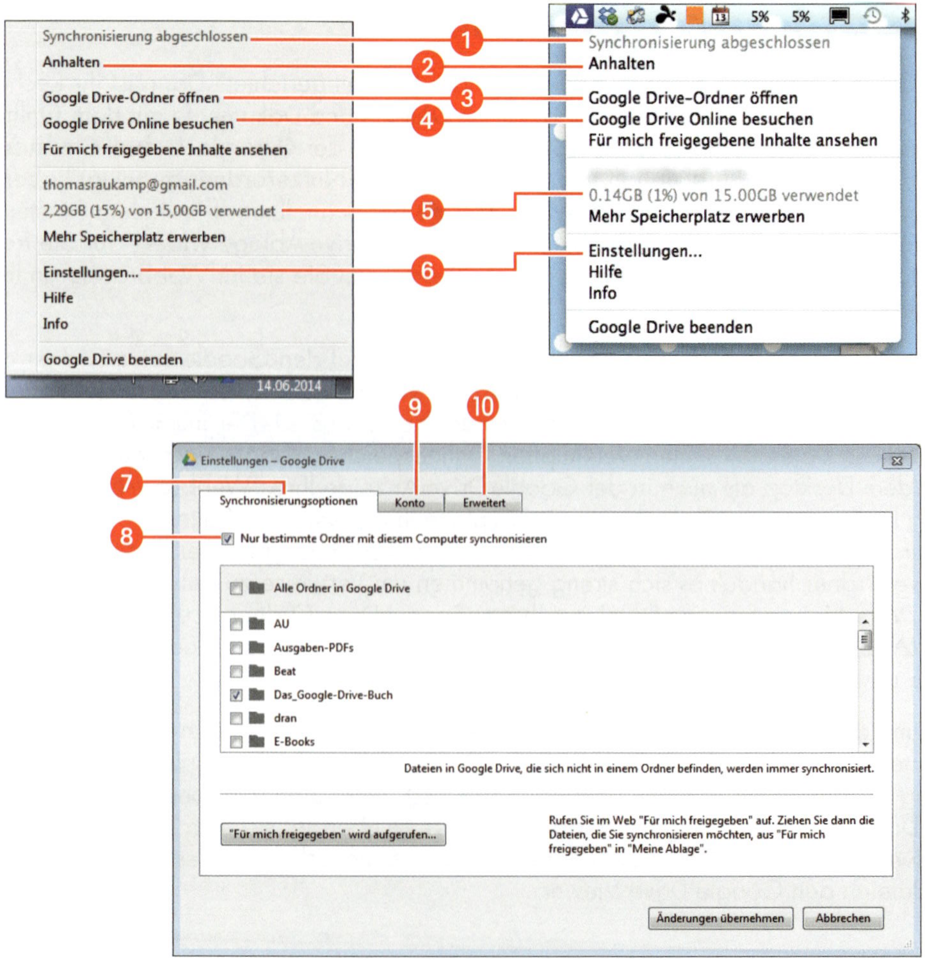
Synchronisierung abgeschlossen
Anhalten
Google Drive-Ordner öffnen
Google Drive Online besuchen
Für mich freigegebene Inhalte ansehen
thomasraukamp@gmail.com
2,29GB (15%) von 15,00GB verwendet
Mehr Speicherplatz erwerben
Einstellungen...
Hilfe
Info
Google Drive beenden
14.06.2014
1
2
3
4
5
6
5%
5%
Synchronisierung abgeschlossen
Anhalten
Google Drive-Ordner öffnen
Google Drive Online besuchen
Für mich freigegebene Inhalte ansehen
0.14GB (1%) von 15.00GB verwendet
Mehr Speicherplatz erwerben
Einstellungen...
Hilfe
Info
Google Drive beenden
9
10
7
8
Einstellungen – Google Drive
Synchronisierungsoptionen
Konto
Erweitert
Nur bestimmte Ordner mit diesem Computer synchronisieren
Alle Ordner in Google Drive
AU
Ausgaben-PDFs
Beat
Das_Google-Drive-Buch
dran
E-Books
Dateien in Google Drive, die sich nicht in einem Ordner befinden, werden immer synchronisiert.
"Für mich freigegeben" wird aufgerufen...
Rufen Sie im Web "Für mich freigegeben" auf. Ziehen Sie dann die Dateien, die Sie synchronisieren möchten, aus "Für mich freigegeben" in "Meine Ablage".
Änderungen übernehmen
Abbrechen

Steuerung und Konfiguration des Desktopclients

Bei seiner Installation hat sich der Google-Drive-Client mit einem Piktogramm in die Taskleiste von Windows beziehungsweise die Menüleiste des Mac eingetragen. Klicken Sie das Icon an, öffnet sich ein Steuermenü, das zum Beispiel während des Hoch- oder Herunterladens von Dateien über den Fortgang der Synchronisation ❶ informiert. Dieses Kontextmenü kann allerdings noch etwas mehr: Der Eintrag **Anhalten** ❷ setzt alle Aktivitäten aus – das ist zum Beispiel nützlich, wenn Sie die volle Bandbreite Ihres Internetzugangs für eine andere Aktivität nutzen möchten. Der Aufruf **Fortsetzen** startet den automatischen Datenabgleich wieder. Weitere Einträge im Google-Drive-Menü öffnen den Desktopordner ❸, rufen für die Verzeichnisübersicht und die Liste der für Sie freigegebenen Dateien den Webbrowser ❹ auf und verwalten Ihr Speicherplatzabonnement ❺.

Aus dem Google-Drive-Menü rufen Sie auch den Einstellungsdialog ❻ auf. Am wichtigsten sind dabei sicherlich die Synchronisierungsoptionen ❼, in denen Sie den automatischen Datenabgleich auf ausgesuchte Ordner beschränken können ❽. Dies spart Speicherplatz in der Cloud und hilft, besonders bei langsameren Internetverbindungen, die Nutzung der Bandbreite zu reduzieren. Gleichzeitig verlangt diese Arbeitsweise jedoch die aufgeräumte Verwaltung der Google-Drive-Inhalte in Ordnerstrukturen – denn der Client gleicht Dateien, die sich auf der obersten Ebene Ihrer Ablage befinden, in jedem Fall ab.

Der Karteireiter **Konto** ❾ stellt eine Tortengrafik der Auslastung Ihres Google Drive dar und bietet eine direkte Verbindung zur Speicherplatzverwaltung im Web. Auf Wunsch können Sie Ihr aktuell genutztes Konto hier auch trennen.

Die **erweiterten Einstellungen** ❿ des dritten Karteireiters wenden sich nicht nur an Netzwerkadministratoren: Hier können Sie das Verhalten des Desktopclients beim Start und bei Abstürzen sowie den Eintrag der Piktogramme und des Kontextmenüs festlegen. Die Proxyeinstellungen werden Sie in den allermeisten Fällen unangetastet lassen können – nur bei wiederkehrenden Verbindungsproblemen sollten Sie eine direkte Verbindung unter Umgehung der Betriebssystemvorgaben in Betracht ziehen.

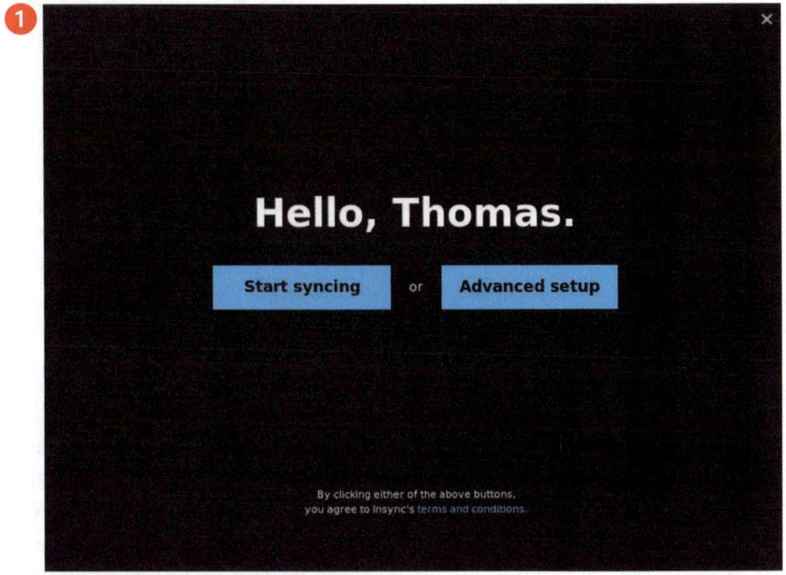
1
Hello, Thomas.
Start syncing
or
Advanced setup
By clicking either of the above buttons,
you agree to Insync's terms and conditions.

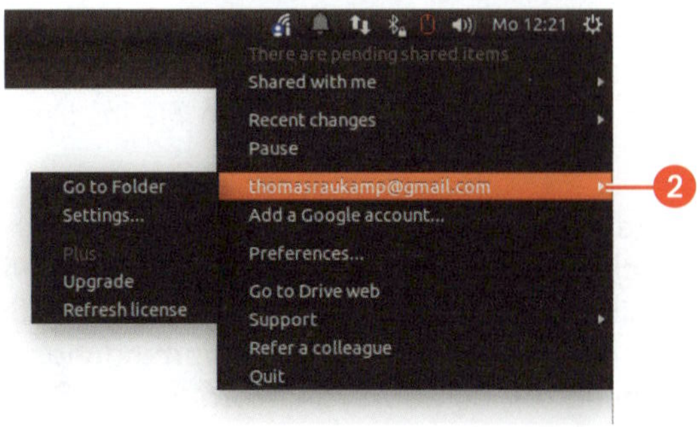
Mo 12:21
There are pending shared items
Shared with me
Recent changes
Pause
thomasraukamp@gmail.com
Add a Google account...
Preferences...
Go to Drive web
Support
Refer a colleague
Quit
Go to Folder
Settings...
Plus
Upgrade
Refresh license
2

Schreibtisch
thomasraukamp@g
mail.com
Ubuntu One
3

Insync: Google Drive (nicht nur) auf dem Linux-Desktop

Auch für Linux gibt es diverse Möglichkeiten, Google Drive mit dem eigenen Desktop zu synchronisieren. Besonders Insync hat sich durchsetzen können – kein Wunder, steht der inoffizielle Google-Drive-Client doch für die Linux-Distributionen **Ubuntu**, **Debian** und **Fedora** zum Herunterladen bereit und unterstützt alle gängigen Benutzeroberflächen wie **Unity**, **Gnome**, **Cinnamon**, **KDE Plasma**, **Mate**, **LXDE** und **XFCE**. Darüber hinaus läuft Insync nicht nur unter Linux, sondern auch unter Windows und Mac OS X – wer also verschiedene Systeme nutzt, kann so stets auf eine konsistente Leistung und Benutzung zählen. Auch für **Android**-Geräte, **Windows Phone** sowie **iPhone** und **iPad** stehen Versionen zur Verfügung.

Zwar ist Insync – etwas Linux-untypisch – mit einem Preis von 15 US-Dollar nicht kostenlos, das Programm bietet aber einige Funktionen, mit denen nicht einmal sein offizielles Äquivalent aufwarten kann: In seiner Pro-Version verwaltet es standardmäßig bis zu drei Google-Drive-Konten, weitere kann der Anwender hinzukaufen. Die automatische Konvertierung ins OpenOffice-Format garantiert die Arbeit mit Dokumenten auch ohne Internetverbindung auf dem Desktop – und ersetzt damit den Offlinemodus von Google Drive, der den Webbrowser Chrome voraussetzt. Darüber hinaus beschränkt Insync die automatische Synchronisierung nicht nur auf den dafür vorbereiteten Google-Drive-Ordner, sondern kann auch Dateien und Ordner auf jedem beliebigen Speichermedium und sogar im Netzwerk einbeziehen – so bleibt die angelegte Verzeichnisstruktur stets erhalten.

Die Einrichtung von Insync ist dabei ähnlich einfach wie die des offiziellen Google-Drive-Clients unter Windows und Mac OS X. Nach der Anmeldung mit den Daten des Google-Benutzerkontos und der Bestätigung der Zugriffsberechtigungen nimmt ein Installationspilot den Nutzer an die Hand und startet den ersten Datenabgleich ❶. Insync trägt sich in das Desktopmenü ❷ ein, wo es auch über aktive Synchronisationsverläufe informiert, und erzeugt einen Google-Drive-Ordner ❸ in einem Verzeichnis Ihrer Wahl.

Apps
Google Drive
GOOGLE INC.
412.3...
Über 100.000.000...
08.05.2014
6,65 MB
EMPFEHLUNG DER RE...

Apps
Google Docs
GOOGLE INC.
Grilled Tomato Salad with Feta Cheese
62.088
Über 1.000.000 D...
29.05.2014
9,58 MB
TOP-ENTWICKLER

Apps
Google Tabellen
GOOGLE INC.
71.021
Über 1.000.000 D...
29.05.2014
12,87 MB
TOP-ENTWICKLER

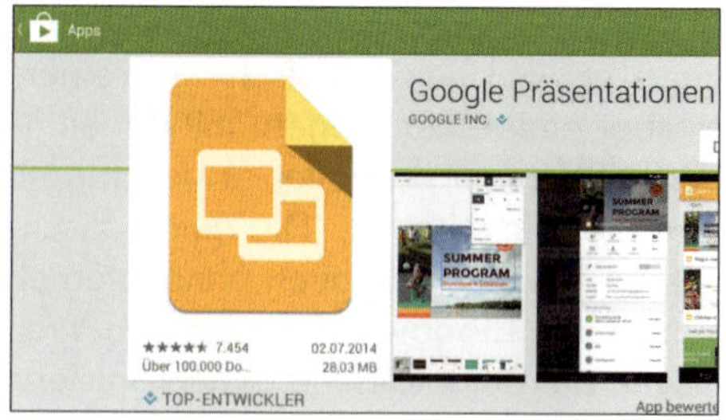
Apps
Google Präsentationen
GOOGLE INC.
SUMMER PROGRAM
7.454
Über 100.000 Do...
02.07.2014
28,03 MB
TOP-ENTWICKLER

Google Drive
Google, Inc. >
In-App-Käufe möglich
(121)
ÖFFNEN

Google Docs
Google, Inc. >
(53)
ÖFFNEN

Google Tabellen
Google, Inc. >
(81)
ÖFFNEN

Kapitel 9 | Google Drive unterwegs

Ein Name, vier Apps: Finden im Webbrowser der eigentliche Onlinespeicher und das Google-Office-Paket unter dem gemeinsamen Dach von Google Drive Platz, spendierte der Suchmaschinenriese im Frühjahr 2014 allen Einzelanwendungen dedizierte Mobilprogramme. Für den Speicherdienst **Google Drive** und die ihn nutzende Textverarbeitung **Google Docs**, die Tabellenkalkulation **Google Tabellen** sowie die Präsentationssoftware **Google Präsentationen** warten also getrennte Apps auf ihren Einsatz.

Gleichzeitig sind die Mindestanforderungen für die Nutzung von Google Drive auf einem Android-Smartphone, -Tablet oder -Desktopcomputer (auch die gibt es!) merklich nach oben gegangen: Alle Apps verlangen mindestens nach **Android 4.0 (Ice Cream Sandwich)**. Auf dem **iPhone** oder **iPad** setzt Google Drive **iOS ab der Version 7.0** zwingend voraus. Google Drive, Google Docs, Google Tabellen und Google Präsentationen laden Sie wie gewohnt aus dem Google Play Store beziehungsweise dem App Store von iTunes herunter. Natürlich können Sie die Programme auch dann nutzen, wenn Sie die Webvariante nicht einsetzen. Unter Android entfällt in der Regel eine weitere Anmeldung, da das Google-Benutzerkonto fest mit dem Gerät verzahnt ist. Auf Apple-Geräten verlangt Google Drive beim Erststart die Authentifizierung mittels eines Google-Benutzerkontos – verwenden Sie hier am besten dieselben Daten wie auf Ihrem Desktopcomputer, damit Sie von allen verknüpften Geräten auf Ihren Onlinespeicher und die darin enthaltenen Dokumente zugreifen können.

Google plant nach eigenen Angaben derzeit keine Umsetzung seiner mobilen Google-Drive-Apps für **Windows Phone**. Mit **Google Drive on WP** steht jedoch eine sehr gelungene Alternative bereit, die den Zugriff auf die gespeicherten Daten zulässt.

1
Drive
Thomas Raukamp
thomasraukamp@gmail.com
Meine Ablage
2
Neu hinzugekommen
3
Markiert
4
Zuletzt geöffnet
5
Auf dem Gerät
6
Uploads
7
Einstellungen
8
Feedback
Hilfe
9
17 % belegt
2,6 GB von 15,0 GB genutzt

thomasraukamp
@gmail.com
10
Meine Ablage

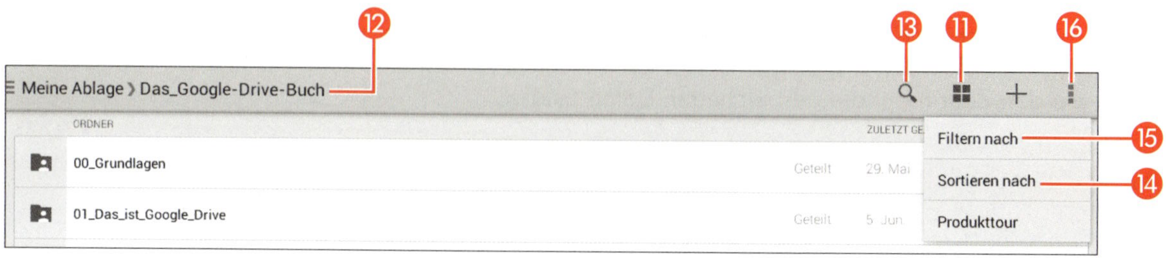
12
13
11
16
Meine Ablage › Das_Google-Drive-Buch
ORDNER
ZULETZT GE
00_Grundlagen
Geteilt
29. Mai
01_Das_ist_Google_Drive
Geteilt
5. Jun
Filtern nach
15
Sortieren nach
14
Produkttour

Darstellung, Navigation, Suche und Sortierung

Wer Google Drive auch im Webbrowser nutzt, dem bietet die Mobilversion ein recht bekanntes Bild. Im Mittelpunkt steht die Arbeit in Ihrer Ablage, also dem Gesamtverzeichnis aller von Ihnen angelegten oder aus der Freigabe übernommenen Dateien und Ordner. Blenden Sie die **Navigationsleiste** ❶ am linken Rand ein, stehen Ihnen weitere Optionen zur Darstellung der für Sie freigegebenen ❷ sowie von Ihnen markierten ❸ und zuletzt geöffneten ❹ Dateien bereit. Ergänzt wird die Liste um die für den Offlinezugriff heruntergeladenen Dokumente ❺ sowie die direkt oder aus anderen Apps hochgeladenen Dateien ❻. Schnellzugriffe auf die App-Einstellungen ❼, eine Feedback- und Hilfefunktion ❽ sowie die aktuelle Auslastung ❾ des Onlinespeichers runden die Seitenleiste ab. Auf iPhone und iPad erreichen Sie den Einstellungsdialog über das **Zahnrad**-Symbol ❿.

Über der Verzeichnisliste findet sich eine Piktogrammleiste, die die wichtigsten Funktionen zur Arbeit mit den enthaltenen Ordnern und Dateien bereithält. Hier schalten Sie zwischen der voreingestellten Kachel- zur Listenansicht ⓫ um, die nicht zuletzt auf kleinen Smartphone-Bildschirmen für mehr Übersicht sorgt. Berühren Sie einen Ordner, öffnen Sie ihn damit. Unter Android zeigt die App den Verzeichnispfad ⓬ in der Funktionsleiste an. Möchten Sie gezielt auf eine höhere Verzeichnisebene wechseln, tippen Sie diese einfach innerhalb des Pfads an.

Die mächtige Suchfunktion ⓭ von Google Drive gestattet nicht nur die Suche nach Datei- und Verzeichnisnamen, sondern auch nach Inhalten in Dokumenten und erstreckt sich – wie ihr Äquivalent im Netz – sogar auf Elemente in Bildern und PDF-Dateien. Um bestimmte Daten darzustellen oder noch schneller zu finden, bietet Google Drive zusätzlich die Sortierung ⓮ nach dem Zeitpunkt der letzten Änderung, Öffnung oder Bearbeitung sowie nach dem beanspruchten Speicherplatz an. Android-Nutzer finden darüber hinaus eine Filterfunktion ⓯ für Dateitypen im App-Menü ⓰.

1
Möchten Sie das Dokument bearbeiten?
Installieren Sie die neue Google Tabellen App.
Jetzt mit Offlinebearbeitung
Lesemodus
Tabellen installieren

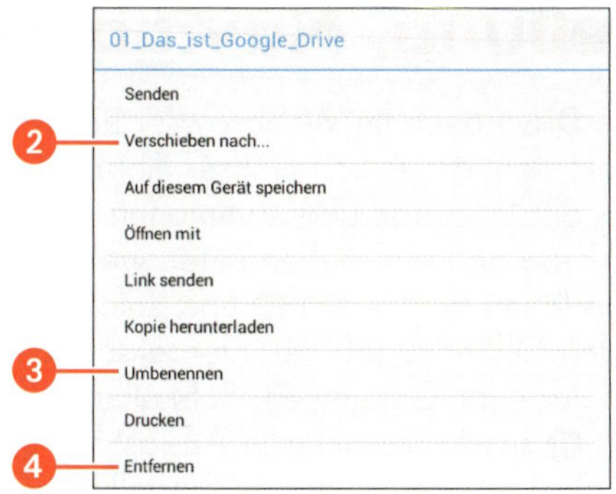
01_Das_ist_Google_Drive
Senden
2
Verschieben nach...
Auf diesem Gerät speichern
Öffnen mit
Link senden
Kopie herunterladen
3
Umbenennen
Drucken
4
Entfernen

lulu.jpg
20. Juni 2014
5

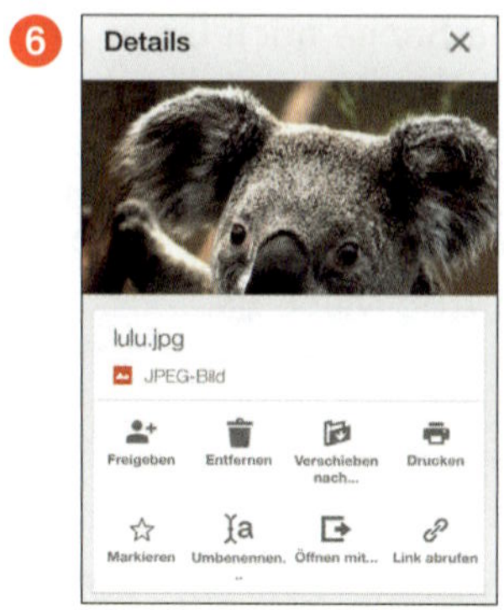
6
Details
lulu.jpg
JPEG-Bild
Freigeben
Entfernen
Verschieben nach...
Drucken
Markieren
Umbenennen...
Öffnen mit...
Link abrufen

7
Hinzufügen zu Meine Ablage
Neues Dokument
Neue Tabelle
Neuer Ordner
Fotos oder Videos hochladen
Mit der Kamera

Dateien anzeigen, bearbeiten und herunterladen

Zum Öffnen einer Datei genügt in der mobilen Google-Drive-App ein einfaches Antippen. Je nach Dateityp stellt das Programm die ausgewählten Inhalte selbst dar oder übergibt sie an ein dafür passendes Programm. Für die mit der Google-Office-Suite erstellten Text-, Tabellen- und Präsentationsdokumente ruft Google Drive grundsätzlich die verknüpfte App auf – ist diese nicht installiert, können Sie die Inhalte zwar ansehen, aber nicht bearbeiten ❶. Microsoft-Office-Dateien können Sie dabei nativ bearbeiten, sodass eine zusätzliche Konvertierung entfällt. Für Grafiken im **JPEG**-, **PNG**-, **GIF**-, **BMP**- und **TIFF**-Format sowie für **MP4**-, **AVI**- und **MOV**-Videos stehen eigene Darstellungsroutinen bereit.

Dateien und Ordner sind unter Android mit einem Kontextmenü ausgerüstet, das erscheint, wenn Sie einen Eintrag länger als eine Sekunde antippen. So können Sie eine Datei oder einen ganzen Ordner in ein anderes Verzeichnis verschieben ❷. Auch das Umbenennen ❸ oder Entfernen ❹ einer in Google Drive gespeicherten Datei ist aus dem Kontextmenü heraus möglich. iPhone- und iPad-Nutzer tippen auf das **Info**-Symbol ❺ eines Dateieintrags, um die gewünschte Funktion aus der Seitenleiste ❻ aufzurufen.

Um hingegen eine Datei aus dem Speicher Ihres Mobilgeräts hochzuladen, benutzen Sie die **Plus**-Schaltfläche ❼ in der Funktionsleiste. Mithilfe desselben Piktogramms legen Sie auch neue Ordner, Dokumente, Tabellen und Präsentationen an – in den drei letzten Fällen erfolgt der automatische Aufruf der entsprechenden Google-Drive-App. Außerdem können Sie die Kamera-App Ihres Systems aufrufen, um Schnappschüsse direkt in einem Ordner Ihres Onlinespeichers abzulegen. Zusätzlich haben Sie die Möglichkeit, Fotos und Videos aus einem Album Ihrer Wahl hochzuladen.

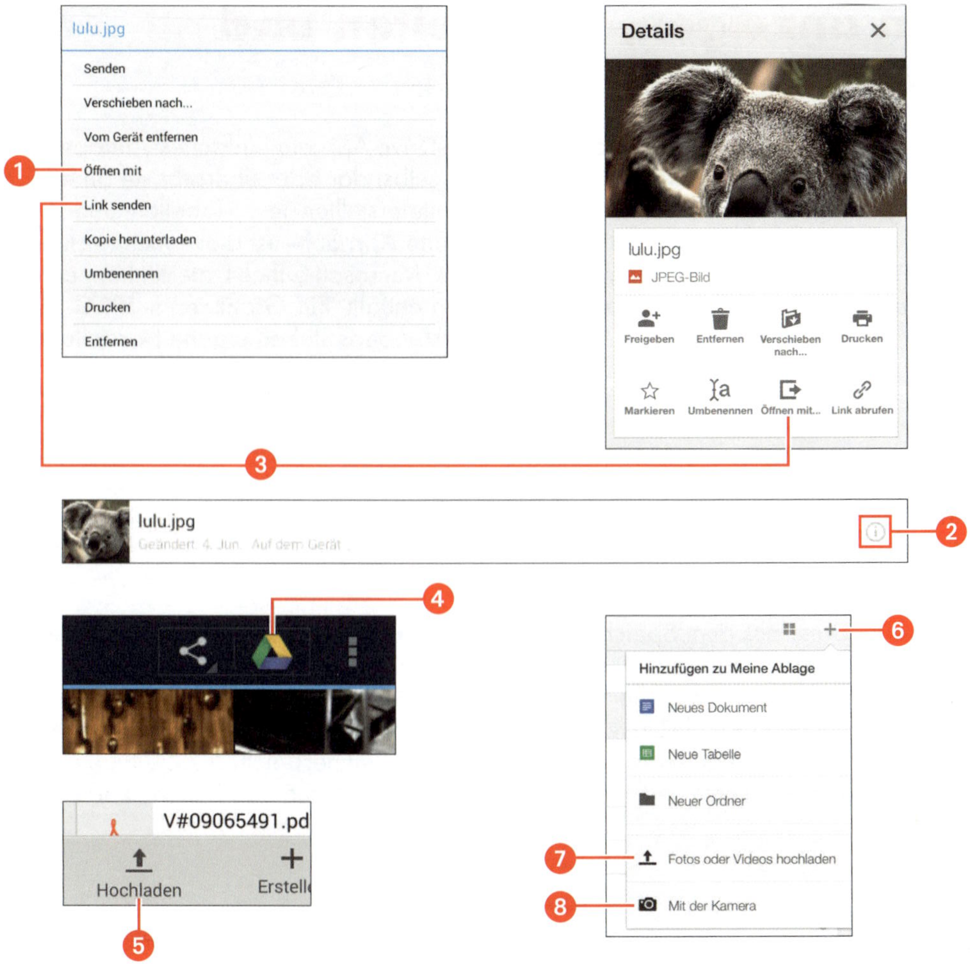
lulu.jpg
Senden
Verschieben nach...
Vom Gerät entfernen
Öffnen mit
Link senden
Kopie herunterladen
Umbenennen
Drucken
Entfernen
Details
lulu.jpg
JPEG-Bild
Freigeben
Entfernen
Verschieben nach...
Drucken
Markieren
Umbenennen
Öffnen mit...
Link abrufen
lulu.jpg
V#09065491.pd
Hochladen
Erstell
Hinzufügen zu Meine Ablage
Neues Dokument
Neue Tabelle
Neuer Ordner
Fotos oder Videos hochladen
Mit der Kamera
1
2
3
4
5
6
7
8

Dateien mit anderen Apps laden und speichern

Auch auf Smartphones und Tablets ist Google Drive kein Eigenbrötler. Zwar kann es nicht wie im Web externe Programme verwalten, trotzdem versteht es sich in der Regel prächtig mit anderen auf Ihrem Gerät installierten Apps. Möchten Sie beispielsweise ein Foto mit einer speziellen Anwendung weiterbearbeiten, rufen Sie das Kontextmenü der Bilddatei auf, indem Sie unter Android in der Dateiübersicht etwas länger auf seinen Eintrag tippen. Hier wählen Sie den Eintrag **Öffnen mit** ❶ aus, um in der anschließenden App-Auswahl das Zielprogramm zu bestimmen. Alternativ klappen Sie die Dateiinformationen mit dem entsprechenden Piktogramm ❷ in der Verzeichnisliste auf – tippen Sie hier auf **Öffnen mit ...** (iPhone, iPad) beziehungsweise **Link senden** ❸ (Android), erscheint dieselbe Programmübersicht.

Um eine Datei aus einer anderen App in Google Drive zu speichern, beschreiten Sie in der Regel immer den Weg über das **Teilen**-Menü des entsprechenden Programms. Auf diesem Weg erlaubt Ihnen Androids Galerie-App zum Beispiel das Speichern kompletter Fotoalben in Google Drive: Tippen Sie ein Album etwas länger an, erscheint in der Funktionsleiste das **Teilen**-Piktogramm. Im aufklappbaren Menü darunter können Sie nun Google Drive als Speicherort festlegen. Beim nächsten Besuch der Albenübersicht ist das Google-Drive-Symbol sogar schon voreingestellt ❹.

Möchten Sie die Google-Drive-App gar nicht erst verlassen, um Dateien aus anderen Programmen hochzuladen, benutzen Sie die **Hochladen**-Schaltfläche ❺ aus der Funktionsleiste. Die App-Übersicht gibt Ihnen verschiedene Programme zur Auswahl, die in Google Drive speicherbare Dateien verwalten oder die Auswahl vom Gerätespeicher zulassen. Unter iOS nutzen Sie die **Plus**-Schaltfläche ❻, um aus dem nachfolgenden Menü Fotos oder Videos hochzuladen ❼ oder die Kamera-App ❽ aufzurufen.

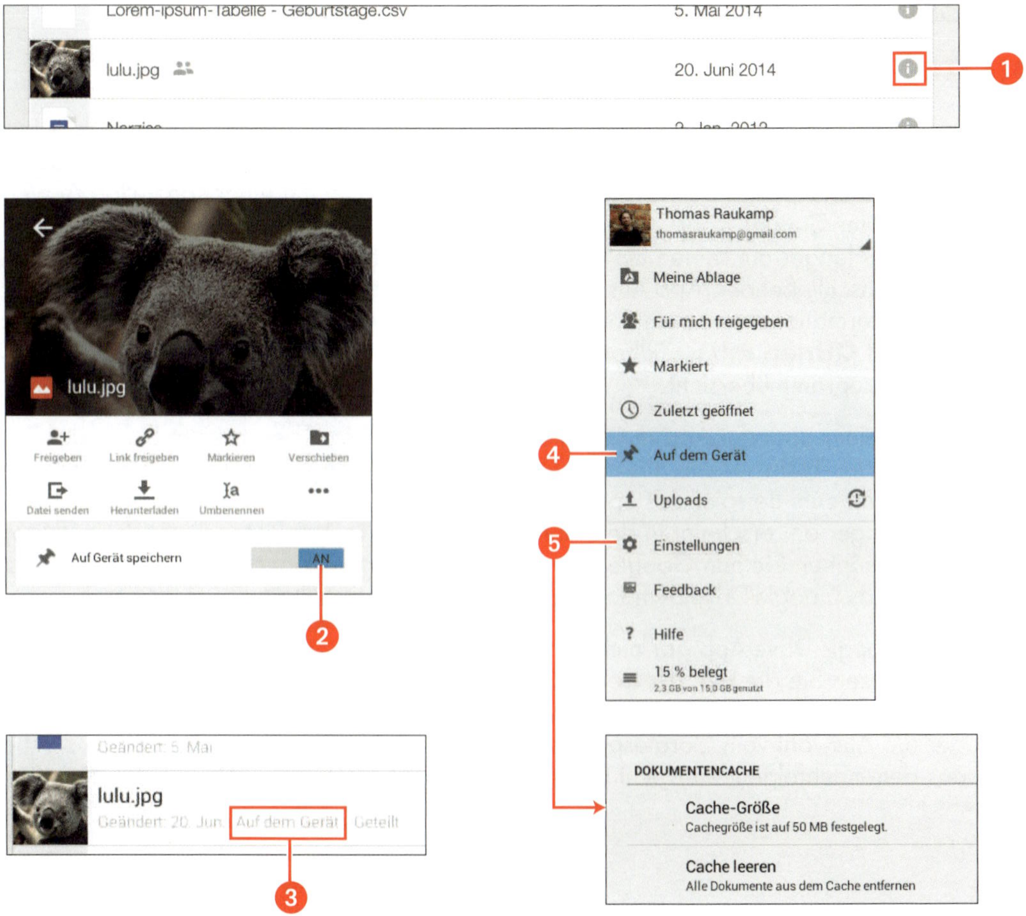

Lorem-ipsum-Tabelle - Geburtstage.csv
5. Mai 2014
lulu.jpg
20. Juni 2014
1
lulu.jpg
Freigeben
Link freigeben
Markieren
Verschieben
Datei senden
Herunterladen
Umbenennen
Auf Gerät speichern
AN
2
Geändert: 5. Mai
lulu.jpg
Geändert: 20. Jun
Auf dem Gerät
Geteilt
3
Thomas Raukamp
thomasraukamp@gmail.com
Meine Ablage
Für mich freigegeben
Markiert
Zuletzt geöffnet
Auf dem Gerät
Uploads
Einstellungen
Feedback
Hilfe
15 % belegt
2,3 GB von 15,0 GB genutzt
4
5
DOKUMENTENCACHE
Cache-Größe
Cachegröße ist auf 50 MB festgelegt.
Cache leeren
Alle Dokumente aus dem Cache entfernen

Offline arbeiten

Um eine Datei offline verfügbar zu machen, müssen Sie sie zunächst bei bestehender Internetverbindung auf Ihr Gerät herunterladen. Rufen Sie dafür die Dateiinformationen mit dem **Info**-Symbol ❶ des Dateieintrags auf, um hier den Schalter **Auf Gerät speichern** auf **An** ❷ zu stellen. Google Drive macht die Datei nun für die Offlineanzeige beziehungsweise -bearbeitung verfügbar und ergänzt in ihrem Verzeichniseintrag den Hinweis **Auf dem Gerät** ❸. Für den Schnellzugriff öffnen Sie am besten die Navigationsleiste, indem Sie vom linken Bildschirmrand nach rechts über den Bildschirm wischen – im Eintrag **Auf dem Gerät** ❹ wartet nun die eben heruntergeladene Datei auf Sie. Die skizzierte Arbeitsweise erstreckt sich überdies auf alle mobilen Google-Drive-Apps – Sie können also ein Dokument auch in Docs, Tabellen oder Präsentationen für den Offlinezugriff vorbereiten.

Google Drive übergibt hinterlegte Text-, Tabellen- und Präsentationsdokumente an die dedizierten Apps der Google-Office-Suite, in denen Sie sie wie gewohnt bearbeiten können. Änderungen speichert das Programm auf dem internen Datenträger zwischen. Besteht wieder eine Internetverbindung, findet automatisch der Datenabgleich statt, und alle in der Zwischenzeit vorgenommenen Modifikationen wandern automatisch in die Cloud.

Derzeit dürfen Sie neben **Google-Textdokumenten**, **-Tabellen** und **-Präsentationen** auch Microsoft Office-Dokumente für **Word**, **Excel** und **PowerPoint**, **PDF**-Dateien, Bilddaten in den Formaten **JPEG**, **GIF**, **PNG**, **BMP** und **TIFF** sowie **MOV**-, **AVI**- und **MP4**-Videos offline anzeigen beziehungsweise bearbeiten.

Den für den Onlinezugriff auf Ihrem Gerät verfügbaren Zwischenspeicher beziehungsweise Cache legen Sie in den App-Einstellungen ❺ fest, die Sie aus der linken Navigationsleiste aufrufen.

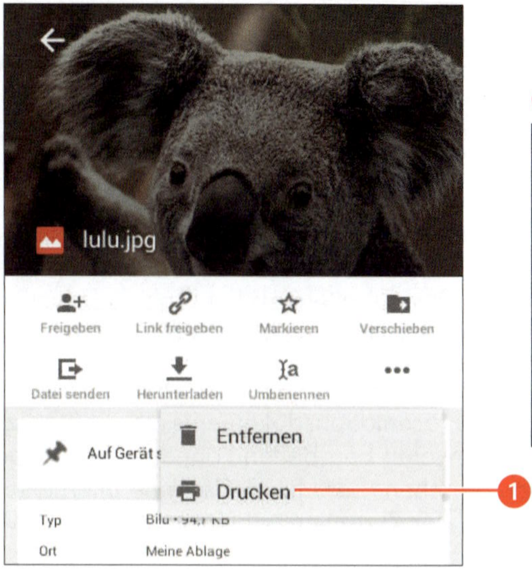
lulu.jpg
Freigeben
Link freigeben
Markieren
Verschieben
Datei senden
Herunterladen
Umbenennen
Auf Gerät
Entfernen
Drucken
1
Typ
Ort
Meine Ablage

2
Google Cloud Print
Drucker suchen
In Google Drive speichern
Dokument als PDF-Datei in Google Drive speichern
IdeaTabA2109A
Mein Drucker
iPad
Mein Drucker
EPSON-Epson-Stylus-SX410
Mein Drucker

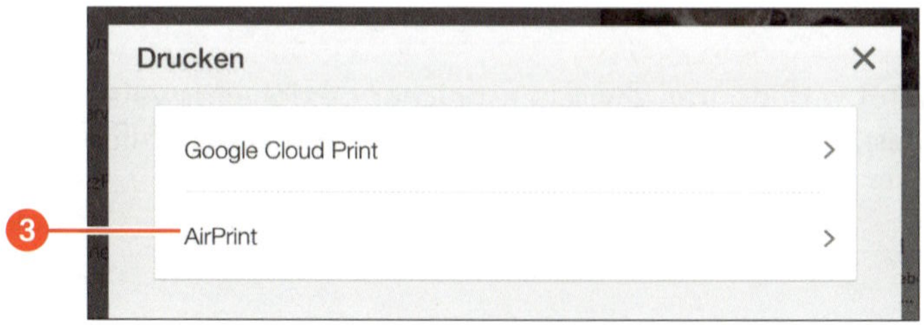
Drucken
Google Cloud Print
3
AirPrint

Aus den Mobil-Apps drucken

Die Zeiten, in denen man sich mit einem seriellen oder später einem USB-Kabel auf die Suche nach einem Druckeranschluss machen musste, sind im mobilen Zeitalter weitestgehend passé. Moderne Cloud-Print-Lösungen ermöglichen den Ausdruck von Dateien und Dokumenten von jedem Ort aus, ganz egal, ob sich dieser in der U-Bahn, auf einer Reise oder im Büro befindet – einzige Voraussetzung ist der Zugang zum Internet.

Sie können aus allen mobilen Google-Drive-Apps Dokumente ausdrucken. Es spielt also keine Rolle, ob Sie Google Drive selbst oder Google Docs, Tabellen beziehungsweise Präsentationen nutzen. Unter Android greifen die Programme standardmäßig auf Google Cloud Print zurück. Haben Sie Ihr Google-Benutzerkonto also noch nicht mit dem Service verbunden (*http://bit.ly/gdrivebuch_cloudprint*), wird es spätestens mit der Nutzung von Google Drive auf einem Mobilgerät höchste Zeit.

Um ein Dokument zu drucken, öffnen Sie aus der Verzeichnisübersicht oder aus einem Dokument heraus die Dateiinformationen und wählen den Eintrag **Drucken** ❶. Das Google-Cloud-Print-Fenster ❷ offeriert die Bestimmung des Zieldruckers, nach dessen Auswahl Sie weitere Detaileinstellungen vornehmen können.iPhone- und iPad-Besitzern bietet Google Drive zusätzlich die Nutzung von Apples eigenem **AirPrint** an ❸. Verwenden Sie Apples Cloud-Printdienst, lädt Google Drive die Druckdatei zunächst auf den internen Speicher Ihres Geräts herunter, um sie dann auf dem ausgewählten Drucker auszugeben. Haben Sie das Dokument schon vor dem Ausdruck für den Offlinezugriff nutzbar gemacht, entfällt dieser Zwischenschritt.

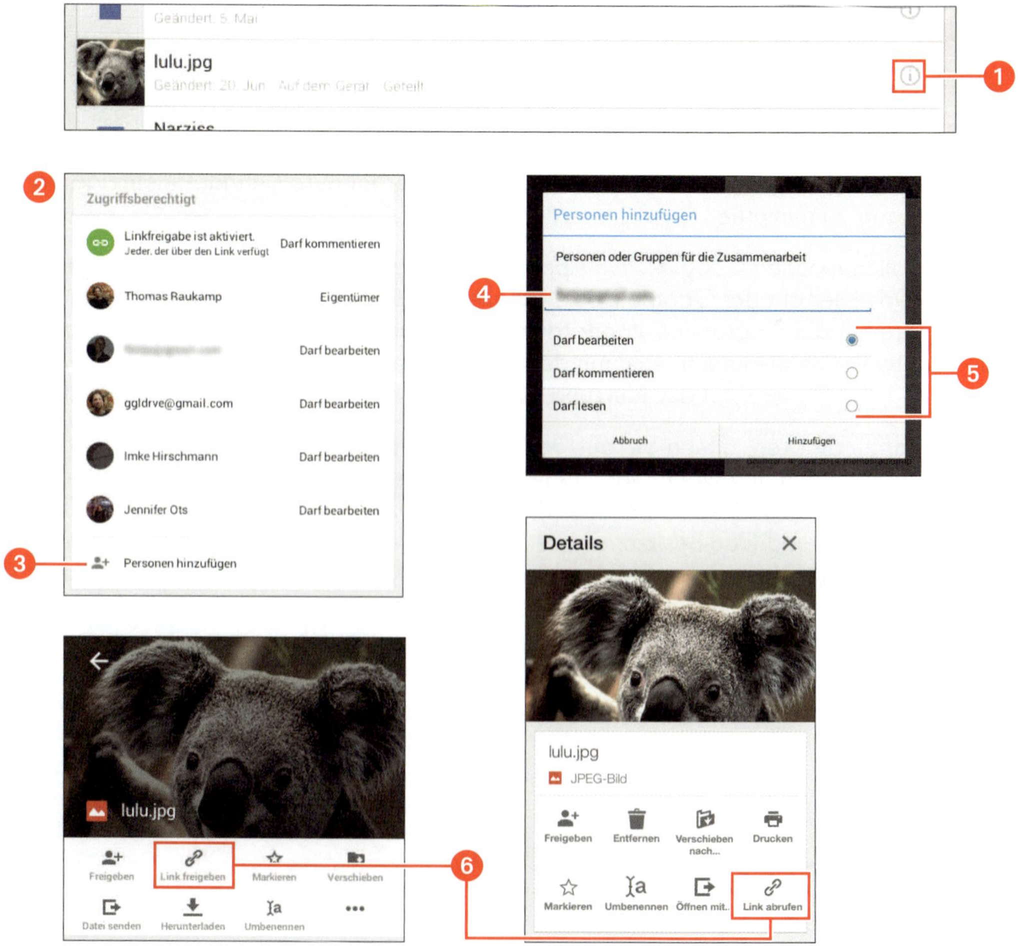
Geändert: 5. Mai
lulu.jpg
Geändert: 20. Jun · Auf dem Gerät · Geteilt
Narziss
1
2
Zugriffsberechtigt
Linkfreigabe ist aktiviert.
Jeder, der über den Link verfügt
Darf kommentieren
Thomas Raukamp
Eigentümer
Darf bearbeiten
ggldrve@gmail.com
Darf bearbeiten
Imke Hirschmann
Darf bearbeiten
Jennifer Ots
Darf bearbeiten
3
Personen hinzufügen
Personen hinzufügen
Personen oder Gruppen für die Zusammenarbeit
4
Darf bearbeiten
Darf kommentieren
Darf lesen
5
Abbruch
Hinzufügen
Details
lulu.jpg
JPEG-Bild
Freigeben
Entfernen
Verschieben nach...
Drucken
Markieren
Umbenennen
Öffnen mit...
Link abrufen
lulu.jpg
Freigeben
Link freigeben
Markieren
Verschieben
Datei senden
Herunterladen
Umbenennen
6

Teamwork: Dateien, Dokumente und Ordner freigeben

Der große Vorteil von Google Drive ist neben der ständigen Verfügbarkeit des Onlinespeichers die Möglichkeit des Teilens von Daten aller Art mit Freunden und Kollegen. Da liegt es nur nahe, dass auch die mobilen Apps die Freigabe von Dateien und Dokumenten ermöglichen, um Mitarbeitern den Zugang auch von unterwegs sicherzustellen.

Sie können Daten sowohl aus der Google-Drive-App selbst als auch aus Google Docs, Google Tabellen sowie aus Google Präsentationen freigeben. Der Vorgang in der jeweiligen Verzeichnisliste ist stets der gleiche: Öffnen Sie zunächst die Dateiinformationen, indem Sie das **Info**-Piktogramm ❶ neben dem Eintrag antippen. Die sich nun öffnende Seitenleiste stellt die aktuellen Zugriffsberechtigungen ❷ dar. Mit der Schaltfläche **Personen hinzufügen** ❸ rufen Sie das Freigabefenster auf, in dem Sie die gewünschte Person mit ihrem Namen oder ihrer E-Mail-Adresse einladen ❹. Alternativ können Sie auch eine ganze Gruppe von Kollegen hinzufügen, die sich im Onlinedienst Google Groups zusammengefunden hat. Bevor Sie Ihre Auswahl bestätigen, sollten Sie noch die Zugriffsbestimmungen ❺ festlegen. Die Verwaltung der Eigentümerrechte, der Mitarbeiterberechtigungen sowie der Sichtbarkeitsoptionen (siehe Kapitel 2) ist allerdings der Webversion von Google Drive vorbehalten.

Sie können den Verweis auf ein Dokument zum Beispiel auch per E-Mail versenden, in sozialen Netzwerken teilen oder in einer Notiz-App wie Evernote speichern. Rufen Sie erneut die Dateiinformationen des gewünschten Dokuments auf und wählen den Eintrag **Link freigeben** beziehungsweise unter iOS **Link abrufen** ❻, öffnet sich das Fenster zur Auswahl des Zielprogramms. Wenn Sie Google-Dokumente, -Präsentationen, -Tabellen oder andere Dateien auf diesem Weg teilen, kann sie jeder, der über die URL der Veröffentlichung verfügt, unabhängig von den Sichtbarkeitsoptionen ansehen. Google Drive erstellt zu diesem Zweck eine spezielle Webversion.

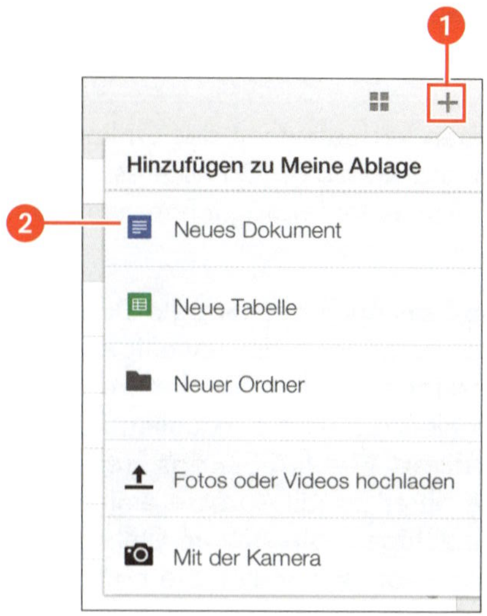
1
2
Hinzufügen zu Meine Ablage
Neues Dokument
Neue Tabelle
Neuer Ordner
Fotos oder Videos hochladen
Mit der Kamera

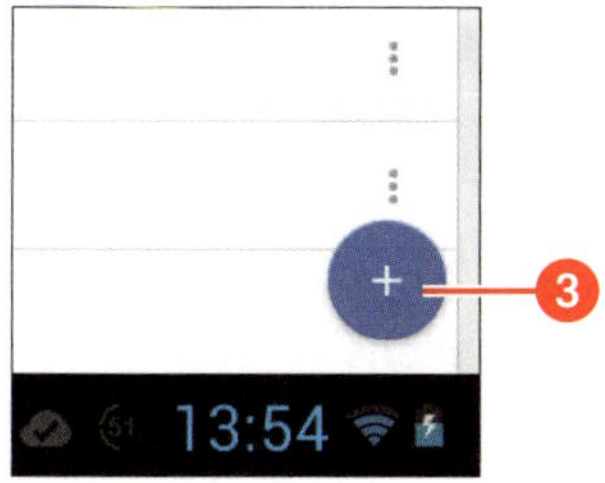
3
13:54

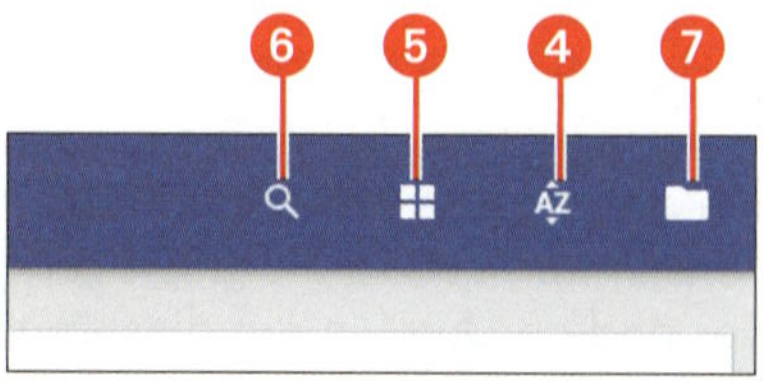
6
5
4
7
AZ

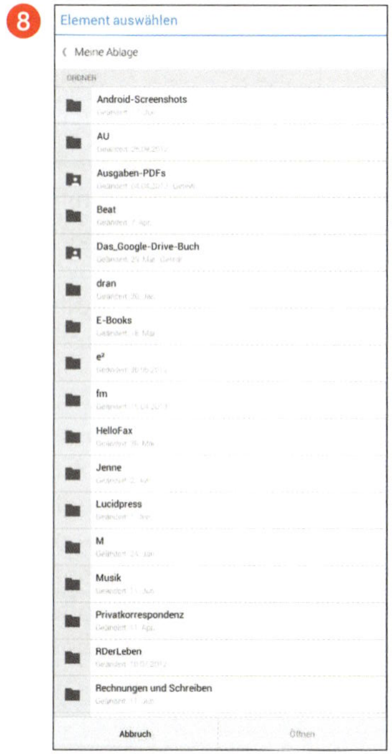
8
Element auswählen
Meine Ablage
Android-Screenshots
AU
Ausgaben-PDFs
Beat
Das_Google-Drive-Buch
dran
E-Books
e²
fm
HelloFax
Jenne
Lucidpress
M
Musik
Privatkorrespondenz
RDerLeben
Rechnungen und Schreiben
Abbruch
Öffnen

Kapitel 10 | Google Docs unterwegs

Mit seiner Docs-App hat Google im Frühjahr 2014 eine eigenständige Anwendung zum Erstellen und Bearbeiten von Textdokumenten eingeführt und somit das Google-Drive-Hauptprogramm auf Tablets und Smartphones merklich verschlankt. Gleichzeitig sind beide Anwendungen eng miteinander verwoben: Öffnen Sie ein Dokument in der Verzeichnisliste von Google Drive, wird es automatisch an Google Docs übergeben, wo Sie es anschauen oder bearbeiten können. Dies trifft auch dann zu, wenn Sie die Datei für den Offlinezugriff auf Ihrem Gerät zwischengespeichert haben – vorgenommene Änderungen gleicht das Programm automatisch ab, sobald wieder eine Internetverbindung besteht.

Ein neues Textdokument legen Sie in der Drive-App mithilfe des **Plus**-Symbols ❶ in der Funktionsleiste an: Wählen Sie aus dem sich öffnenden Dialogfenster ❷ den Eintrag **Neues Dokument** aus, erscheint direkt der Eingabemodus von Google Docs. Dessen blinkender Cursor erwartet Sie auch dann, wenn Sie in der Dateiübersicht der Docs-App das »schwebende« **Plus**-Symbol ❸ nutzen.

Die Dateiübersicht verzichtet auf die aus der Drive-App gewohnte Verzeichnisstruktur und listet wie schon die Web-App alle mit Google Docs und Microsoft Word erstellten Textdokumente auf. Die Sortierreihenfolge ❹ erlaubt neben der standardmäßigen alphabetischen auch die Ordnung der Einträge nach ihrem letzten Änderungs-, Bearbeitungs- und Öffnungsdatum. Darüber hinaus können Sie zwischen der Kachel- und der Listenanzeige ❺ umschalten und die Dokumentsuche ❻ aufrufen. Möchten Sie hingegen unter Android ein Dokument gezielt aus einem Ordner auswählen, tippen Sie auf das Ordnersymbol ❼, das ein Dateiauswahlfenster ❽ mit der gewohnten Verzeichnisübersicht bereithält.

Bei der Auswahl von Dokumenten hilft auch die Navigationsleiste auf der linken Seite. Sie gestattet die Darstellung von markierten sowie für den Offlinezugriff auf dem Gerät gespeicherten Dateien.

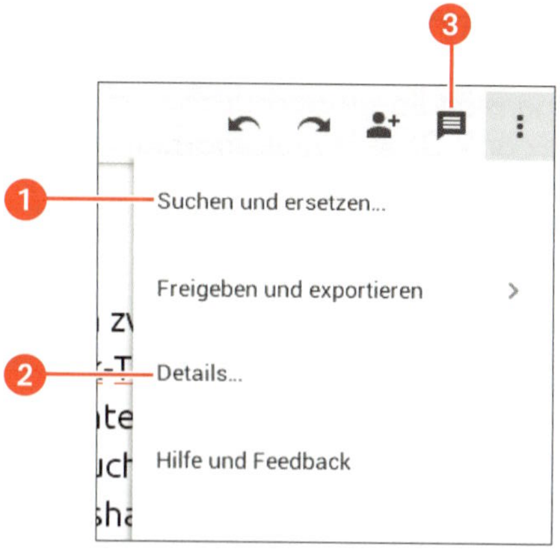

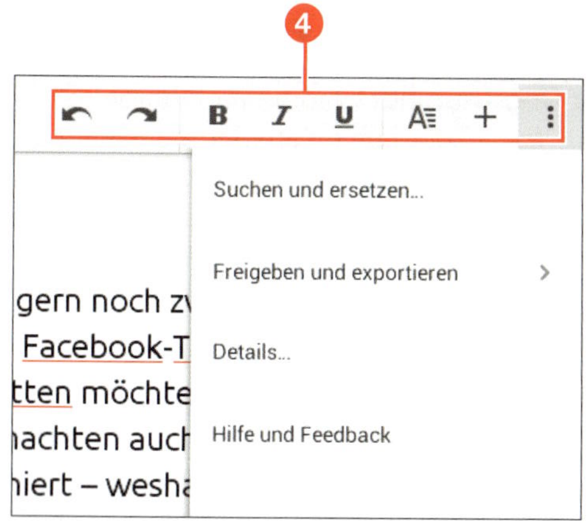

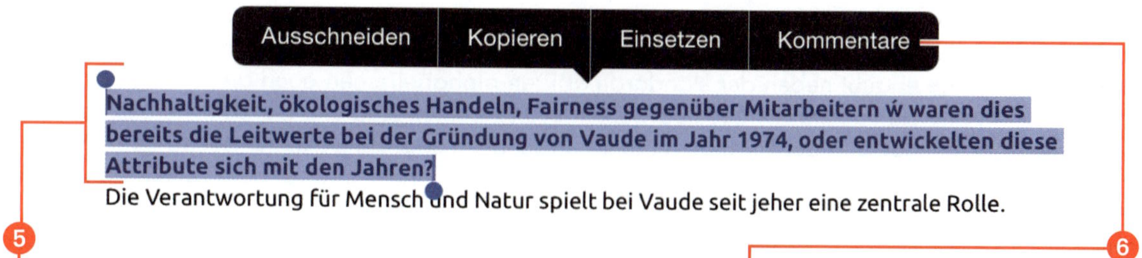

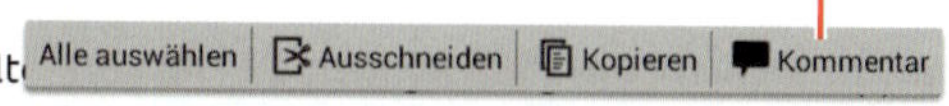

Bei der Auswahl im Textinhalt Sie ein Wort doppelt an (eine Reminiszenz an den doppelten Mausklick), heben Sie ein einzelnes Wort hervor. Möchten Sie hingegen einen ganzen Bereich auswählen, berühren Sie das erste und das letzte Wort des ge ünschten Inhalts gleichzeitig. In beiden Fällen öffnet sich ein **Kontextmenü (6)**, das das **Ausschneiden** und **Kopieren** der Auswahl so ie **Einfügen** eventuell in der Zwischenablage vorhandener Inhalte gestattet. Der Eintrag **Alles auswählen** meint es indes wörtlich: Er markiert den gesamten Text, damit Sie zum Beispiel seine Schriftart

Dokumente anzeigen und bearbeiten

Haben Sie ein Dokument aus der Dateiliste der Docs- oder Drive-App geöffnet, befinden Sie sich zunächst im reinen Anzeigemodus von Google Docs. Die übersichtliche Funktionsleiste über der eigentlichen Darstellung offeriert unter anderem die Suchfunktion ❶, klappt die schon bekannten Dateiinformationen ❷ inklusive der Freigabe- und Offlineeinstellungen auf und stellt eventuell vorhandene Kommentare ❸ von Mitarbeitern dar.

Sie wechseln in den Bearbeitungsmodus, indem Sie ein neues Dokument anlegen (siehe vorherige Seite) oder in der Anzeige eines bestehenden Dokuments den Cursor mit dem Finger an die gewohnte Stelle im Text setzen. Auf dem Bildschirm klappt nun die im System voreingestellte Tastatur auf, während sich zahlreiche neue Piktogramme der Funktionsleiste ❹ hinzugesellen. Sie verlassen den Editor, indem Sie die Schaltfläche **Fertig** berühren – zwar speichert Google Drive vorgenommene Änderungen wie von der Webversion gewohnt zwischen, bei oft instabilen mobilen Netzwerken verschaffen Sie sich dadurch jedoch zusätzliche Sicherheit.

Bei der Auswahl von Textinhalten dürfen Sie Ihre Fingerfertigkeit beweisen: Tippen Sie ein Wort doppelt an (eine Reminiszenz an den doppelten Mausklick), heben Sie ein einzelnes Wort hervor. Möchten Sie einen ganzen Bereich auswählen ❺, berühren Sie das erste und das letzte Wort des gewünschten Inhalts gleichzeitig. Mit den Markern am Anfang und Ende Ihrer Auswahl können Sie den gewählten Bereich beliebig vergrößern und verkleinern. Das zusätzlich dargestellte Kontextmenü ❻ erlaubt das Ausschneiden und Kopieren der Auswahl sowie das Einfügen eventuell in der Zwischenablage vorhandener Inhalte. Der Eintrag **Alles auswählen** nimmt es indes wörtlich: Er markiert den gesamten Text, damit Sie zum Beispiel dessen Schriftart verändern können.

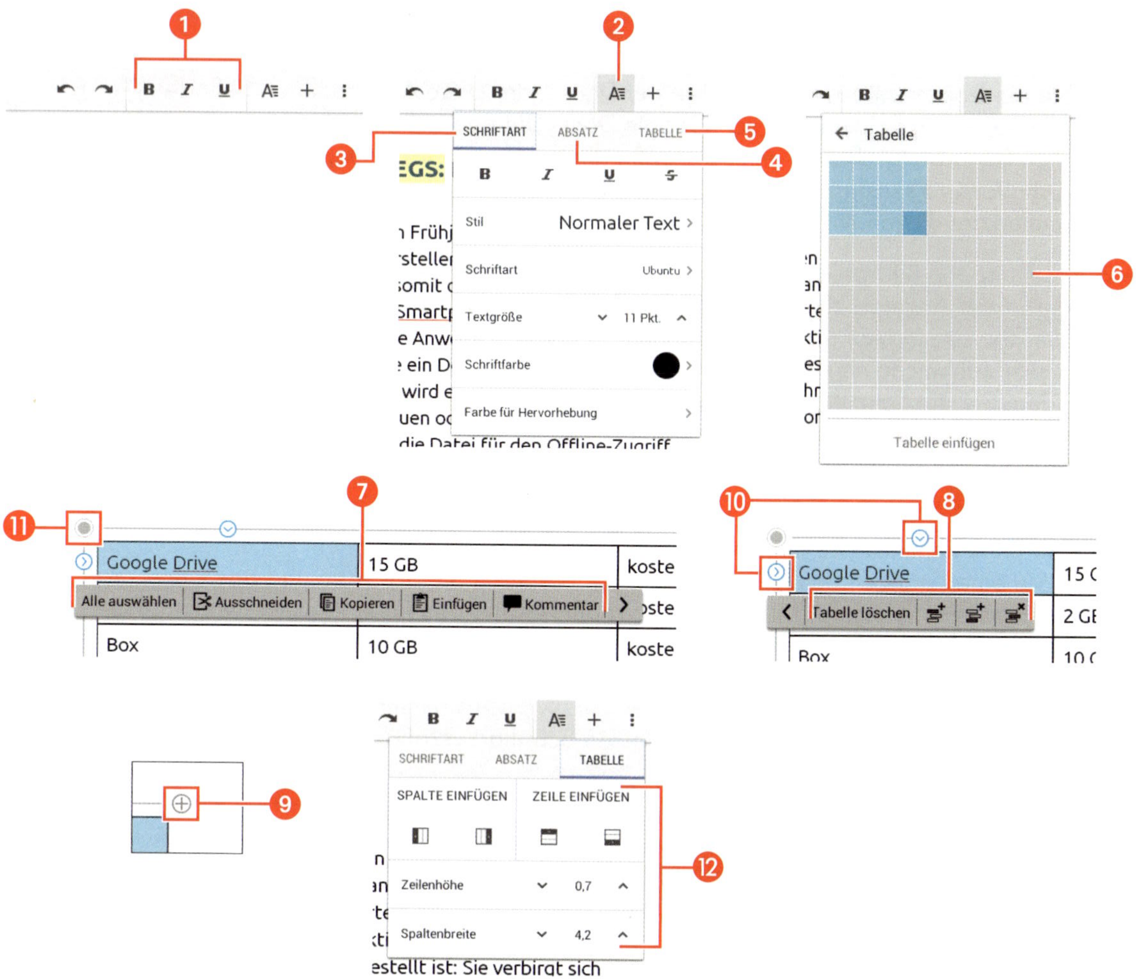
1
2
3
4
5
6
7
8
9
10
11
12
SCHRIFTART
ABSATZ
TABELLE
Stil
Normaler Text
Schriftart
Ubuntu
Textgröße
11 Pkt.
Schriftfarbe
Farbe für Hervorhebung
Tabelle
Tabelle einfügen
Google Drive
15 GB
Box
10 GB
Alle auswählen
Ausschneiden
Kopieren
Einfügen
Kommentar
Tabelle löschen
SPALTE EINFÜGEN
ZEILE EINFÜGEN
Zeilenhöhe
0,7
Spaltenbreite
4,2

Texte und Tabellen formatieren

Die Funktionsleiste der Docs-App wirkt wie eine sorgsam entschlackte Version ihres Äquivalents im Web. Die Schaltflächen zur Formatierung neuer und hervorgehobener Texte dienen in erster Linie der Einstellung des Schriftschnitts ❶. Wesentlich differenziertere Optionen offenbart die Schaltfläche **Formatieren** ❷. Sie ist in drei Karteireiter aufgeteilt, die der Bearbeitung der Schriftart ❸, des aktuellen Absatzes ❹ sowie der Tabellen ❺ dienen. Ersterer Eintrag stapelt dabei etwas tief, erlaubt er doch über die eigentliche Einstellung des für einen Text oder einen hervorgehobenen Absatz genutzten Zeichensatzes hinaus die Definition von Schriftstil und -größe sowie die Vergabe einer Farbe für den Text und Zeichenhintergrund. Die Absatzeinstellungen gestatten die Ausrichtung von Inhalten, aber auch das Setzen von Einzügen sowie nummerierten und Aufzählungslisten.

Ebenfalls in die Mobil-App hat es die Tabellenfunktion von Google Docs geschafft. Sie verbirgt sich – wie erwähnt – etwas artfremd ebenfalls unter der Schaltfläche **Formatieren**. Genau wie im Web wählen Sie die gewünschte Anzahl an Spalten und Zeilen aus einem Aufklappmenü ❻ aus. Berühren Sie eine Zelle, können Sie ihre Inhalte ausschneiden oder kopieren beziehungsweise neue Daten aus der Zwischenablage einfügen ❼. Tippen Sie auf den Pfeil neben diesen Schaltflächen, offerieren sich zusätzliche Funktionen zum gezielten Hinzufügen und Löschen von Zellen ober- und unterhalb der aktuellen Auswahl sowie zum Entfernen der Tabelle ❽. Möchten Sie weitere Spalten oder Zeilen ergänzen, können Sie auch die **Plus**-Symbole neben und unter dem Tabellengitter nutzen ❾. Ganze Zeilen oder Spalten wählen Sie mithilfe der **Pfeil**-Piktogramme ❿ und alle Elemente, indem Sie den Punkt oben links berühren ⓫. Eine vorhandene Tabelle können Sie auch mit den Formateinstellungen der **Formatieren**-Schaltfläche bearbeiten. Hier findet sich nicht nur eine weitere Möglichkeit zum Einfügen von Spalten und Zeilen, sondern auch zur Definition der Zeilenhöhe und Spaltenbreite ⓬.

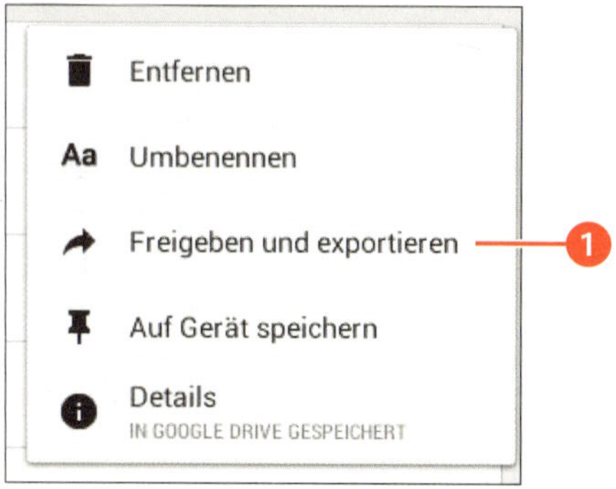
Entfernen
Umbenennen
Freigeben und exportieren
Auf Gerät speichern
Details
IN GOOGLE DRIVE GESPEICHERT
1

2

er Online-Speicher
widerlegt!
t die Cloud?
aussetzungen
ogle Drive für Freigeister
as Google-Konto
Imke Hirschmann
13. Jun.
Das könnten wir evtl. rauslassen, oder?
Thomas Raukamp
17. Jun.
Ja, klar.
Thomas Raukamp
17. Jun.
+imke@oreilly.de
3

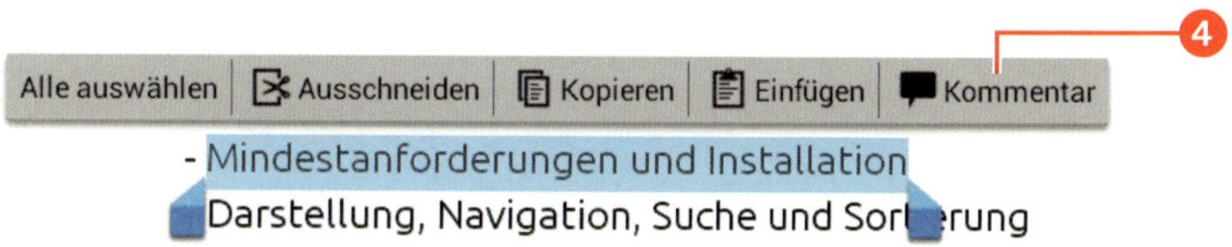
4
Alle auswählen
Ausschneiden
Kopieren
Einfügen
Kommentar
- Mindestanforderungen und Installation

Dokumente freigeben und Kommentare setzen

Wie alle anderen Dateien können Sie im Web oder mobil mit der Docs-App erzeugte und veränderte Dokumente in der Google-Drive-App freigeben. Doch auch in Docs selbst dürfen Sie Freunde und Kollegen zur Mitarbeit an einem Dokument einladen. Den Schlüssel stellt das Dateimenü eines Dateieintrags dar: Wählen Sie hier den Eintrag **Freigeben und exportieren** aus, können Sie wie gewohnt Personen hinzufügen und ihre Zugriffsberechtigungen festlegen. Ist das Dokument bereits geöffnet, befindet sich die **Freigabe**-Schaltfläche in der Funktionsleiste ❶, die ebenfalls das Freigabefenster aufruft. Die Verwaltung der Eigentümerrechte, der Mitarbeiterberechtigungen sowie der Sichtbarkeitsoptionen (siehe Seite 39) bleibt bisher der Webversion von Google Drive vorbehalten.

Apropos Funktionsleiste: Berühren Sie im Bearbeitungsmodus eines Dokuments die **Sprechblase** ❷, öffnet (und schließt) sich je nach Ausrichtung des Smartphones beziehungsweise Tablets das Kommentarfenster ❸, das die bisher gesetzten Anmerkungen und die sich daraus entwickelten Diskussionen zum Scrollen auflistet. Tippen Sie einen Kommentar an, erlaubt Ihnen das Eingabefeld die direkte Antwort oder die Kennzeichnung eines Diskussionsverlaufs als geklärt. Um einen im Text als Kommentar markierten Abschnitt anzuschauen, berühren Sie ihn ebenfalls kurz – das Kommentarfenster stellt die dazugehörigen Einträge dar.

Neue Kommentare platzieren Sie, indem Sie ein Wort oder einen Bereich hervorheben und in dem sich öffnenden Kontextmenü den Eintrag **Kommentar** ❹ auswählen. Der Kommentareditor steht nun für Ihre Eingaben bereit. Er funktioniert genau so wie sein Onlineäquivalent im Web: Möchten Sie also einen Mitarbeiter direkt ansprechen, geben Sie zunächst ein Pluszeichen, gefolgt von seinem Namen oder seiner E-Mail-Adresse ein. Die Google-Docs-App ergänzt die Angabe automatisch, sofern sich die Daten bereits in Ihrer Kontaktliste befinden.

2
3
1
4
ort.xlsx
Entfernen
Umbenennen
Freigeben und exportieren
Auf Gerät speichern
Details
IN GOOGLE DRIVE GESPEICHERT
5

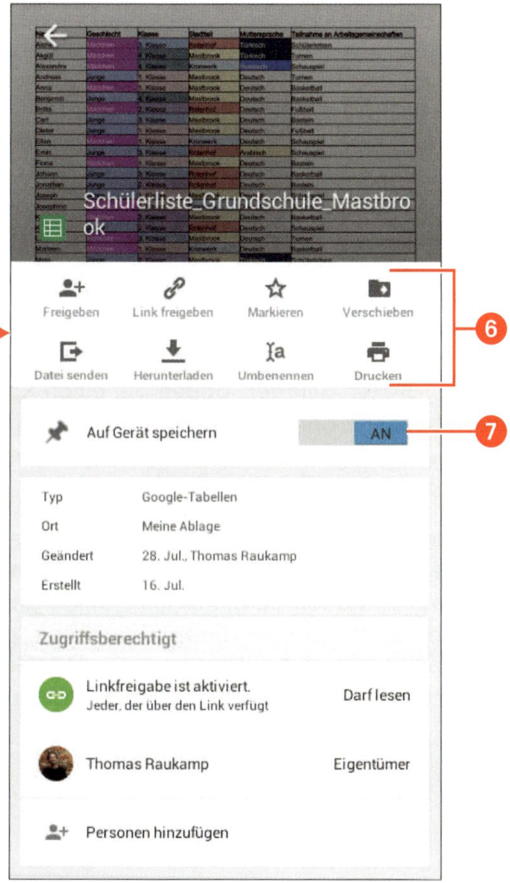
Schülerliste_Grundschule_Mastbrook
Freigeben
Link freigeben
Markieren
Verschieben
Datei senden
Herunterladen
Umbenennen
Drucken
6
Auf Gerät speichern
AN
7
Typ Google-Tabellen
Ort Meine Ablage
Geändert 28. Jul., Thomas Raukamp
Erstellt 16. Jul.
Zugriffsberechtigt
Linkfreigabe ist aktiviert.
Jeder, der über den Link verfügt
Darf lesen
Thomas Raukamp
Eigentümer
Personen hinzufügen

Kapitel 11 | Google Tabellen unterwegs

Die im Frühjahr 2014 vorgenommene Unterteilung der Office-Elemente von Google Drive in dedizierte Apps dürfte besonders Nutzer von Google Tabellen freuen, immerhin können sie nun ihre Dokumente unterwegs nicht nur anschauen, sondern auch bearbeiten. Dabei bleibt die Tabellen-App eng mit der eigentlichen Google-Drive-Anwendung verbunden: Öffnen Sie hier aus der Verzeichnisübersicht ein Dokument, übergibt das Hauptprogramm es automatisch an die separate App. Und das Beste: Google Tabellen kann nicht nur mit Dokumenten des eigenen Formats umgehen, sondern erlaubt auch die native Bearbeitung von Microsoft-Excel-Dateien im **XLS**- und **XLSX**-Format.

Die Oberfläche von Google Tabellen ist nahezu identisch mit der der Mobilversion von Google Docs und in ihrem Aussehen zudem an die aktuelle Version der Web-App angelehnt. Im Mittelpunkt steht die Dateiübersicht, die auf die Verwaltung in Verzeichnissen verzichtet und ihre Inhalte nach von Ihnen definierten Kriterien sortiert. Diese rufen Sie in der Funktionsleiste auf ❶, in der sich auch die Suchfunktion ❷ sowie die Schaltfläche zum Wechsel zwischen der Kachel- und der Listenansicht ❸ findet. Das **Ordner**-Symbol ❹ erlaubt hingegen das Laden einer Tabelle aus einem Google-Drive-Verzeichnis beziehungsweise aus dem Gerätespeicher Ihres Tablets oder Smartphones.

Jedes Dokument verfügt über ein Dateimenü, das neben grundlegenden Funktionen zum Entfernen und Umbenennen auch die Freigabe sowie den Offlinezugriff regelt. Der Eintrag **Details** ❺ ruft hingegen die weitaus übersichtlicheren Dateiinformationen auf, die neben statistischen Daten zusätzliche Möglichkeiten etwa zum Verschieben, Herunterladen und Drucken offerieren ❻. Setzen Sie hier den entsprechenden Schalter auf **An** ❼, synchronisiert die App die Datei für den Offlinezugriff. Dieser verlangt keine zusätzliche Konfiguration – sobald wieder eine Internetverbindung besteht, erfolgt die automatische Synchronisierung.

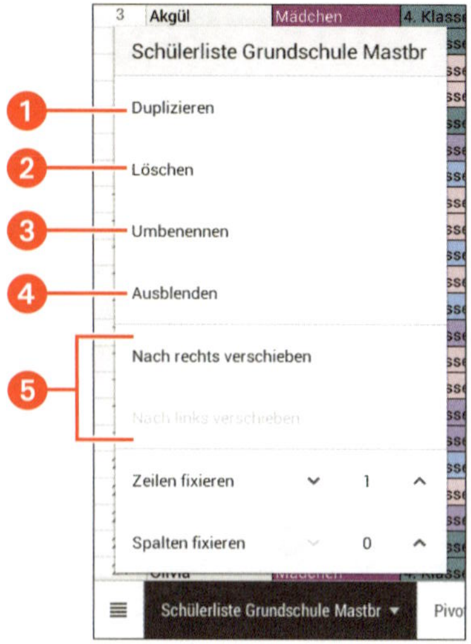
Akgül
Mädchen
Schülerliste Grundschule Mastbr
1 Duplizieren
2 Löschen
3 Umbenennen
4 Ausblenden
5 Nach rechts verschieben
Nach links verschieben
Zeilen fixieren 1
Spalten fixieren 0
Schülerliste Grundschule Mastbr

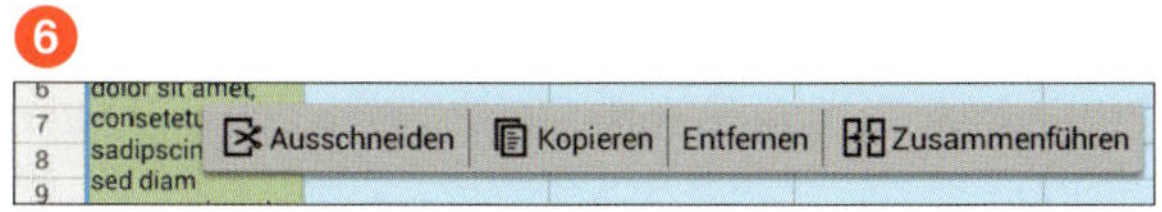
6
Ausschneiden
Kopieren
Entfernen
Zusammenführen

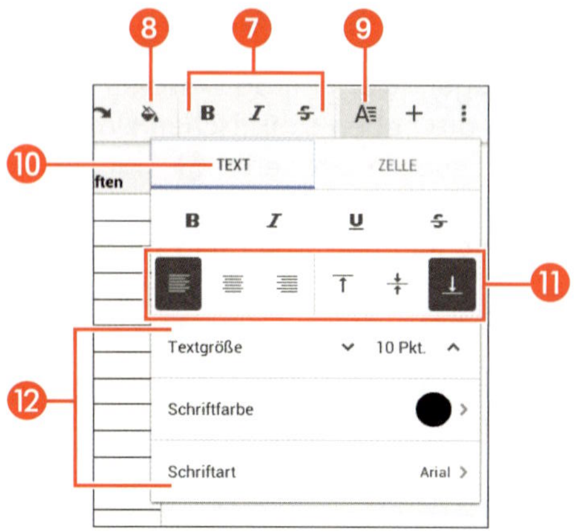
8
7
9
10 TEXT
ZELLE
11
12
Textgröße 10 Pkt.
Schriftfarbe
Schriftart Arial

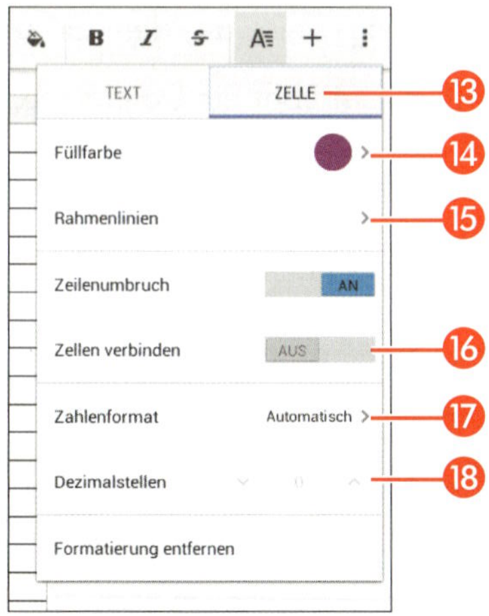
TEXT
ZELLE 13
Füllfarbe 14
Rahmenlinien 15
Zeilenumbruch AN
Zellen verbinden AUS 16
Zahlenformat Automatisch 17
Dezimalstellen 18
Formatierung entfernen

Tabellen formatieren

Glücklich der, der ein Tablet oder ein Smartphone mit einem im Querformat angenehm großen Bildschirm besitzt. Denn Tabellen können recht viel Platz auf dem Bildschirm einnehmen. Den nutzt Google Tabellen dafür aber recht intelligent: Ähnlich wie in der Onlinevariante im Webbrowser offeriert die Mobil-App angelegte Arbeitsblätter in Karteireitern unter dem eigentlichen Dokument. Tippen Sie einen aktiven Karteireiter an, bietet ein Kontextmenü das Duplizieren ❶, Löschen ❷, Umbenennen ❸, Ausblenden ❹ und Verschieben ❺ des dazugehörigen Tabellenblatts an.

Berühren Sie eine Zelle, erhält sie einen Rand mit zwei Ankerpunkten. Bewegen Sie den Finger nun zur Seite, nach oben oder nach unten, heben Sie mehrere Spalten und/oder Zeilen hervor. Belassen Sie Ihren Finger etwas länger auf einer Zelle, können Sie deren Inhalt mithilfe eines Kontextmenüs ❻ ausschneiden, kopieren oder entfernen. Haben Sie mehrere Zeilen oder Spalten ausgewählt, bietet es zusätzlich die Möglichkeit des Zusammenführens an.

Oberhalb Ihrer Auswahl können Sie mithilfe der Funktionsleiste alle hervorgehobenen Inhalte in ihrem Schnitt ändern ❼ sowie Schrift- und Füllfarbe ❽ festlegen. Die Schaltfläche **Formatieren** ❾ offeriert hingegen weitaus umfangreichere Eingriffe in das Aussehen der Tabelle und ermöglicht im Karteireiter **Text** ❿ die vertikale und horizontale Ausrichtung ihrer Inhalte ⓫ sowie die Schriftgröße, -farbe und -art ⓬. Der Reiter **Zelle** ⓭ hält die Gestaltung der Füllfarbe ⓮ von Zeilen und Spalten sowie ihrer Rahmenlinien ⓯ bereit. Haben Sie mehrere Zellen ausgewählt, können Sie diese mit dem Setzen des Schalters **Zellen verbinden** ⓰ auch hier zusammenführen. Die angebotene Auswahl der Zahlenformate ⓱ ist ebenso üppig wie im Webeditor – nicht in der Scroll-down-Auswahl aufgeführte Formate bestimmen Sie mittels des Eintrags **Weitere Formate** in einem Zusatzfenster. Das Setzen von Dezimalstellen ⓲ rundet die Funktionsauswahl sinnvoll ab.

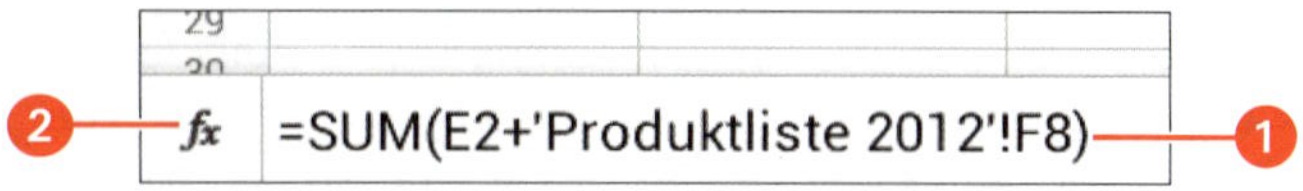
29
fx
=SUM(E2+'Produktliste 2012'!F8)
1
2

3
Funktion einfügen
Kategorien
Alle
Datenbank
Datum
Filter
Finanzwesen
Google

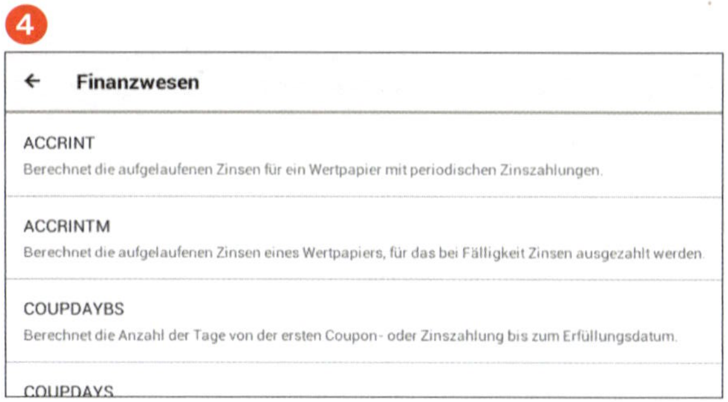
4
Finanzwesen
ACCRINT
Berechnet die aufgelaufenen Zinsen für ein Wertpapier mit periodischen Zinszahlungen.
ACCRINTM
Berechnet die aufgelaufenen Zinsen eines Wertpapiers, für das bei Fälligkeit Zinsen ausgezahlt werden.
COUPDAYBS
Berechnet die Anzahl der Tage von der ersten Coupon- oder Zinszahlung bis zum Erfüllungsdatum.
COUPDAYS

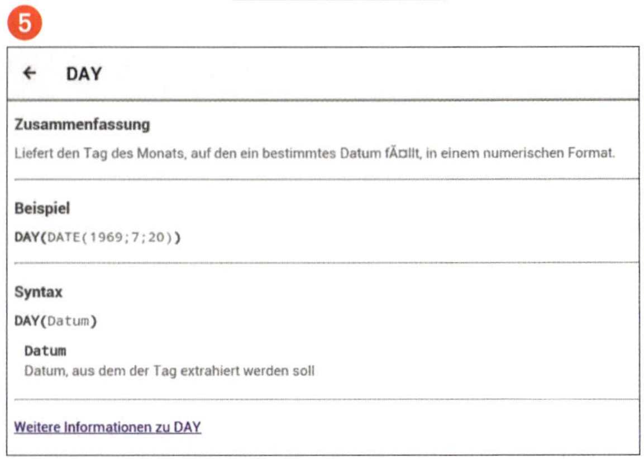
5
DAY
Zusammenfassung
Liefert den Tag des Monats, auf den ein bestimmtes Datum fÄllt, in einem numerischen Format.
Beispiel
DAY(DATE(1969;7;20))
Syntax
DAY(Datum)
Datum
Datum, aus dem der Tag extrahiert werden soll
Weitere Informationen zu DAY

7
Zeilen fixieren
1
Spalten fixieren
0
Geburtstage
Produk...
Produk...
6

Formeln und Funktionen

Zwar lassen sich mit Google Tabellen im Web wie auch mobil hervorragend Listen und Übersichten verwalten, doch erst die Möglichkeit der Arbeit mit Formeln macht das Programm zu einer echten **Tabellenkalkulation**. Die Umsetzung der mathematischen Möglichkeiten auf einem Tablet oder gar Smartphone stellt besondere Herausforderungen. Umso intelligenter ist die Lösung, die Google in seiner Tabellen-App umgesetzt hat: Tippen Sie eine Zelle an, öffnet sich eine Formelleiste ❶ am unteren Bildschirmrand, in die Sie Funktionen direkt eingeben können.

Noch komfortabler arbeiten Sie jedoch mit der **Formel**-Schaltfläche ❷, die sich neben der Eingabefläche findet. Tippen Sie sie an, öffnet sie eine Kategorienübersicht ❸, die das üppige mit Google Tabellen nutzbare Angebot an mathematischen Funktionen nach Anwendungskategorien ordnet und so zumindest eine grobe Vorauswahl bietet. Jede Kategorie listet wiederum die ihrem Thema zugehörigen einzelnen Funktionen auf ❹ und versieht sie mit einer Zusammenfassung ihres Einsatzes. Benötigen Sie eine umfassendere Einführung, berühren Sie das **Info**-Symbol (siehe ❶ auf Seite 260) eines Eintrags, um ein passendes Anwendungsbeispiel sowie umfangreiche Informationen zur Syntax einer Funktion einzuholen – die App liefert auf diese Weise ein vollständiges Nachschlagewerk gleich mit ❺. Tippen Sie einen Funktionseintrag an, übernehmen Sie ihn in die Formelleiste, versehen Sie ihn mit Werten.

Eine weitere praktische Hilfe besonders bei der Darstellung von Tabellen auf kleineren Mobilbildschirmen ist die Möglichkeit, Spalten und Zeilen zu fixieren. Das ist nicht zuletzt dann von hohem Nutzen, wenn eine Tabelle aus vielen Spalten besteht und ein Teil davon nur beim Scrollen durch das Dokument sichtbar wird. Klappen Sie das Kontextmenü ❻ eines Tabellenblatts auf, offeriert es die Fixierung einer beliebigen Anzahl von Zeilen beziehungsweise Spalten ❼. Scrollen Sie anschließend in Ihrer Tabelle, wandern die fixierten Spalte mit, sodass Sie alle Daten komfortabel zuordnen können.

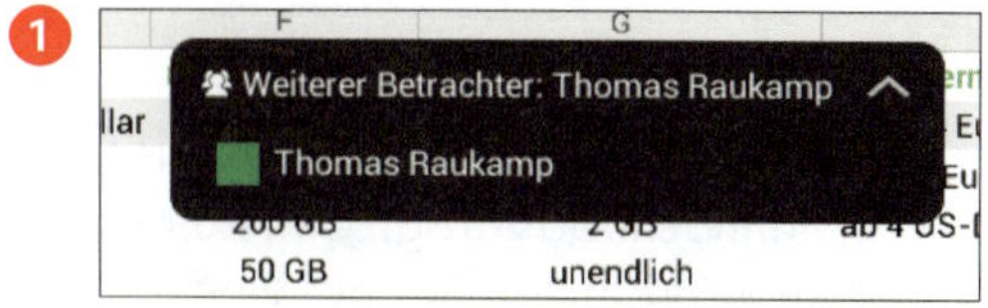
1
Weiterer Betrachter: Thomas Raukamp
Thomas Raukamp
50 GB
unendlich

Entfernen
Umbenennen
Freigeben und exportieren
Auf Gerät speichern
Details
IN GOOGLE DRIVE GESPEICHERT
2
3

ZUGRIFFSBERECHTIGT
Thomas Raukamp
thomasraukamp@gmail.com
Eigentümer
Darf bearbeiten
Imke Hirschmann
imke@oreilly.de
Darf bearbeiten
Jennifer Ots
Darf bearbeiten
Personen hinzufügen
4

5
Teilnahme an
Schülerlotsen

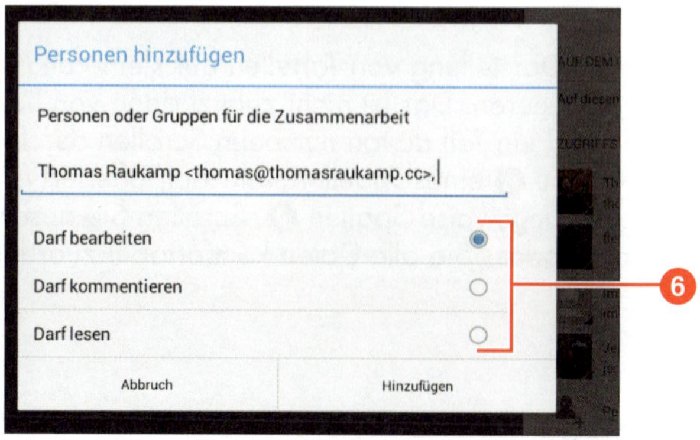
Personen hinzufügen
Personen oder Gruppen für die Zusammenarbeit
Thomas Raukamp <thomas@thomasraukamp.cc>,
Darf bearbeiten
Darf kommentieren
Darf lesen
Abbruch
Hinzufügen
6

Tabellen freigeben und gemeinsam bearbeiten

Arbeiten zwei oder mehr Personen an einer Tabelle, ist dies für alle Parteien leicht erkennbar: Während im Webbrowser das Foto des zu dem jeweiligen Mitarbeiter gehörenden Google-Benutzerkontos erscheint, stellen die mobilen Google-Drive-Apps ein kleines Zusatzmenü ❶ dar. Klappen Sie es auf, zeigt es die Liste der berechtigten Kollegen an und weist jedem Anwesenden eine eigene Farbe zu. Und auch die Zelle in der Tabelle, die eine andere Person aktuell bearbeitet, erhält einen Rahmen in der zugeordneten Farbe.

Um ein Dokument für andere Nutzer zu öffnen, können Sie es direkt aus der Drive-App freigeben. Aber auch aus Google Tabellen heraus dürfen Sie weitere Personen einladen. Öffnen Sie dazu das Dateimenü eines Verzeichniseintrags. Mit dem Eintrag **Freigeben und exportieren** ❷ erreichen Sie das Freigabefenster auf dem schnellsten Weg. Der Eintrag **Details** ❸ öffnet hingegen die Dateiinformationen: In der Seitenleiste ergänzen Sie unter der Liste eventuell bereits eingetragener Mitarbeiter mit der Schaltfläche **Personen hinzufügen** ❹ weitere Kollegen. In einem offenen Dokument rufen Sie das Freigabefenster aus der Funktionsleiste auf ❺. Jedem Mitarbeiter beziehungsweise jeder Gruppe können Sie eigene Zugriffsberechtigungen ❻ zuweisen. Tippen Sie einen vorhandenen Mitarbeitereintrag an, erlaubt Ihnen das Freigabefenster die Änderung seiner Berechtigungen oder die gänzliche Sperrung.

Leider ist Google Tabellen zum Zeitpunkt der Druckabgabe in Sachen Teamwork noch nicht ganz auf dem Stand der Docs-App. Das betrifft in erster Linie die Kommentare: Bisher können Sie weder Kommentare setzen noch Anmerkungen anderer Mitarbeiter ansehen. Es ist jedoch zu erwarten, dass Google dieses Manko kurzfristig behebt – vielleicht ist es mit Erscheinen dieses Buchs bereits erledigt.

1
10:54

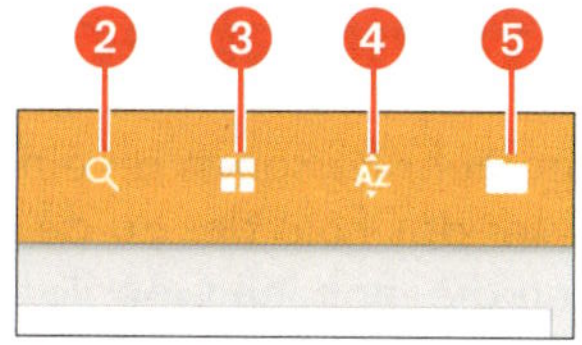
2
3
4
5

Öffnen von
Google Drive
6
Gerätespeicher

Geteilt
26. Jun
7
Entfernen
Freigeben und exportieren
Auf Gerät speichern
Details
IN GOOGLE DRIVE GESPEICHERT
9
8. Mai

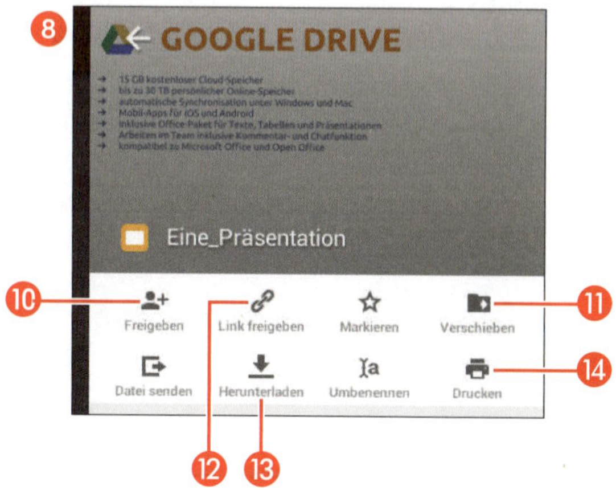
8
GOOGLE DRIVE
Eine_Präsentation
10
Freigeben
Link freigeben
Markieren
Verschieben
11
Datei senden
Herunterladen
Umbenennen
Drucken
14
12
13

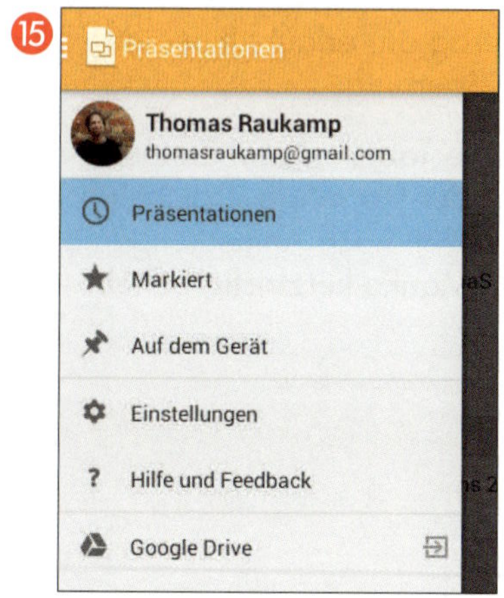
15
Präsentationen
Thomas Raukamp
thomasraukamp@gmail.com
Präsentationen
Markiert
Auf dem Gerät
Einstellungen
Hilfe und Feedback
Google Drive

Kapitel 12 | Google Präsentationen unterwegs

Als letzter Teil der Google-Office-Suite etablierte sich Google Präsentationen im Sommer 2014 als App für Android-Geräte. Eine Version für iPhone und iPad kündigte Google bereits an. Zwar dürfte die Hauptanwendung der Mobilprogramme im Abspielen fertiger Präsentationen liegen, die Präsentationen-App ermöglicht jedoch auch das Erstellen und Bearbeiten von Dokumenten, um sie zum Beispiel bei der Anreise zu einem Termin individuell anzupassen. Eine Präsentation öffnen Sie wie gewohnt wahlweise aus der Dateiübersicht der Drive-App oder der Präsentations-App. Ein neues Dokument legen Sie mithilfe des **Plus**-Symbols ❶ an, das in der Android-Version plakativ in der rechten unteren Bildschirmecke auf Sie wartet.

Wie schon die dedizierten Apps für Google Docs und Google Tabellen listet auch Google Präsentationen Dateien außerhalb ihres Verzeichnisbaums auf. Die Suchfunktion ❷ gestattet das Stöbern in den Folien. Außerdem bietet die Funktionsleiste das Umschalten zwischen Kachel- und Listendarstellung ❸ und ermöglicht die Sortierung ❹ nach dem Titel sowie dem Änderungs-, Öffnungs- und Bearbeitungsdatum. Möchten Sie eine Präsentation gezielt aus einem Ordner aufrufen, nutzen Sie das entsprechende Piktogramm ❺. Alternativ können Sie zum Beispiel eine PowerPoint-Datei auch aus dem Gerätespeicher ❻ auswählen.

Tippen Sie das Menü ❼ eines Verzeichniseintrags an, offeriert es unter Android einige grundlegende Funktionen zur Dateioperation. Weitaus umfangreicher sind die Möglichkeiten der rechten Seitenleiste ❽, die Sie mit dem Menüeintrag **Details** ❾ öffnen und die sich von der Freigabe des Dokumentverweises ❿ über das Verschieben ⓫ einer Präsentation in einen anderen Ordner bis hin zum Teilen ⓬, Herunterladen ⓭ und Drucken ⓮ einer Datei erstreckt. Die Navigationsleiste ⓯, die Sie öffnen, indem Sie vom linken Bildschirmrand nach rechts wischen, gestattet hingegen wie gewohnt die Schnellauswahl markierter und für den Offlinezugriff auf dem Gerät gespeicherter Dokumente.

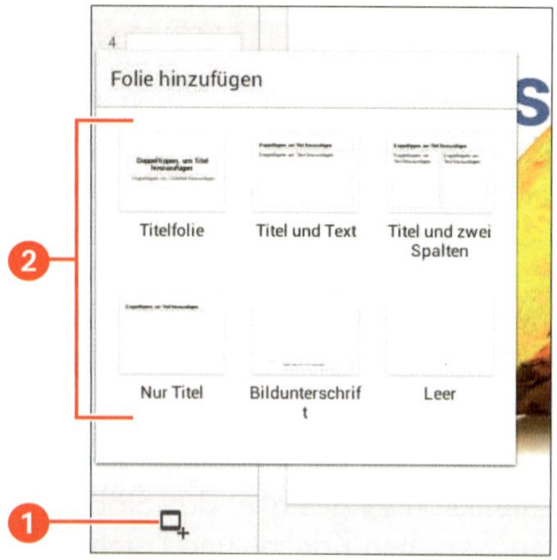
1
2
Folie hinzufügen
Titelfolie
Titel und Text
Titel und zwei Spalten
Nur Titel
Bildunterschrift
Leer

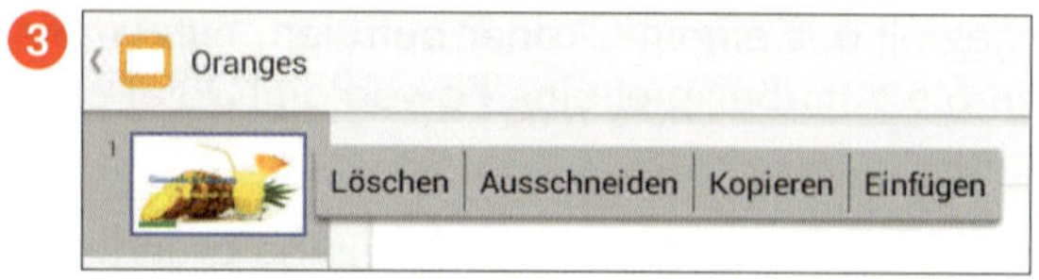
3
Oranges
Löschen
Ausschneiden
Kopieren
Einfügen

FERTIG
3 ausgewählt
Alle auswählen
4

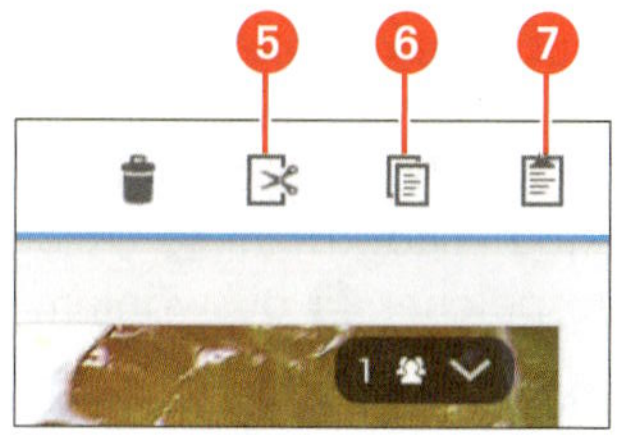
5
6
7

8
SCHRIFTART
ABSATZ
FORM
Schriftart
Arial

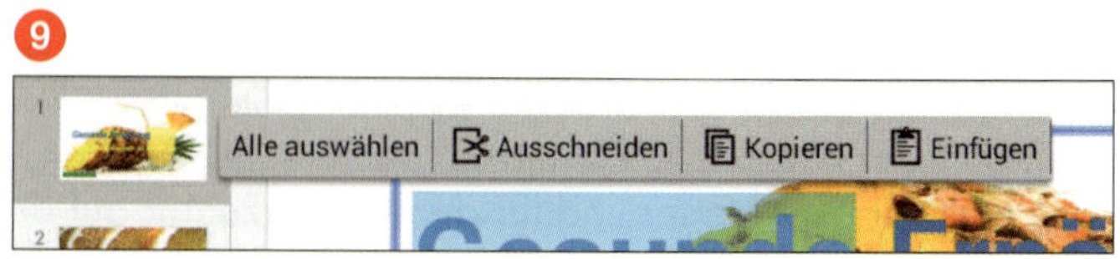
9
Alle auswählen
Ausschneiden
Kopieren
Einfügen

Präsentationen bearbeiten

Wer eine Präsentation in der Weboberfläche von Google Präsentationen vorbereitet hat, wird sich schnell auch in der Mobil-App zurechtfinden. Im Mittelpunkt steht stets die aktuelle Folie, während die Auswahl und Neuanlage eines Arbeitsblatts in der linken Seitenleiste stattfindet. Berühren Sie die Schaltfläche **Folie hinzufügen** ❶, können Sie passend zum Einsatz eine der insgesamt sechs Layoutvorlagen ❷ auswählen. Tippen Sie die Miniaturansicht einer Folie an, offeriert ein Kontextmenü ❸ die Möglichkeit, sie zu löschen, auszuschneiden, zu kopieren oder Inhalte aus der Zwischenablage einzufügen. Recht intuitiv geht auch die Neuordnung der Präsentationsreihenfolge vonstatten: Wählen Sie eine Voransicht länger als eine Sekunde an, können Sie sie an einen neuen Platz in der Abfolge verschieben. Möchten Sie mehrere Folien auswählen? Auch kein Problem: Wählen Sie das erste Element aus, indem Sie es antippen und kurz gedrückt halten. Nun addieren Sie die gewünschten Folien, indem Sie sie ebenfalls antippen und an eine andere Position ziehen. Die Funktionsleiste zeigt dabei die Anzahl der gewählten Einträge an – öffnen Sie das Menü, gestattet es alternativ die Auswahl aller Folien ❹. Das Funktionsmenü offeriert zudem das Ausschneiden ❺ und Kopieren ❻ sowie das Einfügen ❼ von duplizierten Zwischeninhalten.

Eine Folie verwaltet ihre Inhalte innerhalb von Textrahmen. Sie wählen einen Rahmen aus, indem Sie ihn antippen. Das Funktionsmenü hält Optionen zur einfachen Formatierung des Inhalts bereit. Möchten Sie einen Text eingehender bearbeiten, hilft die Schaltfläche **Formatieren** ❽: Sie offenbart ein Menü mit weitreichenden Einstellungen für die Schrift, die Absatzausrichtung sowie die Rahmenform. Veränderungen, die Sie hier vornehmen, beziehen sich standardmäßig auf den aktuell gewählten Textrahmen. Möchten Sie nur bestimmte Teile editieren, tippen Sie doppelt auf ein Wort oder auf das erste und letzte Zeichen eines gewünschten Textabschnitts ❾.

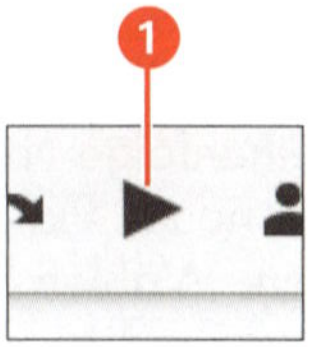
1

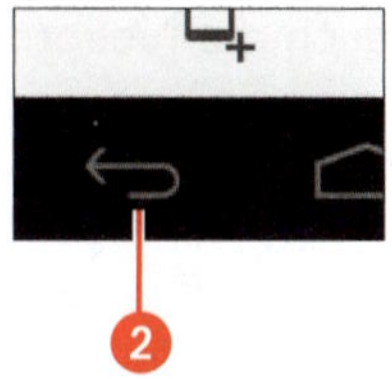
2

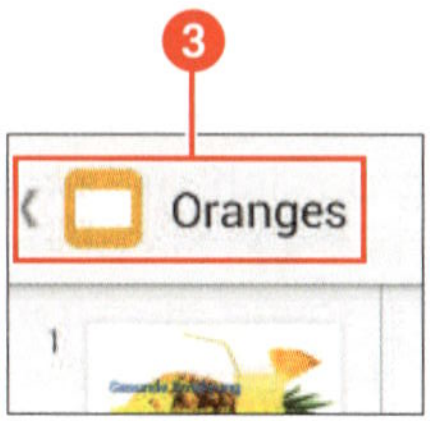
3
Oranges

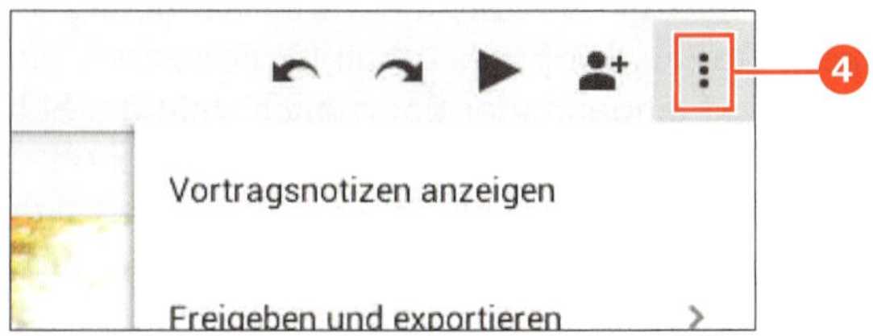
4
Vortragsnotizen anzeigen
Freigeben und exportieren

Präsentationen ansehen

Google Präsentationen verwandelt Ihr Tablet oder Smartphone in ein hoch portables Werkzeug für Workshops und Vorträge aller Art – endlich kann auch der sperrige Laptop im Büro bleiben. Die App ist besonders effektiv, wenn Ihr Android-Gerät oder iPhone beziehungsweise iPad mit einem HDMI-Anschluss oder -Adapter ausgerüstet ist, sodass Sie einen Videoprojektor für die Anzeige nutzen können.

Um den Präsentationsmodus zu starten, öffnen Sie das Dokument zunächst aus der Dateiübersicht, um dann aus der Funktionsleiste das **Play**-Symbol ❶ zu wählen. Die App wechselt nun in den Vollbildmodus, um die Präsentation anzuzeigen, wie Sie es auch im Webbrowser gewohnt sind, und startet dabei immer bei der aktuell ausgewählten Folie. Der Abspielmodus unterstützt selbstverständlich auch die in der Webversion festgelegten Effekte und Animationen zum Einblenden von Objekten und Übergängen sowie das Abspielen von Videos. Innerhalb einer Präsentation ermöglicht das **Wischen nach rechts** die Rücknahme der letzten Aktion, also zum Beispiel eines Texteffekts. Ist die aktuell angezeigte Folie mit keiner Animation belegt, öffnet ein Wischen nach rechts die vorherige Folie und hilft so bei der Navigation während einer laufenden Präsentation. Ein **Wischen nach links** startet dementsprechend das Einblenden der nächsten Aktion beziehungsweise der nachfolgenden Folie.

Sie beenden eine laufende Präsentation, indem Sie unter Android die **Zurück**-Schaltfläche ❷ des Geräts nutzen. Alternativ berühren Sie die linke obere Ecke des Bildschirms, um mit dem App-Piktogramm ❸ wieder in die Folienübersicht zu wechseln.

Auch das Anlegen und Bearbeiten von Vortragsnotizen ist in der Mobil-App möglich: Unter Android öffnen Sie das **App-Menü**, um hier den entsprechenden Eintrag ❹ auszuwählen.

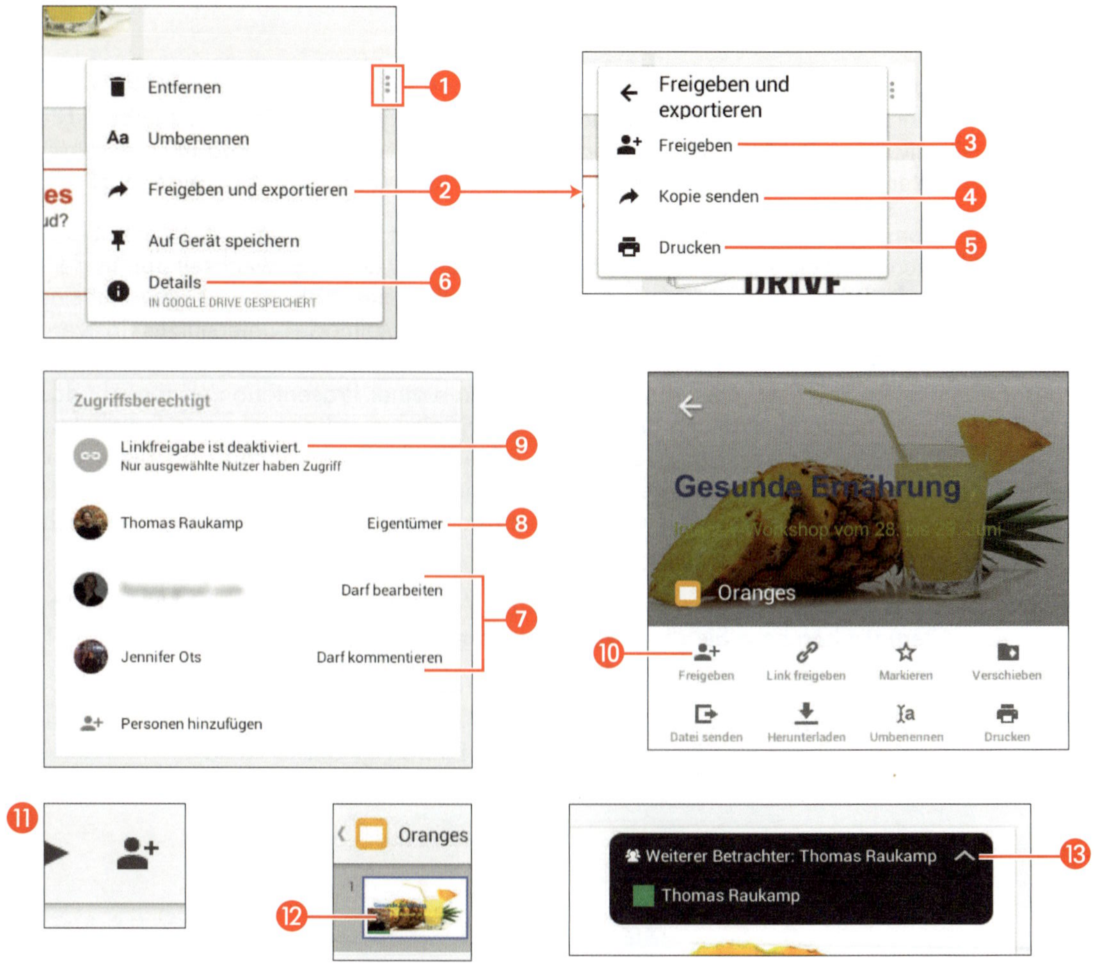

Entfernen
Aa Umbenennen
Freigeben und exportieren
Auf Gerät speichern
Details
IN GOOGLE DRIVE GESPEICHERT
1
2
6
Freigeben und exportieren
Freigeben
Kopie senden
Drucken
3
4
5
Zugriffsberechtigt
Linkfreigabe ist deaktiviert.
Nur ausgewählte Nutzer haben Zugriff
Thomas Raukamp
Eigentümer
Darf bearbeiten
Jennifer Ots
Darf kommentieren
Personen hinzufügen
9
8
7
Gesunde Ernährung
Oranges
Freigeben
Link freigeben
Markieren
Verschieben
Datei senden
Herunterladen
Umbenennen
Drucken
10
11
Oranges
12
Weiterer Betrachter: Thomas Raukamp
Thomas Raukamp
13

Präsentationen freigeben und gemeinsam bearbeiten

Wie alle anderen mobilen Programme der Google-Office-Suite ermöglicht auch die Präsentationen-App die Arbeit im Team. Um die Freigabeeinstellungen zu öffnen, rufen Sie unter Android das Kontextmenü einer Datei in Google Präsentationen auf, indem Sie ihren Eintrag in der Listen- oder Kacheldarstellung etwas länger berühren oder alternativ ihr **Menüsymbol** ❶ antippen. Die Anweisung **Freigeben und exportieren** ❷ öffnet ein weiteres Menü, das das eigentliche Freigabefenster ❸ sowie Möglichkeiten zum Versenden ❹ und Drucken ❺ eines Dokuments offeriert. Der Eintrag **Details** ❻ öffnet hingegen die Dateiinformationen, die Sie auf dem iPhone und iPad mittels des **Info**-Symbols aufrufen. Die Seitenleiste listet die zugriffsberechtigten Personen inklusive ihrer Zugriffsbestimmungen ❼, die Eigentümerrechte ❽ sowie die Sichtbarkeitsoptionen ❾ an einem Präsentationsdokument auf. Tippen Sie einen Eintrag an, können Sie die zu der Person gehörenden Zugriffsebenen neu festlegen. Weitere Mitarbeiter laden Sie mit der Schaltfläche **Freigeben** ❿ ein, die sich in der Auflistung der Dateioperationen findet. Geben Sie in das sich öffnende Dialogfenster einen Namen oder eine E-Mail-Adresse ein, vervollständigt die App die Angaben automatisch, sofern sich diese bereits in Ihrer Kontaktliste befinden. Jedem zukünftigen Mitarbeiter können Sie wie gewohnt das Kommentieren, Bearbeiten oder nur das Lesen in einer Präsentation gestatten. Sie modifizieren die Sichtbarkeitsoptionen, indem Sie ihren Eintrag in der Seitenleiste antippen.

Ist eine Präsentation bereits geöffnet, findet sich die Schaltfläche zum Verändern der Freigabeeinstellungen in der Menüleiste ⓫. Betrachtet bereits eine andere Person das Dokument, erscheint das Bild ⓬ ihres Google-Benutzerkontos an der Miniaturdarstellung der Folie, an der sie aktuell arbeitet. Außerdem listet ein schwebendes Menü ⓭ auf Wunsch die derzeit aktiven Mitarbeiter auf.

Index

N

O

V

W

Z